Ales Adamowitsch
Daniil Granin

Das Blockadebuch

Erster Teil

Aus dem Russischen von Ruprecht Willnow

Verlag Volk und Welt Berlin

Mit 32 Fotos

ISBN 3-353-00139-5

1. Auflage

L. N. 302, 410/2/87
Originalausgabe: *Blokadnaja kniga*;

Printed in the German Democratic Republic

Redakteur: Liesbeth Hoffmann
Einbandentwurf: Ulrich Ewald
Lichtsatz: INTERDRUCK Graphischer Großbetrieb Leipzig – III/18/97
Druck und Einband: LVZ-Druckerei »Hermann Duncker« – III/18/138
LSV 7203
Bestell-Nr. 648 733 6

00940

Wir allein wissen ...

Diese Wahrheit hat Anschriften, Telefonnummern, Vor- und Familiennamen. Sie lebt in Leningrader Wohnungen, die oft unzählige Türklingeln haben – Sie brauchen nur den Knopf zu drücken, neben dem der in Ihrem Notizbuch vermerkte Name steht. Ob sie Ihren Besuch, Ihr plötzliches Interesse erwartet hat oder nicht, sie blickt Sie mit Frauenaugen an, vielleicht auch mit anderen, ganz bestimmt aber sind es keine jungen und ganz gewiß aufgeregt-abschätzende Augen (»Wer? Warum? Wozu brauchen Sie das?«). Sie führt Sie an den Nachbarn vorbei in ihr Zimmer und sagt dann ebenso bestimmt: »Das ist so viele Jahre her ... Da vergißt man alles.«

Leningrader Häuser. Die Wohnungen von Blockadeteilnehmern.

Man stelle sich einen Soldaten vor, der heute ein friedliches Leben führt, jedoch von denselben Mauern und Gegenständen wie damals umgeben ist, als lebe er noch immer in seinem Unterstand, seinem Schützengraben. Spuren von Granatsplittern an der Decke (der altmodischen, stuckverzierten), Glaskratzer in der Politur des Klaviers. Ein Brandfleck von der »Burshuika«, dem eisernen Öfchen, auf dem spiegelnden Parkett.

»Hier ist das Parkett auch kaputt – mein Mann hat in der letzten Zeit Möbel zerhackt. Bis er dort auf dem Sofa starb.« (Den, Alexandra Borrissowna)

»Wenn man aus den Fenstern blickt, sieht man die Rennbahn. Etwas links, ganz gleich aus welchem Fenster – das Obuchowski-Krankenhaus, rechts das Gaswerk. Auf der anderen Seite konnten wir die Badajew-Lagerhäuser sehen.« (Penkina, Nina Wjatscheslawowna)

»Neujahr 1942 haben wir in diesem Zimmer gefeiert, das schon völlig vereist war. Hier stand die ›Burshuika‹. Das Abzugsrohr führte dort in den Ventilator. Sehen Sie den gelben Fleck? Er läßt sich nicht übermalen, weil hier die ›Burshuika‹ stand.« (Ussowa, Lidija Sergejewna)

Frau Ussowa hat die schwarzen Vorhänge, die den Lichtschein ihrer Petroleumfunzel vor den Flugzeugen abschirmten, bis heute aufgehoben.

Sie glaubt es selbst nicht, sagt jedoch: »Wenn ich sie wegwerfe, kommt Krieg!«

Maja Janowna Babitsch erinnert sich:

»Während der Blockade wohnte ich mit meiner Mutter allein hier. Ihre Freundinnen versammelten sich in unserer Wohnung, auch die Leute von oben kamen herunter. Und in dieser Wohnung drängten sich alle in dem einen Zimmer zusammen, das am weitesten von der Straße entfernt lag, ganz hinten in der Wohnung. Die Scheiben waren herausgeschlagen, und ein Fenster war mit diesem Teppich verhängt, einem türkischen, Handarbeit. Später wurde vor ein Fenster eine Matratze gestellt. Oft flogen Granatsplitter durch die Fenster herein und blieben in der Wand stekken.«

Hier wurden die Leningrader beschossen, hier brach der Tod über sie herein – mit Granaten und Bomben. Hier hungerte man sie aus. Hier büßten sie viele Angehörige und Nachbarn ein und verloren ihre Gesundheit. Und noch immer wohnt der einzelne Leningrader hier wie alle. Wie alle, nur umgibt ihn überall Erinnerung.

Und sie steckt auch in ihm, diese Erinnerung an die Blockade, an alles Durchlittene, an das mit Millionen anderen Leningradern, die es schon nicht mehr gibt, Erlebte, für die er sich mit erinnern muß, und wenn man ihn fragt, für die er mit erzählen muß.

»Das ist so viele Jahre her, da vergißt man alles ...«

Aber nichts ist vergessen – diese in Leningrad aufgekommenen Worte klingen wie Zuversicht, wie Hoffnung und wie eine Bitte. Jawohl, nichts ist vergessen, selbst wenn der Mensch wollte und ein Recht hätte zu vergessen, könnte er so etwas vergessen? Ja, die noch lebenden Blokkadeteilnehmer erinnern sich an alles. Sie haben die Blokkade mitgemacht, haben sie tagaus, tagein ertragen und ihre Menschenwürde bewahrt. Wir aber, wir, die wir das nicht erlebt haben, oder die Jugend von heute – haben wir ein Recht, uns nicht darum zu bemühen, alles zu erfahren, was die Leningrader damals auch um unseretwillen ertragen, erlebt, erlitten, geleistet haben?

So sind wir heute zu ihm und zu ihr gekommen, eben zu diesen Menschen, um »alles aufzuzeichnen«, weil die Zeit die Zeugen und Teilnehmer, all jene, die dabei waren, es miterlebt und gesehen haben, immer schneller hinwegträgt.

Offen gestanden haben wir vieles nicht gewußt, wir wußten nicht, wieviel Grausames sich hinter den gewohnten alltäglichen Worten »Leningrader Blockade« verbarg. Selbst wir, die wir den Krieg mitgemacht haben – der eine bei den belorussischen Partisanen, der andere an der Leningrader Front –, die wir glaubten, an alles gewöhnt zu sein, waren auf diese Berichte nicht vorbereitet. Denn diese Menschen haben uns all die Jahre geschont, sich aber schonen sie nicht, wenn sie erzählen.

Man kann die gnadenlose Wahrheit der »Leningrader Erinnerungen« leichter verstehen, wenn man diese Menschen – die Erzähler – selbst sieht und nicht nur ihre Stimmen (vom Tonband) hört oder ihre Erinnerungen liest.

Vieles an diesen Menschen ist erstaunlich und überraschend. Aber dann erweist sich alles als so einfach, verständlich und menschlich – und als noch verblüffender.

Zum Beispiel ist verblüffend und unendlich rührend, wie viele ehemalige Blockadeteilnehmer – Gedichte geschrieben haben und noch schreiben. Nicht einfach nur Tagebücher, Erinnerungen, sondern auch Gedichte. Fast jeder zehnte. (Selbst damals haben sie sie geschrieben. Zum Beispiel schickte 1943 eine Frau einen Brief in Versform ins unbesetzte Gebiet, und ihre aus Leningrad evakuierte Nichte antwortete ihr ebenfalls in Versen.) Was ist das – der Einfluß der Stadt mit ihrer unvergleichlichen dichterischen Kultur? Oder hat sich ins Gedächtnis des Leningraders zu sehr eingegraben, wie alles war: Hunger, Blockade und Verse (eben darüber) – und alles dicht beieinander? Er hat sie im Radio gehört, hat ihnen begierig wie nie zuvor gelauscht – den Versen von Olga Bergholz (und nicht nur von ihr).

Man brauchte der »unprofessionellen« Begeisterung Erwachsener für Gedichte keine besondere Bedeutung beizumessen, wäre dahinter nicht etwas Größeres sichtbar, das Wichtigste: Durch den zeitlichen Abstand erscheint vieles an der Blockade im poetischen Glanz, offenbart sich die Romantik der Heldentat aller. Nein, nicht in dem Sinn, daß der Leningrader in seinen Erinnerungen Kälte, Hunger und das Grauen vor den Leichen jener Tage und Nächte herunterspielt. Das alles lebt in ihm wie ein Schmerzensschrei bis zum heutigen Tag. Aber in allem und über allem steht die Einsicht fast eines *jeden* (erstaunlicherweise!), daß das *historische* Tage und Nächte waren, und die Gewißheit, daß Leningrad die einzige Stadt ist, die je einer so langen Blockade standgehalten hat, und daß das Beispiel dieser Stadt der Welt, der Menschheit geholfen hat, am Rande eines schrecklichen Abgrunds stehenzubleiben. Die abgeschnittene, blockierte Stadt war – und das muß man verstehen – dadurch stark, daß sie eben nicht allein stand, sondern das ganze Land ihr seine Aufmerksamkeit, Liebe und seinen Glauben schenkte. Die unerhörten Opfer und unvorstellbaren Qualen, von denen die Blockadeteilnehmer berichteten, begleitete ein Gefühl des Stolzes, ein poetisches Gefühl: Dafür hat *Leningrad standgehalten! Wir haben durchgehalten! Das Leben geht weiter!*

… Und so brach an,
  gehüllt in Eis und Blut,
das Jahr zweiundvierzig – erbitterter Mut.
Oh, Jahr der Härte und Unbeugsamkeit!
Auf Tod und Leben,
  Tod und Leben kämpften wir.
Jahr Leningrads,
  die Stadt erfriert,
Jahr Stalingrads,
  Zweikampf der Zeit.

Zurück wich das tägliche Dasein.
Und mutig
nahm damals sein Recht sich das Sein.*

Olga Bergholz

Wieviel Leid, wieviel Sehnsucht der Frauen, wieviel Hoffnung und Erwartung der Leningrader (»Wann, wann endlich?!«) waren nötig, um das Aufbrechen der Blockade *poetisch* zu sehen, um dreißig Jahre Bilder und Gefühle in sich zu bewahren und erzählen zu können:

»Ich war demobilisiert und arbeitete schon seit dem 9. Januar 1944 bei der Straßenbahn. Sie fuhr über den Newski. Dann kam der Tag, an dem die Blockade aufgehoben wurde. Kriegsschiffe feuerten. Es war ein Schauspiel, das ich nie vergessen werde. Schön und schrecklich. *Als ob das ganze Wasser aus der Newa flammend-rot aufspritzte und über unsere Köpfe flog*, und dann folgte ein lautes Donnern.« (Petrowa, Anna Alexejewna, Bassejnaja-Str. 74, Block 1)

Über die Leningrader Blockade, die heldenhaften Verteidiger der Newa-Feste, über den »gedungenen Mörder« der Faschisten, den Blockadehunger, gibt es eine umfassende Dokumentarliteratur.

Das Wintertagebuch der kleinen Tanja Sawitschewa hat nicht wenige Menschen auf der ganzen Welt erschüttert: »Großmutter ist am 25. Januar gestorben, Onkel Aljoscha am 10. Mai, Mama am 13. Mai um 7^{30} morgens. Alle sind gestorben. Nur Tanja ist noch da.«

In den unschätzbar ausführlichen Tagebüchern des Schriftstellers Pawel Luknizki »Leningrad handelt« und in den Aufzeichnungen und (veröffentlichten) Tagebüchern anderer Zeugen und Teilnehmer der heldenhaften Leningrader Epopöe steckt viel nie veraltende Wahrheit, wie die Menschen sie brauchen.

In den Nachkriegsjahren wurden besonders in Leningrad

* Nachdichtung: Katja Lebedewa, Nachdichtungen mit ** von Claudia Ebert

Sammelbände veröffentlicht, in denen Teilnehmer der heldenhaften Verteidigung Leningrads – Generale, Heerführer und einfache Soldaten der Leningrader Front – ihre Erinnerungen wiedergaben. Auch Erinnerungen von Partei- und Sowjetfunktionären wurden herausgegeben, von Menschen also, die das Leben der belagerten Stadt unter den Bedingungen der Blockade in Gang hielten, die Bevölkerung in ihrer Standhaftigkeit bestärkten und die »Straße des Lebens« errichteten. Auch Erinnerungen der jungen Verteidiger der Stadt – der Schüler und Schiffsjungen – liegen vor, Erinnerungen von Leuten, die halfen, die belagerte Stadt mit Gemüse zu versorgen, mit Feuerholz und Torf. Ein Buch über die Wissenschaftler der Leningrader Blockadezeit, die Künstler, Maler, Ärzte und Lehrer.

Skizzen, Erzählungen und Romane sind entstanden, angefangen bei N. Tschukowskis »Unter baltischem Himmel«, V. Ketlinskajas »Belagert« und den Büchern von Olga Bergholz, N. Tichonow, Vera Inber, Ws. Wischnewski und A. Fadejew. Sie alle haben das Gesehene und Erlebte ihrer Helden wahrheitsgetreu und mit Talent und Leidenschaft geschildert, aus eigener Erfahrung berichtet. Das mehrbändige Werk »Die Blockade« von A. Tschakowski enthält auch Dokumente und Fakten, die den Mut der großen Stadt wiedergeben. Und auch die Verbindung der Geschichte der Leningrader Blockade mit der des ganzen Großen Vaterländischen Krieges.

Was also kann man den Menschen, der Welt noch über all dies mitteilen? Und braucht das die heutige Welt überhaupt?

Wir wollten das Bild durch Zeugnisse von Menschen über ihr Leben während der Blockade ergänzen. Wir wollten die lebendigen Stimmen von Blockadeteilnehmern aufzeichnen, ihre Berichte über sich, ihre Verwandten und Genossen. Ganz gewöhnliche Leningrader, berufstätige und nicht berufstätige, verheiratete und unverheiratete, Meister, Arbeiter, Kinder, Ingenieure, Krankenschwestern – kurzum, es ging uns nicht um bestimmte Berufe und Dienststellungen. Wir beschränkten uns auf einige Berufe und Dienststellen, weil wir außerstande waren, die verschiedenen Seiten des Lebens in der riesigen Stadt zu erfassen und alle Bereiche zu zeigen. Uns interessierte vor allem das *Erlebte.* Wir wollten all das aufzeichnen, begreifen und bewahren, was Menschen erlebt, gespürt, gefühlt haben, nicht Menschen allgemein, sondern konkrete Leute mit Namen und Anschrift, alte und junge, kräftige und schwache, diejenigen, die gerettet wurden, und diejenigen, die retteten. Da stellte sich heraus, daß der Alltag und das bloße Existieren identisch wurden unter jenen Bedingungen, als ein Eimer Wasser, eine Petroleumfunzel, das Schlangestehen nach Brot – als all das unglaubliche Anstrengungen erforderte, zu einem Problem wurde für den ausgehungerten, geschwächten Menschen.

Woher nahm man die Kraft, woher rührte die Standhaftigkeit, wo lagen die Quellen der seelischen Stärke?

Uns enthüllten sich nicht wenig qualvolle Probleme moralischer Natur. An Begriffe wie Güte, Heldenmut, Grausamkeit, Liebe wurden andere Maßstäbe angelegt. Die Beziehungen zwischen Mann und Frau, Mutter und Kindern, Angehörigen, Verwandten und Kollegen wurden der härtesten Prüfung unterzogen.

In den Berichten der Menschen erstanden vor uns jene komplizierten moralischen Aufgaben, die jeder einzelne lösen mußte. Wir sahen ungewöhnliche Beispiele moralischer Festigkeit, Beispiele von Großmut, Schönheit und Pflichterfüllung, aber auch unerhörten Leidens, qualvoller Entbehrungen und qualvollen Sterbens.

Nicht immer war uns klar – ob die Zeit schon gekommen war für solche erbarmungslos harten Berichte. Andererseits – war der Zeitpunkt nicht schon vorüber und die Möglichkeit verpaßt, von all dem so zu erzählen, wie es wirklich und wahrhaftig gewesen war, so, wie es nur in der Erinnerung der Leningrader selbst lebte?

In den eisigen Tagen des Artilleriebeschusses, der Hungerhalluzinationen wandte sich die allen bekannte Stimme

Olga Bergholz' im Rundfunk an die Leningrader und sprach gleichzeitig in ihrem Namen:

»Wir allein wissen, welche Ruhe wir uns alle verdient haben« ... »Und Leningrad hat sie [die Heimat] geschont, wir haben lange nicht über den Schmerz gesprochen, den wir durchlitten haben, und über unsere Erschöpfung geschwiegen und die Martern verharmlost« ... »Sie haben Leningrad neunhundert Tage belagert und es Qualen ausgesetzt, über die man bis heute nicht berichten kann.«

Diese Worte wurden 1942, 1943 und 1945 gesprochen.

Ja, die Leningrader haben die Blockade tagaus, tagein mit tragischer Standhaftigkeit und Würde ertragen. Und mit gleicher Würde haben sie jahrelang die brennende Wahrheit über das Erlebte tief in sich verborgen.

Heute aber sind wir zu ihnen gekommen – zu eben jenen Menschen, um »alles aufzuzeichnen«, weil »die Zeit gekommen ist«, »die Menschen es wissen wollen«, »die Menschen es brauchen ...«.

Wir rissen alte Wunden auf, erinnerten an Leiden und Verluste und fragten uns so manches Mal: Ist das notwendig, haben wir ein Recht dazu? Antwort gaben uns die Berichte der Leningrader selbst. Aus ihnen – aus dem Text, der Intonation – hört man heraus: Ja, wir haben es schwer gehabt, und die Erinnerung tut weh, aber noch schmerzlicher wäre, glauben zu müssen, daß niemand außer uns selbst *das alles* wissen will.

Und in der Tat, wenn es das alles auf unserem Planeten gegeben hat – den tödlichen Hunger der Blockade, die zahllosen Todesfälle, die Qualen von Müttern und Kindern –, so sollten sich andere Menschen auch nach Jahrzehnten, Jahrhunderten daran erinnern.

Bereits 1944, vom Tag der Aufhebung der Blockade an, als die Ausstellung über die Verteidigung Leningrads zu einem Museum der Verteidigung umgestaltet wurde, begann im Grunde die wirklich beeindruckende Berichterstattung über das Heldentum der neunhundert Tage. Einer der Begründer des Museums, Wassili Pantelejmonowitsch

Kowaljow, kennt alle Exponate auswendig, er erzählt so, als führe er uns von einem Saal zum anderen: vor uns ersteht der Saal der Luftwaffe mit dem Bomber, der einundvierzig als erster Berlin bombardiert hat, und im Saal der Artillerie steht der Granatwerfer der Brüder Schumow, es folgen einige Säle der Partisanenbewegung.

Auch Tanja Sawitschewas Tagebuch hat dort gelegen, das, sorgsam verwahrt, heute im Zentrum der Gedenkstätte auf dem Piskarjowskoje-Friedhof ausgestellt ist. Die Aufzeichnungen des kleinen Mädchens (sie kam 1945 in der Evakuierung um) wurden zu einer der schrecklichsten Anklagen des Faschismus, zu einem Symbol der Blockade. Das Tagebuch hat seine Geschichte. »Lew Lwowitsch Rakow hat es uns gebracht, der Direktor des Museums«, erzählte uns W. Kowaljow. »Dieses kleine Büchlein beeindruckte uns unwahrscheinlich. Der Saal, in dem wir es ausstellten, war besonders ausgestaltet: Die Decke war als Zeltdach geformt, es gab Säulen, die Eis darstellten, und am Saaleingang stand eine Vitrine, die von Reif bedeckt zu sein schien. In der Vitrinc befand sich eine Waage, darauf lagen 125 Gramm Brot, und gegenüber stand eine andere Vitrine, in der die unterschiedlichen Lebensmittelrationen lagen, die die Leningrader damals erhielten. Die Brotration verringerte sich immer mehr, bis sie schließlich 125 Gramm erreichte, und wuchs erst mit der Eröffnung der ›Straße des Lebens‹. Mitten im Museum stand eine Vitrine aus einem alten Museum Leningrads, auf der einen Seite lag Tanja Sawitschewas mit Blaustift geschriebenes Tagebuch, auf der anderen lagen Orden der während der Blockade Umgekommenen, darunter waren auch die Papiere eines getöteten jungen Mannes. Vor diesem Saal war der Saal der Scharfschützen.

Ich entsinne mich noch, wie Lady Churchill vor der Vitrine mit diesem Exponat – dem Tagebuch der kleinen Sawitschewa – stand und Tränen in den Augen hatte, als man ihr den Inhalt wiedergab. Auch Eisenhower hat dieses Buch betrachtet. Er war zusammen mit Shukow im Museum. Budjonny stand lange hier, Kalinin. (Übrigens befand sich das Haus, in dem Kalinin einst wohnte, gerade gegenüber dem Museum, in der Soljany-Gasse).«

Unsere Arbeit machte es erforderlich, Tausende von Tagebuchseiten und Aufzeichnungen der Blockadeteilnehmer zu lesen, Tausende von Seiten, die nach Tonbändern geschrieben worden waren – was sollte damit geschehen? Was sollte man auswählen, wie alles aufbauen? Ohne unsere Arbeit wäre das Material begraben; wer würde es wohl irgendwann einmal lesen?

Andererseits mußten die Blockadeteilnehmer unbedingt die Hauptautoren bleiben. Sie hatten berichtet, wir aufgezeichnet. Sie hatten uns ihre Tagebücher und niedergeschriebenen Erinnerungen gegeben. Jetzt war das auch für uns leidvolle Erinnerung und ein großer Reichtum zugleich.

Für den Leser sind natürlich in erster Linie die Menschen von Interesse, die all das selbst erlebt haben, Augenzeugen waren, menschliche Dokumente. Das war uns schnell klar geworden, außerdem verstummt jeder unwillkürlich angesichts der Wahrheit und der Schicksale. Wir sahen unsere Aufgabe als Verfasser darin, den Leningradern zu ermöglichen, einander auf den Seiten unserer Arbeit, in den Kapiteln des Blockadebuches zu begegnen. Diese Hunderte von verschiedenen Menschen einte ihr Schicksal – die Leningrader Blockade. Sie haben so vieles gemein: Gedanken, Empfindungen, nie verschwindende Bilder und Gestalten – eines strebte zum anderen, Stimme zu Stimme, Schmerz zu Schmerz, Tränen zu Tränen und der Stolz, dennoch standgehalten zu haben, zu eben solchem Stolz. Was sollte man davon weglassen, was bringen? Es gibt eindeutig unerträgliche Fakten, legendäre Geschichten, die niemand glauben wird. Wir legten Hunderte von Seiten des Materials beiseite, das wir erst eifrig gesucht, aufgezeichnet und entziffert hatten, wenn diese Seiten nicht zu den anderen Seiten, Erzählungen und Schicksalen paßten. Das Bedeutsamste und Alltäglichste sollte bleiben. Wir wollten auch die ganze Individualität und »Unrichtigkeit« eines Berichtes beibehalten, den »Tenor«, selbst zum Nachteil literarischer Erwägungen. Literatur (auch gute) hat es schon gegeben. Und wird es weiter geben. Alles zu seiner Zeit und an seinem Platz. Literatur hat Vorzüge und Möglichkeiten, aber auch Grenzen, wenn man es mit einem solchen Ereignis und solchem Leid zu tun hat. Deshalb soll auf diesen Seiten die Erinnerung der Blockadeteilnehmer zu Wort kommen – mit ihrer Sprache und ihrem »Stil«. Daher bitten wir, Unrichtigkeiten und Verdrehungen im lebendigen Bericht zu akzeptieren. Wir bitten eher um Entschuldigung für einige Verbesserungen und Kürzungen, für unsere Einmischungen und Kommentare, für unfreiwilliges »Zerreißen« von Lebens- und Familienschicksalen.

Die Menschen haben nicht nur gehungert und sind gestorben, sie überwanden nicht nur das Leid – sie waren auch noch tätig. Sie arbeiteten, sie halfen den Kämpfenden, retteten andere, betreuten sie, einige versorgten die Leningrader mit Heizmaterial, andere holten Kinder zusammen, halfen Krankenhäuser einrichten, sicherten die Arbeit der Betriebe und Fabriken. Im Grunde war in jedem Bericht von Hunger, Kälte, Beschuß, Entbehrungen, Tod die Rede und folglich auch von seelischen Problemen, aus dem Leid geboren, und gleichermaßen von der Aktivität der Menschen, von dem, was sie machten, wie sie trotzdem kämpften. Diese drei Seiten des Lebens waren in jeder Erzählung zu finden. Natürlich sind sie in keinem Bericht, in keinem Schicksal voneinander zu trennen. Eine in sich geschlossene Schilderung zu zergliedern ist schwierig. Weil jede Erzählung nicht irgendeinen besonderen Vorfall behandelte. Die Menschen lebten in der Blockade, deshalb erzählten sie auch von ihrem ganzen Leben, in dem sich die Vorkriegsjahre, die Familie und ihr Schicksal in den Nachkriegsjahren miteinander verflochten; die Front spielte mit hinein und die Evakuierung und das heutige Leben. Aus einem durch Gefühle und Stimmungen untermauerten Ganzen mußten wir eine Episode, manchmal auch nur einen Satz oder einen Gedanken herausreißen, das heißt, wir mußten Untrennbares trennen. Wir mußten die Front aus den Berichten streichen, obwohl die Stadt von ihr nicht zu trennen war. Es wäre schändlich, die Soldaten der Leningrader Front zu übergehen, die Hungerqualen litten, nicht die Kraft hatten, den Blockadering aufzubrechen und die Stadt zu befreien, die aber auch die Faschisten nicht in die Stadt ließen und verhinderten, daß Truppen von Leningrad an andere Fronten verlegt wurden. Der Feind hielt zwar die Stadt in der Blockade, aber die hungernden, zahlenmäßig schwachen Armeen der Leningrader Front hielten mit eisernem Griff die Hitlertruppen vor den Mauern Leningrads fest.

Die deutschen Pläne zur Eroberung der Stadt Leningrad gingen einer nach dem anderen in die Brüche – durch die Operation von Sinjawino und bei Moskowskaja Dubrowka. Alles ließ sich nicht erfassen. Dieser Teil des Buches hat sein Thema.

Das Blockadebuch setzt sich aus Aufzeichnungen und Berichten von einigen Hundert Leuten zusammen. Wir konnten nicht alle unterbringen, von denen wir Aufzeichnungen haben, konnten nicht das ganze gesammelte Material verwenden. Dennoch haben alle Befragten so oder so Anteil an diesem Buch, an dieser Auswahl. Wir haben mit den vielleicht persönlichsten Erlebnissen angefangen, woran sich die Betreffenden (alle) sehr behutsam erinnerten, weil sie besonders schmerzhaft waren und Ängste heraufbeschworen, aber in ihren Erinnerungen wandten sie sich immer wieder dieser Seite zu – dem Hunger, dem Beschuß, den Bombenangriffen, dem ersten Herbst, dem ersten Winter der Blockade 1941/42 und dem Frühjahr 1942. Damit muß man anfangen. Vor allem muß man das ganze Ausmaß an Entbehrungen, Verlusten und Leiden darstellen, die die Leningrader durchzustehen hatten, erst dann kann man ihr Heldentum ermessen.

Unbekanntes über ein bekanntes Foto

Ein Frühjahrstag 1942. Zwei Frauen gehen die Straße entlang, neben ihnen ein etwa fünfjähriges Mädchen, das im Gehen zu spielen, zu hüpfen versucht.

In diesem Augenblick hat sie ein Frontkorrespondent irgendwo im Newski-Stadtbezirk aufgenommen.

Wir sahen das Foto später im Museum Leningrads, im Museum des Piskarjowskoje-Friedhofs, in Büchern und Alben, die der Blockade gewidmet waren. Es wird an Gedenktagen in Zeitschriften abgedruckt, zusammen mit Fotos von eingeschneiten O-Bussen und von Kinderschlitten mit Toten.

Sieht man etwas genauer hin, so erkennt man, daß die erste Frau schon älter, die zweite noch ein Kind, ein Mädchen ist, aber Gesicht und Figur einer alten Frau hat. Die Beinchen des hüpfenden kleinen Mädchens aber sind dünn wie Streichhölzer, die Knie abnorm dick.

Wir sahen uns das Foto erneut an, als wir in der Wohnung von Veronika Alexandrowna Opachowa saßen. Bald kam auch ihre Tochter, Lora Michailowna, ebenso zierlich wie die Mutter, ebenso freundlich, aber zurückhaltender, mit nie schwindender Trauer in den Augen.

Vor uns auf dem Tisch lag das Familienalbum. Das weltberühmte Foto aus der Blockadezeit ist hier, in dieser Wohnung, ein Familienandenken.

Schwer vorstellbar, daß die vor uns sitzenden Frauen etwas mit den Gestalten auf dem Foto zu tun haben.

Die Blockadeteilnehmer gehen in der Masse der Leningrader unter.

Womöglich haben viele diese Frau, Veronika Alexandrowna, sogar schon gesehen, wenn sie zu einem Konzert des Akademie-Chors an die Moika kamen. Eine alte Frau mit sehr »häuslichem«, gütigem Gesicht reißt die Eintrittskarten ab und verkauft Programme. Sie scheint Ihnen für Ihr Kommen persönlich dankbar zu sein. Vielleicht auch dafür, daß Sie, ohne es zu wissen, gekommen sind, um ihre Tochter Lora Michailowna zu hören, die im Chor singt.

Und sie wohnen hier an der Moika, zwei Schritt von der Arbeitsstelle entfernt.

In ihrer kleinen Wohnung haben wir das berühmte Foto lange betrachtet. Es war Ausgangspunkt für den Bericht, zuerst den der Mutter, dann auch den der Tochter.

»Sie haben die Menschen nicht gesehen, die vor Hunger umfielen. Sie haben nicht gesehen, wie sie starben; Sie haben nicht die Berge von Toten gesehen, die in unseren Waschhäusern, unseren Kellern, auf unseren Höfen lagen. Sie haben die hungernden Kinder nicht gesehen, und ich hatte drei. Die Älteste, Lora, war dreizehn Jahre, sie lag mit Hungerparalyse im Bett, die Dystrophie war gräßlich. Was Sie auf dem Foto sehen, das ist kein dreizehnjähriges Mädchen, sondern eine alte Frau ...«

»Die Kleine zu Ihrer Linken, ist das Lora?«

»Ja. Ich war vierunddreißig, als ich meinen Mann an der Front verlor. Aber als man mich dann später mit den Kindern nach Sibirien evakuierte, glaubten sie dort, wir wären zwei Schwestern – so schrecklich, alt und ganz entsetzlich, sah sie aus. Und die Beine? Das waren nur noch Knochen, von Haut umspannt. Manchmal betrachte ich mir jetzt noch meine Beine. Unter den Knien habe ich braungrüne Flecke. Folgen des Skorbuts offensichtlich, unter der Haut. Wir hatten alle Skorbut, es war unheimlich, denn Sie können sich ja denken, was einhundertfünfundzwanzig Gramm Brot sind, die wir im Dezember bekamen. Das war kein Brot. Wenn Sie das Stück gesehen hätten! Im Museum ist es schon ausgetrocknet und sieht aus wie etwas speziell Hergestelltes. Wenn man es damals in die Hand nahm, tropfte Wasser heraus, und es war wie Lehm. Und solches Brot bekamen die Kinder. Meine Kinder waren zwar dazu erzogen, nicht zu betteln, aber ihre Augen bettelten. Diese Augen zu sehen! Das kann man einfach nicht wiedergeben, wissen Sie. Der Gostiny Dwor brannte über eine Woche, und man konnte ihn nicht löschen, es gab kein Wasser, die Wasserleitung war kaputt, es gab zu wenig gesunde Leute, die zupacken konnten, die Leute hatten einfach keine Kraft. Und dennoch schleppten sie sich von einem Ende der Stadt zum anderen, taten irgend etwas, arbeiteten. Ich arbeitete nicht, man nahm mich nicht, als ich mich meldete, ich hatte ja ein kleines Kind. Und sie bemühten sich auch, mich bei erster Gelegenheit aus Leningrad wegzubringen, weil noch schrecklichere Zeiten erwartet wurden. Niemand wußte, daß alles so gut ausgehen, daß der Durchbruch gelingen und unsere Truppen kommen würden und daß alles sehr gut verlaufen würde. Man brachte uns im Juli zweiundvierzig hinaus.«

»Und die dritte ist Ihre Jüngste?«

»Ja. Wie Sie sehen, versucht sie zu springen, obwohl ihr Knie so aussah: Es war ganz geschwollen und voll Wasser. Sie ist vier Jahre alt. Was wollen Sie? Die Sonne scheint warm, sie geht mit ihrer Mama, die hat ihr versprochen: Wir gehen ein bißchen spazieren, und auf dem Rückweg holen wir uns in einer Kantine auf Marken ein Mittagessen, gehen nach Hause und essen es. Das Wort ›essen‹, wissen Sie, das hatte in jener Zeit einen magischen Klang. Zu Hause setzte sich die Kleine gewöhnlich auf einen Stuhl, hielt einen kleinen Beutel in den Händen, zerriß Papier – das war ihre ständige Beschäftigung – und wartete aufs Essen. Ihr Bauch war geschwollen und aufgedunsen wie bei allen Kindern damals. Nach dem Essen setzte sie sich dann wieder auf ihren Stuhl, nahm ihre Papierstückchen, zerriß sie wieder und füllte damit den Beutel.«

»Für sie waren das wohl Lebensmittelkarten?«

»Ja, sie riß sie ab wie Brotmarken. Sie beschäftigte sich mit der Vernichtung kleiner Papierfetzen. Jetzt ist sie erwachsen und hat zwei Kinder.«

»Wie heißt sie?«

»Dolores. Sie wurde siebenunddreißig geboren. Mein Mann war Soldat. Wir wohnten damals in einer Armeesiedlung. Zu jener Zeit kamen viele unserer Militärs aus Spanien zurück. Meinem Mann gefiel dieser spanische Name, deshalb gab er ihn seiner Tochter.«

»Wo ist Ihr Mann gefallen?«

»Zweiundvierzig beim Übersetzen über den Ladogasee. Er hatte einen friedfertigen Beruf. Er war Musiker, dirigierte im Zivilleben Laienorchester. Dann trat er in den Militärdienst und wurde Dirigent eines Militärorchesters. Und Mediziner. Er wurde auch als Mediziner ausgebildet. Die mittlere Tochter heißt Berta, sie lebt auch noch. Alle drei leben noch.«

»Sie erhielten Lebensmittelkarten für Familienangehörige?«

»Ja. Ich hab ja nicht gearbeitet. Ich gehörte zur Sanitätsbrigade in unserem Haus. Aber als der Arzt hörte, daß ich drei Kinder hatte, wurde ich freigestellt. Ich habe dann medizinische Lehrgänge besucht, na ja, für Erste Hilfe: War irgend jemand verwundet, von einem Splitter getroffen, mußte man ihn ins Haus, ins Krankenzimmer bringen und verbinden. Damals haben sich alle Leningrader damit befaßt.«

»Und wo haben Sie gewohnt?«

»Auf dem Grashdanski-Prospekt, im Oktober-Stadtbezirk, Haus Nr. 19. Jetzt wohnen wir Moika 20, Wohnung 17. Meine Tochter singt schon seit zwanzig Jahren hier im Chor.«

»Und Sie auch?«

»Ich arbeite ebenfalls für den Chor, seit achtundsechzig, ich kontrolliere die Eintrittskarten. In der Grashdanskaja-Straße hatten wir ein Zimmer von zwanzig Quadratmetern für alle zusammen, da haben sie der Tochter diese Wohnung gegeben.«

»Wohin gehen Sie auf dem Foto hier gerade?«

»Soweit ich weiß, ist das der Newski-Prospekt. Wir gingen stets die gleiche Strecke: Majorow-Prospekt, dann die Herzenstraße entlang und im Bogen wieder hierhin zum DLT*. Ich führte die beiden, um sie vom Essen abzulenken. Wir gingen einfach spazieren, Lora war eben erst aus dem Bett aufgestanden. Der Arzt hatte gesagt, sie solle

* Haus des Leningrader Handels, Kaufhaus

mehr Gehen üben. Ihre linke Seite war doch völlig gelähmt. Wie Sie sehen, geht sie mit Stock. Und der Arzt meinte, sie sollte möglichst viel laufen. Deshalb haben wir sehr große Bögen gemacht. Manchmal sind wir sogar ins Kino gegangen, um unsere Gedanken vom Essen abzulenken.«

»Die Kinos waren in Betrieb?«

»Ja. Einmal haben wir im Filmtheater Molodjoshny den Film ›Die Schweinepflegerin und der Hirt‹ gesehen, da gab es Alarm. Die Vorstellung wurde unterbrochen, der Saal verdunkelt, und wir blieben eine Weile dort sitzen. Im Winter war es natürlich schwerer, das können Sie sich denken, denn es gab ja kein Wasser, die Wasserleitungen waren kaputt. Also kamen die Leute mit Teekesseln, Kasserollen und Schlitten – jeder wie er konnte. Aus solchen Zapfstellen da (offene Stellen in Rohren mit frischem Wasser) konnte man Wasser schöpfen. Dann wurde bei uns unten im Waschhaus Wasser verteilt, und wir gingen stets angefaßt hin, weil dort Berge von Toten lagen, die mit Autos abtransportiert wurden. Die Toten waren auf der Straße aufgelesen und im Waschhaus gestapelt worden (dann kam ein Auto und holte sie ab). Und eben dort im Waschhaus gab es Wasser. Deshalb hielten wir uns bei den Händen. Wer sich fürchtete, sah einfach nicht hin.«

»Sie gingen angefaßt, weil Sie Angst hatten?«

»Erstens, weil wir Angst hatten, und zweitens, weil dort kein Licht war. Der erste trug einen Kienspan wie auf dem Lande, und der letzte trug einen, die anderen aber hatten entweder einen Teekessel oder einen kleinen Krug in der Hand. Wir mußten uns doch waschen, mußten trinken, auch was kochen.«

»Haben Sie sich abgesprochen?«

»Ja, mit den Wohnungsnachbarn, die im gleichen Stockwerk wohnten. Konnte ich eines von den Kindern mitnehmen, dann gab ich ihm einen Teekessel oder einen Krug, damit wir zusammen gehen konnten.«

»Kommen wir auf das Foto zurück. Sie sind also auf dem Majorow-Prospekt spazierengegangen und dann?«

»Dann über den Herzen-Prospekt Richtung Newski, hier, beim Kino Barrikada sind wir auf den Newski gestoßen. Hier waren viele kleine Schreibwaren- und Buchläden, und alle geöffnet.«

»Das war im Februar oder März zweiundvierzig?«

»Eher wohl im April oder Mai, vor unserer Abreise. Man brachte uns im Juli weg (ich hab irgendwo noch die Evakuierungsbescheinigung). Ich wurde damals als Frau eines Armeeangehörigen aufs Kriegskommissariat bestellt, weil im Mai die Zahlungen aufgrund des Soldatenberechtigungsscheins aufgehört hatten. Nun lebte ich von der kleinen Unterstützung, die mir das Kriegskommissariat für die Kinder gab, weil ich drei hatte.«

»Lora Michailowna, entsinnen Sie sich dieses Tages? Wie Sie mit Ihrer Mutter und der Schwester spazierengingen?«

»Nein.«

»Und erinnern Sie sich vielleicht an andere, ähnliche Spaziergänge? Wie alt waren Sie damals?«

»Es sieht aus, als wären Mutter und ich gleichalt. Aber ich war erst dreizehn.«

»Erinnern Sie sich an Ihre Krankheit, den Hunger? Welche Erinnerungen haben Sie noch an damals, als sie zwölf, dreizehn Jahre alt waren?«

»Ich glaube, das Schrecklichste ist, wenn der Mensch fortwährend essen möchte, aber absolut nichts zu essen da ist. Das Zweitschrecklichste ist, wenn sich weder Arme noch Beine bewegen lassen und man nicht weiß, ob man überhaupt wird laufen und leben können. Die Ärztin kam jeden Tag und untersuchte mich, aber mir war klar, daß sie nur prüfen wollte, ob ich noch lebte oder schon tot war.«

»Helfen konnte sie nicht?«

»Womit? Sie verschrieb Schrot, na, und Ölfruchtkuchen, Ölkuchen, was wir in der Kinderklinik hatten, Schrotmilch. Aber das war für mich natürlich alles ungenießbar. Sie hatte zwei solche Kranke wie mich, das heißt, mich und noch ein Mädchen.«

»Das war Hungerparalyse?«

»Paralyse durch Dystrophie. Einmal kam sie und erzählte, meine Schicksalsgenossin sei gestorben.«

»Das hat sie Ihnen gesagt?«

»Nein, meiner Mutter, aber ich hatte ein feines Gespür und konnte verstehen, was hinter der Tür auf dem Korridor gesprochen wurde. Ich wußte, daß das auch mir passieren konnte. Und als sie am anderen Tag kam und sah, daß ich noch am Leben war, war sie überrascht. Ich hab diese Ärztin später wieder getroffen. Nach dem Krieg, ich glaube, dreiundfünfzig. Ich hatte schon das Kind, es war noch klein. Sie fragte meine Mutter: ›Wie geht es Ihnen? Wie geht es Ihrer Familie, Ihrem Mann? Lora ist bestimmt gestorben.‹ Ich sagte: ›Frau Doktor! Ich lebe, ich habe sogar ein Kind auf dem Arm.‹ Sie war sprachlos, wußte nicht, was sie sagen sollte. Das war das reinste Wunder.«

»Und was hat Sie gerettet? War es Ihre Mutter?«

»Natürlich, meine Mutter und mein Vater, solange er noch bei uns war. Und mein Lebenswille. Sie können sich das nicht vorstellen. Ich wundere mich selbst, daß Kinder meines Alters einen derart starken Lebenswillen hatten. Wir wollten unbedingt am Leben bleiben.«

»Und wie ging es Ihrer jüngeren Schwester, entsinnen Sie sich?«

»Und ob! Ich weiß noch, sie saß fortwährend da und zerschnitt Papier. Sie hatte davon schon Hornhaut an den Händen. Natürlich war das bei ihr eine Psychose. Sie war noch klein, vier Jahre alt. Und sie wollte immer nur essen, verstehen Sie? Wenn ein Kind essen will, bittet es darum. Sie aber tat es nicht, denn ihr war klar, daß nichts zu essen da war. Also saß sie da und zerschnitt und zerriß Papierfetzen, das heißt, sie hätte davon den Verstand verlieren können.«

»Sie schnitt, bis sie davon Hornhaut hatte?«

»Ja, ihre Finger waren voller Hornhaut. Wenn Mutter ihr

die Schere wegnahm, suchte sie sich neues Papier und zerriß es schweigend.«

Ähnliches begegnete uns später auch in anderen Berichten über hungernde Kinder während der Blockade. Jungen und Mädchen saßen und zerschnitten und zerrissen Papier, schaukelten dabei hin und her und beschäftigten sich ununterbrochen und methodisch, um das Hungergefühl zu betäuben, das ihnen den Verstand raubte.

»Sie sagen, Lora ist im Dezember krank geworden, Veronika Alexandrowna?«

»Ja, sie war zum erstenmal allein zum Bäcker gegangen. Hatte lange gestanden. Als sie wiederkam, sagte sie, ihr Bein sei ganz schwach, wie Watte. Sie legte sich ein bißchen hin. Es schien vorbei zu sein. Dann ging sie mit mir Holz sägen, weil die Ärztin gesagt hatte, Wärme sei das Wichtigste; außer dem Essen brauchten wir noch Wärme. Und als wir Holz sägen gingen, brach sie endgültig zusammen. Wir mußten sie nach oben tragen. Sie lag von Dezember bis Mai. Ich kann die Zeit natürlich nicht genau angeben, aber Anfang Mai etwa stand sie langsam wieder auf. Und die Ärztin, die zu uns kam, sagte, wir sollten unbedingt längere Spaziergänge machen, um uns zu kräftigen, denn es hatte eine Zeit im Dezember, Januar gegeben, da lagen wir nur, hatten weder die Kraft zu kämpfen, noch den Wunsch aufzustehen oder etwas zu tun. Die Türen in der Wohnung standen weit offen, wer wollte, konnte herein. Und da kam eines Tages die Ärztin, aber ich und alle übrigen lagen, weil wir durch dieses Leben schon nichts mehr empfanden. Die Ärztin schrie mich an und sagte, wir sollten durch die Wohnung gehen. Oh, wie die mich beschimpft hat! Sie war trotzdem eine sehr gute Ärztin. Sie kam tagaus, tagein zu uns, obwohl sie nicht glaubte, daß wir durchkommen würden. In der letzten Zeit sagte sie zu mir: Was kann ich schon ausrichten? Höchstens den Totenschein ausschreiben. Zu mir kamen auch welche von der Wohnungsgenossenschaft, um zu überprüfen, ob

Lora noch lebte. Das war, weil damals, wenn jemand starb, die Hinterbliebenen oft seine Lebensmittelkarte nicht abmeldeten. Und die von der Genossenschaft wunderten sich immer wieder, daß Lora zwar noch lag, aber lebte. Manchmal wollte sie irgend etwas machen, etwas lesen oder mit einer Hand nähen, um sich daran zu gewöhnen. Und dann später (das hab ich schon erzählt), als der Frühling kam und die Sonne wärmer schien, gingen wir spazieren. Die Ärztin hatte mir gesagt: Laufen, laufen, laufen, die Beine kräftigen. Die schmerzten sehr – nach dem langen Liegen und dem Skorbut.«

»Sie sagten vorhin, die Nachbarn hätten Lora nicht erkannt?«

»Ja. Wir traten vor die Tür, und ich wollte nicht weit mit ihr gehen. Ich dachte mir, wir setzen uns ein bißchen in die Sonne, wärmen uns und gehen wieder heim, schließlich mußten wir sie noch in den vierten Stock hinaufbringen. Auch wenn sie nur noch ganz wenig wog, ich wog ja damals selber nur zweiundvierzig Kilo. Sie werden verstehen, daß das nur das Knochengewicht ist. Mir fiel es schwer, sie zu tragen. Und die Nachbarinnen meinten: ›Sie haben ja den Winter Gott sei Dank heil überstanden, weil Ihre älteste Tochter gestorben ist und Sie ihre Lebensmittelkarte zusätzlich hatten.‹ Da weinte Lora und sagte: ›Mama! Wir wollen weg von hier. Ich will diese alten Frauen nicht mehr hören!‹ – Sie glaubten nicht, daß sie noch lebte. Erkannten sie nicht. Wir machten also Spaziergänge. Zucrst waren es nur kleine, aber dann dehnten wir sie immer mehr aus. Und während eines solchen Spazierganges sind wir offensichtlich diesem Genossen da begegnet, dem Fotografen.«

»Wann haben Sie das Foto zum erstenmal gesehen?«

»Im Verteidigungsmuseum. Und nicht einmal ich hab es gesehen. Ich war bei meiner Freundin, wir sind schon sehr lange befreundet. Auch sie hat mit ihren Kindern lange hier in Leningrad gelebt und wurde auch im Sommer evakuiert. Ihr Sohn war im Verteidigungsmuseum. Die kleinen Jungen liefen oft dorthin, wissen Sie, wegen der abgeschossenen Flugzeuge, der deutschen Helme, Waffen und so weiter. Er kam zu mir und sagte: ›Tante Ronja! Ich hab Sie gesehen!‹ Ich fragte: ›Wo hast du mich gesehen?‹ – ›Ich war im Museum‹, erzählte er, ›und dort sind Sie, Lora und Dolja, alle drei. Und darunter steht: Leningrader beim Spazierengehen.‹ – Als meine mittlere Tochter aus dem Norden bei mir zu Besuch war, ging sie einmal hin und bat, für uns einen Abzug von dem Bild zu machen. Da sie selber wieder wegfuhr, mußte Lora ihn abholen. Und als sie hinkam und um dieses Foto bat, und als sie es sah, wurde ihr schlecht. Verstehen Sie – sich in solch einem Zustand zu sehen! Und an all das erinnert zu werden! Noch einmal einen Augenblick lang all die Angst und das Grauen zu durchleben! Ein Mann trat zu ihr, ein Museumsmitarbeiter, und sagte: ›Warum weinen Sie denn? In jenen Jahren – einundvierzig und zweiundvierzig – sind so viele Leute gestorben. Weinen Sie nicht. Sie sind nicht mehr. Sie aber müssen leben.‹ – Doch die Frau, die ihr das Foto aushändigte, sagte zu ihm: ›Sehen Sie doch, das ist sie selber!‹ – Er war furchtbar verlegen, entschuldigte sich vielmals und ging. So ist das Foto in unsere Hände gelangt. Und ich hebe es auf. Wir wollen es aufheben, obwohl es natürlich entsetzlich und grauenvoll ist und immer wieder Aufregung und Tränen auslöst.«

Streitende Stimmen

Das steht hinter einem einzigen Foto. Für den unbekannten Frontkorrespondenten und Fotografen bedeutete es Hoffnung und Wiedererwachen zum Leben. Für uns Heutige ist es ein Blick aus weiter Ferne in die entsetzliche und legendäre Realität der Blockade. Für die Familie Opachow, Mutter und Töchter, ist es lebendige, schmerzhafte Erinnerung.*

* Drei Monate nach dieser Aufzeichnung verstarb Lora Michailowna Opachowa. Die Blockade holt sich »ihre« Opfer, auch wenn sie sie erst freigab

Und dir, mein Freund, dir wird auch noch im Frieden
Als Lebensschnittpunkt in Erinn'rung sein
Das Haus auf dem Prospekt der Roten Kommandeure,
Wo Feuer glomm und Kühle zog herein.
Du reckst dich auf, du bist, wie heute, jung noch,
Du jauchzt und weinst und rufst, ganz still hervor,
Das Dunkel, meine Stimme, diese Kälte,
Die Barrikade dort am Tor.**

Olga Bergholz

Diese Hoffnungen schienen eher ein dichterisches Bild, ein Traum zu sein als eine Prophezeiung. Fünfunddreißig Jahre sind vergangen, und jeder sieht, daß Olga Bergholz recht hat. Der grauenvollen Hungerjahre erinnert man sich mit Entsetzen, voller Schmerz, mit Tränen, »jauchzend und weinend«, das Herz ruft und wundert sich über die Standhaftigkeit der eigenen Seele, über ihre Möglichkeiten und über das Heldentum der Leningrader.

Nur die Poesie besitzt diese prophetische Gabe. In den leeren, eisigen, dunklen Wohnungen erklang nach dem toten Ticken des Metronoms jene leise, leicht stockende Frauenstimme, auf die alle Leningrader warteten. Diese Stimme gehörte einer Frau, die ebenso litt, hungerte, alles verstand und mitempfand.

Ein ganzes Menschenleben später kamen wir nun zu diesen Leuten und baten, uns von der Blockade zu erzählen. Nicht von der Blockade schlechthin, darüber ist schon viel geschrieben worden, sondern von ihrem Leben während der Blockade. Das erste, was sie antworteten, war:

»Das ist zu schwer, das ist unmöglich, ich will mich nicht erinnern, nein, nein, ich hab ganz Entsetzliches erlebt.«

Über andere, über einzelne Episoden – wie ihr Betrieb weiterarbeitete oder wie sie Schützengräben aushoben und Panzersperren errichteten – bitte. Nur nicht über das eigene Leben. Wir aber baten gerade darum, sie sollten von sich erzählen, über ihre Erlebnisse. Schließlich willigten sie ein. Mit Ausnahme von zwei oder drei Personen. Vielleicht haben einige auch nicht alles erzählt. Manchmal wollten sie uns schonen. Manchmal bangten sie um sich. In die Vergangenheit zu tauchen war qualvoll. Während sie erzählten, weinten oder verstummten sie oft, außerstande, Fassung zu bewahren. Nach dem Bericht konnten sie sich lange nicht beruhigen. An den folgenden Tagen riefen uns viele an, kamen selbst oder schrieben uns, weil ihnen noch dies oder das eingefallen war, oder im Gegenteil, sie waren entsetzt über das, was ihnen herausgerutscht war, und baten, die Aufzeichnung zu löschen.

Sie scheuten sich, in die Blockadestadt zurückzukehren, in ihre reifbedeckten vier Wände, wo der Mensch »im eigenen Bett erfror wie in der Steppe« (O. Bergholz). Wir beharrten mit einer Grausamkeit, die uns selbst bedrückte und beschämte. Wir beriefen uns auf die Geschichte, die künftigen Generationen, die wissen sollten, wie alles war. Insgeheim quälten uns Zweifel – lohnte es? Warum nach Jahrzehnten unvorstellbare Qualen und erniedrigendes menschliches Leid der Vergessenheit entreißen? Würde das jemand helfen?

Galina Jewgenjewna Ekman-Kriman erzählte uns von dem Hunger, von dem Lazarett, in dem sie arbeitete, von der Evakuierung und schloß mit den Worten: »Ich möchte nicht zurückblicken. Es soll nicht vergessen werden und wird auch nie vergessen, aber trotzdem will ich mich nicht erinnern.«

Jeder hat einen eigenen Bericht. Jeder hat etwas Eigenes. Wiederholungen waren unvermeidlich, dennoch trug jeder Bericht ein eigenes Gepräge und hatte eine eigene Geschichte.

Während wir zuhörten und aufzeichneten, glaubten wir manchmal: Da ist sie – die Grenze des Leids, des Unglücks, aber die folgende Geschichte zeigte uns neue Grenzen des Leids, einen neuen Gipfel der Standhaftigkeit, neue menschliche Geisteskräfte.

Es kam zu keiner Sättigung mit Material. Wir erreichten

nicht jene erwartete Grenzlinie, von der an weitere Berichte bereits Bekanntem nichts Wesentliches hinzufügen konnten. Vielleicht lag diese Grenzlinie noch vor uns, lag hinter weiteren dreißig oder auch fünfzig Berichten, vielleicht auch gab es sie überhaupt nicht.

Als wir am 5. April 1975 bei Maria Gurjanowna Stepantschuk (Schelgunow-Straße 8) unsere erste Aufzeichnung machten, wußten wir, welche Erinnerung ihr den größten Schmerz bereiten würde – die an ihr verstorbenes Töchterchen. Aber die Frau vermied es beharrlich und verängstigt, davon zu sprechen. Und wir wagten nicht, darauf zu bestehen. Später stellte sich heraus, daß wir ihr gerade dadurch noch größeres Leid zugefügt hatten. Eine heikle Geschichte – die Erinnerung an die Blockade!

»Und wissen Sie, was nach Ihrem Weggang geschah?« teilte uns die Frau telefonisch mit, von der wir Maria Gurjanownas Anschrift erhalten hatten. »Sie kam ganz verstört zu mir, weil sie das Wichtigste nicht berichtet hatte. ›Ich fürchtete, ich würde zu weinen anfangen, wenn ich von meiner kleinen Tochter erzähle, und ich würde nichts weiter sagen können, so daß die Leute umsonst hergekommen und sich abgemüht hätten.‹«

Dann suchte sie ganz aufgeregt alle Freundinnen und Bekannte aus den Blockadetagen auf (von siebenundzwanzig gab es nur noch vier, wie uns die Frau erzählte). Sie ging zum Grab ihrer Tochter und in die Kirche. Wurde krank und mußte sich ins Bett legen.

Und das wohl nicht nur, weil die Erinnerungen ihr zugesetzt hatten. Sondern auch aus einer Art Schuldgefühl ihrer verstorbenen Tochter gegenüber, von der sie nichts erzählt hatte. Sie hatte geglaubt, ihr Andenken geopfert zu haben, um uns nicht bei der Arbeit »zu hindern« – beim Sammeln von Material über eine Blockadegeschichte.

Dann zeigte Galina Maximowna Gorezkaja (unsere Bekannte) ihr das in Leningrad erschienene Buch »Bei Fliegeralarm«, wo die Tragödie jenes für ihre Tochter so verhängnisvollen Beschusses geschildert wird, und auch die

Explosion in der Fabrik (das Kind war in einer Krippe in der Nähe des Werkes). So seltsam das auch scheinen mag, es wirkte auf die Frau beruhigend, zumindest löste es die Spannung der letzten Tage. Nachdem sie es gesehen hatte, war sie überzeugt: Auch ohne ihren Bericht würden die Menschen Bescheid wissen und daran denken.

In den Erinnerungen der Blockadeteilnehmer findet auch ein Streit oder, genauer gesagt, die Fortsetzung eines (nicht alltäglichen?) Streites mit denen statt, die sich nicht nur selbst »nicht erinnern«, sondern sogar ärgerlich reagierten, wenn man sie erinnerte. Das ist wie mit einem Kind in der Familie: Man hat es immer vor (fremden) Lebensdramen und (fremdem) Leid behütet, »damit sich die Seele festigt« – und dann tritt Gefühlskälte und Gleichgültigkeit zutage.

»Da fragt man mich nach der Blockade! Wie war sie nun wirklich? Mein Enkelkind schrieb mir vergangenes Jahr und sagt jetzt noch: ›Du hast ja keine Beweise!‹«

So äußerte sich Taissija Wassiljewna Mestschankina (Sofia-Kowalewskaja-Straße 9) verbittert am Ende ihres Berichts. Mehrmals hat sie versucht, ihren Kindern und Enkeln zu Hause Einzelheiten über die Blockade zu erzählen – sie glaubten ihr nicht. Wie soll sie es beweisen?

»Nun erzähle ich es Ihnen und denke – vielleicht glauben Sie mir auch nicht?«

Immer wieder merkten wir, daß Befragte damit rechneten, keinen Glauben zu finden, stießen auf ein schmerzliches, banges Gefühl, das sich, während sie sich noch erinnerten, offenbarte. Je mehr ein Mensch sich selbst hörte, um so feinfühliger wurde er, sein Bericht glättete sich, flachte ab, durchsetzte sich mit allgemein bekannten Fakten.

»Meine Bekannte unterrichtet in einer Fachschule«, erzählte Nil Nikolajewitsch Beljajew. »1975 hielt dort ein alter Leningrader Blockadeteilnehmer vor den Studenten einen Vortrag über die Situation in den Jahren 1942/43.

Und während er all die bedrückenden Ereignisse schilderte, mit denen die Menschen während der Hungerzeit konfrontiert wurden, hörten viele Studenten äußerst unaufmerksam zu. Nach seinem Bericht meldete sich ein Mädchen zu Wort und sagte, sie verstehe nicht, was daran wäre, wenn ein Mensch mal seine einhundertfünfundzwanzig oder einhundertfünfzig Gramm Brot an einem Tag nicht gekriegt hätte. Sie könne eine Woche lang kein Brot essen und sich trotzdem ausgezeichnet fühlen.«

»Wobei das doch nicht ironisch gemeint war?«

»Ich weiß nicht. Jetzt herrscht ja die Meinung, es ist genug über die Blockade gesprochen worden.«

Daß sie satt sind und es ihnen gut geht – das Mädchen, das dem Blockadeteilnehmer widersprochen hat, und die zweifelnde Enkeltochter –, ist natürlich schön. Aber daß diese Kinder anscheinend »moralische Dystrophiker« sind (ein Leningrader Ausdruck aus der Kriegszeit) – das ist schlimm.

Doch ihnen Dummheit, Wohlstand und Herzlosigkeit vorzuwerfen wäre zu einfach. Oder sich von ihnen abzuwenden, weil man sie für Ausnahmen hält. Man muß sich in sie hineinversetzen: Wie könnte jemand, der nie gehungert hat – hegte er auch die edelsten Absichten und wäre moralisch und als Bürger noch so feinfühlig –, sich einfach ausmalen und vorstellen, was das war? Was die lange Leningrader Hungerzeit war und was bei diesem Hunger ein Stück Brot von 125 Gramm oder ein Stück Brotrinde bedeutete? Nein, das kann man von niemandem verlangen, der stets satt gewesen ist und es stets warm hatte, man muß es ihm geduldig und überzeugend darstellen, seine Vorstellungskraft wecken. Die Generationsfolge erlegt den einen wie den anderen Pflichten auf. Die neuen Generationen müssen die Berichte derjenigen hören und kennenlernen, die all das erlebt und durchgemacht haben.

»Wir haben vermieden, davon zu reden, aber manchmal denke ich, das war falsch, weil weder Tamaras Sohn noch

Viktor es begreifen. Und wir haben immer unterlassen, mit ihnen darüber zu reden und es ihnen zu erzählen. Vielleicht zu Recht, weil sie es ohnedies nicht verstanden hätten. Mischka sagte mal zu Tamara: ›Pah! Unser Vater war an der Front!‹« (Sesenewskaja, Nina Wjatscheslawowna)

Während der Aufzeichnung eines Blockadeberichts kam es zu einem Gespräch, das uns in Erstaunen setzte. Eine Frau erzählte, und ihre Tochter, ihr Schwiegersohn und die Enkel hörten zu. Dergleichen kam oft vor. Natürlich war es für uns und den Berichtenden günstiger, wenn keine anderen Zuhörer als wir da waren, aber das ließ sich nicht immer einrichten. Es gab keinen Raum, wohin wir uns hätten zurückziehen können, und außerdem wurden Angehörige und Nachbarn oft von Neugier geplagt. Manchmal waren die Zwischenbemerkungen der Zuhörer auch förderlich, ihr Argwohn, ihr Mitgefühl, ihre Seufzer und ihre Tränen regten die Erinnerung an.

Die Aufzeichnung, von der hier die Rede ist, war schwierig, der Bericht bedrückte alle, und offenbar waren den jungen Leuten all die Einzelheiten über das Elend ihrer Familie gar nicht bekannt. Einesteils wollten sie alles wissen, andererseits auch wieder nicht. Von allein hätten sie nie gefragt, aber nun hörten sie aufmerksam und gespannt zu. Als erster hielt der Schwiegersohn es nicht länger aus. Er war nicht mehr allzu jung, stammte nicht aus Leningrad und warf ein: »Wozu mußte all dieses Leiden sein? Man hätte die Stadt aufgeben, all das vermeiden sollen. Warum die Menschen zugrunde richten?«

Seine Worte klangen einfach und natürlich und entsprangen dem Ärger über die Sinnlosigkeit, das Sonderbare des Geschehens. Erst verstanden wir nicht ganz, was er meinte. Er war etwa fünfunddreißig, trug einen Bart und machte einen soliden Eindruck. Man sollte meinen, er hätte Bescheid wissen müssen. Dann sagten wir uns, daß es vielleicht doch anders war. Wahrscheinlich hatte er irgendwann einmal von den Befehlen des faschistischen Oberkommandos und den Plänen des Führers gehört oder gelesen, alles niederzubrennen und alle Menschen auszurotten, aber aus heutiger Sicht wirkte das alles so unsinnig und phantastisch, daß es bestimmt jeder Realität entbehrte.

Die Zeit, die vergangenen Jahrzehnte vereinfachen die Vergangenheit unmerklich, wir betrachten sie gleichsam nach unseren heutigen Rechtsnormen und ethischen Begriffen.

In der westlichen Literatur stießen wir auf andere Überlegungen, da gab es keine Zweifel, keinen Schmerz und keine Aufrichtigkeit, eher schimmerte die Selbstrechtfertigung der Kapitulanten hindurch, der rachsüchtige Versuch, Untätigkeit in Heldentum umzumünzen. Sie fragen in mitfühlendem Ton: Waren solch maßloses Leid und derartige Opfer notwendig? Ließen sie sich durch militärische oder andere Vorteile rechtfertigen? War das menschlich gegenüber der eigenen Bevölkerung? Paris zum Beispiel wurde zur offenen Stadt erklärt. Auch die anderen Hauptstädte sind nach der Kapitulation unversehrt geblieben. Und dann wurde dem Faschismus das Rückgrat gebrochen, er wurde ohnedies besiegt – als die Zeit dafür gekommen war.

Dieses Motiv, dieser Streit klingt unverhohlen oder in verhüllter Form aus Arbeiten, Büchern und Artikeln mehrerer westlicher Autoren. Wie zynisch und undankbar! Wenn sie wenigstens ehrlich die eigene Logik zu Ende geführt hätten. Erfreut sich die heutige Menschheit nicht deshalb an der Schönheit und den architektonischen Schätzen und historischen Kostbarkeiten von Paris und Prag, Athen und Budapest und an vielen anderen kulturellen Werten, besteht unsere europäische Zivilisation mit ihren Universitäten, Bibliotheken und Gemäldegalerien nicht deshalb, stürzte das »Tausendjährige Reich« nicht deshalb vorzeitig in einen bodenlosen Abgrund, weil sich jemand weniger schonte als andere, weil jemand seine Hauptstädte und andere Städte bis zuletzt im tödlichen Kampf verteidigte und dadurch die Zukunft aller anderen

Menschen rettete? Auch Paris wurde für die Franzosen und für die Menschheit hier gerettet – im lodernden Stalingrad, in Leningrad, das Tag und Nacht beschossen wurde, und vor Moskau. Es wurde eben durch jenes Leid und jene Standhaftigkeit gerettet, über die die Leningrader berichten.

Als die europäischen Hauptstädte eine nach der anderen zu offenen Städten erklärt wurden, bestand doch die stille Hoffnung: Hitler hat noch die Sowjetunion vor sich. Auch Paris wußte das. Und Moskau, Leningrad und Stalingrad wußten, daß sie vielleicht die letzte Hoffnung dieses Planeten waren.

»Der Führer ist entschlossen, die Stadt Petersburg vom Erdboden verschwinden zu lassen« ... heißt es in dem Dokument der Seekriegsleitung »Die Zukunft der Stadt Petersburg«, vom 29. September 1941. Weiter heißt es: »Auch Finnland hat in gleicher Weise erklärt, daß es kein Interesse an dem Weiterbestehen der Stadt unmittelbar an seiner Grenze habe.« In einem Dokument vom 22. September steht, daß geplant wird, »die Stadt fest zu blockieren und mit Artillerie aller Kaliber zu beschießen und durch unaufhörliche Bombardierung Leningrad dem Erdboden gleichzumachen. Wenn die Übergabe der Stadt angeboten wird, so sollte dieses Angebot abgelehnt werden.«

Diese Anweisung wurde mehrmals wiederholt: So heißt es in der geheimen Kommandosache des Oberkommandos der Wehrmacht vom 7. Oktober 1941: »Der Führer hat erneut entschieden, daß eine Kapitulation von Leningrad oder später von Moskau nicht anzunehmen ist, auch wenn sie von der Gegenseite angeboten würde.«

Keitel erteilte dem Oberkommandierenden der Heeresgruppe Mitte die Anweisung: »Leningrad muß schnell abgeschnitten und ausgehungert werden.«

Moskau und Leningrad waren dazu bestimmt, vollständig vernichtet zu werden – mitsamt den Einwohnern. Damit sollte jene Sache ihren Anfang nehmen, die Hitler im Sinn hatte: »Die Russen als Volk zu vernichten.« Das heißt, sie biologisch, geographisch und historisch auszurotten.

Jedoch nicht die drohende Vernichtung war die Ursache für den Heldenmut der Leningrader. In den düsteren Tagen der Blockade oder in den Schneewehen vor Moskau ahnte man sie nur, konnte man sie sich vorstellen. Durch Dokumente wurde sie erst viel später bestätigt. Nein, hier lag etwas anderes vor: der einfache und unumstößliche Wunsch, seine Lebensweise zu verteidigen. Wir sind keine Sklaven, wir mußten gegen den Faschismus kämpfen, uns ihm in den Weg stellen, Freiheit und Menschenwürde verteidigen.

Darin liegt die Rechtfertigung und der Sinn des Leningrader Heldentums, deshalb retteten die Leningrader und unser ganzes Volk sich und die Menschheit vor solchen Opfern und Qualen, deshalb nahmen sie Leid und Mühsal auf sich, ohne auch nur an »offene Städte« zu denken. Jemand mußte schließlich ...

Um das zu würdigen, muß man das Ausmaß der Prüfungen erkennen, die unser Volk ertragen mußte.

»Einmal hat man mir folgende Frage gestellt«, schreibt Alexandra Fjodorowna Sokolowa: »Warum haben Sie soviel Medaillen, darunter auch ›Für den Sieg über Deutschland‹? Sie waren doch nicht an der Front? Stimmt, wir waren nicht dort, haben jedoch nicht weniger gelitten und gesehen als die an der Front. Ich kenne den Geschmack jedes Grashalms, den Geschmack von Torf und von den Uniformriemen, die ich noch vom finnischen Krieg hatte.«

Nein, das ist nicht die übliche Neigung älterer Menschen, sich und ihre Zeit als der heutigen Zeit, den heutigen Menschen überlegen hinzustellen. Manchmal wollten sich viele von ihnen weder erinnern, noch wollten sie etwas erzählen. Das erschien ihnen sogar als unnötige Grausamkeit.

Sie wollten es auf später verschieben, wenn die Zeit gekommen wäre.

Wir rächen uns für das, was wir verschwiegen,
Was wir verbargen vor dem freien Land,**

so klangen Olga Bergholz' Gedichtzeilen im Januar 1943 aus dem Rundfunk.

Aber wenn es gestern vielleicht noch zu rechtfertigen gewesen ist, die kriegswunden Herzen der Mitbürger zu schonen, so brauchen gerade die neuen Generationen heute gewiß möglichst vollständige, genaue Kenntnisse und ein Gefühl für das, was vor ihnen war. Sie müssen wissen, womit das alles bezahlt wurde, sie müssen nicht nur über die Bescheid wissen, die gekämpft haben, sondern auch über diejenigen, die durchgehalten haben; über jene Menschen, die keine Waffe trugen und der Welt nur durch ihre Standhaftigkeit etwas sagen konnten. Sie müssen wissen, wie der Krieg ist und was für ein Segen der Frieden.

»Wir sind sehr froh, daß wir jetzt so gut leben, satt zu essen haben und etwas anzuziehen, wir reden den Kindern zu, mehr zu essen, und denken noch immer daran, wie Larissa um sieben Uhr morgens vor Hunger aufwachte und um das Brot von gestern bat, und wie wir ihr erwiderten: ›Larissa, wir haben kein Brot.‹ – ›Dann gebt mir das von morgen.‹«

Dieses Zitat stammt aus einem Brief von Vera Iwanowna Pawlowa (aus der Stadt Tosno).

Die nun schon betagte und wie fast alle ehemaligen Blockadeteilnehmer natürlich recht kranke Jekaterina Dmitrijewna Jankowskaja-Ladyshenskaja, die wir als junges Mädchen auf dem Vorkriegsfoto gesehen haben (eine Schönheit, wie es sie selten gibt), erklärt: »Würde man mir sagen, ich könnte Gesundheit, Schönheit und Jugend wiedererlangen, müsse nur noch einmal all das durchmachen – ich wäre nicht einverstanden, ich würde ablehnen!«

Und M. M. Chochlowa (Kontorskaja-Straße 18) schrieb uns:

»Während der Blockade dachte ich daran, mit welchen Empfindungen wir uns wohl einmal dieser schrecklichen

Zeit erinnern würden, sofern wir überlebten. Ich hab niemanden gefragt, was er empfand, mich aber plagte ein Gefühl des Abscheus, und das hielt sich sehr lange, jetzt ist es verwischt und abgestumpft. Mein Mann und ich spüren noch heute den erlebten Hunger im Mund. Manchmal sagt er: ›Ich möchte nicht essen, aber meine Zähne brennen, das ist noch immer diese verwünschte Blockade!‹ Auch ich möchte nicht essen, aber meine Zunge schmerzt.«

»Ich hatte noch den Gedanken, mir für alle Zeiten den Tag aufzuschreiben, an dem ich satt sein würde.« (Klawdia Petrowna Dubrowina, Serdobolskaja-Straße 71)

»Soeben habe ich in einer Sendung gehört, daß Sie Berichte über das Leben der Leningrader während der Blokkade sammeln ... Ein Teil junger Leute verzog jedoch beim Anhören derartiger Berichte plötzlich ironisch den Mund und erklärte, die wirklichen Blockadeteilnehmer lägen alle auf dem Piskarjowskoje-Friedhof.« (Tschikanina, Alexandra Michailowna, Mytninskaja-Straße 5/2)

Die Wahrheit über das von Millionen Menschen während der Blockadejahre Erlebte, diese dokumentarische Wahrheit, von Menschen vorgetragen, die all dies persönlich durchgemacht haben, wird vielleicht auch jetzt noch grausam erscheinen. Aber dafür wird sie jedem zu Herzen gehen (hoffen wir). Auch jenem Mädchen, das ohne die 125 Gramm Brot leben kann.

»Ich kam unterwegs an einem Neubau vorüber, vor dem einige Zimmerleute standen und hobelten. Ich nahm zwei saubere Späne vom Haufen, steckte den einen in den Mund und den anderen für später in die Tasche.«

»Nicht einmal, als ich draußen stand und wieder einen Hungeranfall fühlte, bereute ich es, das Büro verlassen zu haben, ohne um diese Krone zu bitten. Ich nahm den anderen Hobelspan aus der Tasche und steckte ihn in den Mund. Das half wieder. Warum hatte ich das nicht früher getan?«

Das ist keine Blockadeschilderung, das ist der junge Knut Hamsun. In seinem ersten berühmten Roman »Hunger«, der, 1890 geschrieben, in vielem autobiographisch ist. Vielleicht ist es bis jetzt das einzige Werk der Weltliteratur, wo der Hunger des Menschen zum Grundsujet, zum Gegenstand gründlicher schriftstellerischer Forschung gemacht wurde. Der Hunger treibt den Romanhelden in eine völlige Isolation, in der es keine Verständigung mit den satten, im Wohlstand lebenden Bürgern seiner Umgebung gibt.

Der Hunger sondert den Helden ab. Satte können einen Hungrigen nicht verstehen. Hamsuns Hunger und der der Blockadeteilnehmer waren nicht physiologisch, sondern psychologisch verschieden – der Hunger der Blockade war ein Feind, den der Faschismus uns geschickt hatte, er war ein Akt des Hasses, des Krieges, Teil einer Schlacht, die die Leningrader mit dem Feind führten.

Erschöpft und halb wahnsinnig vor Hunger, jagt der einsame Held Hamsuns durch das reiche Kristiania ... Was mit dem Helden geschieht, wirkt nicht nur auf unseren Verstand und unsere Herzen, sondern auch auf Magen und Drüsen. Der Leser glaubt, selbst die verschiedenen Stadien des Hungers durchzumachen. Die Macht des Hungers darzustellen ist auch für ein großes Talent nicht einfach. Nur die eigenen Erlebnisse des Künstlers, die Erinnerung an die Hungerjahre seiner Jugend, die qualvollen Jahre chronischer Unterernährung verliehen diesem Roman seine beeindruckende Glaubwürdigkeit. Hamsuns Schilderung des Hungers gilt als eine der stärksten in der Weltliteratur. Liebe und Hunger regieren die Welt, schrieb Schiller; Maxim Gorki wiederholte diese Worte mehrfach und war der Meinung, das sei das wahrhaftigste und gültigste Motto für die endlose Geschichte menschlichen Leidens.

Der Hunger in Hamsuns Roman und der Hunger während der Leningrader Blockade sind verschiedene Erscheinungen. Klar ist, daß der Massenhunger etwas Besonderes ist. Was man indes auf den ersten Blick bemerkt, ist die Ähnlichkeit der Zustände.

»Wir mußten essen, was wir gerade bekamen. Ich entsinne mich, wie ich einmal nach Hause kam und schrecklich gern etwas essen wollte! Ich wohnte damals auf der Woitik-Straße. Neben dem kleinen Ofen lag Feuerholz, ein Scheit oder zwei. So nahm ich dieses Scheit (es war Fichtenholz) und nagte daran, weil meine jungen Zähne etwas beißen wollten. Ich mußte unbedingt etwas essen! Also nagte ich an dem Scheit, Harz kam heraus. Und dieser Harzgeruch bereitete mir Genuß, weil ich wenigstens etwas zu knabbern hatte. Ich mußte etwas essen, sonst wäre der Hungertod unvermeidlich gewesen, und das war noch schlimmer, als durch Beschuß zu sterben. Der Hungertod ist ein sehr schwerer Tod.« (Jelena Michailowna Nikitina, Prospekt Statschek Nr. 26)

Und wieder Knut Hamsun:

»Das Essen begann zu wirken, ich litt sehr darunter und konnte es nicht lange bei mir behalten. Ich ging und entleerte meinen Mund in jedem dunklen Winkel, an dem ich vorbeikam, kämpfte damit, dieses Würgen, das mich von neuem aushöhlte, zu unterdrücken, ballte die Fäuste und machte mich hart, stampfte auf das Pflaster und würgte wieder herunter, was herauf wollte – vergebens!«

Wie in jeder echten Literatur wird hier dem kalten Reinlichkeitsfimmel getrotzt – nur die Liebe zum Menschen zählt, also auch das Mitleid, dem nichts schrecklich ist. Der Mensch leidet unter dem Unvermögen, die Nahrung im Körper zu behalten, die ihm so teuer zu stehen kam, und der Autor leidet mit dem Menschen und wegen seiner Ohnmacht vor eben dieser »Ironie des Lebens«, über die Dostojewski so leidenschaftlich, so voller Schmerz im »Idioten« geschrieben hat.

»Hunger«, dieser Roman des jungen Knut Hamsun, fragt gleichsam immer wieder: Was ist stärker in euch – menschliches Mitleid, das Verständnis für einen anderen oder ästhetischer Widerwille?

Aber ein weit gewichtigerer Prüfstein für diese Gefühle und für unsere Fähigkeit, einen Leidenden zu betrachten, ohne uns abzuwenden, sind die Blockadeerinnerungen. Ja, ein Mensch, der ob des grimmigen Hungers in Agonie liegt, ist äußerst »unästhetisch«. Man muß darauf vorbereitet sein, wenn man sich, wie wir, anschickt, wirklich die ganze Wahrheit hören, sehen und verstehen zu wollen und nicht nur einen Teil davon.

Man kann die ganze Abscheulichkeit aller Verbrechen des Faschismus, der (nach einem sehr treffenden Ausdruck von Olga Bergholz) »den Tod in die Stadt sandte«, nicht verstehen, wenn man nicht über den Massenhunger spricht, jenen »gedungenen Mörder« der Faschisten.

Denn der Blockadehunger gehörte wie der Hunger im Lager (und wie die Verbrennungsöfen von Auschwitz und anderswo) zum Arsenal der Hauptmittel, mit deren Hilfe die Faschisten ihre Pläne der Ausrottung ganzer Völker, der »Entvölkerung« ganzer Länder verwirklichten.

Übrigens sind viele der schonungslosesten und wahrheitsliebendsten Erzähler Mediziner – Ärzte, Krankenschwestern, Sanitäterinnen, Leute, die von Berufs wegen barmherzig sind. Sie erzählen Ihnen von den hungernden Menschen, dem Massenhunger, ohne etwas zu beschönigen, weil in ihren Augen keine Krankheit (und Dystrophie, vor allem alimentäre, ist eine sehr schwere Krankheit), keine Krankheitserscheinungen den Menschen erniedrigen. Zum Beispiel erzählte eine Ärztin, sie sei »immer naß wie ein kleines Kind« durch die Straßen gegangen. Der Hunger hatte alle Muskeln ausgezehrt, sie war nur noch Haut und Knochen. »Ich konnte nicht gehen und habe doch gearbeitet.« (Jerschowa, Maria Michailowna)

Die Ärztin G. A. Samowarowa entsinnt sich:

»Sie hatten alle Katzen, alle Hunde aufgegessen. Zuerst starben die Männer, weil sie muskulös sind und wenig Fett haben. Frauen, selbst kleine, haben ein dickeres Unterhautfettgewebe. Aber auch sie starben, obwohl sie widerstandsfähiger waren. Die Menschen verwandelten sich in Greise, wissen Sie, weil die Fettschicht zerstört wurde und so alle Muskeln und Gefäße zu sehen waren. Und alle hatten ganz welke Haut.«

Die Ärztin Kondratjewa, Anna Alexandrowna, meinte: »Diese schrecklichen Gesichter, die starren Augen, die spitzen Nasen, das Fehlen der Mimik.«

Aber anfangs reagierten die Menschen sogar empfindsamer, und ihre Phantasie wurde angeregt. Bekanntlich strebten Mönche und Eremiten ganz bewußt danach, weil sie nach »Gesichten« dürsteten.

Alimentäre Dystrophie dritten Grades bedeutet nicht nur ein Skelett ohne Muskeln (selbst das Sitzen bereitet dem Menschen Schmerzen), sondern auch, daß der Magen das Gehirn auffrißt.

Wen der Hunger gepackt hatte, der krümmte und quälte sich wie ein Schwerverwundeter.

»Am besten hielten sich die kleinen Mädchen, aber der zwölfjährige Tolja litt sehr, er war schon hochgradig unterernährt, legte sich manchmal auf das knarrende Bett und schaukelte die ganze Zeit, um das Hungergefühl zu betäuben, er schaukelte, bis seine Mutter ihn anschrie, fing aber bald wieder an. Einige Zeit später erfuhr ich, daß er gestorben war.« (M. M. Chochlowa)

Ja, der Hunger in der »alten«, klassischen Literatur und der Massenhunger (zudem der organisierte und zielgerichtete wie zur Zeit des Faschismus) sind ganz verschiedene Erscheinungen.

Der brasilianische Gelehrte und Vorsitzende des Exekutivkomitees der Organisation für Ernährung und Landwirtschaft bei der UNO, J. de Castro, schrieb in seinem Buch »Die Geopolitik des Hungers«:

»Auf jede gedruckte Arbeit zu Problemen des Hungers entfallen über tausend Arbeiten zu Problemen des Krieges. Ein Verhältnis von mehr als tausend zu eins! Dabei sind weit mehr Menschen verhungert, als während aller Epidemien zusammengenommen umkamen. Der entstandene Schaden ist, gemessen an der Zahl der Opfer, bedeutender und viel ernster in seinen biologischen und sozialen Konsequenzen.«

Und weiter:

»Die westliche Wissenschaft und Technik, die einen glänzenden Sieg über die Kräfte der Natur errungen hat, hat fast überhaupt nichts gegen den Hunger unternommen. Die Wissenschaftler schwiegen beharrlich über die Lebensbedingungen hungernder Massen in der ganzen Welt. Bewußt oder unbewußt haben sie teil an dieser Verschwörung des Schweigens. Der Hunger als soziale Erscheinung war kein Gegenstand ihrer Forschungen.«

Die moderne Dokumentar- und belletristische Literatur über die faschistischen Konzentrationslager und die Leningrader Blockade, die Literatur über den zweiten Weltkrieg spiegelten eine grausame Wahrheit des 20. Jahrhunderts und tun das noch: Der Hunger, der Massenhunger gehört zum Arsenal der gestrigen und potentiellen Vertreter des Völkermords und stellt eine höchst bedeutsame Waffe dar.*

Heute nicht über diese »Waffe« zu schreiben, sie zu vergessen wäre dasselbe, wie die Vorräte und Arsenale des Atomtodes zu »vergessen«.

Der psychologische Unterschied zwischem dem Massen-, dem Blockadehunger und dem bei Hamsun ist prinzipieller Natur. Obwohl der Schriftsteller über etwas berichtet, was er gut kennt und am eigenen Leib erfahren hat, so geschah das doch nicht unter den Bedingungen eines Massenhungers. Hier drängt sich die Analogie zur Erinnerung eines Journalisten an den Schützengraben auf. Er war in der vordersten Linie und hat einen wütenden Beschuß mit-

* Über die deutsch-faschistische Variante des Einsatzes dieser Waffe schrieb J. de Castro: »Der Plan organisierten Hungers, wie er vom Dritten Reich verwirklicht wurde, hatte eine solide wissenschaftliche Basis und klar abgesteckte Ziele. Er war eine wirksame Waffe des Krieges mit großer Vernichtungskraft, die man im breitesten Maße und mit maximaler Effektivität nutzen wollte. Genau so verfuhren die Deutschen, nachdem sie jede Sentimentalität verworfen hatten und diese Art ›Geopolitik des Hungers‹ mit Lebensmittellieferungen entsprechend den konkreten Zielen, wie Karl Haushofer und seine Clique deutscher Geopolitiker diesen Plan bezeichnen würden, manipulierten.«

erlebt, bei dem er hätte fallen können wie ein Soldat. Der Unterschied in den Erlebnissen eines Soldaten und des Journalisten, in ihrer Vorstellung von der vordersten Linie ist nichtsdestoweniger gewaltig, sogar prinzipiell. Der Journalist fuhr dorthin und saß im Graben, wußte jedoch, daß er jederzeit wieder weg konnte (selbst wenn er das im Moment nicht tat und so bald nicht zu tun gedachte). Der Soldat wußte, daß er den Graben auf eigenen Wunsch nicht verlassen durfte.

Und darin liegt der große Unterschied.

Derselbe Unterschied besteht zwischen dem »Hunger« von Knut Hamsuns Helden und dem »Hunger« der Leningrader Blockadeteilnehmer. Sie konnten vor diesem tödlichen, unerträglichen Hunger zumeist nicht »weglaufen«, er war ringsherum, auf dem ganzen, zwischen Meerbusen und Ladogasee eingezwängten, von Kugeln und Granaten zerfurchten Territorium der Stadt, er hielt den Menschen in eiserner Umklammerung.

Der in die Stadt Gesandte

Der Hunger war vor dreihundert Jahren der gleiche wie heute. Auch die Qualen waren die gleichen und die Empfindungen. Dennoch war der Hunger der Blockade etwas Besonderes – es war der vom Faschismus gesandte Feind, ein Gegner, der die Menschen hinderte, zu arbeiten und zu kämpfen, es war der Krieg.

Einer der Autoren des Buches kämpfte im Herbst und im Winter fast bis zum Frühjahr zweiundvierzig bei Puschkino. Er saß im Schützengraben, und jede Nacht flackerte in seinem Rücken der Widerschein der Leningrader Feuersbrünste, ihre glutroten Flecken durchlöcherten die sternenübersäte Dunkelheit. Vor ihm stiegen feindliche Leuchtkugeln auf, und hinter ihm brannte die Stadt. Am Tage zeichneten sich die Konturen der Stadt in allen Einzelheiten am klaren Himmel ab. Die zahlreichen Schlote rauchten nicht, und die Luft über der Stadt war sauber, nur an einigen Stellen stiegen dicke, rußige Rauchsäulen auf von den Feuerbrünsten. Immer zur selben Stunde flogen faschistische Bomber über die vorderste Linie, um Bomben abzuwerfen, und gegen Abend wurden die Bomben von schweren Granaten abgelöst, die unsichtbar und mit sanftem Rauschen auf die Stadt zurasten.

In seinem Bataillon gab es Fälle von Dystrophie und Hungerödemen, weil auch die Soldatenration kümmerlich war, zwar nicht so wie die der Stadtbewohner, jedoch sehr kümmerlich und knapp. Aber der Krieg scherte sich nicht um dergleichen, die Männer mußten auf ihren Posten ausharren, aufklären, den Schnee aus den Gräben schaufeln, Granaten und Patronen schleppen und Waffen reinigen. Neben allem anderen ist Krieg noch schwere körperliche Arbeit, ohne freie Tage und Pausen.

Die Deutschen sparten nicht mit Granaten und Geschossen. Es gab Tage, da blieben nur ein paar Dutzend Männer auf dem Bataillonsabschnitt übrig. Die deutschen Gräben an der Eisenbahnlinie waren nur etwa fünfzig Meter entfernt. Die Deutschen steckten Brötchen auf die Seitengewehre, hoben sie über die Brustwehr und forderten uns auf, zu ihnen überzulaufen, sie versprachen reichliche Verpflegung und ein ruhiges Leben in der Gefangenschaft. Sie argumentierten, daß die Soldaten der Leningrader Front zum Tode verurteilt seien und wenn sie nicht vor Hunger krepierten, so würden sie fallen. Es war nicht leicht, dergleichen anzuhören. Dennoch gab es während des ganzen Winters in unserem Bataillon keinen einzigen, der zu den Deutschen überlief.

Und obwohl der Verfasser diesen ganzen langen Krieg mitgemacht hat, wo es Offensiven, Siege und Sturmangriffe gab und verschiedene Fronten und wo er all das nicht nur sah, sondern miterlebte, hat er Schwierigkeiten, zu erklären, auf welche Weise die hungrigen, durchgefrorenen, geschwächten Soldaten der Leningrader Front die Stadt verteidigten und schützten, sich in offenen Niederungen vor der Stadt in flachen, unter Beschuß liegenden

Schützengräben hielten, darüber hinaus ununterbrochen selbst angriffen, vorstießen, auf einzelnen Abschnitten auch vorrückten und auf diese Weise verhinderten, daß das deutsche Oberkommando Divisionen von Leningrad abzog und an andere Fronten warf.

Jetzt, nach soviel Jahren, erscheint auch unverständlich, wieso es damals im Dezember, in der allerschwersten Zeit, unseren Soldaten klar wurde, daß die Deutschen nicht nach Leningrad durchbrechen, nicht durchstoßen würden.

Die Leningrader mußten in die Fabrik gehen, arbeiten, auf den Dächern Luftschutzwache übernehmen, Ausrüstungen, Häuser, ihre Angehörigen retten – Kinder, Väter, Ehegatten –, die Front versorgen, sich um Verwundete kümmern, Feuersbrünste löschen, Heizmaterial beschaffen, Wasser schleppen, Verpflegung und Granaten transportieren, Unterstände bauen und Gebäude tarnen.

Valja Moros war bei Blockadebeginn fünfzehn Jahre alt. Ihr Vater war zur Volkswehr gegangen. Die ältere Schwester wollte gleichfalls an die Front, das gelang ihr nicht, so ging sie in ein Lazarett. Im Dezember 1941 starb der Vater, zwei Monate später die Schwester, Ende März die Mutter. Valja blieb allein auf der Welt. Sie wurde Dreherlehrling in einem Betrieb. Dort stellte sie Einzelteile für Granatenstabilisatoren her. Sie arbeitete während der ganzen Blockadezeit.

Man muß verstehen, was das Wort »arbeiten« damals bedeutete. Jede Bewegung erfolgte verzögert. Langsam hoben sich die Arme, langsam bewegten sich die Finger. Niemand rannte, alle gingen langsam und konnten nur mühsam die Beine heben. Jemand mit einem gesunden, satten, jungen Organismus kann sich eine solche Kraftlosigkeit, eine solche Gangart überhaupt nicht vorstellen.

»Man glaubt, das Bein nicht heben zu können. Verstehen Sie? Es ist, wie wenn man den Fuß auf eine Stufe setzen soll, und er ist wie Watte. Man erlebt so etwas manchmal im Traum: Du bist drauf und dran zu laufen, aber deine Beine wollen nicht. Oder du willst schreien – und hast keine Stimme.

Ich erinnere mich, wie es war, wenn man die Füße voreinandersetzen mußte (das war zu der Zeit, als Mama noch lebte, als wir hinausgehen mußten), wenn man einen Fuß auf eine Stufe heben mußte, das Bein aber einen Augenblick lang überhaupt nicht reagierte, nicht gehorchte, so daß man fast hinfiel. Dann reichten die Kräfte doch, und man konnte das Bein heben.«

Um wenigstens einigermaßen die Mühsal der Leningrader zu beurteilen, die sich in einem derartigen Zustand befanden, um zu begreifen, was es bedeutete, ein Geschütz zu reparieren, als Luftschutzwache auf den Dachboden zu steigen oder einen Trümmerberg, der im Weg lag, zu beseitigen, muß man sich vor allem die Intensität und Dauer des Blockadehungers, nicht nur seine Breiten-, sondern auch seine *Tiefenwirkung* auf den Menschen vor Augen führen. Man muß begreifen, wie sich der Hunger auf das Verhalten des Menschen auswirkte, welchen Prüfungen seine Psyche, sein Innenleben, sein Glauben ausgesetzt wurden, und das war nicht der Mensch allgemein, sondern ein ganz konkreter, weil jeder auf seine Weise mit dem Hunger kämpfen mußte und dieser Kampf verschieden verlief. Nur wer selbst gehungert hat, wer um die Macht des Hungers weiß, sein Ausmaß und seine Wirkung studieren konnte, vermag nachzuempfinden, was die Leningrader geleistet haben.

Einzelheiten über den Hunger treten in den Berichten manchmal unversehens zutage, aus zufälligen, eindringlichen Sätzen, in denen sie einem vielleicht nicht sofort bewußt werden.

Tamara Alexandrowna Chaltunen arbeitete in einer Klinik für Dystrophiker. Sie entsinne sich, wie ein Kranker, als man einen anderen in die Wanne setzte, wild aufschrie: »... er hat nur noch Knochen, kann weder sitzen noch liegen und hat kein Fett.«

»Wir waren drei Frauen, und ich war noch ein kleines

Mädchen. Ich war die Jüngste und galt als die Kräftigste. Ich schien ganz gesund zu sein«, begann die Fachärztin für Psychiatrie, Maja Iwanowna Babitsch, ihren Bericht.

»Und wie alt waren Sie damals?«

»Sechzehn. Ich nahm ihre Lebensmittelkarten und stellte mich in die Schlange, um für alle Brot zu holen, für jeden einzelnen. Und ich ertappte mich öfter bei dem Gedanken: Wenn sie doch eine winzige Zugabe drauflegten! War dies der Fall, so aß ich manchmal die winzigen Zugaben zu ihren Stücken. Dann ging ich heim und gab jedem seine Portion. Das Stückchen nahm ich mir gewissermaßen fürs Holen. Manchmal stand ich endlos, und es gab nichts, weil kein Brot geliefert worden war. Und wenn ich das Brot brachte, lagen sie auf Sofas oder in Betten in diesem Zimmer. In Bauernpelzen, Filzstiefeln, unter Steppdecken. Alle lagen. Die Funzel verbrannte irgendwelches Öl und flimmerte. Auch eine ›Burshuika‹ war da. Und ein Eimer mit Wasser daneben, das über Nacht bis zum Boden gefror. Morgens stand jemand auf und hackte mit einem kleinen Beil Eisstücke ab, um Wasser heiß zu machen. Wir standen der Reihe nach auf. Tranken die geschmacklose Brühe.

Anfang Januar war es. Da kam mein Schulfreund Tolja zu mir in die Wohnung. Er war ein Dichter, lebte im Wolkenkuckucksheim und redete gern über Probleme wie ›Sein oder Nichtsein?‹. Schon in der Schule interessierte er sich für Höheres. Er kam also zu mir – das Gesicht graugrün, die Augen quollen hervor, und er fragte: ›Hast du deinen Kater noch?‹ Wir hatten einen Kater. Ich sagte: ›Warum fragst du?‹ – ›Wir würden ihn gern essen!‹ Seine Mutter und seine Großmutter lagen bereits. Und dann ging er wieder. Er sah entsetzlich aus, so schmutzig und dürr. Schwankend ging er weg. Noch vor einem Jahr war alles ganz anders gewesen. Auf unseren Versammlungen sprachen wir über gelehrte Dinge. Und jetzt plötzlich – der *Kater*! Ich wollte ein, zwei Wochen später zu ihm gehen (sie wohnten in einer anderen Straße), sofort konnte ich nicht.

Das Haus zu verlassen war das Schrecklichste, man versuchte unbewußt, sich solche Bilder zu ersparen. Das tat man intuitiv. Dann ging ich aber doch in sein Haus. Stieg in den ersten Stock hoch – die Türen waren unverschlossen, jeder konnte eintreten, so er wollte, in die Zimmer gehen und mitnehmen, was er wollte. Es war ein vornehmes Haus – solide und elegant, das Haus eines ehemaligen Millionärs. In Friedenszeiten lagen Läufer auf den Treppen. Er wohnte in einem Zimmer einer Gemeinschaftswohnung. Ich trat ein. Es war dunkel, man konnte kaum etwas erkennen. Sie lagen alle drei tot da: die Großmutter, die Mutter und er. Im Zimmer ein schrecklicher Schmutz. Und eine Kälte. Offenbar hatten sie nicht mehr die Kraft gehabt, die ›Burshuika‹ zu heizen. Alle waren gestorben. Ich hatte Angst. Ich bin gar nicht erst in die anderen Zimmer gegangen, sondern gleich heimgekehrt.«

Eine Blockadewohnung läßt sich in keinem Museum, Modell oder Panorama darstellen, so wie man auch Kälte, Trauer, Hunger nicht darstellen kann.

Die Blockadeteilnehmer erwähnen in ihren Erinnerungen als das Auffälligste und Ungewöhnlichste kaputte Fenster und zu Feuerholz zersägte Möbel. Aber damals machte der Anblick einer Wohnung eigentlich nur die Kinder betroffen oder jemanden, der von auswärts, von der Front kam. Wie das zum Beispiel bei Wladimir Jakowlewitsch Alexandrow der Fall war:

»Da klopfte man und klopfte – und nichts rührte sich. Schon war man fest überzeugt, daß alle gestorben waren. Dann hörte man ein Scharren, die Tür wurde geöffnet. Aus der Wohnung, deren Temperatur der Außentemperatur glich, tauchte ein in Gott weiß was für Sachen gehülltes Wesen auf. Man drückte ihm ein kleines Päckchen mit Zwiebäcken, Hartbrot oder etwas anderem in die Hand. Und was verblüffte einen am meisten? Daß jeder Gefühlsausbruch unterblieb.«

»Selbst wenn es sich um Lebensmittel handelte?«

»Selbst da. Viele Hungernde litten bereits unter einer Atrophie des Appetits.«

Dort an der Front glaubte man, diese Löffel Hirse, die Zwiebäcke, die man sich selbst vom Mund absparte, von der kümmerlichen Ration aufhob, würden begeistert in Empfang genommen, aber das geschah oft einfach so, schon ganz gleichgültig.

Gegen Kriegsende wurde Alexej Dmitrijewitsch Bessubow nach Deutschland abkommandiert. Dort war eine Sowjetische Militäradministration (SMA) eingerichtet worden, und man übertrug ihm als hochqualifiziertem Nahrungsmittelfachmann mit großer beruflicher Erfahrung die Leitung der wissenschaftlich-technischen Abteilung der Nahrungsmittelindustrie. Ihm unterstanden die Labors der Universitäten, die Forschungsinstitute und die Projektierungsorganisationen in Deutschland, so ist es nicht erstaunlich, daß seine Tätigkeit ihn mit einem so bedeutenden deutschen Spezialisten wie Prof. Ziegelmayer zusammenführte. Früher oder später mußte das geschehen – Ziegelmayer galt als einer der führenden Wissenschaftler auf dem Gebiet der Ernährung. Früher hatte er das Münchner Nahrungsmittelinstitut geleitet. So begegneten sich Experten einer der friedlichsten Wissenschaften, wie man meinen sollte, und sprachen miteinander. Denn was könnte friedfertiger, edler und fürsorglicher sein als die Wissenschaft von der Ernährung?

Da stellte sich um Laufe des Gesprächs heraus, daß Prof. Ziegelmayer während des Krieges einen hohen Posten bekleidet hatte – er war Stellvertreter des Intendanten der Hitlerarmee gewesen. Man hatte ihn als hervorragenden Spezialisten hinzugezogen, um ein für das Oberkommando äußerst wichtiges Problem zu lösen – das des eingeschlossenen Leningrads. Der direkte Angriff auf die Stadt war versandet. Unsere Truppen hielten den Blockadering von innen fest und verhinderten, daß er sich irgendwo verengte. Nun benötigte der deutsche Generalstab den Rat Ziegelmayers. Der überdachte alles und sagte, was zu tun sei, um Leningrad baldigst auszuhungern. Genau das hatte Goebbels im Sinn, als er heuchlerisch am 10. September 1941 in sein Tagebuch schrieb: »Wir werden uns auch künftig nicht mit Forderungen nach einer Kapitulation Leningrads belasten. Es muß durch eine wissenschaftlich begründete Methode vernichtet werden.«

Ziegelmayer rechnete aus, wie lange die Blockade bei den vorhandenen Rationen dauern könne, wann die Menschen anfangen würden zu verhungern, wie dieser Prozeß ablaufen würde und zu welchem Zeitpunkt alle verhungert wären.

»Ziegelmayer erzählte mir, daß sie genau wußten, wieviel Lebensmittel wir noch hatten und wieviel Menschen in Leningrad waren. Gewiß, er hatte sich verrechnet, ich sagte ihm nun, daß unsere Lage in Leningrad noch weit schwieriger war: ›Sie haben nicht berücksichtigt, wieviel Menschen aus dem Leningrader, Nowgoroder und aus anderen Gebieten mit der Armee zu uns gekommen waren.‹ Ziegelmayer war ganz erstaunt und fragte mich mehrmals: ›Wie haben Sie denn durchgehalten? Wie haben Sie durchgehalten? Wie haben Sie das geschafft? Das ist doch völlig unmöglich! Ich hab eine Expertise verfaßt, wonach Menschen bei solch einer Ration physisch nicht leben können. Und deshalb brauche man keine deutschen Soldaten aufs Spiel zu setzen. Die Leningrader würden von allein sterben, man brauche nur keinen von ihnen durch die Front zu lassen. Je mehr von ihnen dort drin blieben, desto schneller würden sie sterben und wir würden ganz unbehelligt in die Stadt einrücken können, ohne einen einzigen Soldaten zu verlieren.‹ Dann sagte er noch: ›Ich bin schließlich ein alter Ernährungswissenschaftler. Mir ist rätselhaft, was für ein Wunder dort bei Ihnen geschehen ist.‹ «

Alexej Dmitrijewitsch hätte ihm noch viel über seine Arbeit erzählen können. Das Stadtexekutivkomitee hatte dem Vitamininstitut, wo er die chemo-technologische Abteilung leitete, aufgetragen, die Herstellung von Fichtennadelextrakt zu überwachen, mit dem man einer Avitaminose unter der Bevölkerung vorbeugen konnte. Der Beschluß wurde am 18. November 1941 gefaßt. Man durchforschte sogar zweihundert Jahre altes Archivmaterial, weil Rußland damals Fichtennadeln als Mittel gegen Skorbut exportiert hatte. Dokumente wurden gefunden, wonach man während des Krieges mit den Schweden Skorbut mit Fichtennadeln bekämpft hatte. Zusammen mit seinen Mitarbeitern erarbeitete A. D. Bessubow eine Instruktion, wie man unter industriellen Bedingungen Antiskorbut-Fichtennadelextrakt erzeugen, wie man ihn zu Hause herstellen und wie man Lebensmittel durch diesen Extrakt mit Vitaminen anreichern könne. Genau zu dem Zeitpunkt, als sich Ziegelmayer ans Studium der Informationen vom Generalstab machte, erforschte Bessubow, wie man Fichtennadeln zerkleinern, daraus einen Extrakt ansetzen, ihn filtern und abfüllen müsse. Er forschte zugleich, wie man in Lazaretten und Kliniken gekeimte Erbsen verwenden könnte.

Einen Monat später, in der zweiten Dezemberhälfte, machten sich Bessubow und die am Leben gebliebenen Mitarbeiter des Instituts auf, um zu überprüfen, wie die Anlagen zur »Herstellung von Fichtennadelextrakt« funktionierten. Sie besuchten Armee-Einheiten, Lazarette, Kindereinrichtungen und Krankenhäuser. Solche Anlagen gab es in sechsundvierzig Fabriken und in sechs wissenschaftlichen Einrichtungen.

Im Kampf gegen das Erfrieren wurde nach Methoden zur Karotingewinnung gesucht.

Anfang Januar 1942 traten in der Stadt Pellagrafälle auf. Jetzt mußte Nikotinsäure, Vitamin RR, gewonnen werden. Auf Dachböden und in Ventilationsrohren von Fabriken wurde Tabakstaub gesammelt. Daraus gewann man Nikotinsäure.

Alexej Dmitrijewitsch hätte Ziegelmayer erzählen können, wie man lernte, die alimentäre Dystrophie zu heilen.

Am wirksamsten waren Eiweiß- und Vitaminpräparate. Vollwertiges Eiweiß waren Kasein, Hefe und Albumin. Bessubow setzte sich dafür ein, daß Kasein nach Leningrad geflogen wurde. Schon vorher hatte er herausgefunden, wie sich die Reste des verbrannten Zuckers aus den Badajew-Lagerhäusern nutzen ließen. Von diesem, hervorragenden, im Feuer geschmolzenen, mit dem Wasser aus Feuerwehrschläuchen übergossenen und mit Erde und Sand vermischten Zucker – wir hörten soviel davon! – hatte man mehrere Dutzend Tonnen zurückgewonnen. Es waren Klumpen süßer schwarzer Erde; Bessubow hatte sich ausgedacht, ihre Oberfläche mit Wasser abzuspülen und sie dann in der Süßwarenfabrik zu verarbeiten. Vor dem Krieg war er in dieser Fabrik Chefingenieur gewesen. Aus diesem schwarzen Quark, den die Leningrader noch lange auf dem Gelände des ausgebrannten Lagers ausgruben, wurden Fruchtkaramellen erzeugt. Sie erinnerten im Geschmack an die berühmten Fruchtbonbons aus vorrevolutionärer Zeit – Marke Landrin. Diese etwas bitter schmeckenden Karamellen waren in Rußland sehr populär gewesen.

Bessubows Abteilung untersuchte, wieviel Karotin und Vitamine Löwenzahn, Brennesseln und Melde enthielten und wozu man diese Kräuter verarbeiten könnte.

Von alldem hatte Ziegelmayer keine Ahnung. Im Grunde hätte er schwerlich solche Kleinigkeiten seiner Aufmerksamkeit für wert befunden. Sein wissenschaftliches Profil entsprach in etwa dem Bessubows, er hatte berechnet, wieviel Tage ein Durchschnitts-Leningrader ohne Eiweiß und Fett auskommen konnte. Er führte globale Berechnungen durch. Vor ihm stand eine Aufgabe, ein gewaltiges, in seiner Art einzigartiges Experiment mit Millionen Menschen. Je größer die Bevölkerung, das heißt die Zahl der Versuchspersonen, desto geringer wirken sich Anomalien aus, desto genauer mußte das Resultat sein.

Energie entsteht nicht aus dem Nichts. Vor hundert Jahren hatte ein großer Landsmann dieses Ziegelmayer, der Arzt Robert von Mayer, das Prinzip von der Erhaltung der

Energie abgeleitet. Sowohl Alexej Bessubow als auch Ziegelmayer untersuchten, wie der menschliche Organismus diesem Prinzip gehorcht, und sie erforschten es mit völlig entgegengesetzten Zielen.

Um die Arbeit des Herzens, der Lungen und aller Organe zu sichern, muß der Organismus mit Brennstoffen versorgt werden. Ziegelmayer wußte sehr gut: Wärme entsteht nicht aus dem Geist, dem Willen oder aus Überzeugung; wie sehr der Mensch auch nach Wärme verlangt, sein Organismus braucht dazu keine Gedanken, keinen Glauben, sondern Kalorien, er braucht Nahrung, und die minimale Menge wird auf zweitausend Kalorien pro Tag angesetzt.

Diese Kalorien hatten die Leningrader nicht.

Da Ziegelmayer das erwartete Resultat nicht sah, führte er für alle Fälle noch alle möglichen Koeffizienten ein. Aber die Stadt hielt sich nach wie vor. Ziegelmayer stellte noch einige letzte Hypothesen auf, er mußte die Gesetze der Energetik retten.

Die Bewohner dieser Stadt mußten sterben, unbedingt mußten sie das, aber sie lebten weiter, sie bewegten sich, arbeiteten sogar und verletzten die unerschütterlichen Gesetze der Wissenschaft.

Die Lebensmittelration der Leningrader war bekannt, die Lufttemperatur, die Qualität des Brotes – alles war berechnet und berücksichtigt worden: 125 Gramm, 150 Gramm, selbst 250 Gramm können, wenn alle anderen Lebensmittel fehlen, den physiologischen Fortbestand des Organismus unter den Bedingungen einer solchen Kälte nicht gewährleisten.

Ziegelmayer erkannte nicht, worin sein Rechenfehler bestand. Er konnte dem Generalstab nicht erklären, warum seine Rechnungen nicht aufgingen.

Jetzt fragte er den sowjetischen Professor danach. Aber auch Alexej Dmitrijewitsch konnte dieses Phänomen nicht restlos klären. Er sprach sehr höflich mit Ziegelmayer, diesem Wissenschaftler und Ernährungsfachmann, der den

Hunger »konsultiert« hatte, und unterdrückte seine Empfindungen. Er sprach von dem nicht berücksichtigten Glauben an den Sieg, von den geistigen Reserven des Organismus der Leningrader.

Aber offen gestanden war ihm selbst nicht alles klar. Er hatte alles miterlebt, alles selbst gesehen und konnte dennoch bei all seiner gewaltigen Erfahrung nicht völlig begreifen, woher die Menschen diese Kraft genommen hatten.

Anfangs hielt man diesen »unsichtbaren« Mörder gar nicht für den gefährlichsten. Andere Dinge töteten, die weitaus augenfälliger für alle waren: Bomben, Granaten. Und überhaupt brachten die Monate August, September und Oktober Unruhe und Aufregung genug. Man erwartete tagaus, tagein einen neuen Sturmangriff. Der Feind steht vor den Toren! – Dieser Ruf drang den Leningradern ins Herz und übertönte die anderen Sorgen.

Matrosen und Soldaten kamen zu den Leuten in die Wohnungen, rückten das Kinderbett etwas beiseite, mauerten ein Fenster bis auf eine Schießscharte zu, und die Leute halfen ihnen dabei! Die Panzer des Gegners standen vier Kilometer vom Kirow-Werk entfernt.

Der Gedanke an jenen Verbündeten des Gegners, der in anderthalb Monaten der hauptsächlichste und schrecklichste Mörder der Leningrader sein würde – der Gedanke an den Hunger –, beunruhigte zwar, indes sah man in ihm noch keinen so gefährlichen Feind.

Hier der Bericht Galina Jossifowna Petrowas (Fontanka-Uferstraße 39):

»Die Lebensmittelkarten wurden ziemlich schnell eingeführt. Ich entsinne mich, daß wir nicht einmal alles holten, was uns zustand.«

»Am Anfang?«

»Ja. Anfangs holten wir das ganze Brot, dann sahen wir – es lag zu Hause herum. Es gab noch Brötchen und Weißbrot. Später erinnerten wir uns daran, daß damals Brot ausgegeben wurde und wir es nicht geholt hatten, dabei hätte man es trocknen können. Anfangs schenkten wir dem keinerlei Bedeutung. Mein Vater war hier, meine Mutter, meine Schwester und ich. Meine Schwester heiratete und fuhr im August nach Sotschi, und ich blieb mit Mama und Papa hier.«

»In diesem Haus?«

»Nein, wir wohnten damals in der Gogolstraße 17, in dem Haus, wo Gogol einst wohnte.«

Die Illusion hielt sich hartnäckig, daß alles sehr bald auf wundersame Weise »in Ordnung kommt« (gleichzeitig erwartete man das Allerschlimmste). Der psychologische Zustand des *Überraschtseins* zog sich über Monate hin, obwohl man doch meinen sollte, er könne nur momentan sein.

Das Überraschtsein dauerte an.

Auf diese »Psychologie« der ersten Kriegsmonate verwies der Mathematiker Jewgeni Sergejewitsch Ljapin in seinem Bericht (Moskauer Prospekt 208).

»Das war im August?«

»August oder Anfang September. Ob jemand extra Gerüchte verbreitete, weiß ich nicht, da ist mir nichts zu Ohren gekommen. Ich glaube, den Leuten war vielmehr selbst daran gelegen, ›sich zu beruhigen‹. Insbesondere war damals das unwahrscheinliche Gerücht im Umlauf: Das Schießen in der Stadt rührt daher, daß der Gegner einen Luftlandetrupp abgesetzt hatte, seine Leute sind irgendwo auf einem Friedhof in Deckung gegangen und beschießen die Stadt mit Granatwerfern, damit eine Panik ausbricht. Solche Vorstellungen sind charakteristisch für den damaligen Zeitpunkt. Die Menschen konnten nicht alles aufnehmen, was real vor sich ging. Es fehlte an Erfahrung, zumal sie sich noch an Darstellungen des Krieges im Westen erinnerten, an alle möglichen Tricks, Luftlandeoperationen in Frankreich und Belgien. Etwas in der Art erwarteten sie auch hier. Dann war auf einmal alles ganz anders. Niemand saß auf einem Friedhof, niemand beschoß uns mit Granatwerfern, die Front rückte einfach immer mehr an uns heran, und die weittragende Artillerie konnte auf eine

Entfernung von achtzig Kilometern schießen. Ich entsinne mich nicht mehr genau des Tages, aber es war hinter dem Moskauer Bahnhof. Es krachten nicht etwa zwei, drei Einschläge pro Tag, es war ein ununterbrochenes Artilleriefeuer, ein Kampf, der zwanzig Kilometer von Leningrad entfernt in Pawlowsk stattfand. Nun war alles klar. Wir wußten, daß die Front an Leningrad heranrückte, der Feind sich näherte, direkt vor der Stadt gekämpft wurde und auch das Schicksal der Stadt offensichtlich damit verbunden war. Dennoch erfolgten keine großen Fliegerangriffe. Selbst die einzelnen Schüsse hörten zu diesem Zeitpunkt auf. Sie wollten uns einfach in Panik versetzen, aber dazu kam es nicht.

Was stand uns bevor? Das wurde uns meines Erachtens am 7. oder 8. September klar, wenn ich mich nicht irre, als abends wieder einmal Fliegeralarm war. Davon hatte es schon so viele gegeben, daß wir sie nicht mehr ernst nahmen. Ich blickte aus dem Fenster (damals wohnte ich in der Nähe des Warschauer Bahnhofs). Erst hörten wir die Flak besonders heftig und schnell schießen. Und als ich zum Himmel blickte, sah ich etwas Ungewöhnliches: Da kamen keine einzelnen Flugzeuge, die hoch oben als kleine Pünktchen kaum zu erkennen waren. Nein, eine große Menge Flugzeuge näherte sich in einer bestimmten, offensichtlich genau berechneten, komplizierten Ordnung. Ihr Anflug sollte dadurch besonders bedrohlich wirken. Und tat es auch. Flakgranaten platzten um sie herum, man sah das Aufblitzen der Detonationen. Aber sie flogen unbeirrt weiter, beschrieben keine Kurven, vollführten keine komplizierten Figuren, wie sie das im August noch getan hatten. Und selbst wenn einer von ihnen in Rauch gehüllt ausscherte und nach unten ging, setzten die übrigen ihren Flug fort. Jetzt sah man deutlich, daß dies kein zufälliger Angriff war, sondern ein Massenanflug. Eine Welle flog vorbei, die zweite, die dritte. Etwas ging vor sich, das war klar. Und als ich nach Süden blickte, sah ich plötzlich eine riesige Rauchwolke aufsteigen. So etwas geschah zum erstenmal. Die Wolke stieg immer höher und höher und wuchs und erreichte bald mehrere hundert Meter. Nun war klar: Das war das Ergebnis des Auftauchens der feindlichen Luftwaffe. Und uns kam das später teuer zu stehen.

Damals kannten wir noch keinen Hunger, dachten gar nicht daran. Die Versorgung auf Lebensmittelkarten war ausreichend. Brot bekamen wir so viel, daß wir es absolut nicht aufessen konnten (sechshundert oder achthundert Gramm – welcher Leningrader aß so viel Brot an einem Tag?). So schenkte man diesem Problem überhaupt keine Beachtung. Ich greife voraus und sage, daß gerade dieser Luftangriff und die Vernichtung dieses Lagers vielen Bewohnern das Leben kostete.«

Diese Tatsachen zu präzisieren und ihre Folgen zu beurteilen ist Angelegenheit der Historiker. Wir haben keine historischen Dokumente studiert, wir haben uns in die Berichte lebender Menschen vertieft. Zwischen uns und der Vergangenheit stand die Erinnerung der Menschen, eine schwankende, von der Zeit zernagte Brücke. Die einen bewahrten diese Vergangenheit im Kopf auf, bei anderen wurde sie durch Angelesenes oder Filmeindrücke ersetzt, und sie bemerkten selbst nicht, wie das vor sich ging. Datumsangaben verrutschten. Der erste Luftangriff auf Leningrad erfolgte am 6. September 1941. Zwei Tage später, am 8. September, war der zweite Angriff, bei dem die Badajew-Lagerhäuser zerbombt wurden. Diese beiden Daten verschmolzen bei vielen zu einem, und so entstand der Eindruck, die Badajew-Lagerhäuser seien schon beim ersten Bombenangriff abgebrannt. Derartige Fehler gab es viele.

Wir haben nicht das historische Bild ergründet, sondern vielmehr den Zustand der Menschen jener Zeit. Und in diesem Sinne war es wichtig, zu wissen, was jeder in Erinnerung behalten hatte. Was hatte sich besonders tief eingegraben, was blieb vom Blockadeleben auf ewig in ihm, in seinem Herzen, seinem Bewußtsein, welche Erlebnisse aus der Vergangenheit würde er für immer in sich tragen.

Der gedungene Mörder

Der Hunger war greifbar nahe, war in der Stadt.

Die Lebensmittelrationen wurden knapper, die Stadt sammelte alles, was gesammelt, aufbewahrt und verwertet werden konnte.

Alle möglichen »Ersatzstoffe« tauchten auf – in den Brotfabriken, den Kantinen.

Und jeder sah sich um und suchte: Wo ist noch etwas Eßbares, was läßt sich verwerten?

Der Hunger tastete gerade erst nach der Kehle seiner Opfer, aber allen war schon unheimlich zumute: Der Mörder war ganz in der Nähe. Folgendes erzählen die Leningrader selbst über diese Zeit.

Der Maler Andrejewitsch Korotkow:

»Allmählich setzte uns der Hunger zu. Was ich unternommen, welche Maßnahmen ich ergriffen habe? Zunächst durchstöberte ich die Wohnungen aller evakuierten Freunde. Vor allem ging ich zu Taja Grigorjewna. Ich weiß nicht, wie ich hineingelangte (ich glaube, nebenan wohnte eine Nachbarin). Ich trat ein, durchwühlte alle Schränke und nahm alle möglichen trockenen Brotreste, teilweise schon angeschimmelt und grün, und noch dieses und jenes mit. Etwa einen so großen Beutel voll. Ich freute mich sehr, eine recht anständige Menge von Eßwaren ergattert zu haben. Dann ging ich noch zu jemandem in die Wohnung und suchte auch dort in allen Schränken nach vertrockneten Krusten. Dann brachte mir ein Student Leinkuchen. Das sind solche Blätter. Drei brachte er mir. Eine kolossale Sache – drei Blatt Leinkuchen!«

»In welchem Monat war das?«

»Oktober und November. Kalt war es, und es gab nichts mehr. Dann hab ich zu Hause noch ein bißchen Mehl gefunden. Später entdeckte ich bei mir Fischleim zum Grundieren und ein paar Fläschchen Leinöl auf dem Fensterbrett. Irgendwie spürte ich schon, daß es schlecht stand. Ich hab auch nicht gleich losgelegt, sondern das alles schön eingeteilt.«

Der frühere Mitarbeiter des Rundfunks Nil Nikolajewitsch Beljajew meinte:

»Was für diese Monate charakteristisch war, als das Hungern begann? Das Bestreben, sich sofort alles Eßbare zunutze zu machen. Was dazu zu rechnen war? Na, zum Beispiel Duranda – Sonnenblumenölkuchen, den man stückweise auf dem Markt kaufen konnte. Ein kleines Stückchen, eine winzige Scheibe kostete dreißig Rubel. Dieser Preis, dreißig Rubel, blieb bei Ölkuchen einige Monate konstant, bis es keinen mehr gab. Der Quadratdezimeter Tierhaut, ob von einer Kuh oder einem Pferd (man konnte Sülze daraus kochen), kleine Tafeln Tischlerleim – all das konnte man auf dem Markt kaufen, und jeweils für etwa dreißig Rubel. Kochte man nur aus einem kleinen Stück Haut Sülze, dann gelang sie nicht richtig, wurde nicht fest, gab man aber Tischlerleim dazu, wurde eine gute, feste Sülze daraus. Natürlich war es ein widerlicher Fraß, man mußte ihn mit Senf, Pfeffer oder Essig würzen, den es regelmäßig auf Marken gab (eigentlich gab es nur das regelmäßig auf Karten), um ihn hinunterzubekommen, und so konnte man leben. Aber zweiundvierzig war auch das nicht mehr zu beschaffen, weder Ölkuchen noch Leim. Alles war weg. So konnten wir uns nur noch an Lederriemen halten, wie die Polarforscher in den Berichten über Amundsen oder Nansen es gemacht haben. Aber da kam nichts Gutes dabei heraus. Denn diese Forscher hatten damals Riemen aus Rohleder gehabt, die nicht chemisch behandelt worden waren. Und ein Riemen – was ist das? Gar nichts! Du zerschneidest ihn in kleine Stücke, versuchst, ihn zu kochen, aber er wird nicht weich. Und selbst wenn er zerkocht und du alles aufißt, hast du keine Freude daran.«

Der Hungernde versuchte, selbst Ungenießbares zu »verwerten«. Einen besonders naiv-hilflosen Erfindergeist bewiesen die Gewerbeschüler. Sie starben (nach vielen Berichten) meist zuerst: Die einen, die keine Angehörigen oder Verwandten hatten, aßen alles, was sie erhielten, mit einemmal, selbst Kleider und Schuhe.

Übermäßige Erfindungsgabe war nach Meinung erfahrener Blockadeteilnehmer, die sich mehr Zurückhaltung auferlegten, oft verhängnisvoll.

Sie tötete den Menschen, noch ehe der Hunger sein Werk vollendete. Aber selbst Leute, die das wußten, konnten sich nicht beherrschen: Mit dem Hunger ist nicht zu spaßen!

Soja Alexejewna Bernikowitsch, Mitarbeiterin der Ermitage, berichtet:

»Natürlich mußten wir alles essen: Ich habe Lederriemen gegessen und Leim und Ölfirnis, ich habe Brot darin gebraten. Dann sagte man uns, man könnte aus Senfkörnern schmackhafte Plinsen backen. Wie da nach Senf angestanden wurde!«

»Was denn, nur aus Senf?«

»Man mußte sich auf die Zubereitung verstehen. Ich habe zwei Päckchen genommen (fünfzehn hatte ich mir geholt, ich sagte mir, da hast du einen Vorrat, bleibst vielleicht am Leben). Nur muß man ihn sieben Tage wässern, das Wasser abgießen und wieder neues draufgießen, damit die Schärfe weggeht. Na ja, und dann hab ich kleine Plinsen gebacken, zwei. Eine habe ich gegessen, und dann hab ich geschrien wie eine Verrückte. Ich hatte vielleicht Bauchschmerzen! Sehr viele sind daran gestorben. Schließlich war es Senf, er hat die Därme zerfressen, heißt es. Als sie für mich einen Arzt kommen ließen, fragte er: ›Wieviel Plinsen haben Sie gegessen?‹ – ›Nur eine.‹ – ›Ihr Glück, daß Sie so wenig gegessen haben. Ihr Glück!‹ So bin ich am Leben geblieben. Landrin haben wir gekauft, süßen Tee getrunken. Manchmal konnte man auch Saccharin auftreiben. Allerdings hatten wir im Frühjahr schon unseren Gemüsegarten. Ich war sehr glücklich, daß niemand meinen Garten anrührte. Und wissen Sie, welche Pflanzen ich gegessen habe? Melde und Huflattich. Vielleicht kennen Sie sie. Wenn ich einen Sack voll heimgebracht hatte, nahm ich einen großen Glasballon, stopfte die Pflanzen hinein, salzte sie und aß sie mit dem Salz.«

Von der »süßen Badajew-Erde« erzählen viele. Sie wurde auf dem Markt genau wie andere Lebensmittel verkauft. Die Qualität (und der Preis) des »Badajew-Produkts« hingen von der entsprechenden Erdschicht ab – ob sie höher oder tiefer lag. Valentina Stepanowna Moros (eine Bibliothekarin) erinnert sich noch heute an den Geschmack:

»Dann hat sich mir noch folgende Einzelheit eingeprägt: Als die Badajew-Lagerhäuser zerbombt worden waren, liefen wir hin, oder vielmehr schleppten wir uns hin. Und da war die Erde. Ich habe jetzt noch den Geschmack im Mund, das heißt, mir ist noch immer, als hätte ich fetten Quark gegessen. Es war schwarze Erde. War sie wirklich ölgetränkt?«

»Und schmeckte sie süß?«

»Weniger süß, eher fettig, vielleicht hatte dort auch Butter gelagert. Es kam einem vor, als sei diese Erde sehr schmackhaft, wirklich fetthaltig!«

»Wie wurde dicse Erde zubereitet?«

»Überhaupt nicht. Man schluckte sie in kleinen Bröckchen und trank heißes Wasser dazu.«

Im Verzeichnis der Nahrungsmittel aus der Blockadezeit kann man alles mögliche finden – Hanfkörner von Vogelfutter, selbst Kanarienvögel, Drosseln und Papageien, man sammelte Mehlkleister von Tapeten, gewann ihn aus Bucheinbänden, kochte Treibriemen aus, aß Katzen, Hunde, Krähen, alle möglichen technischen Öle, Leinölfirnis, Arzneien, Gewürze, Vaseline, Glyzerin und Pflanzenabfälle. Das Verzeichnis ist lang und beeindruckt durch seinen Erfindungsreichtum und die Raffinesse, mit der alle Dinge auf ihre Eßbarkeit untersucht wurden. Zum Beispiel zerschnitt eine Frau einen Pelz aus Zieselfell, kochte und verzehrte ihn (nach einem Bericht von M. G. Stepantschuk).

Es gibt Völker, bei denen es üblich ist, zum Beispiel Hunde, Schlangen oder Frösche zu essen. Den Leningradern fiel es nicht leicht, sich über ihre »Vorurteile«, ihre ganze Erziehung hinwegzusetzen, und viele waren dazu nicht imstande.

Und sie »aßen« buchstäblich »Erde«.

Alexandra Michailowna Arsenjewa, Verfasserin der veröffentlichten Erinnerungen über das Komsomolregiment der Luftverteidigung Leningrads, erzählte uns:

»Auf dem Weg zu einem Seminar im Stadtbezirksexekutivkomitee geriet ich unter dem Siegestor in einen Bombenangriff und wurde an der Wirbelsäule verletzt, es war zwar kein Bruch, aber ich hatte große, blaue Flecke und konnte mich nicht mehr bewegen. Bewußtlos wurde ich ins Erdgeschoß einer Gewerbeschule gebracht. Und als ich dort lag und meinte, daß ich nicht mehr ins Leben zurückkehren, nicht mehr aufstehen würde, sah ich kleine Jungen – schmächtige Kerlchen, mit Gasmaskentaschen. Und in den Taschen hatten sie Erde – sie verkauften sie, tauschten Erde gegen Brot! Zu mir kam auch einer und sagte: ›Tantchen! Essen Sie Ihr Brot nicht?‹ (Ich aß es wirklich nicht mehr, da ich blutigen Durchfall bekommen hatte, ich aß überhaupt nichts.) ›Tauschen Sie's gegen Erde. Die schmeckt sehr gut!‹ – ›Was denn, ich soll Erde essen?‹ fragte ich!«

»Er meinte die von den Badajew-Lagerhäusern?«

»Es war Torf, nicht einmal süßer, sondern ganz einfacher Torf, er galt als Nährerde. Und so hab ich für Brot Erde eingetauscht. Er gab mir für ein Stückchen Brot zwei Becher Erde. Ich nahm sie nur, um zu kosten, und gab ihm das Brot. Ich gab ihnen auch meine Lebensmittelkarten. Die Jungen waren ehrlich, sie brachten mir mein Brot!«

Das Wort »Brot« hat unter all diesen Umständen seinen symbolischen Sinn wiedererlangt – das tägliche Brot. Brot als Lebensweise, Brot als schönste Gabe der Erde, als Kraftquelle des Menschen.

Die Blockadeteilnehmerin Taissija Wassiljewna Meschankina spricht vom Brot, als verfasse sie ein neues Gebet:

»Hört auf mich. Wenn ich jetzt aufstehe, nehme ich ein Stück Brot und sage: Gedenke, o Herr, aller Verhungerten, die nicht mehr erlebten, sich an Brot satt zu essen.

Und ich habe mir gesagt: Wenn ich einmal Brot übrig habe, bin ich der reichste Mensch auf Erden.

Damit fange ich den Tag an, nur damit. Ich lüge nicht. Ich trinke etwa zwei Tassen kräftigen Tee, und das ist ein Reichtum.

Lag ein Mensch im Sterben und du tratest zu ihm, dann bat er dich nicht um Butter oder eine Apfelsine oder dergleichen. Er sagte nur: ›Gebt mir ein kleines Stück Brot!‹ Und starb!

Ich bin übriggeblieben, aber ich weiß nicht, warum gerade ich? Ich weiß nicht warum. Ich bin ungebildet.

Ich hatte eine schwere Kindheit. Vater und Mutter sind noch vor der Revolution gestorben. Also warum bin ich übriggeblieben? Vielleicht, um irgendeine interessante Geschichte zu erzählen?«

Der Massenhunger bedeutet einen stillen Tod. Der Mensch sitzt da und schläft unmerklich ein. Eben ist er noch gegangen, dann stehengeblieben, hat sich hingesetzt ... Viele haben die unheimliche »Stille« des Hungertodes beobachtet und sich eingeprägt.

»Ich kam von der Arbeit, da sagte Gas-, Ecke Ogorodnikow-Prospekt eine Frau zu mir: ›Meine Liebe! Helfen Sie mir um Gottes willen!‹ Ich trat zu ihr und fragte: ›Wie kann ich Ihnen helfen?‹ – ›Ach, führen Sie mich doch zu dem Zaun dort!‹ Ich tat es. Sie blieb noch eine Weile stehen, sank dann zusammen und setzte sich. Ich fragte: ›Wie kann ich Ihnen helfen?‹ Und sah genauer hin – sie hatte die Augen schon geschlossen. War gestorben!« (Nikitina, Jelena Michailowna)

Ebenfalls darüber sprach Ljudmila Alexejewna Mandrykina (Newski-Prospekt 137):

»Was soll ich Ihnen noch sagen? Bei uns saß ständig Miliz im Militärarchiv. Das waren alles prachtvolle Jungen, die Milizionäre, feine Kerle und alle noch jung. Es waren welche, die man für den Armeedienst einberufen und hier bei der Miliz behalten hatte. Sie wurden sehr schlecht verpflegt, wie auch die Örtliche Luftverteidigung. Ich unterhielt mich oft mit ihnen, wir sprachen über die Geschehnisse jener Zeit und darüber, was später sein würde. Übers Essen zu reden, vermieden wir. Und auf einmal sah man einen Menschen an und erkannte, daß seine Augen glasig werden. Jetzt weiß ich, was das ist.«

»Mitten im Gespräch?«

»Mitten im Gespräch. Er sitzt ... setzt sich mit den Worten: ›Oh, ist mir schlecht ...‹ – ›Na, bleib ein Weilchen sitzen! Allen geht's nicht gut.‹

Zwei sind so vor meinen Augen gestorben. Sie reden immer langsamer, immer langsamer ...

So starben die Menschen. So starben sie auch auf der Straße.

Sie gingen. Dann setzte sich einer auf den Gehsteig. Anfangs trat man noch zu ihm, später aber ging man einfach um ihn herum, und oft ist einer in dem Wasser angefroren, das dort entlangrann.«

Solche Berichte wiederholen sich endlos und in verschiedenen Varianten – vom leisen, unmerklichen Hungertod –, manche wirkten unheimlich bildhaft.

»Dann wandte er sich plötzlich an mich und sagte: ›Maria Andrejewna! Setzen Sie sich neben mich. Ich will Ihnen mein Parteidokument geben. Bleiben Sie ein bißchen bei mir sitzen.‹ Ich setzte mich neben ihn und fragte: ›Wo ist deine Familie?‹ – ›Sie ist evakuiert. Ich weiß nicht wo, sie schreiben mir nicht.‹ (Wie sollte einer schreiben. Vielleicht taten sie es auch, aber der Brief kam nicht an.) Und wissen Sie, dann legte er mir den Arm um den Hals, als ob er mich küssen wollte. Und dann starb er! Können Sie sich vorstellen – wie sich ein Toter anklammert? Ich konnte mich einfach nicht befreien, konnte nicht loskommen. Shenja Sawitsch und noch andere kamen. Sie konnten auch nichts ausrichten. Mit Mühe habe ich meinen Kopf herausgezogen.« (Aus dem Bericht Maria Andrejewna Sjutkinas, des ehemaligen Parteiorganisators einer Abteilung des Kirow-Werks)

Die Leningrader mußten in ihren Betrieb gehen, sie mußten arbeiten, obwohl es zuweilen ihre Kräfte überstieg, auch nur die Straßen entlangzugehen.

»Dann entsinne ich mich noch sehr gut, wie die Leute gingen. Nie wieder habe ich später irgendwo einen Menschen so gehen sehen wie in der Blockade: Als ob er gegen den Wind ginge, verstehen Sie? Vornübergebeugt, den ganzen Körper vorgestreckt, um nicht zu fallen, und mühsam einen Fuß vor den anderen setzend! Fast alle gingen so. Ich weiß nicht, warum mir gerade dieser Gang in Erinnerung geblieben ist.«

»Haben Sie sich selbst einmal dabei ertappt, wie Sie so gingen? Oder haben Sie darauf nicht mehr geachtet?«

»Vielleicht bin ich auch so gegangen, das weiß ich jetzt nicht mehr. Mir ist nur dieser Gang in Erinnerung geblieben. Ob ich so gegangen bin oder die Leute ringsum? Ich weiß nicht. Ich glaube, wir sind alle so gegangen.« (Grigorowitsch, Alexandra Dmitrijewna)

»Wissen Sie, das hat mich auch beeindruckt: Man ging so schlürfend, konnte kaum die Füße bewegen; auch die Menschen rings um dich gingen so, bei dem einen baumelte irgendwo an seinem Körper eine Aktentasche; weil sie ihm zu schwer war, in der Hand zu tragen, hatte er sie sich um den Hals gehängt. Und alle gingen wie im Zeitlupentempo.

Zwei Dinge haben mich betroffen gemacht: Das eine war ein Bild – ein Mensch, der eine Anzeige liest und in der Hand einen Strick hält, der an einer Holzkiste mit einem Toten befestigt ist. Und ein andermal, auch auf dem Rückweg von einem sehr abgelegenen Ort – aus dem Institut für experimentelle Medizin – spätabends auf der Pawlowstraße. Hinter mir ging eine kleine Gruppe Leute. Ich hätte gar nicht auf sie geachtet, aber plötzlich fuhr ich zusammen und wandte mich um, weil ich lautes Lachen hörte. Es paßte so gar nicht hierher: Dort gingen ein paar Mädchen, und jemand lachte laut.« (Alexandrow, Wladimir Jakowlewitsch)

Der Hunger veränderte die Menschen nicht nur physisch – er veränderte den Charakter, die Gewohnheiten, er entstellte das ganze seelische Gefüge einiger Leute.

»Womit es mir gelang, meine Mitarbeiter zu unterstützen?« entsinnt sich Sinaida Alexandrowna Ignatowitsch (Sredni-Prospekt 35).

»Vor dem Krieg beschäftigten uns im Laboratorium Lebensmittelvergiftungen, die von Bakterien hervorgerufen worden waren. Um Bakterien zu züchten, wird ein bestimmter Nährboden vorbereitet. Die Basis dafür ist Fleischbrühe. Das Leningrader Fleischkombinat stellte für uns eine derart konzentrierte Bouillon her, es bereitete sie aus dem Fleisch von Kalbsfeten. Was das ist? Nichts anderes als ein Kalbsembryo, den man nach dem Schlachten im Leib einer Färse findet. Aus dieser Leibesfrucht stellten sie Liebig-Extrakt her und trockneten ihn. Wir hatten einen großen Vorrat davon. Das rettete viele Mitarbeiter. Als der Hunger anfing, habe ich als Stellvertreter für den wissenschaftlichen Bereich, wenn ich morgens kam, eine Büchse genommen, die Mitarbeiter setzten sich im Kreis um mich, und ich gab jedem einen großen Suppenlöffel Fleischextrakt. Man konnte ihn so essen. Und da will ich einen Vorfall erwähnen, der mich jetzt noch erregt. Wir hatten einen Mitarbeiter im Institut, einen hochgebildeten Mann. Er war groß und kräftig. Und er ließ sich sehr schnell gehen. Wenn ich morgens die Fleischbrühe ausgab, saß er stets als erster am Tisch. Mit welch flackerndem Blick er den Löffel verfolgte! Man spürte, daß all seine Gedanken nur noch darauf konzentriert waren. Schwer vorzustellen, daß er ein so feinfühliger, kluger, ein so bemerkenswerter Mensch war!

Als die Behelfskrankenhäuser eingerichtet wurden, konnten wir ihn in einem davon unterbringen. Aber die Ärzte wußten damals noch nicht, daß man nach einer langen Hungerzeit nicht gleich essen darf. Man gab ihm zweihundert Gramm Butter und ein halbes Brot. Er aß alles auf und starb am Abend.«

»Wußten das die Ärzte wirklich nicht?«

»In der ersten Zeit nicht. Dann wurde ihnen klar, daß sie die Menschen langsam dem Hungerzustand entziehen mußten.«

In demselben kleinen Labor waren noch andere Leute, die in diesen Monaten auf andere Weise lebten und starben.

»Wir hatten einen gewissen Solowjow, er saß im Erdgeschoß. Ein einfacher Mann, er konnte nicht einmal richtig schreiben und lesen. Seine Söhne waren an die Front gegangen. Nur seine Tochter war bei ihm geblieben (die Frau war vor dem Krieg gestorben). Dann holte man seinen Schwiegersohn zur Armee, und die Tochter ging mit ihm an die Front. Solowjow war bei uns Wächter vom Dienst, denn unser Labor war ein Nahrungsmittellabor, und man brachte uns Tag und Nacht Analysen. Und er saß unten im Erdgeschoß, das nicht geheizt wurde. Er war zwar wenig gebildet, aber überzeugt und sagte zu allen Kleinmütigen: ›Als ob wir Leningrad aufgeben. Niemals tun wir das.‹ Und er schnallte seinen Gürtel immer enger und magerte immer mehr ab. Er nahm die Analysen entgegen, erfüllte seine Dienstpflichten und munterte alle immer wieder auf: ›Wartet noch ein bißchen! Sie verteidigen Leningrad, und wir bleiben alle am Leben.‹ Aber dann kamen die Mitarbeiter einmal und wunderten sich: Solowjow war nicht zu sehen! Wie er auf seinem Schemel auf Posten gesessen hatte, so war er gestorben. Er starb im festen Glauben an den unabwendbaren Sieg und die unausweichliche Befreiung Leningrads.«

S. A. Ignatowitsch verglich nicht. Weder durch ihre Worte noch durch ihren Tonfall besudelte sie das Andenken an den erstgenannten Mitarbeiter. Die Leute verstanden, daß der Hunger den Menschen überwältigen konnte, jeder spürte an sich selbst seine alles vernichtende Kraft und fürchtete sich insgeheim – heute hatte er sich beherrscht, morgen aber fehlte es ihm vielleicht an Willenskraft, und etwas würde zerbrechen, bersten.

»Ich habe die ganze Blockade mitgemacht. Am schlimmsten war der Hunger«, bestätigt Lidija Sergejewna Ussowa, die damals Arbeiterin war. »Das war das Schlimmste. Unser Werk wurde jeden Tag beschossen. Aber wir gingen nicht in den Luftschutzkeller, wir hatten überhaupt keine Angst mehr. Das erste, was wir taten, war, daß wir das Stück Brot nahmen und in den Mund steckten: Womöglich wurde man getötet, und es blieb liegen! Verstehen Sie? So waren wir damals eingestellt. Danach sagten wir uns entsetzt: Jetzt hast du alles aufgegessen, und der Bombenangriff ist vorüber! Das war zweiundvierzig. Das war das entsetzlichste Jahr! Ich entsinne mich noch, wie meine Mutter starb und ich ihr stückchenweise Zucker gab und sie immer sagte: Du bist lieb, du bist lieb! Mit meiner Schwester mochte ich schon nicht mehr teilen. Sie lag im Krankenhaus, ich wollte ihr etwas bringen, aber wenn ich unterwegs in einen Artilleriebeschuß geriet, aß ich alles auf, ich konnte es ihr nicht bringen. Damals war ich schon in dem Zustand, wo ich an nichts anderes denken konnte als ans Essen. Verstehen Sie? Das war wirklich entsetzlich.«

Lidija Sergejewna ist unbarmherzig sich selbst gegenüber. Sie gehört zu den Menschen, bei denen man hinter dieser Unbarmherzigkeit das lebendige Gewissen spürt, das sich auch durch die listigen Verführungskünste der Zeit nicht beruhigen läßt.

Wenn sie über ihre Arbeit berichtet, erinnert sie sich immer wieder des Hungers und jener offenbar unauslöschlichen Empfindungen.

»Ich habe im Fünften PMT gearbeitet. Dann hat man uns in das Werk ›Krasnaja Sarja‹ verlegt, wohin es sehr weit zu laufen war. Im Werk wurden wir zum Aufräumen gebraucht. Im Schnee zu arbeiten war sehr schwer. Ich fiel um. Man brachte mich in die Aufnahme eines Krankenhauses. Als ich zu mir kam, hörte ich: Hier liegt ein völliger Zusammenbruch der Herztätigkeit vor. Wahrscheinlich hatte man mir eine Spritze gegeben. Als ich die Augen öffnete, gab man mir heißes Wasser und schickte mich wieder zur Arbeit. Ich war zählebig. Vielleicht war es auch genau richtig, daß man mich wieder zur Arbeit schickte, weil diejenigen, die sich legten, nicht wieder aufstanden.«

»Wußten Sie damals schon, daß diejenigen nicht wieder aufstanden, die sich legten? Oder erst später, im nachhinein?«

»Nein, damals begriffen wir noch nichts. Ich möchte so sagen: Alle meine Gedanken waren nur aufs Essen gerichtet. Das war totaler Wahnsinn. Zweiundvierzig schaffte ich es schon nicht mehr, meine Ration aus dem Laden bis nach Hause zu bringen. Wenn rohe Erbsen darunter waren, aß ich sie auf der Straße. So verging der Winter zweiundvierzig, und dann brach der Frühling an. Ich sah entsetzlich aus. Fürchterlich aufgedunsen. Dabei war ich sonst unwahrscheinlich mager. Bei meiner Größe wog ich zweiundvierzig Kilo (ich hatte mich im Krankenhaus gewogen, das war interessant). Meine Beine waren wie Prellsteine und das Gesicht so geschwollen, daß die Augen nur noch Schlitze waren. Entsetzlich sah das aus. Und da wurden wir plötzlich anders ernährt. Das war absolut richtig organisiert. Man gab uns viermal am Tag kleine Portionen zu essen, es war hochwertige Nahrung, aber wir weinten dabei. Wir glaubten nämlich, man bestehle uns. Sie hatten uns die Karten weggenommen und gaben uns nun sehr wenig. Das war natürlich so eine Psychose, ganz sicher. Die Kantine war am Newski-,Ecke Wladimir-Prospekt, wo jetzt das Restaurant Moskwa ist. Es war einfach entsetzlich: Du kommst hin, und man gibt dir ein kleines Tellerchen Kascha. Du willst unbedingt mehr. Und jetzt entsinne ich mich, daß ich im Garten saß und den umherhüpfenden Spatzen zuguckte, und ich hatte richtige Katzeninstinkte: Wenn ich doch den Spatz da fangen und aus ihm Suppe kochen könnte!

Es gab also die bessere Ernährung, und es gab Pflanzen,

die wir nun verzehrten. Ich stand morgens auf – so gegen vier – und ging zu allen Schuttabladeplätzen, um Brennesseln zu sammeln. Und wenn es mir gelang, ein Taschentuch voll Brennesseln zusammenzukriegen, war das ein Glück! Und dann ging ich in den Taurischen Garten, wo das Unkraut hüfthoch stand. Ich probierte, wie es schmeckte. Natürlich war es Melde. Ich wunderte mich noch: Warum essen die Leute Radieschen, wenn man Melde essen kann, die schmeckt viel besser. Und mit diesen Pflanzen haben wir dann die Kascharation gestreckt, die wir bekamen.«

Wir haben auch die Arbeiterfamilie Wassiljew aufgesucht – Nikandr Iwanowitsch und Soja Jefimowna (Prospekt der Metallarbeiter 105) – und ihren Bericht aufgeschrieben. Der Mann arbeitete als Meister im Metallwerk, die Frau versorgte zu Hause die Kinder. Hier ihr Bericht darüber:

»Ich hatte eine Evakuierungsbescheinigung, wir sollten vom Betrieb ins Gebiet Omsk evakuiert werden. Viele Frauen fuhren, ich bereitete mich auch darauf vor, ich dachte, was sollst du hier machen, wohin mit den Kindern? Aber sie sagten zu mir: ›Warum willst du fahren? Wen hast du dort?‹ Ich sagte: ›Niemanden, meine Leute sind alle in Leningrad.‹ Und da hab ich überlegt und überlegt. Wohin sollte ich mit zwei solchen kleinen Kindern fahren? Niemand wartete dort auf uns. Und so beschloß ich, nicht zu fahren! Und hab alles wieder ausgepackt! Und bin geblieben! Na, und dann begann der Artilleriebeschuß, den Hunger kannten wir noch nicht. Und der häufige Beschuß entnervte uns so, daß wir uns sagten: Lieber wollen wir Hunger leiden, nur soll diese schreckliche Schießerei aufhören, denn das war ein Arbeiterbezirk, und ringsum standen Fabriken. Und sie bombardierten doch in der Nacht und schossen mit Artillerie und setzten Leuchtkugeln ab an so kleinen Schirmen. Dann gab es keine Lebensmittel mehr. Meine kleine Tochter spielte noch lange mit Lebensmittelkarten, sie schnitt Marken ab.«

»Das war nach dem Krieg? Die hatten Sie nicht gebraucht?«

»Ja, wir hatten doch Marken, auf die nichts ausgegeben worden war. Ich ging um drei Uhr nachts los und stellte mich nach Lebensmitteln an. Um den Mantel hab ich noch ein Stück Bindfaden oder einen Gurt geschnürt, damit er mehr am Körper anlag, denn ich war ja nur noch Haut und Knochen. Mein Mann ging immer morgens zur Arbeit ins Werk. Und die hier, die ältere Tochter, hab ich mit dem Säugling allein gelassen. Sie kroch in unser Bett und sah: Die Kleine hatte sich naß gemacht – also wickelte sie sie neu. Ich aber stand nach Lebensmitteln an. Und manchmal umsonst – da kamst du mit leeren Händen nach Hause. Das einzige, was uns half zu überleben, waren die Gemüsegärten. Wo jetzt die Chaussee der Revolution ist und überall Häuser stehen, waren damals Felder. Man hatte uns zweihundert Quadratmeter zugeteilt. Und Samen geschickt: Möhren, Kohlrüben und Runkelrüben. Es waren kleine Pakete in Tarnfarbe, winzig und fest zugeklebt. Die Samen wurden uns zugeteilt. Und dann, als wir die Gärten anlegten, kriegten wir im Betrieb Kartoffelschnitzel mit Augen, anderthalb Kilo pro Person, wie ich mich noch entsinne.«

»Augen?«

»Ja, Augen. Kartoffelkeime. Wir kriegten drei Kilo und haben sie gesteckt. Es waren prachtvolle Kartoffeln – solche Dinger: rötlich und mehlig. Und wir freuten uns über dieses Gemüse. Auch Kraut gab's sehr viel. Vorher, als ich mich auf die Evakuierung vorbereitete, hatte man uns für die Fahrt Trockenmilch gegeben. Und davon habe ich in der ersten Zeit der Kleinen etwas zugefüttert. Außerdem erhielten wir selbst vorläufig noch Lebensmittel, so daß es reichte. Später, als das große Hungern begann, wurde sie sehr mager. Aber sie sah so rotwangig aus. Die Mutter meines Mannes, sie war achtzig, hatte auch so ein rotwangiges Gesicht – es war ihre Gesichtsfarbe. Einmal haben die Brotfabriken und Bäckereien mehrere Tage kein Brot gebacken. Da gaben sie Mehl aus. Ich habe auch Mehl statt Brot gekriegt, und da habe ich eine dünne Suppe gekocht, einfach zwei Löffel Mehl auf eine Kasserolle Wasser und ein bißchen nachgesalzen. Und diese heiße Mehlsuppe haben wir dann nach russischer Art gegessen. Der Kleinen habe ich einen dickeren Brei gekocht. Nachts höre ich – sie muß sich übergeben. Ich schlief mit dem älteren Mädchen auf dem Küchenherd. Mein Mann auf den Tischen. Wir hatten zwei oder drei Tische in der Küche. Und für die Kleine hatten wir Stühle in die Küche gebracht, und sie lag auch mit hier. Ich sprang sofort auf, zündete die Funzel an. Da sah ich es – sie hatte sich übergeben und eine starke Magenverstimmung. Danach bin ich in die Sprechstunde gegangen und habe gesagt: ›Ich habe nichts zu essen für das Kind, verschreiben Sie mir wenigstens ein bißchen was.‹ Die Ärztin sagte: ›Wir haben auch nichts, wir verschreiben nichts.‹ Ich sagte: ›Aber sehen Sie sie sich doch an!‹ Und sie: ›Was wollen Sie – ein rotbäckiges Kind!‹ – ›Sehen Sie ihr nicht ins Gesicht, sondern sehen Sie sich ihre Arme an, ihre Beine, die wie Peitschenstiele sind.‹ – ›Wickeln Sie sie nicht aus, hier ist es kalt. Und wir haben nichts.‹ So hat man mich abgewiesen. Natürlich ist sie dann bald gestorben, weil nichts mehr zu essen für sie da war, weder Graupen noch Butter, wir bekamen zu der Zeit überhaupt nichts!

Und als sie dann bombardierten – wissen Sie, wenn so eine Bombe einschlägt, wackelt das ganze Haus. Ich war kein einziges Mal im Luftschutzraum. Ich dachte mir: Ist doch egal, wo du stirbst, ob hier oder im Keller. Manchmal hab ich die Tasche vorbereitet, da war einiges eingepackt, ein bißchen Wasser zum Trinken und eine trockene Windel (für die Kleine). Wir setzten uns gewöhnlich in den Flur – ich und noch eine Frau mit einem Kind aus einem anderen Zimmer. Wir setzten uns mit unseren Taschen dort schön in die Mitte, damit uns kein Fensterglas traf. Und als sie mich dann ins Krankenhaus brachten, blieb das älteste Mädchen zu Hause. Ich lag über einen Monat drin. Mein Mann hat der Tochter morgens zu essen gegeben und ist ins Werk gegangen. Mittags kam er wieder und wärmte ihr etwas auf, es war ja nicht weit. Und dann bin ich aus dem Krankenhaus entlassen worden. Und da gaben sie uns das Stück Gartenland. Er hat mich hingeführt und gesagt: ›Jetzt grab.‹ Ich aber stand wie angewurzelt. Es war sehr windig, ich glaubte, der Wind würde mich umpusten. Hinsetzen konnte ich mich auch nicht, ringsum war nasse Erde.«

Zuerst sah man nur die von Bomben und Granaten Getöteten. Dann kamen die ersten Verhungerten hinzu. Man tat eine Zeitlang, als bemerke man sie nicht – aus Furcht, endgültig zu begreifen, was das bedeutete, was über die Stadt hereinbrach.

Galina Jossifowna Petrowa studierte am Medizinischen Institut und sah als eine der ersten Menschen, die an alimentärer Dystrophie gestorben waren. Aber als sie einen Toten auf der Straße erblickte, erschrak sie, die angehende Ärztin, wie ein kleines Mädchen – nicht über den Toten, sondern über den Massenhunger, den sie plötzlich erkannte.

Der Mensch sieht schon. Aber er möchte nicht sehen. Er will es nicht wahrhaben.

Der Maler Iwan Andrejewitch Korotkow entsinnt sich gut dieser hilflosen List des menschlichen Bewußtseins, für das die Wahrheit zu entsetzlich war.

»Ich stehe in einem Bäckerladen nach Brot an. Dort brennt ein kleines Öllämpchen, und wir kriegen auf Marken einen nassen Klumpen. Ich spüre, daß ich an etwas hängenbleibe, und steige darüber hinweg. Mir kommt gar nicht in den Sinn, daß das ein Mensch ist. Ich denke: Hat jemand hier einen Sack liegengelassen? Ich begreife einfach nicht, was los ist. Ich steige darüber hinweg, und die anderen tun es auch. Erst als ich draußen bin, wird mir klar, daß wir über einen Menschen gestiegen sind, der dort zusammengebrochen ist! Wir sind über ihn hinweggestiegen, und keiner war sich dessen sozusagen bewußt geworden. Das ist ein schrecklicher Zustand!«

»Wurden die Brotverkäufer bewacht?«

»Ich weiß nicht, vielleicht gab es eine geheime Bewachung. Darüber hat niemand nachgedacht, und ich habe mir auch nicht den Kopf darüber zerbrochen. Dann gab es noch andere unbegreifliche Dinge: Ich hab mich fortwährend irgendwo verirrt. Meine Frau, Lina Ossipowna, hatte eine Schwester, Maria Ossipowna. Ihr sind in einer Nacht Mann und Sohn verhungert. Auf irgendeine Weise hat man mich davon benachrichtigt. Ich ging zu ihnen. Sie hatten noch einen Sohn, der diente zu dieser Zeit als Politleiter im Lazarett, weil er nur ein Auge hatte (das andere hatte er im Krieg verloren). Man hatte für ihn zwei Särge gezimmert (das war zu der Zeit eine Seltenheit) und ihm ein Pferd gegeben. Wir stellten die Särge auf einen niedrigen Bauernschlitten, banden sie fest, setzten uns auf die Särge und fuhren damit zum Friedhof. Ich entsinne mich noch an das Haus in der Malaja-Possadskaja-Straße, als wäre es heute. Ein schönes Eckhaus. Sie wohnten dort, Malaja-Possadskaja zehn. Das Haus hatte Balkons. Ich sehe noch vor mir, wie Maria Ossipowna unten stand und wir auf den Särgen abfuhren.

Wir fuhren los. Zum Serafimowskoje-Friedhof. Unterwegs sahen wir überall Leute mit Kinderschlitten. Jemand bat darum, seinen an unseren anbinden und mit aufsitzen zu dürfen. Wir nahmen einen mit, dann noch einen. Bald zogen wir schon drei Schlitten hinter uns her, und drei Leute saßen neben uns. Ganz langsam fuhren wir zum Friedhof. Wir kamen an. Dort arbeitete ein Bagger, er hob Gräben aus. In dem Moment sehe ich ein Stück entfernt einen Lastwagen fahren. Erst kam mir das gar nicht zu Bewußtsein. Später begriff ich, daß man Tote zu diesen Gräben fuhr und verscharrte, und die Lastwagen fuhren ununterbrochen, sie lasen in der Stadt alle auf, die herumlagen, brachten sie hierher und begruben sie. Ob ich zu der Zeit besonders schwer von Begriff war oder mich schon nichts mehr berührte – ich nahm es einfach nicht zur Kenntnis.«

Dmitri Michailowitsch Smirnow war damals noch ein Halbwüchsiger. Er entsinnt sich aber gut an alles, was war, auch an seine Empfindungen.

»Im Dezember lagen sie noch nicht da, auch Anfang Januar noch nicht. Erst Ende Januar ging's los. Im Januar transportierte man sie sogar noch in Särgen. Dann ohne, überhaupt folgte da eine Zeit, daran erinnere ich mich, wo sie hauptsächlich in irgend etwas eingenäht oder eingewickelt auf den Straßen lagen.«

»In Laken?«

»Ja. Sie fuhren immer viele Tote ab. Was heißt viele? Wenn man von einem Ende des Bolschoi-Prospekt zum anderen auf drei, vier, fünf Tote stößt. In den meisten Fällen wurden sie auf kleinen Schlitten gefahren, weil schon Schnee lag. Einige wurden auf Doppelschlitten transportiert. Meist waren es Frauen, die sie zogen. Auch meine Mutter wäre beinahe gestorben. Sie arbeitete in einer Apotheke, vielleicht hat sie das gerettet. Sie bekam Furunkulose, hatte schreckliche Eiterbeulen am Hals. Ihr half der Fichtennadelextrakt sehr, das glauben manche nicht, aber wir tranken eine Menge davon. Tief erschüttert war ich einmal auf dem Bolschoi-Prospekt (das sehe ich bis jetzt vor mir) – ich glaube, es war eine Gewerbeschule oder Betriebsberufsschule, ich weiß nicht was, jedenfalls war dort eine Sammelstelle für Tote. Und an einem Frühlingstag (es war Frühling, denn es lag schon kein Schnee mehr), da kam ein Lastwagen, und darauf lagen Tote. Das ist so etwas ... Ich sehe die Stelle noch jetzt vor mir, wo dieser Wagen fuhr und wie er fuhr. Man mußte sich einfach abwenden. Jetzt aber kann ich mich nicht mehr abwenden. Außerdem war das so ein Vorkriegsdreitonner, wissen Sie? Mit so einem großen Fahrerhaus! Kennen Sie die? Aber der Gedanke: Warum haben wir uns nicht evakuieren lassen, warum sind wir nicht weggefahren? Man hätte praktisch zu Fuß weggehen können. In der letzten Zeit war so eine Art Fließband über die ›Straße des Lebens‹ eingerichtet worden: Menschen hinüber, Lebensmittel herüber, Menschen hinüber, Lebensmittel herüber.«

Dieser Bericht beweist sehr genau, wie unbarmherzig stark die »Blockadeerinnerung« war: *»Man mußte sich einfach abwenden. Jetzt aber kann ich mich nicht mehr abwenden.«*

Und so sah es aus, wenn Menschen zusammenkamen:

»Die Universität wurde nicht geheizt, das Wasser war nicht abgestellt worden und in den Heizkörpern eingefroren, die Rohre waren geplatzt, und wenn das einmal geschehen ist, läuft dauernd Wasser. Unsere Hörsäle hatten sich Ende November in Eishöhlen verwandelt, wo das gefrorene Wasser als Eiszapfen von den Wänden und von der Decke hing.«

»Warum von der Decke?«

»Ganz einfach, das war doch eine Dampfheizung. Ich denke, wenn man mehr Erfahrungen gehabt hätte, so hätte man das voraussehen und die Heizung abstellen können, aber vielleicht war derjenige, der das hätte tun können, gestorben oder abgereist, jedenfalls hingen von der Decke tatsächlich Eiszapfen, und unten waren Stalagmiten entstanden wie in Höhlen. Das sah sehr ungemütlich aus. Die Studenten saßen in Mänteln da, sie hatten soviel Mäntel wie möglich übereinander gezogen. Elektrisches Licht gab es noch, man konnte auch studieren, aber es war allgemein sehr schwierig. Die Zahl der Studenten verringerte sich immer mehr, und immer häufiger fielen auch die Dozenten aus. Ich will nicht sagen, daß die Vorlesungen praktisch völlig ausfielen – aber der Vorlesungsplan stimmte überhaupt nicht mehr. Das Schrecklichste war, daß die Gesichter der Studenten, Mitarbeiter und Bekannten so grauenhaft aussahen. Wie sich das Gesicht eines Menschen verändert, der so aussieht, wie wir ausgesehen haben? Das läßt sich nicht mit Worten beschreiben. Vielleicht könnte man es zeichnen. Es ist einfach schrecklich. Wenn ein Mensch ganz normal krank ist und stirbt oder wenn er ungewöhnlich stirbt (vielleicht ist es zynisch, das so auszudrücken), nämlich von einer Granate oder Bombe getroffen wird, dann ist das nicht so schrecklich. Doch durch die Auswirkungen des Hungers war es besonders grauenhaft, wie sich das Aussehen des Menschen veränderte. Das Aussehen veränderte sich, das Gesicht, der Mensch war nur noch ein sich bewegender Leichnam, und bekanntlich ist ein Leichnam ein bedrückender Anblick. Diese gelben Gesichter sind ganz gräßlich, dazu der auffallend starre Blick. Das ist etwas anderes, als wenn einem ein Arm oder ein Bein weh tut und man sich sehr quält. Hier war der ganze Organismus in Unordnung, und es kam häufig zu Störungen psychischer Prozesse. Das gelbe Gesicht, der starre Blick, die merklich schwindende Stimme, man konnte schon nicht mehr an der Stimme erkennen, ob es sich um einen Mann handelte oder um eine Frau, es war die brüchige Stimme eines Wesens, das Alter und Geschlecht verloren hatte ...« (Ljapin, E. S.)

Die Qualen waren schrecklich, aber es gab auch freudige Ereignisse, die sich für immer einprägten.

Kein Blockadeteilnehmer denkt von sich: Wir haben eine Heldentat vollbracht und Heldentum bewiesen. Nein. Jahrzehnte später jedoch dienten diese schweren Jahre für manche gewissermaßen als Rechtfertigung für ihr Leben, wurden zum Kennzeichen staatsbürgerlicher Standhaftigkeit, zum Gradmesser ihrer Beteiligung am Sieg. Dieses Gefühl ähnelt dem, was ein Soldat des Großen Vaterländischen Krieges empfindet.

Vor unserem Eintreffen hatte sich Pawel Filippowitsch Gubtschewski, wissenschaftlicher Mitarbeiter in der Ermitage, innerlich auf unser Gespräch vorbereitet und überlegt: Was war die Blockade für ihn gewesen? Dann gestand er uns:

»Ich hatte Schwierigkeiten, mir diese Frage zu beantworten. Granaten? Nun, die waren überall. Bomben? Sie waren auch überall. Der Hunger? Nun, der war natürlich nicht überall derselbe, sondern war hier weit schrecklicher, aber angenehm lebte es sich ja woanders auch nicht gerade. Der Tod? Der war überall. Vielleicht nicht in so konzentrierter Form. Auch glaubte ich, als ich Rechenschaft vor mir selbst ablegen wollte (ich hab nie darüber geredet, auch nicht mit mir selbst), daß die Blockade in erster Linie der Mensch ist. Und der ist verschiedenartig. Infolgedessen gibt es offensichtlich auch sehr verschiedenartige Auffassungen von dem Begriff ›Blockade‹ – je nach dem einzelnen Menschen.

Und das ist das erstaunliche: Danach sagte ich mir, daß ich nie im Leben, weder vor noch nach der Blockade, ein so klares und bestimmtes Ziel vor Augen hatte. Dieses Ziel erschien sogar nahe. Eine andere Sache war, daß es aus verschiedenen Gründen fortwährend in die Ferne rückte. Was aber geschah denn in mir, im Menschen? Ich bin nicht irgendein Führer oder sonst jemand, sondern ein ganz gewöhnlicher, einfacher Mensch, und ich hatte ein klares und bestimmtes Ziel, das vorher (und auch jetzt, heute) immer verschwommen und verwaschen war. Damals aber war es klar umrissen. Das bedeutet für mich die Blokkade (natürlich auch noch alles übrige, von dem Ihnen viele schon berichtet haben). Der Mensch hatte eine erstaunliche Zielstrebigkeit erlangt. Wie soll ich es Ihnen sagen? Mag sein, daß das absurd klingt: Ich spürte, daß sich in mir etwas löste, frei wurde. Natürlich, es gab tausend ›Das geht nicht‹ und ›Unmöglich‹. Natürlich konnte ich nicht den Blockadering durchbrechen oder in einen Schwarzmeerkurort fahren. Und natürlich konnte ich keine leckeren Dinge essen. Mehr noch, ich erfüllte unzählige verschiedene Pflichten – sowohl im Rahmen meiner Position (ich war Leiter der Wache für die großen Gebäude) als auch aus staatsbürgerlichem Pflichtgefühl. Natürlich erhielt ich Befehle und Anweisungen, ich wußte, was ich tun *mußte*, wozu ich *verpflichtet* war, aber diese ›Verpflichtung‹ war für mich Freiheit. Wahrscheinlich kommt es Ihnen seltsam vor, was ich daherrede, aber ich möchte aufrichtig zu Ihnen sein, so war es, und das war auch die Blockade.«

»Sie sagen, Sie hätten fortwährend ein Ziel gespürt, es vor Augen gehabt ...«

»Ich saß in meinem Zimmer und wartete auf den nächsten Beschuß, der mir vor allem dadurch auf die Nerven ging, daß er so lange dauerte – verstehen Sie –, und dachte: Was war ich doch für ein komischer Kerl, wie hab ich bloß früher gelebt? Selten nur bin ich in die Philharmonie gegangen, selten ins Kirow-Theater. Aber wieviel war dazu notwendig! Dazu war erforderlich, daß es im Theater warm war, daß dort Licht brannte, daß über hundert Orchestermitglieder da waren und alle satt, daß kein Ballettsolist fehlte, daß die Zuschauer dorthin fahren konnten und noch tausend ›daß‹! Und ich hatte das nicht geschätzt, überhaupt nicht bemerkt. Ich dachte damals nicht: Sobald die Blockade beendet ist, wirst du kübelweise Hirsebrei essen (wahrscheinlich haben Sie das auch schon gehört, haben einige Blockadeteilnehmer Ihnen das gesagt). Bei mir war das anders. Bei mir war etwas aufgetaucht, das Ziel, im Leben jenes Große zu finden, oder um es mit erhabenen Worten auszudrücken, etwas Geistiges, das ich früher geringgeschätzt, wenig genossen und nicht hatte verwirklichen können ...«

In den Sälen der Ermitage, die stets von Besuchern überfüllt sind, ertönen in allen Sprachen die gedämpften Stimmen der Museumsführer. Bilder, Skulpturen, gemustertes Parkett – man möchte glauben, daß es in dieser berühmten Stätte der Schönheit, in die Menschen aus fernen Ländern kommen, immer so war und nicht anders sein konnte. Im Dienstzimmer berichten uns einige Museumsmitarbeiter jedoch, wie sie während des Krieges hier gelebt hatten.

Alexandra Michailowna Amossowa:

»Hier unter der Bibliothek war ein Leichenschauhaus eingerichtet worden. In regelmäßigen Zeitabständen wurden Tote von dort abtransportiert. Ich entsinne mich eines sehr schweren Falles. Das war Ende März. Iossif Abgarowitsch Orbeli, der Direktor der Ermitage, war, glaube ich, am dreißigsten März weggefahren. Von uns waren nur noch wenige übrig. Ein paar Mann aus dem Arbeitskommando. Die Bestattungspapiere waren noch unter Orbeli ausgefertigt worden. Man brachte die Ingenieure der Gruppe weg, darunter auch unsere ältesten wissenschaftlichen Mitarbeiter. Auch unser Professor Kubbe war dabei und andere bekannte Leute.«

Olga Ernestowna Michailowa:

»Ich möchte diese Episode noch durch etwas ergänzen, weil sie sich mir besonders stark eingeprägt hat, ich kann sie nicht vergessen.«

»Sie kannten diese Leute?«

»Ja. Dieser große Wagen, und darauf lagen unsere Leute, allen vertraut, uns irgendwie nahestehend, denn es waren ja Kollegen, und sie lagen in verschiedenen Haltungen ausgestreckt. Wissen Sie, so etwas vergißt man nie im Leben. Aber darüber sollte man vielleicht nicht schreiben und auch nicht reden!«

»Nicht darüber reden« – sie will uns schonen, behüten. Vor der Bürde, die sie ihr Lebtag mit sich trägt. Sie selbst kann dem nicht entrinnen – »kann sich nicht abwenden«.

»Hier weiß man schon nicht mehr, was Phantasie ist und was Wahrheit, weil die Wahrheit so phantastisch war, daß du nicht unterscheiden konntest, was Wahrheit war und was Unwahrheit, was Phantasie und was Lüge. Verstehen Sie? Aber das stimmt doch, und man kann nicht alles bis aufs letzte erzählen.«

»Warum nicht?«

»Das versteht nur derjenige, der es mitgemacht hat.«

Diese Behauptung ist ein ziemlich weit verbreiteter Irrtum. Ein Ausschließlichkeitsanspruch ist hier fehl am Platz, der Mensch kann alles verstehen und sich alles vorstellen, was er will. Alle Entbehrungen und Nöte des Blokkadelebens. Man muß nur alles richtig erzählen, nichts verheimlichen und nichts in der einen oder anderen Richtung zu beschönigen suchen. Es ist auch deshalb ein Irrtum, weil die Blockadeteilnehmer sich vieles selbst nicht vorstellen können – wie konnte das mit ihnen geschehen? – und sich selbst nicht glauben. Das menschliche Erinnerungsvermögen ist tückisch. Es ist ein Unterschied, ob man über das, was war, berichtet und erzählt oder es schildert – das ist äußerst schwer.

Hier führen wir eine Stelle aus dem Bericht von Pawel Filippowitsch Gubtschewski an. Sie ist vielleicht fehl am Platz, paßt nicht zum Thema, aber wir bringen es nicht über uns, sie wegzulassen oder für später aufzuheben. Je weiter dieser Vorfall zurückliegt, desto mehr zwingt er, darüber nachzudenken.

»Zweiunddreißig Granaten schlugen hier ein. Der Zerstörungsgrad war unterschiedlich. Im Wappensaal schlug ein Geschoß zwei Meter vom Kleinen Thronsaal ein. Nach irgendwelchen Gesetzen der Ballistik, ich weiß nicht welchen, schwirrten die Splitter bis hierher in den Kleinen Thronsaal. Im Wappensaal ist ein Loch im Fußboden zur Rastrelli-Galerie, weiter nichts. Der Kleine Thronsaal aber war ganz zersiebt von Splittern. Der Lüster wurde heruntergeschlagen, man konnte ihn nicht reparieren – die Bronze war sehr spröde. Außerdem hatten die Splitter die Wände und die Decke buchstäblich zersiebt. Wenn auch an den Wänden nichts mehr war (die silberbestickten Lyoner Wandteppiche, die sehr stilvollen schönen Samtstoffe waren auf Rollen gewickelt und weggebracht, evakuiert worden), so ist die Bemalung dort phänomenal schwer zu restaurieren. Es war ein entsetzlicher Anblick. Die Treppe, über die Sie jetzt ins Museum hochsteigen – die Gesandtschafts- oder Jordanische Treppe, heute der Haupteingang –, sah gleichfalls entsetzlich aus. Eine Granate hatte die Überdachung dieser Treppe durchschlagen. Wenn die Decke nur schwarz geworden wäre, weil sich fast drei Jahre ununterbrochen die Temperatur änderte, aber statt dessen wurde die ganze Malerei unterhalb und an den Decken aus

Eisen (nach dem Brand von 1837 wurden eiserne Decken eingezogen) beschädigt. Das Eisen rostete durch, hielt nicht. Und die Malerei, die Sie jetzt sehen, all das war in kleinen Schuppen, nicht größer als dieses Büchlein hier, herabgefallen. Die Leute, unsere Mitarbeiter, liefen über diese Schuppen. Natürlich ein erbärmlicher Anblick.«

»Die Gemälde aber waren alle weggebracht worden?«

»Insgesamt hat die Ermitage eine Million einhundertsiebzehntausend Exponate weggebracht, aber das klingt nach Statistik und ist langweilig und uninteressant. In den Sälen hingen praktisch keine Bilder mehr. Aber man konnte doch nicht das riesige Angelico-Fresco evakuieren, ebensowenig ließ sich das große Wandgemälde Giuglio Romanos wegbringen – selbst auf einer Rolle wäre es zerfallen, auch die Malerei der Loggia von Raffael konnte nicht evakuiert werden. Es blieb auch, was von allein erhalten werden konnte, die Rahmen zum Beispiel.«

»Wie sahen die Säle aus?«

»Leere Rahmen! Das war eine weise Anordnung Orbelis: Alle Rahmen an Ort und Stelle zu lassen. Dank dessen konnte die Ermitage ihre Exponate achtzehn Tage nach Rückkehr der Bilder aus der Evakuierung wieder aufhängen! Während des Krieges aber hingen die Rahmen einfach so da, leer wie Augenhöhlen, und ich habe mehrere Exkursionen daran vorbeigeführt.«

»An den leeren Rahmen?«

»Ja.«

»In welchem Jahr?«

»Das war im Frühjahr, etwa Ende April zweiundvierzig. In dem betreffenden Fall waren es Teilnehmer eines Lehrgangs für Unterleutnants. Sie hatten uns geholfen, das kostbare, prächtige Mobiliar zu retten, das im Wasser stand. Wir konnten die Möbel nicht evakuieren. Sie waren in den Marstall gebracht worden (im Erdgeschoß, unter dem hängenden Garten). Zweiundvierzig brach von oben Wasser durch, und die Möbel – eine prächtige Sammlung: Mittelalter, französischer Klassizismus – standen alle im

Wasser. Wir mußten sie retten, verlagern, aber wie, und wer sollte es tun? Die vierzig alten Frauen, die mir unterstanden und von denen mindestens ein Drittel im Krankenhaus lag? Und die übrigen waren alles Invalidenrentner oder Leute über siebzig. Die Lehrgangsteilnehmer kamen jedoch aus Sibirien, sie waren noch mehr oder weniger kräftig und wurden hier auf dem Lehrgang zu Unterleutnants ausgebildet. Und sie schleppten die Möbel in einen Saal, wo sie verhältnismäßig sicher waren, und hier blieben sie bis Kriegsende. Wir mußten uns bei ihnen bedanken. Sie traten im Saal hier an (zwischen diesen Säulen), wir sagten ihnen ein paar Worte und dankten ihnen. Dann aber nahm ich diese Jungen aus Sibirien und führte sie durch die Ermitage, an den leeren Rahmen vorbei. Das war die seltsamste Führung meines Lebens. Auch leere Rahmen können beeindrucken, weiß ich jetzt.«

Man kann sich vorstellen, wie das war – die im Laufe des Winters gefrorenen Wände der Ermitage, von oben bis unten bereift, und die in den leeren Sälen dumpf widerhallenden Schritte. Die Rechtecke der Rahmen – golden, aus Eichenholz, kleine und große, glatt und kunstvoll geschnitzt, mit Ornamenten verziert, die früher niemand bemerkt hatte und die jetzt selbständig geworden waren: die einen schienen die Leere ausfüllen zu wollen, andere wiederum unterstrichen sie zusätzlich, indem sie sie umrahmten. Diese Rahmen von Poussin, Rembrandt, Cranach, von Holländern, Franzosen, Italienern – waren für Gubtschewski die Verkörperung der wirklichen Bilder. Er sah in ihnen die Bilder mit allen Details, Lichtschattierungen und Farben – die Figuren, Gesichter, Kleiderfalten und die einzelnen Pinselstriche. Das Fehlen der Bilder machte sie für ihn jetzt noch anschaulicher. Seine Vorstellungskraft, sein klares Erinnerungsvermögen und sein innerer Blick schärften sich und ersetzten die Leere. Er beschrieb die fehlenden Bilder mit Worten, Gesten, Intonationen und mit allen Mitteln seiner Phantasie, seiner Sprache und seinen Kenntnissen. Konzentriert und gespannt betrachteten die Menschen den vom Rahmen umgrenzten Raum. Nie wieder gelang es Pawel Filippowitsch Gubtschewski bei späteren Führungen, die Menschen so viel *sehen* und empfinden zu lassen.

Der Feind wartete darauf, daß Leningrad »sich selbst auffraß«, und erinnerte ununterbrochen daran – mit Granaten, Bomben, Flugblättern –, daß es bald Zeit sei, daß er warte.

Soja Alexejewna Bernikowitsch berichtete von den schadenfroh-sadistischen Ermahnungen der Faschisten:

»Ja, als ich im Schützengraben war, wissen Sie, was da für Verschen im Umlauf waren? Die Deutschen warfen Flugblätter ab: ›Bohnenesser – Leichenfresser!‹ Sie warfen sie aus Flugzeugen ab. Oder: ›Aufgefressen sind die Linsen – Leningrad geht in die Binsen.‹ Aber wir riefen nur: ›Das geschieht nie!‹«

Der Tod wurde in der Stadt zu etwas Alltäglichem. Die sowjetischen Soldaten und Matrosen kämpften und verbluteten, selbst halb verhungert, auf dem »Newa-Fleckchen« und versuchten, zur Eisenbahn vorzustoßen, die Leningrad ausreichend versorgt, den hungernden, ausgezehrten Menschen wieder Kraft gegeben und sie am Leben gehalten hätte. Die Eisstraße über den Ladogasee, Ende November eröffnet, ermöglichte im Dezember einige Lebensmittellieferungen und flößte Hoffnung ein. Wieder bestand die Möglichkeit, Leningrader zu evakuieren, obwohl es für die ausgezehrten und kranken Menschen äußerst schwierig war und viele auf dem Weg zum Leben, ja sogar schon außerhalb des Rings noch umkamen. Bis zum Sommer 1942 raffte der Hunger die Menschen dahin, selbst als alles leichter geworden war. Bei vielen war die Dystrophie zu weit fortgeschritten.

»Leute kamen aufs Standesamt und ließen ihre verhungerten und erfrorenen Angehörigen registrieren«, erzählte Jelena Michailowna Nikitina, Lehrerin. »Das war im Dezember einundvierzig und Januar zweiundvierzig. In meiner Erinnerung, in meinem Leben waren das die schwersten Minuten der ganzen Blockade. Nicht genug, daß Krieg war, bombardiert und beschossen wurde. Das war alles sehr schwer und grauenvoll. Aber dennoch nicht so schrecklich wie der Hunger, denn es gab absolut nichts mehr zu essen. Beim Ausheben von Verteidigungsanlagen waren wir noch auf Kartoffeln gestoßen, die in der Erde geblieben waren, wir hatten Kohlblätter gegessen, und manchmal gab es Pferdefleisch (war ein Pferd durch Beschuß verwundet worden, wurde es sofort abgestochen, und wir kriegten das Fleisch). Jetzt aber gab es absolut nichts mehr zu essen, weil alle Vorräte zu Hause zur Neige gegangen, aufgegessen waren. Anfangs hatten wir noch Zwiebäcke oder Kartoffelstärke. Ich hatte ein paar Kilo davon. Aber dann war alles aufgegessen. Und du gehst zur Arbeit und kannst kaum die Füße voreinander setzen. Die Straßenbahnen fuhren nicht mehr. Wasser gab's nicht. Licht gab's nicht. Die Menschen befanden sich in einem schrecklichen Zustand: Sie konnten nicht gehen, konnten nicht einmal die Eimer Schmutzwasser hinaustragen. Und ich hab auf dem Standesamt gearbeitet – im Dezember einundvierzig und Januar zweiundvierzig.«

»Erzählen Sie ausführlicher von Ihrer Arbeit.«

»Na, da stand eine lange Reihe. Eine Frau trat heran und erklärte, ihre Mutter wäre gestorben und noch eine alte Frau, ihre Nachbarin. Dann gab sie mir deren Ausweise und Papiere. Ich schrieb die Sterbeurkunde aus. Und das schnell, ich mußte mich beeilen. Die Tinte gefror. Im Gebäude des Kirow-Stadtbezirkssowjets gab es keine Heizung. Später stellte man uns dann eiserne Öfen ins Zimmer, aber ich kann mich nicht erinnern, daß sie uns gewärmt hätten. Die Tinte gefror. Wenn ich kam, hab ich sie manchmal mit den Händen gewärmt, im Glauben, sie würde davon wärmer. Also stellte ich ihnen die Papiere aus. Ich kann mich noch entsinnen, wie die Leute in langen Reihen anstanden, um Tote eintragen zu lassen.«

»Wieviel haben Sie am Tag registriert?«

»Es gab mehrere Reihen. Ich hab nicht allein dort gearbeitet, wir waren drei. Pro Tag hab ich etwa einhundertfünfzig Personen registriert. Ich hab im Dezember und Januar dort gearbeitet. Die Leute waren abgezehrt, sie taten einem leid. Deshalb bemühten wir uns, sie schnell abzufertigen. Dabei sahen wir keine Tränen. Nach der Arbeit ging ich dann nach Hause. Bei mir wohnte noch die Familie meines Bruders (mein Bruder war an der Front), seine Frau wohnte bei mir, und sie hatte ein Kind. Es war damals vier Jahre alt (jetzt hat es schon seine Dissertation verteidigt, dieses Kind). Wenn ich nach Hause kam, lag es oft die ganze Zeit im Bett, weil wegen der Kälte und des Hungers gar nichts anderes denkbar war, und es hatte auch keine Kraft. Es trug ein Hemd mit so langen Ärmeln, damit es wärmer steckte. Es stand dann da in seinem Hemd und fragte: ›Tante Lena, hast du mir wenigstens ein ganz kleines Stück Brot mitgebracht?‹ Ich sagte: ›Nein.‹ Denn ich hatte ja selbst nichts. Wir erhielten nur, was uns auf die Marken zustand. Ich sammelte immer von der ganzen Familie die Karten ein, ging zum Bäcker und holte Brot. Ich ging auch immer allein, weil die anderen außerstande waren zu gehen, alle waren älter als ich. Deshalb fragte das Kind jedesmal: ›Hast du mir was mitgebracht?‹ Sein Anblick war mitleiderregend. Man zieht jetzt oft Vergleiche mit den Kindern unserer Kinder, wenn man ihnen einen Apfel gibt und sie ihn nicht essen wollen. Und damals gab es nicht mal Brot!«

»Und Ihr Bruder?«

»Er ist zurückgekommen. Zwar hatte er eine schwere Verwundung hinter sich, aber es ging. Er lebt jetzt noch. – ›Hast du mir wenigstens ein ganz kleines Stück Brot mitgebracht?‹ fragte das Kind. Und es war so mager, nur Haut und Knochen. In dem weißen Hemd sah es aus wie der leibhaftige Tod! Und wenn man nach Hause kam und klopfte (die Klingel ging nicht), dachte man jedesmal: Na, gleich werden sie aufmachen und sagen, daß jemand von der Familie gestorben ist, denn damals starben ununterbrochen Leute, es war ein Massensterben. Uns gegenüber im selben Stock wohnten Schauspieler vom Kirow-Theater, die Nikolskis. Einmal kam ich abends nach der Arbeit nach Hause, da trugen sie den Mann tot aus der Wohnung. Und damals machte man schon keine Särge mehr, man hüllte den Toten einfach in ein Laken und trug ihn hinaus in die Kälte. Danach, im Februar, vielleicht auch Ende Januar, wurde ich vom Stadtbezirkskomitee der Partei in die Kommission für die Evakuierung der Bevölkerung versetzt. Ich war technischer Sekretär. Gab Papiere aus und schrieb Marschbefehle für die ›Straße des Lebens‹ über den Ladogasee.«

»Nach Kobona?«

»Ja. Und ich gab ihnen Lebensmittelkarten oder Verpflegungstalons. Damit sie am anderen Ufer des Ladogasees gleich zu essen bekamen. Wir waren auch dort, im Kirow-Stadtbezirkssowjet, aber in einem anderen Zimmer, zweihundertsechzig. Darin stand schon ein Ofen, den wir ein bißchen heizen konnten. Aber es gab kein Feuerholz, also verbrannten wir die Möbel, die dort waren, alte Stühle, überflüssige Schreibtische, Schränke; wir haben zerhackt, was nicht viel taugte. Und danach besorgten wir uns selbst Feuerholz; wir gingen Holzhäuser abreißen. Ich entsinne mich, im Park des ›Neunten Januar‹ gleich nebenan welche mit abgerissen zu haben. Um den Stadtbezirkssowjet zu heizen und überhaupt für die Bevölkerung des Bezirks, damit die Leute es ein bißchen warm hatten.«

»Wurden die Bewohner der Holzhäuser umgesiedelt, oder standen die Häuser schon leer?«

»Ja. Da war niemand mehr. Die Männer waren an der Front und die Frauen vor Kälte oder Hunger gestorben, einige waren auch ins Hinterland evakuiert worden, andere in wärmere Steinhäuser umgesiedelt. Ich kann einen Fall nicht vergessen aus der Zeit, da ich in der Evakuierungskommission arbeitete. Ein Bekannter kam zu mir. Er war ein enger Freund meines ersten Mannes. Ich weiß noch, als sie beide das Schiffsbauinstitut absolviert hatten und zusammen im Admiralitätswerk arbeiteten, legten sie großen Wert auf elegante Kleidung. Sie verdienten dort recht gut und kleideten sich auch gut, einer wie der andere. Und nun kommt plötzlich dieser Freund meines Mannes zu mir, schmutzig, grauenhaft anzusehen – ich hab ihn zuerst gar nicht erkannt. Er wollte die Evakuierungspapiere für sich und seine Mutter abholen. ›Meine Mutter ist schon alt und stirbt vor Hunger‹, sagte er. Damals gab es eine Anweisung, alle alten Leute grundsätzlich wegen des Lebensmittelmangels aus Leningrad zu evakuieren. Deshalb wurden sie und die Kinder vorrangig abtransportiert. Ich weiß nicht, aus welchem Grund er nicht in der Armee war, vielleicht wegen seines Gesundheitszustandes. Aber er sah schrecklich aus, ganz voller Ruß, das Gesicht kohlschwarz, dazu hatte er so ein Frauenumschlagtuch, wissen Sie, ein Wolltuch, über dem Mantel verknotet, den Kragen hochgeschlagen, daß man das Gesicht kaum sehen konnte. Und als ich die Papiere ausschrieb, sah ich ihn mir an und dachte: Mein Gott, das ist doch ein guter Bekannter, ein Freund deines Mannes, noch jung, der gerade erst das Institut hinter sich hat. Er muß etwa siebenundzwanzig gewesen sein, sah aber aus wie ein steinalter Greis. Ich fertigte die Papiere für ihn und seine Mutter aus. Er sagte: ›Wir müssen zum Finnländischen Bahnhof, zuerst ziehe ich Mutter auf dem Schlitten, dann kann sie mich vielleicht auch ein Stückchen ziehen.‹ Er war ebenfalls vom Hunger stark geschwächt. Einander abwechselnd, zogen sich die Leute zum Finnländischen Bahnhof, und von dort ging es weiter über den Ladogasee, über die ›Straße des Lebens‹. Er aber – ich habe das erst später erfahren – kam nicht einmal bis zum Ladogasee, ist unterwegs gestorben, er und seine Mutter sind dem Hunger und der Kälte zum Opfer gefallen.«

Die Leute erzählten uns wenig darüber, wie die nächsten Angehörigen starben – entweder, weil sie sich dessen wie durch einen Nebelschleier entsannen oder weil es zu weh tat, darüber zu berichten. Hingegen erzählten sie viel, wie sie sie begraben hatten.

Die grausame Wahrheit der Umstände und Bedingungen, die gnadenlose Wahrheit der Gefühle (und der vom Hunger verursachten Empfindungslosigkeit) quälen den Blockadeteilnehmer noch heute. Aber was war, das war.

»Wie er so dort lag (er tat mir nicht leid), dachte ich nur an eines: Wenn er stirbt, wie soll ich ihn begraben? Alle gaben fürs Begraben Brot, ich aber hatte keins. Und als ich hinausging und die Toten sah, die man abtransportierte, sagte ich mir, daß ich ihn erstens nicht so einnähen und zweitens nicht auf den Schlitten legen könnte. Das Begraben war für mich das Schrecklichste, die Tatsache, daß er sterben würde – damit beschäftigte ich mich überhaupt nicht.« (Rogowa, Nina Wassiljewna, Lehrerin, Straße der Brüder Wassiljew 19)

Den Verstorbenen den letzten Dienst zu erweisen war unter den damaligen Bedingungen schwierig. Bei vielen überstieg das einfach die Kräfte. Oder auch die Mittel, wenn die eigene Kraft fehlte. Ein Begräbnis war ein Problem. Die Berichte darüber sind zuweilen qualvoller als die über den Tod. Aber eines ist vom anderen nicht zu trennen.

Alle Kraft der Liebe, aller Schmerz, den Nächsten verloren zu haben – alles trat hinter dem Bestreben zurück, ihn wenigstens zu begraben, wenn man ihn schon nicht retten konnte. Die Menschen blieben Menschen. Irina Alexejewna Kirejewa erinnert sich, wie sie ihre Kinderfrau auf dem Wolkowo-Friedhof bestattete.

»Ich entsinne mich, wie zwei Soldaten die gefrorene Erde lange mit Brecheisen bearbeiteten und dennoch nicht durchstoßen konnten, weil dort eine auszementierte Gruft war. Schließlich konnten sie den Sarg doch irgendwie hineinquetschen.

Und da kam eine Frau und bettelte, doch ihre Tochter in dasselbe Grab zu legen. Sie hatte sie hergebracht. Bot uns buchstäblich ihr Letztes an, was sie bei sich hatte, flehte, daß man auch ihre Tochter hier begrub. Sie selbst konnte sich kaum auf den Beinen halten.«

Ljudmila Alexejewna Mandrykina, Historikerin und Mitarbeiterin im Staatlichen Militärhistorischen Zentralarchiv, berichtet:

»Und dann brach für alle der Hungernovember, der Hungerdezember an. Das war einundvierzig. Jetzt kam es zu sehr großen Verlusten. Jetzt starb Alexej Alexejewitsch Schilow. Er gehörte zu den Begründern des Archivwesens in der UdSSR.«

»Wie ist er gestorben?«

»Wie er gestorben ist? Er wurde krank und verfiel zusehends. Wir erhielten doch alle die zweite Kategorie – Lebensmittelkarten für Angestellte. Schilow war damals sechzig Jahre alt. Und er wohnte wie wir alle, kaserniert. Er arbeitete im Historischen Archiv (das ist ein System), wohnte dort im Keller. Und so schlief er einfach ein, wie fast alle einschliefen, die an Hungerdystrophie starben. Einige Zeit später legten wir ihn auf einen Schlitten, und da keinerlei Möglichkeit bestand, ihn auf einem Friedhof zu beerdigen, fuhren wir ihn zu jenem eingezäunten Gelände, wo jetzt Nowaja Gollandija liegt. Wissen Sie? Dorthin brachte man die Verstorbenen auf Schlitten, in Särgen und uneingesargt – ganz gleich wie. Es war ein offizieller Sammelpunkt. Hier saßen zwei, drei Mann als Aufsicht. Und dann wurden die Toten mit Lastwagen abtransportiert.«

»Und wie hat man sie bei der Erlöserkirche begraben?«

»Dort war es ganz anders. Dort hat man die Toten nur hingebracht. Viele wurden vor Apotheken gelegt – Halbtote oder Tote.«

»Vor Apotheken? Warum gerade dort?«

»Ich denke mir, weil doch dort früher stets medizinische Hilfe geleistet wurde. Auch bei Krankenhäusern wurden sie abgesetzt. Die Leute hatten keine Kraft, keine Möglichkeiten mehr, sie woanders hinzubringen. So haben wir auch Alexej Alexejewitsch Schilow weggebracht. Wo er begraben ist? Das haben mich Leningrader Wissenschaftler viele Male gefragt. ›Wo ist Schilow begraben?‹ Ich weiß es nicht. Und dann starb Michail Iljitsch Achun. Das war ein sehr angesehener Militärbibliograph. Wir wollten ihn auf den Smolensker Friedhof bringen, schafften es jedoch nicht bis hin. So ließen wir den Sarg auf halbem Weg im Schnee stehen. Es war Januar. Und am zweiten März starb meine Mutter. Das ist etwas Persönliches, aber ich möchte Ihnen erzählen, was da geschah. Als sie starb, hatte ich so eine fixe Idee. Sie starb am zweiten März. Tags zuvor hatte sie ihre Lebensmittelkarte gekriegt. Es war eine für Familienangehörige. Meine Mutter war auch eingeschlafen. Sie wohnte ganz in der Nähe, das Militärarchiv war auf dem Herzen-Prospekt 1, sie wohnte in der Nr. 11.«

»Sie haben hier gewohnt? In demselben Haus?«

»Ja. Ich besuchte Mama oft. Wir hatten einen eisernen Ofen gebaut. Wenn ich durchgekommen bin, dann natürlich nur dank meiner Mutter, weil sie das Brot einteilte. Sie teilte ihr und mein Brot in drei Teile, trocknete es auf dem eisernen Ofen, goß heißes Wasser darüber, und dreimal am Tag aßen wir das dann, wenn man das so nennen kann. Am zweiten März war sie völlig entkräftet, und als ich kam, starb sie schon. In meiner Gegenwart. Ich wollte sie auf dem Wolkowo-Friedhof begraben, wo auch meine kleine Schwester liegt. Ich ging hin. Die Stadt war völlig leer. Es läßt sich sogar schwer sagen, was das für eine Stadt war. Aus irgendeinem Grund hatten wir immer den Eindruck, uns auf dem Grund eines Meeres zu befinden, weil alles dick bereift war, alle Leitungen waren bereift und ganz dick. Es war, wie wenn der Kühlschrank vereist. Jede Leitung war so. Die Straßenbahnen standen tot und regungslos. Es war das erstarrte Reich eines Meereskönigs. Und nun war jemand von der Erde heruntergekommen und ging hier unten entlang! Ich kam zum Wolkowo-Friedhof. Da begegnete ich einer Frau, die recht gut aussah. Sie fragte: ›Sie ...‹ – nein, sie fragte: ›Du möchtest wohl jemanden begraben?‹ – ›Ja.‹ – ›Das kann ich für dich tun. Aber nicht umsonst.‹ – ›Gut‹, sagte ich. ›Dann komm übermorgen um vier Uhr. Wo soll ich das Grab ausheben?‹ Ich sagte: ›Ich hätte es gern neben dem meiner Schwester.‹ Wir gingen hin. Sie sah es sich an und sagte: ›Hier daneben hebe ich das Grab aus.‹

Meine Arbeitskollegen halfen mir, zimmerten einen Sarg, wir nahmen einen Schlitten und fuhren den Newski entlang. Es war am siebenten März, Schnee lag dort nur noch wenig. Wir zogen den Schlitten. In der Nähe des Litejny-Prospekts gerieten wir in einen schrecklichen Beschuß! Ein Milizionär schrie mich an: ›Was denn? Soll ich für euch geradestehen? Ab unter den Torbogen!‹ Aber der Arbeiter und unsere Reinigungskraft sagten, sie würden nirgendshin gehen. Und ich sagte: ›Ich auch nicht.‹ Wir setzten uns auf den Sarg und warteten, bis der Beschuß vorüber war. Dann gingen wir weiter. Wir gingen lange – bestimmt zwei Stunden. Und als wir ankamen, war das Grab nur ganz wenig ausgehoben, weil die Erde dort so stark gefroren war, daß man wirklich nicht graben konnte. Die Frau sagte: ›Na, warte nur, ich grabe weiter.‹ Meine Freunde sahen das und sagten: ›Wir gehen, Ljudmila Alexejewna.‹ Ein Abend war das, ein Sonnenuntergang, alles loderte. Auf dem Friedhof war alles zu erkennen. Ich sagte: ›Geht nur, ich bleibe.‹ Na, sie weinten, und ich weinte. Und sie gingen. Ich blieb. Ich spürte, wie ich fror. Sie aber grub. Sie war gesund und kräftig. Dann sagte sie zu mir: ›Du frierst wohl?‹ Ich sagte: ›Ja.‹ – ›Ich wohne in dem Kirchenhaus, dort drüben. Geh hinein und ruh dich ein bißchen aus‹, sagte sie zu mir. ›Komm in einer Stunde wieder her. Mal sehen, wie weit ich da bin.‹ Da bin ich in das Haus gegangen und hab etwa eine Stunde dort gesessen.«

»War es warm?«

»Nein, kalt. Aber immerhin herrschte kein Frost. Ich blieb eine Weile im Haus. Dann ging ich wieder zu ihr – sie hatte nichts ausgerichtet, vielleicht nur noch so viel tiefer gegraben. Da beschlossen wir, den Sarg in den Schnee zu stellen und einen großen Schneehaufen darüber zu schaufeln. Sie sagte: ›Du kommst in einem Monat wieder, so Anfang April, und ich mache alles, wie du es haben willst, für dich. In einem Monat taut's schon. Ich bringe alles in Ordnung.‹ Ich spürte gar nichts mehr und sagte: ›Gut. Ich gehe.‹ Sie blickte mich an und sagte: ›Ich glaube, du schaffst es nicht.‹ – ›Ja, wahrscheinlich schaffe ich es nicht.‹ – ›Dann bleib bei mir.‹ Ich hatte ihr ein Brot und Zucker mitgebracht. Dann wandte sie sich zu mir um und sagte ganz ruhig: ›Hab keine Angst, ich tu dir nichts.‹ Ich sagte: ›Ich hab keine Angst.‹ – ›Na, dann gehen wir.‹

Und wir gingen in ihr Zimmerchen. Es war winzig klein und überhaupt nichts darin. Nichts, ich sah nur unten Liegebänke wie in einem Zug im Gemeinschaftsabteil und auch oben welche. Sie haute von irgendeinem Sarg ein Stück ab, heizte den Ofen, machte Wasser heiß, schnitt von meinem Brot einen Kanten ab und nahm auch von meinem Zucker ein Stück und sagte: ›Iß.‹ Ich aß. ›Jetzt leg dich oben hin‹, sagte sie. Ich sank in tiefen Schlaf. Mir war alles egal!«

Dann kehrte der Mensch zu den Lebenden zurück. Arm war dieses Leben an Freuden, aber die Leningrader suchten und fanden in sich (und in anderen) Kraft, Willensstärke und seelischen Reichtum, und plötzlich wurde es heller und wärmer im Blockadering.

Auch Ljudmila Alexejewna kehrte aus der unheimlichen Atmosphäre des Friedhofs in ihre Welt zurück. »Wir lebten nicht einfach so«, sagte sie, als wolle sie gegen das soeben gezeichnete Bild polemisieren. Und nicht sie, das Leben selbst stellte andere Bilder dagegen – Bilder vom Höhenflug menschlichen Geistes.

»Ich möchte Ihnen etwas Interessantes erzählen. Es gab da einen gewissen Franzew, Juri Pawlowitsch – wahrscheinlich kennen Sie ihn, er war später Direktor des Instituts für internationale Beziehungen. Er war Professor. Und lebte gleichfalls kaserniert. An der Moika befand sich damals ein Kabinett zum Studium der Geschichte der Partei. Wir waren auch kaserniert. Wir kannten uns vorher nicht. Eines Tages kam er zu mir und sagte: ›Ich möchte doch mal sehen, wie meine Nachbarn wohnen.‹ – ›Bitte.‹ Er war ein sehr lieber, sehr interessanter Mann. Einmal, es war schon Frühling, sagte er zu mir: ›Ljudmila Alexejewna, wir wollen uns etwas ausdenken. Wir dürfen doch nicht nur so ...‹ (Er war überaus hager, langaufgeschossen und grauhaarig.) ›Wir dürfen doch nicht einfach so dahinleben.‹ Und ich sagte: ›Stimmt, aber was können wir denn tun?‹ – ›Wir rufen Historiker zusammen und reden über das, was jeder will. Treffpunkt ist das Archiv der Akademie der Wissenschaften, unten.‹ Wissen Sie? An der Uferstraße, dort war ein freier Platz. Und so haben wir beide alle die zusammengerufen, die in Leningrad geblieben waren. Sie müssen unbedingt mit einer gewissen Serbina, Xenija Nikolajewna, sprechen. Meiner Meinung nach ist sie jetzt stellvertretender Direktor des Instituts für Geschichte. Sie war die ganze Blockade über in Leningrad. Und sie kann Ihnen viel erzählen. Manchmal waren wir fünf, manchmal sieben Personen. Es war ein recht eigenartiges Seminar. Und jeder sprach, hielt irgendwelche Referate, Vorträge über Dinge, über die er reden wollte. Ich zum Beispiel hab mich mit dem Jahr 1812 befaßt und über die Partisanentaktik Denis Dawydows gesprochen. Iraida Fjodorowna Petrowskaja, unsere wissenschaftliche Mitarbeiterin (sie arbeitet jetzt im Institut für Theater und Musik), sprach über die Moskauer, die Pskower und die Petersburger Volkswehr. Aus dem Institut für Geschichte der Akademie der Wissenschaften sprach jemand (der Name fällt mir jetzt nicht ein) über das Anlegen von Weingärten in Rom im fünften Jahrhundert.*«

»Wahrscheinlich hat auch das geholfen?«

»Auch das. Frau Serbina erzählte vom Kampf der Tichwiner gegen die schwedischen Interventen.«

»Nur weg vom Hunger?«

»Ja, es war eine Art Ventil! Wir hielten stundenlange Vorträge, wobei wir so gespannt zuhörten – ich kann mich

* K. N. Serbina hat uns liebenswürdigerweise den Namen der Referentin mitgeteilt: Sergejenko, Maria Jefimowna

nicht entsinnen, später wieder jemals so gelauscht zu haben.«

»Und wieviel Leute saßen da?«

»Es kamen immer mehr, anfangs waren es zehn und am Ende dreißig. Niemand rührte sich, niemand ging, *niemand!* Wir haben uns jeden Freitag versammelt. Wenn wir an einem Tag kein Ende finden konnten, hieß es: Wir setzen den Vortrag das nächste Mal fort.«

»Sie denken gewiß mit Freude daran?«

»Mit großer Freude! Es war eine so ungeheure Ablenkung, wir befaßten uns dort mit den Dingen, mit denen wir uns beschäftigt hätten, wenn das alles nicht gewesen wäre. Dann war es auch noch so: Eines Tages kam der Journalist Alexander Viktorowitsch Viktorow zu mir ins Militärhistorische Archiv und sagte: ›Ljudmila Alexejewna, ich bin gerade dabei, Informationen darüber zu sammeln, womit sich die Wissenschaftler beschäftigen. Egal, von welcher Fachrichtung. Womit befassen Sie sich, mit welcher wissenschaftlichen Arbeit?‹ – ›Das Haus der Wissenschaftler, das Gorki-Haus, sammelt gegenwärtig solches Material. Fragen Sie bitte die Historiker.‹ Da stellte sich heraus, daß sich fast alle mit etwas befaßten. Dann sollte ein Buch herausgegeben werden. Es wäre ein schönes Buch geworden. Meiner Meinung nach leitete Orbeli diese Sache. Es gab sogar schon Korrekturbogen. Aber dann brachen in Leningrad die schweren Jahre an, und die Korrekturbogen blieben bei uns in der Handschriftenabteilung liegen. Kein Problem, sie sich einmal anzusehen.«

Blockadealltag

Die Faschisten marterten Leningrad und die Leningrader durch Hunger, die Mütter durch das Mitleid mit den vor ihren Augen sterbenden Kindern und Männern, die Soldaten durch den Schmerz über die dahinsiechenden Mütter, Frauen, Kinder – und hofften, die Leningrader würden wankelmütig werden und die Stadttore öffnen.

Hitler erklärte den Deutschen und der Welt die unvorhergesehene »Verzögerung« mit Leningrad folgendermaßen: »Wir sind jetzt defensiv, der andere muß jetzt ausbrechen, er wird verhungern in Leningrad.«

Die Bedürfnisse des Menschen schmolzen zusammen und konzentrierten sich auf Brot, Wärme, Wasser.

»Der Hunger bestimmte alles!« erklärt die Ärztin G. A. Samowarowa, die die Blockade mitgemacht hat. Und sie spürte das nicht nur bei anderen, sondern auch am eigenen Leib. »Wissen Sie, was die größte Freude war? Als die Brotration auf 300 Gramm erhöht wurde. Verstehen Sie? Die Menschen weinten in den Bäckerläden und umarmten einander. Es war wie Ostersonntag und bereitete allen so große Freude!«

Aber auch 300 Gramm sind (ohne andere Lebensmittel) immer noch eine »tödliche« Norm. Dabei hatte es 200 und 125 Gramm gegeben! Ohne Wasser, ohne Feuerholz, ohne Licht.

Die Bedingungen in der Stadt behinderten die Anpassung. Die Dampfheizung funktionierte nicht, und viele Häuser hatten keine Öfen. Ein Eimer Wasser wurde wie auch ein Scheit Holz oft zu einem schwierigen, manchmal unlösbaren Problem. Und die Beleuchtung? Eine Funzel aufzustellen ist die einfachste Sache der Welt, sollte man meinen. Aber womit sie füllen? Wo Lampenöl oder Petroleum herbekommen? Schließlich konnte man ja nicht einmal das Tageslicht nutzen, weil in vielen, vielleicht sogar in den meisten Häusern die Fensterscheiben durch Beschuß oder Bombardierungen kaputt und die Fenster mit Brettern vernagelt, mit Decken verhängt und mit irgendwelchen Lumpen und Matratzen zugestopft waren. Dadurch war es in den Zimmern fortwährend dunkel.

»Borja hat eine schöne Funzel erfunden: In ein nicht ausgießbares Tintenfaß wird ein Glasröhrchen mit Docht gesteckt«, notierte Faina Prussowa in ihrem Tagebuch. Das war eine Erfindung, das war ein Ereignis.

Selbst auf den Straßen herrschte Dunkelheit. Zwecks

Verdunklung waren in die Lampen über den Hauseingängen blaue Glühlampen eingeschraubt worden.

»Als auch die nicht mehr brannten, mußte man nach dem Gedächtnis weitergehen. War die Nacht hell, so konnte man sich an den Hausdächern orientieren, wenn sie dunkel war, war es schon schlimmer. Autos fuhren nicht, und man prallte gegen Leute, die keine Leuchtabzeichen auf der Brust trugen.« (Aus dem Tagebuch O. P. Solowjowas, Arbeiterin in der Kirow-Spinnerei)

Die eisige Dunkelheit wirkte bedrückend. Sich an sie zu gewöhnen und sich anzupassen fiel schwer.

In dem kindlich-aufrichtigen Tagebuch der siebzehnjährigen »K. Lida«*, die in einem Friseursalon arbeitete (solange dieser noch geöffnet war), wird eine nächtliche Wanderung durch das wegen der endlosen Dunkelheit enge Leningrad wie folgt beschrieben:

»Manchmal trittst du aus dem Friseursalon, aber auf der Straße ist es so dunkel, als wäre dort ein Abgrund, und du kannst nur mit vorgestreckten Armen gehen.

Einmal ging ich wieder so, es war ganz dunkel, die mondhellen Nächte waren vorbei, und ich mußte die Straße überqueren, da hörte ich ein Auto kommen. Ich wartete und lauschte, es hielt ein Stück entfernt. Ich überquerte ruhig die Straße und hatte fortwährend die Hände nach vorn ausgestreckt, die eine leer, in der anderen den Koffer mit meinen Friseurutensilien (und ich rannte fast in der Dunkelheit), und da bin ich wohl so dicht an der Bordsteinkante gegangen, daß ich gegen ein Taxi prallte und sogar rücklings hinfiel, weil ich so schnell gegangen war. Fast hätte ich den kleinen Koffer verloren. Ich hörte, wie die Autotür geöffnet wurde und der Fahrer fragte: ›Wer ist hier?‹ – aber ich hab mich ganz still verhalten, mir war es peinlich, aber dann dachte ich: Pfeif drauf, er kann sowieso nichts sehen. Allerdings hielt ich es jetzt für besser, auf dem Gehsteig zu laufen (ich tat es an sich nicht gern –

* Außer diesen Initialen stand nichts über den uns gebrachten Aufzeichnungen. Der Name der Verfasserin ließ sich nicht feststellen

einfach, weil man fortwährend gegen andere Leute stieß). Na, und so kam ich an die Ecke Sowjetskaja-Straße, Suworow-Prospekt, ging eine Mauer entlang und wußte, daß ich mich dann rechts halten muß. Plötzlich begriff ich nicht, was das war, wohin es mich verschlagen hatte. Ich stieß gegen etwas Großes, Rundes, und mir wurde klar, daß das eine Tonne mit Sand war, die ich da umfaßt hielt. Endlich dämmerte mir: Ich hatte mich im eigenen Hof verirrt.«

»Sie kamen dann also aus dem Krankenhaus wieder zurück?« fragten wir Irina Alexejewna Kirejewa.

»Ja. Ich lag dort eine Zeitlang und kehrte dann zurück. Die Kinderfrau lebte noch, aber es ging mit ihr schon zu Ende wegen des Hungers. Ich entsinne mich noch, wie wir sie aufhoben. Im Krankenhaus hatte man uns ein paar Pülverchen verabreicht – die waren Gold wert! – und wir glaubten fest, wenn wir diese Pülverchen mit nach Hause brächten, könnten wir unsere Angehörigen retten. Ich entsinne mich noch, wie wir der Kinderfrau mehr zu essen gaben, sie war natürlich schon sehr ausgezehrt, so sehr, daß sie Hungerdurchfall hatte. Sie ist vor unseren Augen gestorben. Vorher starb unser achtzehnjähriger Vetter, dann die Tante und der Onkel. Im Januar, Februar starben ganze Familien aus. Es war einfach grauenvoll! Die Tante im Krankenhaus. Meine Mutter lag mit schrecklicher Wassersucht (ich glaube, sie war damals jünger, als ich jetzt bin). Großmutter lag. Die Kinderfrau lag. Wasser gab es nicht. Es war dunkel und kalt.«

»Es gab schon keinen Strom mehr?«

»Nein. Man hatte so ein kleines eisernes Öfchen aufgestellt. Ein Soldat war gekommen und hatte uns das Ding hingebaut. Da ich von uns beiden Kindern die kräftigste und älteste war (meine Schwester war jünger als ich), mußte ich Wasser holen. Wir holten es aus einem Wasserloch. Jeden Morgen gingen wir los – das war auch eine Heldentat. Einen Eimer hatten wir nicht. Ein kleiner, vielleicht drei Liter fassender Krug mußte genügen. Das Wasser mußte herangeschafft werden. Bis zur Newa war es weit. Dort war ein Loch im Eis. Jeden Tag fanden wir neue Leichen von Leuten, die nicht bis ans Wasser gekommen waren. Oft wurden sie mit Wasser übergossen. Da war dann ein kleiner Hügel: ein Hügel und eine Eiskruste, unter dieser Kruste lagen Leichen. Das war grauenhaft. Wir kletterten darüber, schöpften unser Wasser und trugen es nach Hause.«

»Konnte man sie durch das Eis sehen?«

»Ja.«

Klawdia Petrowna Dubrowina (Serdobolskaja-Straße 71) war damals etwas über zwanzig Jahre alt, arbeitete als Dreher und gehörte der örtlichen Luftverteidigung an. Sie erinnert sich an viele Dinge aus ihrer Jugendzeit während der Blockade mit einem Lächeln. Für uns war daran nichts Fröhliches, sie aber lächelt über den schweren Alltag von damals.

»Vor dem Krieg war es mein Stolz, daß ich keine einfachen Strümpfe besaß. Wissen Sie, ich war so ein Modedämchen. Trug immer nur Seidenstrümpfe und Schuhe mit hohen Absätzen. Und nun verpaßte mir das Leben eine Kopfnuß, daß ich mit einemmal ganz anders wurde. In Leningrad verschwand tatsächlich innerhalb weniger Tage buchstäblich alles aus den Geschäften. Wo früher zum Beispiel Schokoladentafeln gestapelt lagen wie auch jetzt wieder, war im Verlauf weniger Tage rein gar nichts mehr da! Alles wurde sofort aufgekauft. Jeder wollte irgendwelche Vorräte anlegen. Aber schnell wurden Lebensmittelkarten eingeführt. Und genauso war es mit Industriewaren. Ich kam zur Besinnung. Warum hatte ich mich um nichts gekümmert? Ich stürzte in ein Geschäft und konnte gerade noch einfache Baumwollstrümpfe erwischen, zudem schwarze mit Gummizug. Wieviel dort waren, weiß ich nicht mehr, ich glaube, sechs Paar. Ich kaufte sie und zog sie alle an. Und diese sechs Paar hab ich nie ausgezogen. Stellen Sie sich vor, schwarze Strümpfe, sechs Paar und nie ausgezogen – nur um mich vor der Kälte zu schützen!

Dann – was ich für Schuhwerk trug! Auch da dachte ich mir, was kannst du machen? Du gehst vor die Hunde. Aber bei mir lagen ein paar alte Fuchsfelle herum. Außerdem hatte ich irgendwo im Direktverkauf so eine Art Filzstiefel erworben (damals verkaufte man noch für ein Stück Brot so etwas), sie waren mit der Maschine buchstäblich aus Flausch genäht und ganz dünn. Dennoch konnte man den Fuß hineinstecken. Was also hab ich gemacht? Ich wikkelte mir die Felle wie Fußlappen um und steckte die Füße in die Filzstiefel. Aber damit konnte man nicht auf der Straße gehen, es waren mehr Hausschuhe mit dünner Sohle. Irgendwo auf dem Korridor fand ich alte Männergaloschen, vorn spitz zulaufend und von riesigem Ausmaß (offenbar waren das die größten, die es gab). Ich steckte die Filzstiefel in die Galoschen, bohrte oben Löcher durch, zog kreuzweise Bindfaden durch wie bei Bastschuhen, schnürte sie zu – und meine Füße waren gerettet. Ich hatte jetzt immer warme Füße. Sonst wäre ich verloren gewesen. Und jetzt zum Thema Waschen. Natürlich hatten wir kein Wasser. Als ich das Haus noch täglich verließ, in die Fabrik ging, war das einzige, was ich bei mir trug, ein Lappen. Ich trat auf die Straße – dort lag Schnee. Ich rieb die Hände mit Schnee ab, statt mit Wasser – das war alles. Natürlich hab ich mir noch das Gesicht mit dem Lappen abgewischt. Aber meist war das das einzige, wir wuschen uns nicht, es gab kein Wasser. Ja, in der Kantine, wo wir zu essen bekamen, gab es auch kaum noch welches.«

Iwan Andrejewitsch Korotkow, der Maler:

»Was sich ereignete? Die Wasserleitung funktionierte noch hier und da, und dort konnte man mit einem Eimer Wasser holen, aber allmählich entstanden solche großen Eisberge. Auf dem Newski, gleich neben dem Gostiny Dwor, war ein solcher Turm. Wie er entstand? Wenn die Eimer gefüllt wurden, lief Wasser über, rann herunter, bildete eine Eisschicht, und die wuchs immer mehr und ragte dann zwei, drei Meter hoch. Dort hinaufzukommen war wirklich eine Leistung. Ich holte immer Wasser. Hinauf kam ich ja noch (ich trug Militärstiefel), aber wie wieder zurück? Mit den Eimern? Na, manchmal hab ich mich oben hingesetzt und bin hinuntergerutscht, das ging noch, aber manchmal bin ich hingestürzt. Und hab wieder alles verschüttet. Und so wuchs der Berg endlos. So war es auch an der Newaböschung, manche holten dort Wasser.«

Galina Iossifowna Petrowa:

»Ja, wir holten Wasser aus der Newa. Daran kann ich mich sehr gut entsinnen. Das war gegenüber dem Ehernen Reiter. Wir fuhren durch den Alexandergarten dorthin. Dort war ein großes Loch im Eis. Wir knieten uns ringsum an den Rand und schöpften mit dem Eimer Wasser. Ich ging immer mit meinem Vater, wir hatten einen Eimer und eine große Blechkanne. Aber bis wir mit dem Wasser zu Hause waren, hatte es sich natürlich schon in Eis verwandelt. Zu Hause tauten wir es auf. Natürlich war es schmutzig. Wir kochten es. Ein bißchen wurde fürs Essen verwendet, aber wir brauchten es auch zum Waschen. So mußten wir oft Wasser holen gehen. Und es war schrecklich glatt. Schon der Abstieg zum Eisloch war sehr schwierig. Die Menschen waren doch sehr schwach. Oft schöpfte einer den Eimer voll Wasser, konnte ihn aber nicht anheben. Wir halfen einander, zogen uns gegenseitig hoch, aber dabei wurde wieder Wasser verschüttet. Beim Senat und beim Synod lag ein Schiff vor Anker. Manchmal kamen Matrosen und halfen dort den älteren Leuten. Aber oft wußte man auch nicht, ob es sich um einen älteren oder jüngeren Menschen handelte, erstens, weil alle vermummt waren, und zweitens gab es die Funzeln, und in ihrem Schein sahen wir alle wie die Teufel aus.«

Aus einem Bericht Valentina Alexejewna Saborowskajas, Warschauer Straße 116: »Einmal bat ich einen Mann, er aber sagte: ›Meine Liebe. Wenn ich es fertigbrächte, würde ich dir zehn Eimer holen!‹

Der Mann konnte mir kein Wasser holen! Man konnte auch nicht erkennen, ob er jung war oder alt, das war nicht zu sehen, weil sich die Menschen alle sehr verändert hatten.

Na, irgendwie bekam ich Wasser. Ich trug es hoch. Meine Großmutter wohnte bei uns. Moment, ich glaube, sie wohnte bei uns im ersten Stock. Also habe ich das Wasser hochgebracht – stufenweise, ich hab immer gezählt, wieviel Stufen ich noch steigen mußte! Stufe für Stufe stieg ich hoch und zählte – eins, zwei, drei, vier. Wieviel mußte ich noch steigen? Ich hielt mich nicht am Geländer fest, hatte einen Bindfaden an die Kasserolle gebunden und stieg hoch. Nach jeder Stufe mußte ich mich ausruhen. Ich konnte ihr die Kasserolle Wasser nicht mit einemmal hochbringen. So geschwächt war ich!«

»Bei grimmigem Frost standen wir etwa zwei Stunden und hatten schließlich alle unsere Behälter gefüllt. Wir zogen den Schlitten möglichst vorsichtig über die vereisten Straßen. Dann ging es noch über den Hof und um die Hausecke. Der Hof lag voller zusammengepapptem Schnee, zwischen den Schneebergen führte ein Pfad wie ein schmaler Graben entlang. Als wir uns der Ecke näherten, bog gerade ein Mädchen, eine Milizhelferin, ums Haus, ebenfalls mit einem Schlitten. Darauf lagen zwei wahrscheinlich schon seit langem steifgefrorene Tote. Der Pfad war schmal, ausweichen war schwierig, und in der Kurve stieß ein steifgefrorenes Bein an unseren Schlitten und warf ihn um. Unser Wasser! Meine Schwester und ich standen ganz erschüttert und völlig entkräftet da. Wir setzten uns auf den Schlitten und brachen in Tränen aus.« (Sinaida Wladimirowna Ostrowskaja, Leninstr. 34)

Die Holzhäuser wurden als Heizmaterial für Betriebe und Behörden abgerissen, ein Teil des Holzes wurde denen zugeteilt, die beim Abbruch der Häuser mithalfen.

Dafür wurden ständig Kämpfer vom Luftschutz eingesetzt.

»Kämpfer« klingt sehr mannhaft, in Wirklichkeit waren es achtzehn-, neunzehnjährige, zudem vom Hunger ausgezehrte Mädchen.

Hier der Bericht von einer, von Klawdia Petrowna Dubrowina:

»Und so wurden unbedingt jeden Tag ein paar von uns zum Abbruch eines Hauses und zum Herbeischaffen des Holzes abgestellt. Ich weiß nicht, wieviel Kraft wir damals hatten – aber vielleicht hatten wir doch welche, weil wir jung waren.

Wir hatten große Schlitten, ganz gewöhnliche große Schlitten, darauf legten wir die Bruchstücke. Zuerst rissen wir ganz in der Nähe ab – in der Nowaja Derewnja, gleich hier, später mußten wir weit fahren – nach Oserki, Schuwalowo, bis dorthin fuhren wir. Morgens ging's los für den ganzen Tag, wir rissen die Häuser mit Brecheisen ab, luden die Holzstücke auf die Schlitten und zogen sie hierher.«

»Mit eigener Kraft?«

»Ja.«

»Pferde gab es keine?«

»Nein! Was denken Sie!

Wir zogen sie selbst, aber wir waren ja mehrere Mädchen. Solange Winter war, ging das noch leicht, aber als der Frühling begann, war das schon sehr schwer. Wir schleiften sie förmlich über die Brücke, denn dort taute der Schnee schnell, und die Schlitten über die Brücke zu ziehen war sehr schwer.

Aber ich muß wieder sagen: Wenn es auch schwer war, so hat es uns doch gerettet! Zu Hause hätte ich das nicht gekonnt, da hätte ich nichts zum Heizen gehabt – außerdem lagen noch drei schreckliche Winter vor uns – ich hatte nichts zum Heizen und wäre umgekommen. Hier aber holten wir Holz für die Krankenhäuser, fürs Stadtbezirkskomitee und für unsere Kaserne. Wir hatten es warm, wir heizten, schließlich holten wir das Holz für uns. Wir heizten, konnten unsere Fußlappen trocknen, denn wir mußten alles immer trocknen; was wir am Leibe hatten, war naß, wir mußten es trocknen, und so haben wir gelebt.«

Jeder Leningrader suchte nach dem, was für ihn erreichbar war und wofür seine Kräfte ausreichten.

»Wir hatten im Haus Nr. 40 Zentralheizung, aber sie war nicht in Betrieb. Es war kalt in den Zimmern, doch in der Küche stand ein mit Holz heizbarer Herd. Wir hatten nur noch die eine Nachbarin, so sind wir zusammen losgegangen. Zäune konnten wir nicht mehr holen – die waren schon alle zersägt worden (die Zäune in unserer Umgebung waren alle aus Holz). Aber ich habe mit ihr die Pfosten abgesägt, die noch in der Erde steckten. Bald sägte ich im Liegen, mit dem Fuchsschwanz, soweit meine Kräfte reichten, bald sägte sie. Das Holz schleppten wir hoch und verheizten es, und manchmal haben wir damit auch gekocht.« (Soja Jefimowna Wassiljewna)

Galina Alexandrowna Martschenko (Primorski-Prospekt 55) war noch ein Kind, entsinnt sich jedoch und kann nie mehr vergessen, wie unermeßlich wichtig Brot, Wasser, Feuerholz waren:

»Später sind wir nicht mehr in den Luftschutzkeller gegangen, wie ich schon sagte, weil wir keine Kraft mehr dazu hatten. Und wenn Alarm war, legten wir uns einfach hin und deckten uns zu. Wir wohnten im ersten Stock, unsere Fenster waren alle fest vernagelt; wir gingen nie weg. Aus der Wohnung waren alle weggefahren. Es war eine Gemeinschaftswohnung – sie bestand aus vier Zimmern. Wir zogen ins allerkleinste – in das meiner Tante. In den restlichen Zimmern haben wir so nach und nach den Fußboden herausgebrochen. Ich weiß schon nicht mehr, war es Parkett oder waren es einfache, gestrichene Dielenbretter. Und die haben wir verbrannt. Bücher hatten wir nicht sehr viele, außerdem tat's uns leid, sie zu verbrennen. So blieben uns dann nur noch ein Bett, Stühle und das Sofa. Auf dem Sofa waren drei Kissen und Schlummerrollen, die haben wir auch nach und nach verbrannt, sie waren mit Hobelspänen gefüllt. Woher die ›Burshuika‹ stammte, weiß ich nicht mehr, auch nicht, wer sie gebracht hatte und wann wir sie gekauft hatten. Es war eine sehr kleine ›Burshuika‹. Wir zerschnitten das Brot in winzige Teilchen und trockneten es darauf, klebten es einfach dran. Das Brot war so klebrig. Und diese Zwiebäcke haben wir dann gekaut.«

»Das Brot enthielt viel Wasser, und man aß es am besten trocken? Warum?«

»Weil der Brotgeschmack dann länger im Mund blieb.«

Die ehemalige Mitarbeiterin des Leningrader Rundfunks, Alexandra Borissowna Den, zeigt während ihres Berichts:

»Hier stand ein kleiner eiserner Ofen, das Parkett ist jetzt noch beschädigt. Zuerst wanderten die Küchenregale und Küchentische ins Feuer. Dann folgten die restlichen Möbel.«

Wladimir Rudolfowitsch Den, Alexandra Borissownas Sohn, mischt sich ins Gespräch:

»Von Essen zu reden galt meiner Ansicht nach als unanständig. Die Leute hatten gelernt, sich, wenn sie zu jemandem zu Besuch kamen, so zu verhalten, als wollten sie nichts essen. In Gegenwart eines Fremden konnte man zwar essen, aber das galt allgemein als schlechtes Benehmen. Ja, aber man durfte es, und die Besucher heuchelten sehr geschickt, daß sie nichts wollten.«

Das hatte er beobachtet, bemerkt und sich eingeprägt, obwohl er damals noch ein kleiner Junge war.

»Wir haben die Frage noch nicht berührt, wie wir Essen gekocht haben«, erinnerte uns Alexandra Borissowna.

»Die Bücher hab ich eigenhändig verbrannt, wobei ich versuchte, auszuwählen, zunächst kamen die minderwertigeren dran«, fährt Wladimir Rudolfowitsch mit einem Blick auf seine Mutter fort. »Zuerst kam das ganze dumme Zeug dran, was ich mir nicht einmal vor dem Krieg angesehen hatte. Hinter dem Regal fand sich alles mögliche Zeug – Broschüren, Anleitungen zu technischen Fragen, die offensichtlich zufällig zu uns geraten waren. Dann nahm ich die für mich uninteressanten Sachen – die Zeitschrift ›Westnik Jewropy‹ und andere. Dann haben wir meiner Meinung nach zuerst die deutschen Klassiker verbrannt. Danach schon Shakespeare. Puschkin hab ich verbrannt. Ich kann mich gar nicht mehr entsinnen, was für eine Ausgabe, meiner Ansicht nach die Marxsche, dunkelblau mit Goldprägung. Tolstoi – die berühmte mehrbändige Ausgabe mit dem grau-grünen Einband, und in einer Ecke war ein Metallmedaillon aufgeklebt.«

»Ich hab hauptsächlich Schiller und Goethe – die deutschen Klassiker – in den Ofen gesteckt«, ergänzte die etwas klein geratene Alexandra Borissowna leise und schuldbewußt.

»Die Möbel haben wir verbrannt«, fährt Wladimir Rudolfowitsch fort. »Wir hatten da so eine altmodische Garderobe, wissen Sie, unten mit zwei Kästen. Damit haben wir zwanzig Tage geheizt. Mein Vater war sehr genau, ihn interessierte, wie lange sie reichte. So hat er es notiert. Zwanzig Tage haben wir mit der Garderobe geheizt.«

Soweit der Bericht von Mutter und Sohn, und ihre Wohnung, die unversehrt gebliebenen Gegenstände, die Wände und das versengte Parkett schienen gleichfalls an dem Gespräch teilzunehmen und »sich zu erinnern«.

Für die richtigen Blockadeteilnehmer waren nicht die Gegenstände von Wert, wie zum Beispiel die Garderobe, sondern das aus dem massiven Möbelstück gewonnene Feuerholz.

»Ein Freund meines Mannes berichtete: Er hatte einen Schrank auf den Markt gebracht – und niemand wollte ihn kaufen. Da zerhackte er den Schrank dort vor aller Augen. Und wenn er für den Schrank dort – ich weiß nicht wieviel, nehmen wir an, zehn Rubel verlangt hatte, so verkaufte er sein Holz jetzt für zwanzig! Ich entsinne mich nur, daß er für das Feuerholz das Doppelte von dem erzielte, was dieser Schrank wert war.« (Nina Wassiljewna Rogowa)

In dem Zimmer, in dem Alexandra Michailowna Arsenjewa wohnte, fehlte das Wichtigste – ein Ofen!

»Ich hatte keinen! Ich wußte nicht, wo ich einen gegen Brot hätte kaufen können. Und wie ich Brot hätte erübrigen sollen. Ich hatte eine Lebensmittelkarte für Angestellte, und auf die Kinderkarte gaben sie nichts in der

Kantine. Die Kinderkarte war verlorengegangen, meine Tochter und ich haben in der Kantine nur von meiner Angestelltenkarte gelebt. Ich wußte, daß ich nicht gleich heute oder morgen zusammenbrechen würde. Das Mädchen war noch einigermaßen in Ordnung. Nur war sie sehr schweigsam, sie saß ganz still und wartete darauf, daß wir in die Kantine gingen.«

Manchmal fanden die Leute auf einem Dachboden eine »Burshuika« aus den ersten Jahren der Revolution. Sie heizten mit Lumpen, altem Schuhwerk, Parkett, Matratzen, Hauptbrennstoff aber wurden die Holzhäuser. Damit wurden Behörden und Betriebe geheizt. Die Verteilung erfolgte organisiert, durch die Stadtbezirksexekutivkomitees.

Aber es genügte nicht, Heizmaterial ausfindig zu machen, zu kaufen, einzutauschen oder sonstwie zu beschaffen, man mußte es auch zerkleinern und in die Wohnungen bringen. Und das war ein Problem.

»Ich ging in den Keller, um irgendwelches Feuerholz zu suchen, fand auch ein Scheit, das für die ›Burshuika‹ unbedingt in kleine Späne zerhackt werden mußte, hatte jedoch nicht die Kraft dazu, ich hob das Beil und ließ es gleich wieder sinken. Ich brach in Tränen aus und fragte mich: Was ist mit dir, du bist nicht krank, bist gesund und hast doch keine Kraft?« (Aus dem Tagebuch von Uljana Timofejewna Popowa, Wassiljewski-Insel, 11. Linie, 46)

Sie schliefen unausgezogen. Monatelang. Lebende neben Toten.

Die Nachbarin siedelte zu Klawdia Petrowna Dubrowina über (»Sie tat mir sehr leid«) und starb in ihrer Wohnung.

»Hier lag sie zusammen mit mir: Ich lag hier – und dort lag sie.« (Sie zeigt, wo die Betten standen.)

»Und ging das lange so?«

»Bis zum Frühjahr.«

»Bis zum Frühjahr?«

»Ja, so lagen wir. In unserer Wohnung lagen tot nebeneinander ein kleines Mädchen, ein Mann und eine weitere Frau.«

»Und Sie gingen regelmäßig zur Arbeit, kamen zurück?«

»Ja, tagsüber war ich nicht zu Hause, ich hatte hier eigentlich nichts verloren. Ich bezog hier zwar meine Lebensmittelkarte, aß jedoch im Betrieb, was es gerade gab.«

»Und wo haben Sie übernachtet?«

»Na hier. Natürlich war es schlimm, weil alle Scheiben kaputt waren und grimmige Kälte herrschte. Erstens mußte ich auf Tageslicht ganz verzichten. Als ich noch bei Kräften war, hatte ich diese beiden Fenster verhängt – das eine mit einer Decke, das andere mit einem alten Teppich, damit es wenigstens nicht so zog. Aber dadurch nahm ich mir im Grunde selbst das Tageslicht. Und ich hab mich angepaßt: Ich kam im Dunkeln, wußte, daß hier mein Bett stand, kroch in diese Höhle, wie ich sie nannte, und lag bis zum Morgen in der Kälte. Wie ich das gemacht habe? Ich türmte mehrere Kissen auf mich. Im Grunde hatte ich mir wirklich eine Höhle gebaut.«

»Und Sie zogen sich nicht aus?«

»Absolut nicht.«

»Sie schliefen in Filzstiefeln?«

»Nein, die zog ich aus. Schuhe und Mantel zog ich aus, alles andere aber behielt ich an, bis zum Frühjahr.«

»Bis zu welchem Zeitpunkt?«

»Ich hab es mal überschlagen: Bis sie mich zur örtlichen Luftverteidigung holten, im März – also bis März.«

»Das heißt also von Dezember bis März.«

»Ja, ja, ungefähr so, vielleicht sogar länger.«

»Sie haben mit ihrer Nachbarin zusammen in diesem Zimmer gewohnt?«

»Nein, sie wohnte nebenan, aber sie war eine alte, betagte Frau, schon völlig entkräftet … Sie kränkelte dauernd. Deshalb hatte sie mich anfangs schon gebeten, daß ich ihr wenigstens Wasser brachte, und das hat sie sich heiß gemacht. Dann beschaffte ich mir für Brot auch so eine ›Burshuika‹. Aber was war das schon für ein Ding! Solange man heizte, konnte man Wasser heiß machen. Und wir haben in dieser ›Burshuika‹ das ganze Parkett verheizt. Danach haben wir die Stühle zerhackt (das hab ich alles gemacht, weil ich kräftiger war), Bücher verbrannt. Ich hatte viele Bücher und sie auch (sie war eine intelligente Frau und besaß sehr viele Bücher). Wir haben nicht hingesehen – sondern alles verbrannt. Aber das reichte nicht lange, und dann war nichts mehr da! Sie ist dann bei mir gestorben.«

»In Ihrem Zimmer?«

»Ja, ich komme nach Hause, und sie liegt tot da. Aber mir war das auch schon ganz gleich. Ringsum starben überall Leute. Ich kroch einfach in meine Höhle – zog den Mantel aus, zog die Filzstiefel aus – und kroch hinein, weil es so schrecklich kalt war, und ich wickelte mich in ein altes Umschlagtuch. Und wenn ich morgens aufstand, war hier alles an meinem Hals angefroren. Ich riß es ab, stand auf, zog den Mantel an und ging zur Arbeit.«

»Ich schlief unter zwei Steppdecken und legte zwei angewärmte Bügeleisen ins Bett, das eine wärmte die Füße, das andere Brust und Hände. Morgens war die Decke mit weißem Reif bedeckt.« (Uljana Timofejewna Popowa)

»Die Farbe der Haut läßt sich nicht beschreiben – die vielen Monate Funzellicht, alles fraß sich ein. Wir schliefen in Filzstiefeln, Pullover, Filzstiefel, der Mantel meines Bruders.« (Babitsch, Maja Janowna)

»Und danach – ein Bad! Können Sie sich das vorstellen?«

»Das erste Bad!« rief Maja Janowna aus. »Oh! An den ersten Tagen standen manche bis zu acht Stunden – morgens um zehn stellten sie sich an, und gegen Abend kamen sie dran. Nach etwa zwei Wochen war ich an der Reihe.

Und das war ein so entsetzlicher Anblick, als alle nackt dastanden und hinfielen – weil sie nicht die Kraft hatten, die Waschschüsseln zu tragen. Mein Gott! Das war ein Alptraum! Viele hatten keine Seife, sie rieben sich ohne Seife ab! Und fielen um. Die Schlange bewegte sich nur langsam vorwärts, sie wuschen sich langsam, aber das Wasser war heiß.«

Man hat uns viele Tagebücher aus der Blockadezeit übergeben. Einige Autoren lasen sie uns vor, damit wir sie auf Band aufzeichnen konnten. Und gaben selbst Kommentare dazu. Galina Grigorjewna Bobinskaja – eine große, schöne, wenngleich nicht mehr junge Frau, Spezialistin für Landeskunde und wissenschaftliche Mitarbeiterin – betrachtet ihre Wohnung offenbar als eine Art »Museum« für die Erlebnisse ihrer Familie während der Blockade. Sie zeigte uns Glassplitter, die noch immer in der beschädigten Politur des Flügels glitzern. Die Stuckdecke – es war eine alte Petersburger Wohnung – war ebenfalls beschädigt worden, und das war auch jetzt noch zu sehen.

In Galina Grigorjewnas Tagebuch wird ebenfalls von dem Bad geschrieben (sie war damals 18 Jahre alt). Auch die anderen entsinnen sich dieses seltenen Wunders im Frühling 42 – des unerwarteten Bades. Und auch der plötzlichen Gefühle der Menschen beim Anblick des eigenen und anderer nackter Körper.

Hier eine Notiz aus einem Tagebuch: »Am dritten Mai wurde das Rasnotschinnaja-Bad geöffnet (es ist das Bad auf der Rasnotschinnaja-Straße). Unsere ganze Familie ging hin.« Oder noch der Bericht von Margarita Fjodorowna Newerowa, einer ehemaligen Schauspielerin (Rubinsteinstr. 26):

»Und plötzlich sagt man uns: ›Lauft, Mädchen. Das Bad auf dem Kasatschji-Prospekt ist angeheizt worden. Schnell, schnell.‹«

Und so rannte das ganze Exekutivkomitee ins Bad.

Maria Andrejewna Sjutkina, ehemalige Parteiorganisatorin einer Abteilung im Kirow-Werk:

»Wir richteten ein Bad ein. Neben der Krankenstation. Wie ein Dorfbadehaus, mit Abzugsloch.«

Jelena Nikolajewna Awerjanowa-Fjodorowa, die auch Tagebuch führte, erinnert sich ebenfalls:

»Man gab uns Talons, das war schon im März 42. Und wir gingen ins Mytninskaja-Bad. Die Talons waren knapp, und man gab sie den besten Arbeitern, nicht allen. Wir konnten uns sehr schön waschen.«

Wasser, Feuerholz, Wärme. Und natürlich – Brot. Das in erster Linie, ihm gelten auch jetzt noch die Hauptgedanken in den Erinnerungen, mit ihm sind vielleicht die härtesten und grausamsten Erlebnisse verbunden. Nach Gramm Brot (den Leningrader »Grammchen«) wurden in jenen Tagen die Chancen und Hoffnungen des Menschen gemessen, durchzukommen, den unausweichlichen Sieg zu erleben.

Und was für Dramen – der Welt sichtbar und unsichtbar – spielten sich tagtäglich um ein winziges Stück Brot ab (war es doch Gradmesser für Leben und Tod!), welche komplizierten Gefühle – erhabenste und niedrigste – pulsierten in den langen Schlangen vor den Geschäften, wo man auf Brot wartete, und an den »Burshuikas«, wo man es trocknete!

Über diese unschätzbaren und erbarmungslosen »Grammchen« spricht man auch heute noch voller Freude und mit Entsetzen:

»Als man uns dieses Brot gab – 125 Gramm, können Sie sich das vorstellen? Es wurde im Ganzen ausgegeben, und wir holten eine Waage und teilten es in 125-Gramm-Portionen auf.«

»Stellen Sie sich vor, *was* da im Zimmer los war: Alle Arbeiter sahen hin. Sie trauten ihren Augen nicht, daß es so ein Stück war, und jeder bangte um jedes Krümelchen Brot.« (Sjutkina, M. A.)

»Unser Haus wurde von einer Bombe getroffen. Sie explodierte nicht, aber man quartierte uns in den benachbarten Luftschutzraum um. Es waren die ehemaligen Weinkeller des Zaren unter dem Gebäude der Ermitage, von der Uferstraße aus gesehen. Riesige Keller, mit Gewölben, eine ganze Flucht. Licht gab es nicht, hier und dort brannten Funzeln. In einer der gewölbten Nischen hauste auf Pritschen eine Mutter – selbst fast noch ein kleines Mädchen – mit drei kleinen Kindern. Die Kinder sahen schrecklich aus – wie winzige Greise: ein großer Kopf auf dünnen Beinen, kaum konnten sie sich in der Dunkelheit des großen Kellers auf dem Fußboden bewegen. Am 25. Dezember kam ich frühmorgens in den Luftschutzraum. Am Heißwasserspeicher stand die einem kleinen Mädchen ähnelnde Mama. Ihre Hände zitterten, mit Freudentränen zeigte sie allen ein Stück schweres klebriges Brot und sagte immer wieder: ›Sie haben die Ration erhöht, seht! Jetzt haben die Kinder was.‹

An diesem Tag war die Brotration erhöht worden, und sie hatte für alle vier – 800 Gramm bekommen.

Und sofort flackerte Hoffnung auf.« (Ostrowskaja, Sinaida Wladimirowna)

Wir hörten auch einige Geschichten – ungenau, aus zweiter Hand –, wie Brot gestohlen wurde (von Halbwüchsigen oder Männern, die am meisten unter dem Hunger litten und am wenigsten aushielten, wie sich herausstellte). Aber wenn man nachfragte, genau erfahren wollte, wie oft es vorgekommen war, ob die Betreffenden es selbst gesehen hatten, stellte sich heraus, daß es doch Einzelfälle gewesen waren. In einer großen Stadt kam natürlich alles Mögliche vor.

»Einmal ging ich morgens zur Arbeit, da fuhr Ecke Lesnaja- und Nischlotskaja-Straße ein alter Mann mit einem Pferdewagen voll Brot. Es war mit einer Plane zugedeckt. Auf einmal tauchten wer weiß woher etwa fünfzehn Jungen in der Uniform einer Betriebsberufsschule auf. Mit Eisenhaken rissen sie Brot vom Wagen und verschwanden. Niemand war da, der sie hätte aufhalten können, und es war auch unmöglich. Der arme Alte weinte. Jetzt erschießen sie mich! Aber da kam ein Milizionär angerannt und eine Gruppe von Arbeitern, die Augenzeugen gewesen waren, und man setzte ein Protokoll auf. Zweiundfünfzig Brote fehlten. Was weiter war, weiß ich nicht, ich denke, gegen den alten Mann wurde keine Anklage erhoben. Diese Kinder waren keine Diebe. Sie waren hungrig, durchgefroren, ungewaschen und wirklich noch Kinder, viele hatten keine

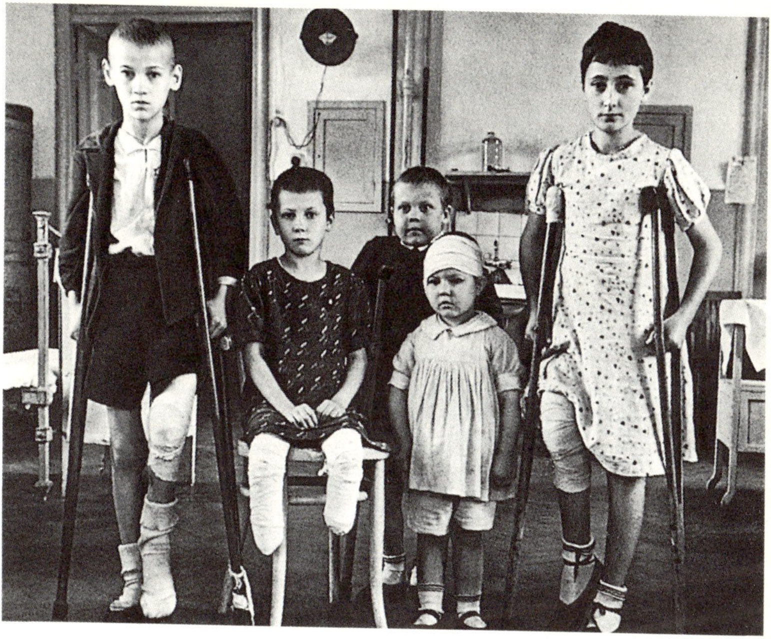

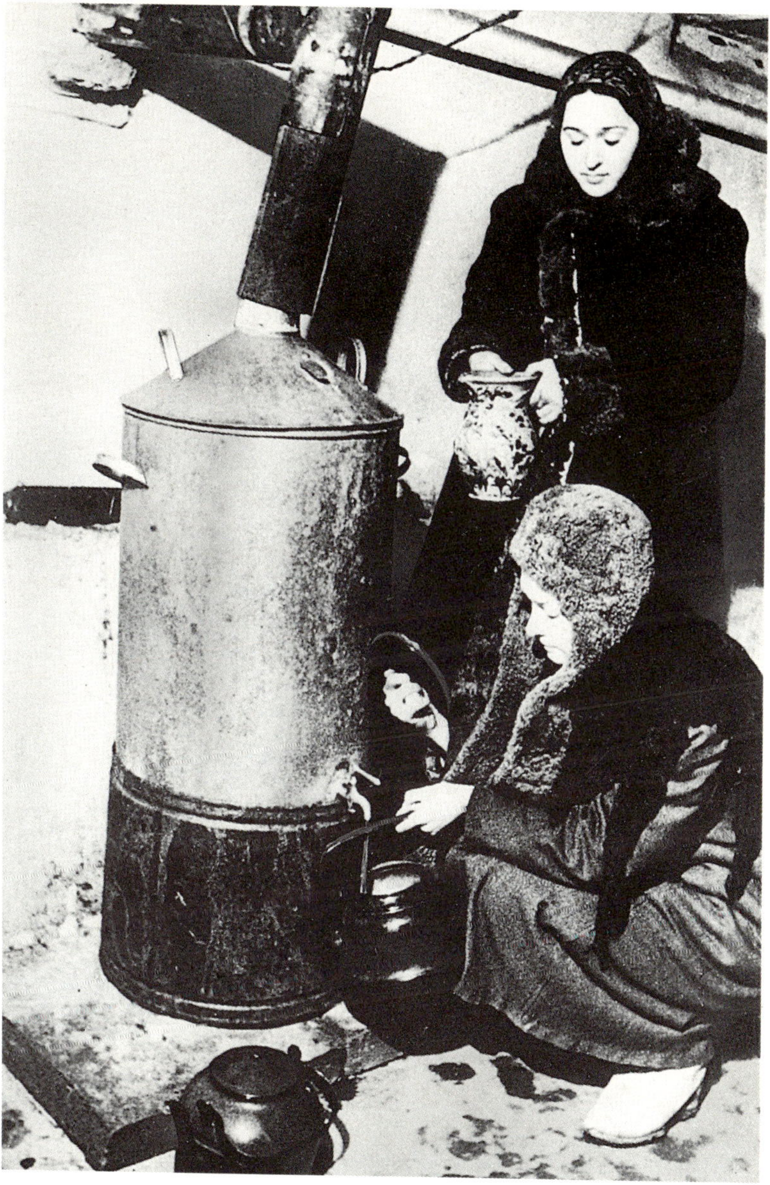

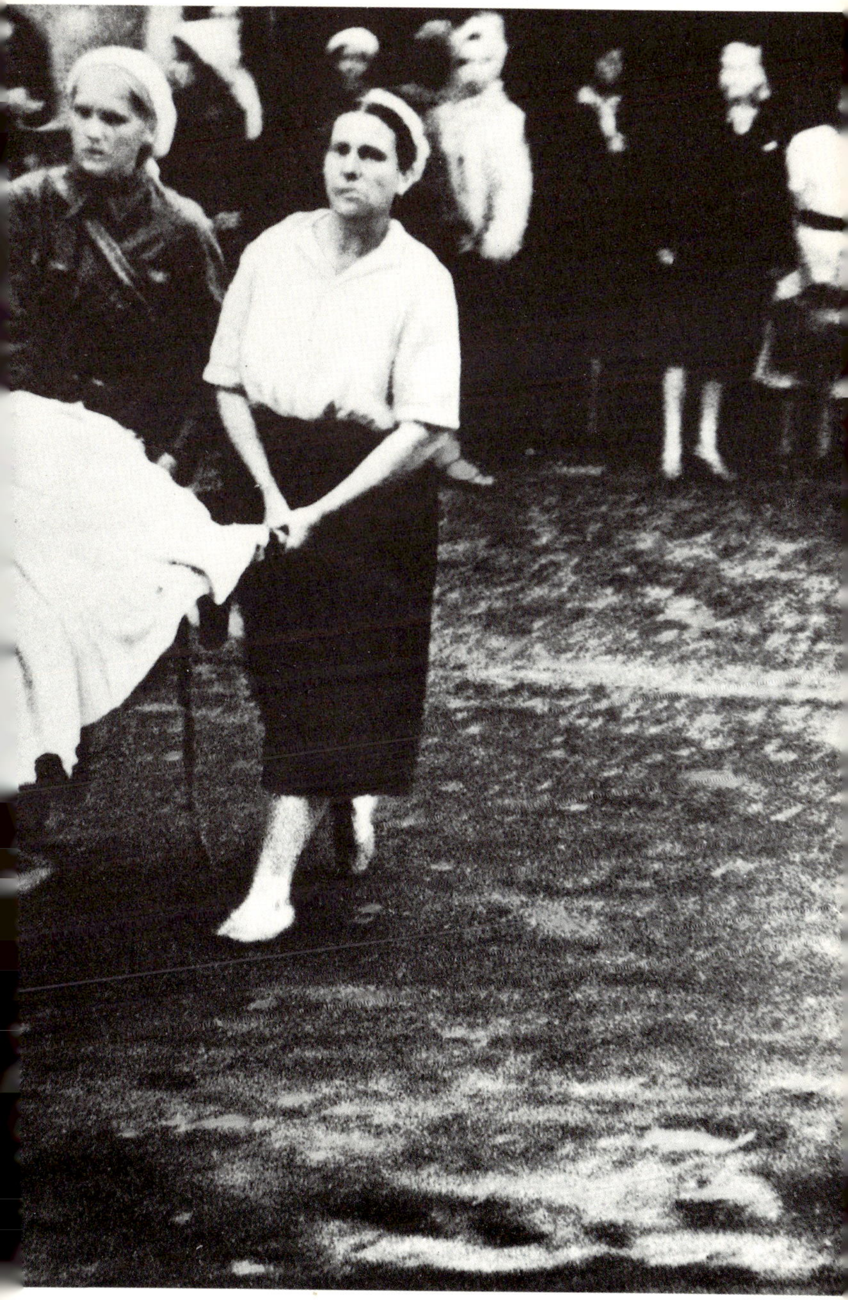

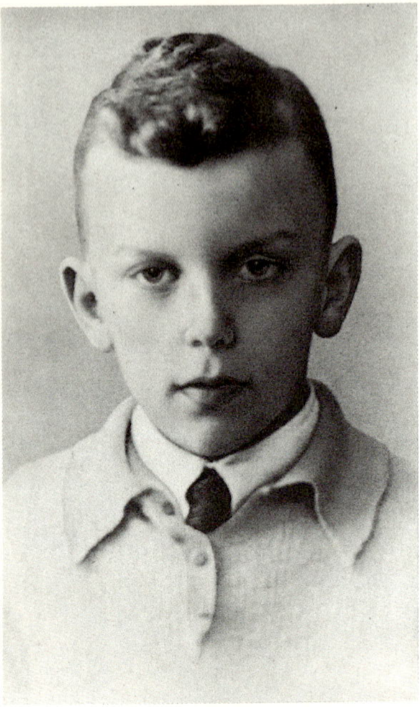

Wolodja Den (1939)

Maria Iwanowna Dmitrijewa (1942)
Maria Michailowna Jerschowa (1945)

Stellvertr. Vorsitzender des Leningrader Stadtexekutivkomitees,
Leiter der Abt. Handel Iwan Andrejewitsch Andrejenko (1941)

Sergej Alexandrowitsch Wassiljew mit Sohn Wolodja, Jewdokija Wassiljewna Wassiljewa, ihre Tochter Kira und der Junge Borja, Sohn des Politstellvertreters (1941)

Gegenüber unten: Winter 1941. Bekanntmachung über den Verkauf von heißem Wasser in der Konnaja-Straße

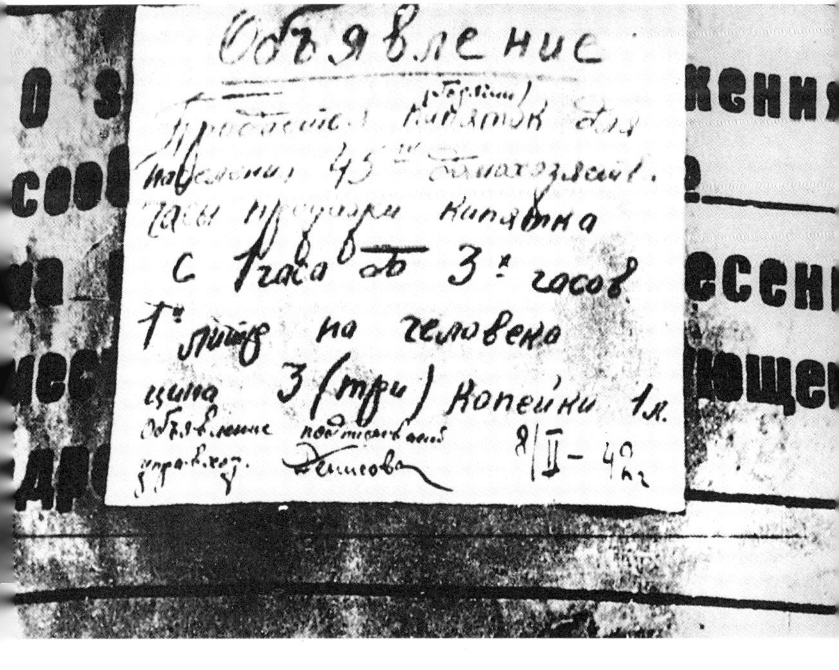
Объявление
цена 3 (три) копейки 1 л.
8/II-42 г

Luftschutzkeller (1941)

Mitglied des im Herbst 1941 in der Gorstkina-Straße gegründeten Timurtrupps. Die Kinder übernahmen Dienstleistungen, insbesondere die Betreuung von Kranken

Angehörigen mehr, und sie arbeiteten an Werkbänken.« (Aus den schriftlichen Erinnerungen Jekaterina Pawlowna Janischewskajas, Grashdanski-Prospekt 90)

Oder einmal wurde ein Wagen mit Fässern von einer Granate getroffen und Marmelade verschüttet. Man griff jeden auf, der sich etwas nehmen wollte! Aber auch das ist nicht zu verwundern, sondern etwas anderes: Ein Lastwagen wurde von einer Granate zerschmettert, Brot lag auf der Straße, sie sammelten es auf, und niemand nahm sich etwas davon!

»Starker Beschuß setzte ein. Ich konnte noch bis zur Bäckerei kriechen, an der Ecke am Prospekt Statschek war ein Bäcker, jetzt ist dort ein Café. Dort wurde geschrien und gelärmt. Alle hatten sich hingeworfen! Einer lag auf dem Fußboden, ein anderer war hinter dem Ladentisch in Deckung gegangen. *Aber niemand rührte etwas an!* Dort lagen mehrere Brote – aber keiner nahm was!« (Jewgenija Semjonowna Koslowskaja, Prospekt Statschek, Haus 8/2, während der Blockade war sie stellvertretende Vorsitzende des Kirow-Stadtbezirksexekutivkomitees)

Das Bild wäre unvollständig, würde man nur die einen Berichte erwähnen und die anderen verschweigen. Wir meinen die, wo ganze Brote oder beim Abwiegen zugelegte Stücke gestohlen wurden. Auch darüber wird verschieden berichtet. Einesteils haben sich solche Fälle tief eingeprägt. Und ob: Eine Frau und ihre Kinder haben schon am Vortage vom »morgigen Brot« geträumt, im Schlaf gesehen, wie sie es aßen – und plötzlich reißt es ihnen jemand aus der Hand und stopft es sich in den Mund! Das prägte sich ein. Und um das beim Abwiegen zugelegte Stück tat es ihnen jetzt noch leid – dreißig Jahre lang hatten sie es nicht vergessen können! Den Erzählern ist es selbst peinlich. Noch mehr tun ihnen jedoch jene Jugendlichen und Männer leid, die sich gehenlassen haben. Und auch damals, in jenem Augenblick, taten sie ihnen leid, obwohl sie gemeinsam mit den anderen in der Schlange empört auf sie eingeschrien und sie sogar geschlagen hatten.

»Bei mir wohnte die Frau meines Bruders mit einem kleinen, vierjährigen Kind und ihrer Mutter, einer alten Frau, außerdem gab sie mir noch die Karte ihrer Schwester mit der Bitte, ich sollte dafür Brot holen. Ich ging also zur Bäckerei und erhielt Brot für sieben Personen. Es war so ein kleines Brot und dazu noch ein kleines Stück. Ich weiß nicht, wieviel dieses Stück wog, vielleicht fünfzig Gramm. Ich nahm also vom Verkäufer das Brot in Empfang, da entriß mir plötzlich so ein Bürschchen, ein hungriges, ausgezehrtes Bürschchen von sechzehn oder siebzehn Jahren, das Brot. Und stopfte es gierig in sich hinein – er schlang und schlang! Ich schrie: ›O je! Was soll ich tun, das war das Brot für meine ganze Familie, eine große Familie, wie soll ich jetzt nach Hause gehen?!‹ Da versperrten die Frauen sofort die Tür der Bäckerei, damit er nicht davonlaufen konnte, und schlugen ihn! Was hast du getan, einer ganzen Familie das Brot weggegessen! Er aber schlang nur noch schneller. Sie entrissen ihm die Reste des Brotes, und ich hatte noch das kleine Stück. Ich stand da und dachte: Wie soll ich jetzt vor die zu Hause hintreten? Und gleichzeitig tat er mir leid. Ich sagte mir: Der Hunger hat ihn dazu gezwungen, so zu handeln, sonst hätte er sich nie dazu hinreißen lassen. Und er tat mir so leid. Ich sagte: ›Schluß jetzt, hört auf, ihn zu schlagen.‹

Dieser Vorfall hat sich mir eingeprägt, ich dachte: Der Hunger hat den Menschen so zu handeln gezwungen! Nur vor Hunger hat er mir das Brot entrissen!« (Julija Timofejewna Popowa)

Mit Tränen der Verwirrung, Schuld und Verwunderung über das, was der Hunger aus ihr gemacht hatte, erinnert sich Taissija Wassiljewna Mestschankina an folgenden Vorfall. Sie kam zu einem Laden, und dort spielte sich eine ähnliche Szene ab: Ein Junge hatte jemandem Brot aus der Hand gerissen, war hingefallen und verschlang es im Liegen. Strafender Zorn, Erbitterung kamen bei ihr zum Ausbruch, und sie schlug auf ihn ein und versetzte ihm Fußtritte, um fremdes Brot zu retten. Plötzlich spürte ihre Hand auf der Erde ein Stück. Aber es ist besser, sie anzuhören, ihren Bericht, angefangen in jenen drei Tagen im Januar, als in den Geschäften überhaupt kein Brot mehr zu bekommen war. Es gab keins. Die Brotfabriken standen still.

»In jenen drei schweren Tagen spürte ich eines Nachts, daß ich sterben würde. Ich hatte einen endlos langen Speichelfaden. Neben mir lag meine Tochter, ein kleines Mädchen. Ich spürte, daß ich in dieser Nacht sterben würde. Aber da ich gläubig bin (ich will das nicht verheimlichen), kniete ich in der Dunkelheit hin und sagte: ›O Herr! Gib, daß ich noch bis zum Morgen lebe, damit das Kind mich nicht tot sieht. Dann kommt sie in ein Kinderheim, aber sie soll mich nicht tot sehen.‹ Ich ging in die Küche. Es war in einer fremden Wohnung (wir wohnten dort, nachdem mein Haus in der Komsomolstraße 54 zerbombt worden war). Ich ging in die Küche und rückte die Tische beiseite – woher ich nur die Kraft dazu nahm? Und hinter einem Tisch fand ich (das sage ich jetzt vor Gott) das Einwickelpapier von einem Stück Butter, außerdem lagen dort noch drei Erbsen und eine Kartoffelschale. Und ich habe das mit solcher Gier aufgehoben und mir gesagt: Das hier hebe ich auf, und morgen koche ich eine Suppe. Das Papier aber hab ich in den Mund gesteckt. Und ich glaube, dieses Papiers wegen habe ich überlebt.«

»Und es war nur Butterpapier? Keine Butter?«

»Nein, nur das Papier. Aber dadurch habe ich bis sechs Uhr morgens überlebt. Um sechs Uhr morgens sind wir alle nach Brot gelaufen. Ich komme zur Bäckerei und sehe – dort prügeln sie sich. Mein Gott! Warum prügeln die sich? Sie schlagen einen Jungen, der jemandem Brot entrissen hat, heißt es. Und ich fange auch an, ihm Fußtritte zu versetzen, wissen Sie – wie konntest du nur, wir haben drei Tage kein Brot gekriegt! Und stellen Sie sich vor, ich weiß nicht wie, aber sein Brot kommt mir unter die Finger, ich stecke es in den Mund – und – es ist unbegreiflich – setze dem Jungen weiter mit zu. Aber dann sage ich mir: Mein

Gott! Was mache ich da! Das Brot hab ich doch im Mund! Da bin ich beiseite getreten und hab die Bäckerei verlassen.«

»Sie haben Ihr eigenes Brot nicht geholt?«

»Ich bin später danach gegangen. Ich schämte mich, war zur Besinnung gekommen. Zu Hause angelangt, konnte ich es mir nicht verzeihen. Dann bin ich losgegangen und hab mein Brot geholt. Mir standen zweihundertfünfzig Gramm zu, ich war Arbeiterin, und dem Mädchen einhundertfünfundzwanzig.«

Eine echte Tragödie war jedoch der Verlust der Karten. Besonders zu Monatsbeginn und wenn die Karten der ganzen Familie verlorengingen. Derjenige, der sie verloren hatte, konnte sich als Mörder seiner Familie betrachten.

»Ich schrie so, daß die Straßenbahn anhielt«, entsinnt sich Anna Viktorowna Kusmina. Ihre Hand hatte wieder nach der Tasche getastet, aber da war weder eine Tasche noch eine Lebensmittelkarte. Sie schrie so, daß die Straßenbahn anhielt, eine Frau trat zu ihr und sagte ihr, sie solle mit ihr fahren. Diese unbekannte Frau aus einer Kantine hat die vierzehnjährige Anja, ihre Schwester und die Mutter mehrere kritische Tage mit irgendwelchen Resten von Kohlsuppe und ein paar Krümchen ernährt.

In den Erinnerungen Jekaterina Pawlowna Janischewskajas gibt es eine Szene, die die ganze Tragödie beim Verlust der Lebensmittelkarten und die besondere Charakterhaltung während des ersten Blockadewinters kennzeichnet.

»Auf dem Engels-Prospekt sah ich einen alten Mann einen Bauernschlitten voller Toter fahren, die nachlässig mit einer Bastmatte zugedeckt waren. Eine Greisin schleppte sich mühsam hinterdrein und rief: ›Warte doch, mein Lieber, laß mich aufsitzen.‹ – Er hielt an und antwortete: ›Aber gute Frau, siehst du nicht, was ich für eine Fracht fahre?‹ – ›Das sehe ich wohl, ich hab den gleichen Weg. Gestern hab ich meine Lebensmittelkarte verloren, da muß ich sowieso sterben, und damit meine Leute mich nicht kümmerlich mit durchschleppen müssen, bring mich zum Friedhof, ich setz mich dort auf einen Baumstumpf, und wenn ich erfroren bin, begräbt man mich.‹ Ich hatte etwa einhundertfünfzig Gramm Brot in der Tasche, das hab ich ihr gegeben.«

Natürlich verengte sich die Skala der menschlichen Interessen und Bedürfnisse. Aber die Bedürfnisse, die blieben, erlangten eine Bedeutung und Macht, die sie zu anderer Zeit nicht besaßen. Zu denen, die blieben und immer stärker wurden, gehörte nicht nur das Bedürfnis nach Nahrung und nach der Wärme der »Burshuika«, sondern auch nach der Wärme der Anteilnahme. Nie zuvor lechzte der Leningrader so nach Hilfe und Unterstützung anderer, und nie zuvor brauchten andere so sehr seine Hilfe wie in den Tagen, Monaten und Jahren der Blockade. »Jeder hatte seinen Retter«, sagte uns eine Leningraderin mit Nachdruck. Jeder brauchte einen und wurde seinerseits von anderen als Retter gebraucht wie das Brot, das Wasser und die Wärme.

Und nicht nur physische Hilfe wurde gebraucht.

Geistige Nahrung verlor nicht an Wert, als das tägliche Brot knapp wurde, sie bedeutete jetzt mehr als in »satten« Zeiten.

»Ich denke, nie wieder werden die Menschen Gedichte so anhören, wie die hungrigen, aufgedunsenen, kaum noch lebenden Leningrader in jenem Winter den Gedichten Leningrader Poeten lauschten«, schreibt Olga Bergholz im Vorwort zum Sammelband »Hier spricht Leningrad«. »Wir wissen es, weil sie die Kraft fanden, darüber ans Rundfunkkomitee zu *schreiben*, ja, sogar wegen des einen oder anderen Gedichtes, das ihnen in Erinnerung geblieben war, zu uns zu kommen. Das waren die verschiedensten Leute – Studenten, Hausfrauen, Soldaten.«

Das von der Blockade umklammerte Leningrad hatte seine Göttin des Mitleids und der Hoffnung, und sie sprach mit dem Blockadeteilnehmer in Versform. In den Versen Olga Bergholz'.

»Ihre Verse blieben einem häufig im Gedächtnis haften, weil sie sich durch ihren Rhythmus einprägten. Im Gehen konnte man sie vor sich hin murmeln: ›Mag immer so vom Morgenrot bedeckt ...‹ Ich hab das Gedicht einmal auswendig gekannt, und es hat mir sehr geholfen, wenn ich auf den Beobachtungsturm kletterte oder wenn ich während des Artilleriebeschusses auf dem Dach unserer Bibliothek stehen mußte.« (Oserowa, Galina Alexandrowna, Sedowstr. 124)

»Dann wurden im Rundfunk Gedichte von Olga Bergholz übertragen. Ich entsinne mich noch gut, das war wirklich beeindruckend, entsprach der Stimmung. Und es zog einen mit Macht weg von dem kreatürlichen Gedanken ans Essen!« (Babitsch, Maja Janowna)

Man sollte glauben, Brot, vor allem Brot, und dann noch Wasser und Wärme! Und alle sagten es und dachten es auch, daß sich alle Wünsche nur auf das Lebensnotwendigste konzentrierten. Auf nichts anderes. Aber nein. In dem ausgezehrten Organismus verlangte auch die leidende und vom Hunger erniedrigte Seele nach Nahrung. Das geistige Leben ging weiter. Der Mensch wunderte sich zuweilen selbst über sich, seine Aufnahmebereitschaft für das Dichterwort, für Musik und Theater. Die Gedichte wurden zum Bedürfnis, Gedichte und Lieder, die halfen, daran zu glauben, daß die endlosen Qualen nicht umsonst und sinnlos waren. Und vieles brauchte der Leningrader noch, es war einfach für ihn notwendig. Die lebendige Stimme des Schicksalsgenossen – des belagerten Sewastopol. Und die Gewißheit, daß Moskau standhalten und Guderians Panzer zurückschlagen würde. Und vor allem – mehr noch selbst als Brot, Wasser, Wärme – brauchte er die Hoffnung, das Licht des Sieges am Ende des vereisten Tunnels.

Die Menschen zogen durch diesen Tunnel und unterdrückten innerlich alles, was vielleicht überflüssig und nicht wesentlich war.

Indes brauchte der einzelne nur ein klein wenig mehr Wärme und Licht, und sofort empfand er unwahrscheinlich deutlich einfache Freuden: die Sonne, den Himmel, Farben. Es gab nichts Köstlicheres als Fladen aus Kartoffelschalen. Nie zuvor hatte eine elektrische Glühlampe so hell geleuchtet. Der Mensch lernte das Einfachste und Wichtigste schätzen.

Alexandra Michailowna Amossowa, Mitarbeiterin in der Ermitage, berichtete, wie die Blockadeteilnehmer im Frühjahr 1942 wieder – gewissermaßen jedoch das erste Mal im Leben! – dem Grün, der nährenden Erde zustrebten.

»Wir sammelten Säcke voll Melde und Sauerampfer (der wilde Sauerampfer galt als Delikatesse), wir sammelten alle möglichen Kräuter. Ich hatte das Verlangen, mich auf die Erde zu legen und sie zu küssen, weil nur sie den Menschen retten kann. Hätte es die Kräuter in der schwersten Zeit, im Winter, gegeben, so wäre es vielleicht nicht zu einer so verheerenden Zahl von Toten gekommen, wäre die Sterberate nicht so hoch gewesen. Licht. Sonne. Irgendwo am Himmel trällerte eine Lerche. Wir aber aßen uns hier satt an diesen Pflanzen. Natürlich ist das keine Nahrung. Aber ich entsinne mich sehr gut dieses Gefühls, dieses Verlangens, mich hinzulegen, die Arme auszubreiten und die Erde zu küssen! Verstehen Sie? Die Erde, die uns alles gibt – Brot und absolut alles, wovon der Mensch existieren kann.«

Jede geringste Erleichterung, eine zusätzliche Brotration, ein Teller Brennesselsuppe, genügte schon, damit die bis zum Äußersten niedergedrückte, ersterbende Seele zu neuem Leben erwachte. Und dann wurden einfache Freuden mit vorher nie gekannter Begeisterung und voller Ehrfurcht hochgeschätzt: trockener, sauberer Asphalt, ein Fenster mit heilen Scheiben, eine sonnenwarme Mauer, das Grün der Bäume, in keinem Frühjahr waren sie so grün wie in diesem! Einem Wunder kam auch ein Bett mit einem reinen Laken gleich und eine Blume, die man nicht pflücken, nicht kauen, nicht zu Salat verarbeiten mußte, sondern einfach auf dem Rasen stehenlassen konnte.

Auf Arbeit

Was konnte man solchem Hunger entgegensetzen? Sehr bald schon spürten alle die rettende Kraft der Gemeinschaft und versuchten, sich zu vereinen, zusammenzutun. Das geschah sowohl organisiert, unter Leitung eines Parteikomitees, als auch instinktiv, spontan durch gemeinsame Arbeit, und sie lebten fortan *kaserniert.* In den Arbeitsstätten wurden Zimmer eingerichtet, Betten aufgestellt, die Heizung in Gang gebracht, und das Gemeinschaftsleben begann. So fiel auch die Arbeit leichter, man brauchte das Haus nicht zu verlassen und nicht zu Fuß bei schlechtem Wetter heimzugehen. Natürlich entschieden sich zuerst die Alleinstehenden und diejenigen für das kasernierte Leben, deren Familien evakuiert waren. Schlechter war es, wenn die Familie noch in der Stadt war und man Mutter, Frau und Kinder nicht allein lassen konnte.

Viele lebten die ganze Blockadezeit kaserniert und gingen fast gar nicht »in die Stadt«. All ihre Kraft gaben sie der Arbeit, der Luftschutzwache, der Wiederherstellung zerstörter Werkhallen. Die Welt hatte sich verengt, so wie sich der Mensch bei Kälte klein macht und den Kopf zwischen die Schultern zieht, so zogen sie sich in den rettenden Schoß ihres Betriebes zurück, immer darauf bedacht, unter Menschen zu sein. Gemeinsam läßt sich auch der Tod ertragen. Mit vereinter Kraft gegen ihn anzukämpfen ist leichter.

Die Chefbibliographin der Öffentlichen Saltykow-Stschedrin-Bibliothek, Galina Alexandrowna Oserowa, berichtet folgendes darüber:

»Ich denke, sie sind deshalb gestorben, weil sie allein in der Wohnung blieben. Wir aber – diejenigen, die im ersten Blockadeherbst in der Zentralbibliothek kaserniert lebten –, wir sind durch das Kollektiv am Leben geblieben. Schließlich hatte der eine oder andere mehr Kraft und Erfindungsgeist, die einen kümmerten sich um Brennholz, sägten, hackten, räumten Schnee und holten Wasser. Sie zwangen diejenigen, die sich hingelegt hatten und sich nicht bewegen wollten, sie zwangen sie, aufzustehen und an die frische Luft zu gehen. Ich zum Beispiel hab unseren Mitarbeitern, die in entfernten Stadtteilen wohnten, lieber in ihren Wohnungen bleiben wollten und schon nicht mehr die Kraft hatten, in die Bibliothek zu kommen, auf einem Schlitten Brennholz gebracht. Sie sind gestorben.«

»Und Sie haben ihnen Brennholz gebracht?«

»Ja.«

»Und können Sie sich noch daran erinnern, wie Sie in ihre Wohnungen kamen? Wie sah das alles aus?«

»Das war grauenhaft, verdunkelte Zimmer, halb erfrorene und schon völlig gelbe, aufgedunsene Menschen.«

»Bei den Begegnungen wurde nicht gesprochen?«

»Aber nein, wir redeten miteinander. Sie erkundigten sich, was in der Bibliothek los war, wer noch lebte, wer gestorben war – vor allem aber: was wir über die Deutschen dachten, ob sie weiter vorrücken würden oder nicht. Und sonst vorwiegend danach, wie der Bibliotheksbetrieb verlief, wer von den Kollegen noch lebte, wie sich die einzelnen verhielten – hauptsächlich um solche Dinge drehte sich die Unterhaltung.«

Aber auch »in der Stadt« vollzog sich eine gewisse Konzentration. In den Gemeinschaftswohnungen zogen alle in ein Zimmer. Je enger, desto wärmer. Sie wärmten einander mit ihrem Atem. Oder sie zogen zu Freunden und Verwandten. Je zwei, drei Familien aus verschiedenen Stadtbezirken fanden sich zusammen. Sie erneuerten die verwandtschaftlichen Beziehungen. Gemeinsam kamen sie besser zurecht, war es leichter, sich nach Brot anzustellen, Wasser zu schleppen, auf die Kinder aufzupassen.

Das kasernierte Leben war in dieser Situation vielleicht die wirksamste Hilfe für die Menschen. Die Organisiertheit, der Wille und der Verstand des Kollektivs erschlossen unwahrscheinliche Möglichkeiten. Die Mitarbeiter der Druckerei, in der die Lebensmittelkarten für die Stadt gedruckt wurden, berichteten: Als auf diese Karten immer weniger Brot ausgegeben wurde (ab 20. November für Arbeiter 250 Gramm, für Angestellte, Familienangehörige und Kinder 125 Gramm Brot, das schwarz und klebrig war wie Kitt, viel Wasser enthielt und dem Zellulose und Sägespäne beigemischt waren, und sonst nichts weiter), sahen sie sich um, prüften gleichsam noch einmal alles auf seine Eßbarkeit, was greifbar war, und quälten ihre Umgebung mit den entzündeten Augen des Hungers.

»Matrizen waren vorhanden. Außerdem Zigarettenpapier und Mehlkleister zum Kleben. Die Matrizen waren abgenutzt – Blei und Farbe gab es nicht mehr, nur Papier. Also haben wir alles gemahlen, Brei daraus gekocht und uns eingebildet, er wäre ganz schmackhaft. Oder Tischlerleim – daraus wurde Sülze.«

»Also könnte man sagen, Sie hatten eine Berufsspeise – aus Matrizen?«

»Wir haben diesen Brei gegessen, und es ging! Der Mehlanteil war sehr unbedeutend, im Grunde war alles nur Papier, Leim und so weiter.« (Jewgeni Alexandrowitsch Trenke, Martynow-Nabereshnaja 12)

Die Verpflegung ließ sich in den Produktionsstätten doch etwas leichter organisieren.

»Wir aßen in der Kantine«, erzählte Klawdia Petrowna Dubrowina und unterbrach sich sogleich selbst: »Interessiert Sie das wirklich? Wir aßen auf Lebensmittelkarten.«

Sie arbeitete im Winter einundvierzig/zweiundvierzig als Dreherin in einem Betrieb. Ihr Bericht enthält wertvolle Einzelheiten, aber sie hat Hemmungen und unterbricht sich immer wieder:

»Ich will's kurz machen. Vielleicht ist das überflüssig, vielleicht sollte ich mich kürzer fassen?

Man gab Essenmarken aus. Darauf erhielten wir ein bißchen dünnen Brei, den haben wir noch mit heißem Wasser verdünnt, damit es mehr wurde, so hatten wir den Eindruck, mehr gegessen zu haben. Das heiße Wasser stand in der Kantine, damit haben wir ihn verdünnt. Dann gab es bei uns noch markenfreie, sogenannte Hefesuppe.

Na, damals haben wir gegessen, was uns in den Mund kam, wie man so sagt. Und dann die Männer, die aus Altersgründen bei uns geblieben oder freigestellt waren, weil sie eine besondere Aufgabe hatten – ja, sogar in der Kantine kam es vor, daß einer am Tisch saß, auf einmal umfiel und tot war. Sie starben so leise, so still. Im Betrieb war es natürlich schrecklich. Aber was wollte man machen? An den Maschinen standen Hungernde, überall waren die Fensterscheiben zerschlagen, die Hände froren am Metall fest. Ich arbeitete mit Handschuhen, weil immer alles anfror. Man half mir, ich brauchte mich nicht mal an meinen Meister zu wenden. Dort war ein Ingenieur, ein Technologe, Wassja Kiritschenko hieß er, er arbeitete jetzt auch an der Drehbank und kam oft zu mir. ›Na, kannst's wohl nicht? Dann will ich dir helfen.‹ Sie haben ihn nicht eingezogen, weil er Matrose war, und Matrosen wurden nicht eingezogen, sie blieben bis zum Frühling. Und er hat mir immer alles gezeigt, und ich hab auf diese Weise gleichzeitig gelernt und gearbeitet.

Später haben wir nicht mehr viel gearbeitet. Wir wollten arbeiten – da war kein Strom da. Unser Meister sagte: ›Setzt euch hin und wartet.‹ Zuerst saßen wir mehrere Stunden und warteten – aber es kam kein Strom. Dann ging das tagelang so, es gab keinen Strom. Man sagte uns: ›Kommt erst in drei Tagen wieder.‹ Wir gingen seltener zur Arbeit, arbeiteten immer nur mit Unterbrechungen.«

Maria Andrejewna Sjutkina entsann sich am Ende ihres Berichts auf einmal, daß sie noch eine Speisekarte aus der Kantine einer Werkabteilung hatte, und las uns die Speisen vor, die Fleisch-, Fisch- und Mehlgerichte ersetzten. Aber das war schon im Frühjahr oder Sommer 1942, als es um die Ernährung etwas besser stand:

Wegerichsuppe
Püree aus Brennesseln und Sauerampfer
Beefsteaks aus Rübenblättern
Klößchen aus Melde

Schnitzel aus Kohlblättern
Gebäck aus Ölkuchen
Torte aus Duranda
Sauce aus Fischgrätenmehl
Fladen aus Kasein
Hefesuppe
Sojamilch (auf Marken)

Was kochte man nicht alles, was aß man nicht alles, was wurde nicht alles erfunden! Zu Recht sagen die Deutschen: »Hunger ist der beste Koch!«

»Großvater! Und das Panzerfett?« erinnert plötzlich die bei unserem Gespräch anwesende Enkeltochter Senkowa ihren Großvater Pjotr Jefimowitsch, und dieser entsinnt sich nun offensichtlich selbst, nicht ohne Verwunderung, einer Geschichte, die in der Familie die Runde macht:

»Ja! Wir haben Panzerfett gegessen! Mein Gott! Und wissen Sie wie? Eine Bekannte von mir arbeitete in derselben Abteilung, in der ich vor dem Krieg beschäftigt war. Parteisekretär war dort ein aus der Armee Entlassener. Ja. Und sie sagte: ›Weißt du was, Jefimowitsch? Ich hab ein ganzes Faß Fett – zum Abschmieren von Panzern. Komm und hol dir was!‹ Ich nahm mir davon. Hervorragend! Und wie wir es gegessen haben! Ich hab auch was nach Hause mitgebracht. Verstehen Sie?«

Die Hauptsache bei den Kasernierten, bei dieser kollektiven Lebensweise war die gegenseitige Hilfe und Unterstützung, die den Lebensmut aufrechterhielt.

Ein Teil der Shdanow-Werft war auf die Wyborger Seite verlegt worden, dort wurden Minen hergestellt, der Betrieb arbeitete bis Dezember, solange es Strom gab. Dann konnten die Leute nach Hause gehen, aber viele blieben im Werk und wohnten dort.

Je größer der Hunger war, desto schwerer fiel das Arbeiten, aber um so dringlicher war die Arbeit für die Front wie für die Stadt und die Leningrader selbst. Die Arbeit half durchzuhalten. Und man klammerte sich an die Arbeit. Die meisten Behörden und Einrichtungen in dieser ausgefrorenen, menschenarmen, maßlos entkräfteten Stadt arbeiteten weiter. Die Briefträger trugen Briefe aus, die Druckereien druckten Lebensmittelkarten, Zeitungen, Flugblätter, in den Stadtbezirksexekutivkomitees, Kindergärten und Polikliniken ging alles seinen gewohnten Gang, auch in den Archiven, in der Öffentlichen Bibliothek und im Sinfonieorchester. Die Arbeit erstickte die unaufhörlichen, zum Wahnsinn treibenden Gedanken ans Essen. Durch die Arbeit nahmen die Leute am Leben des Landes teil, von dem sie abgeschnitten waren.

G. A. Knjasew und seine Mitarbeiter schrieben weiter an der »Geschichte der Akademie der Wissenschaften der UdSSR«. Sie brauchten diese Arbeit in erster Linie für sich selbst. Sie erfüllten ihre Pflicht, sie, die Archivare, Historiker, taten, was sie konnten, wozu sie imstande waren.

Die meisten befaßten sich mit weit wichtigeren Dingen – um das Leben in der Stadt aufrechtzuhalten, vor allem, um die Leningrader Front zu versorgen, und, nebenbei bemerkt, nicht nur die Leningrader. Sie stellten Waffen, Minen und Granaten her.

Maria Andrejewna Sjutkina entsinnt sich, wie sie im Kirow-Werk in den Räumen des technologischen Büros gehaust und die Holzklötzchen verheizt hatten, mit denen die Fußböden in den Werkräumen gepflastert waren.

»Und als dann der Frühling begann, sagten wir uns – weil man uns tagtäglich mit Flugblättern überschüttete: Ihr kommt sowieso um, verhungert oder erfriert –, sagten wir uns also, daß wir die Bevölkerung moralisch aufrütteln müßten. Verstehen Sie, wenn das jeden Tag so geht! Wir mußten den Leuten Mut einflößen. So beschlossen wir, die Kupfergußabteilung wiederherzustellen. Ein Teil unserer Frauen war Kernformer gewesen. Wir hatten die Aufgabe erhalten, ein Zweiundfünfzigmillimetergeschoß für Granatwerfer herzustellen. Das entsprach unseren Möglichkeiten, das ließ sich mit dem Stampfer in den Formkästen stampfen. Den kupfernen Hauptteil konnten wir nicht herstellen – wir hatten kein Metall. Aber für den Kuppelofen hatten wir welches. Deshalb beschlossen wir, ihn in Gang zu setzen. Aber wie? Von ehemals sieben Ofenheizern war nur noch einer da. Es waren gesunde, kräftige Männer gewesen, aber der Hunger hatte sie dahingerafft. Nur Tschaginski war übrig. Er kannte den Kuppelofen sehr gut. Aber was tun? Seine Zähne waren herausgefallen – vom Skorbut! Viele hatten damals im Frühling Skorbut. Also beschlossen wir, Frauen als Heizer auszubilden. So haben wir Tschaginski *die Beine umwickelt, um ihn hinstellen und zum Kuppelofen führen zu können* (von der Krankenstation waren es etwa fünfzig Meter bis zu dieser Werkabteilung). *Und wir führten ihn untergehakt hin.* Er gab Anweisungen, wie der Kuppelofen in Betrieb zu setzen war. Wir bliesen den Ofen an. Jetzt arbeiteten Frauen am Kuppelofen. Diese Abteilung nahm ihre Tätigkeit wieder auf. Und stellen Sie sich vor: die Leute lebten auf, alle faßten wieder Mut, sogar gelächelt wurde wieder. Wir glaubten wieder daran, daß wir siegen würden.«

Der Charakter der Arbeit hatte sich verändert. Die Blokkade und der Hunger verliehen allem etwas Besonderes, angefangen vom Transport bis zur anscheinend unveränderlichen Technologie der Arbeiter an den Werkbänken.

Wie nie zuvor war die Arbeit mit dem Alltag, mit der Familie verknüpft. Berichte über die Arbeit sind selbst angesichts dieses ganzen unwahrscheinlichen Alltagslebens ungewöhnlich. Die Begriffe des Möglichen hatten sich verschoben. In der gewohnten, alltäglichen Umgebung der Werkhallen tauchten Gestalten auf, die für die Produktion scheinbar unmöglich waren, Frauen, die die einfachsten Arbeitshandgriffe nicht kannten. Jungen und Mädchen, Kinder noch. Alle schwach und ungeschickt.

Fjodor Justinowitsch Kosodoi (Traktornaja-Straße 13), Leiter einer Werkabteilung, danach Parteifunktionär und Sekretär im Stadtbezirkskomitee, kann jetzt, nach über drei Jahrzehnten, einfach nicht mehr verstehen, wie sie die schweren Werkbänke ohne Aufzug und Kran in das dreistöckige Gebäude befördern konnten, als sie auf der Wyborger Seite die Produktion von Granaten aufnahmen.

Die Berichte über die Arbeit sind beeindruckend.

»In welchem Jahr war das gleich? Ich glaube, einundvierzig, ja«, versucht sich Vera Antonowna Gawrilowa (Kassimowskaja-Str. 14) zu erinnern. »Die Plastefabrik war nach Borowitschi evakuiert. Wir hatten eine sehr gute Ausrüstung, waren ein sehr gutes Kollektiv, soviel ich mich entsinne. Die Werkhallen standen fast leer. Die besten Maschinen waren weggebracht worden. In allen Abteilungen ruhte die Arbeit – es fehlte an Grundstoffen für die Plasteherstellung. Also begannen wir, uns mit der Herstellung von Granaten ›F-1‹ und ›RGD‹ zu befassen. Das ging ganz gut. Die Hälfte der Arbeiter waren Frauen, die Hälfte Männer. Die Nachtschicht begann um vierundzwanzig Uhr, einen Dispatcher gab es nicht, ich sah, zwei Werkbänke standen still – die Arbeiter waren nicht da. Ich ging sie suchen. Wir hatten vordem nach einer bestimmten Aufschlüsselung Lehrlinge aus dem Kinderheim ins Werk genommen. Ich ging zu ihnen ins Wohnheim (das lag gleich nebenan). Da sah ich: Petka lebte noch und schlief, aber der Junge über ihm war tot.«

»Warten Sie! Ich hab nicht verstanden. Wo lagen Sie?«

»Na, im Wohnheim! Sie waren entkräftet und hungrig, zusätzliche Verpflegung gab es doch keine – außer den Lebensmitteln auf Marken war nichts da. Erst später fiel uns ein, daß wir ja noch Kasein hatten. Na, ich sagte: ›Mein Gott, Petka! Was hast du?‹ – ›Ich hab verschlafen.‹ – ›Und was ist mit Vitka?‹ – ›Was soll sein – er ist schon tot!‹ Der Junge kam dann herüber und arbeitete. Fragen Sie nicht, wie er sich auf den Beinen hielt! Trotzdem konnte niemand besser als diese kleinen Jungen all die kleinen Löcher in die Granaten bohren und alles andere machen, was nötig war.«

Sie arbeiteten auf verschiedene Weise. Strom gab es nicht, und wenn er für ein paar Stunden eingeschaltet wurde, dann in erster Linie für die Produktionsstätten, die Waffen herstellten. Die anderen aber mußten doch auch arbeiten. Also arbeiteten sie mit der Hand, wo das möglich war. Im Bebel-Werk ging das so weit, daß sie die Maschinen mit der Hand betrieben. Sie nähten Granattaschen, reparierten Halbpelze und flickten Riemen.

»Im Sommer wird's besser werden, dann haben wir Licht, jetzt im Winter ist die schlimmste Zeit. In der Halle ist es kalt, es wird nicht geheizt. Es ist eine große Halle mit Fenstern nach beiden Seiten. Draußen sind 30° Frost. Hände und Beine frieren ab. Wir setzen die Maschinen mit den Händen in Gang, auch die Maschinen sind eingefroren.«

Diese Zeilen stammen aus dem Tagebuch von Jelena Nikolajewna Awerjanowa-Fjodorowa. Sie las uns ihre Notizen vor und erläuterte sie. Sie las, erläuterte und weinte.

»26. 1. 1942. Heute drang mir auf Arbeit die Kälte durch Mark und Bein, obwohl ich warm angezogen war! Aber wenn der Magen leer ist, kann man anziehen, was man will – man wird nicht warm!

27. 1. 1942. Nirgends gibt es Brot. Die Leute stehen seit fünf Uhr morgens an. Die Bäckereien machen auf – und sind leer. Alle müssen warten, bis Brot gebacken und gebracht wird. Schura hat seit sieben Uhr morgens angestanden und erst um sieben Uhr abends welches bekommen. Zwölf Stunden im Freien zu stehen! Und wir haben das Brot auf der Stelle gegessen. Schließlich hatten wir den ganzen Tag nichts zwischen den Zähnen. Natürlich, wenn sie dann Brot bringen, gibt es kein Halten mehr. Früher konnten wir es noch für eine gewisse Zeit einteilen, jetzt aber hat niemand Sinn dafür.

Heute habe ich eine Stunde gearbeitet, dann wurden wir heimgeschickt, damit wir Brot holen konnten.

Den zweiten Tag gehe ich schon zur Arbeit, ohne etwas gegessen zu haben. Wie soll man bei einer solchen Kälte arbeiten und was tun? Aber ich bin gegangen. Unterwegs, auf der Kirillowskaja-Str., am Haus Nr. 22, hatte man zwei Tote hingelegt. Man geht vorbei und beachtet sie gar nicht! Wie abgestumpft alle sind, so was sieht man alle Tage, als müßte es so sein, es berührt einen schon nicht mehr, wir haben uns daran gewöhnt.

Am schlimmsten ist jedoch, daß heute nur Hoffnung auf Brot besteht. Wieder werden keine anderen Lebensmittel ausgegeben. Da haben sie uns ein bißchen geneckt, einmal pro Kopf 50 Gramm Graupen ausgegeben, und nun denken sie, es ist genug. Dabei kann es schon gar nicht mehr schlimmer sein. Brot – das ist Leben. Mit einem Wort, standhalten! Wie schwer ist es doch, diese bedrückenden Tage durchzustehen!

28.1.1942. Heute hat man uns von der Arbeit nicht weggelassen, trotz allen Bittens und Zuredens, sie möchten uns nach Hause lassen. Unser Direktor ist ein strenger Mann – er hat befohlen, daß alle dableiben. Aber was hat das für einen Sinn? Arbeiten kann sowieso keiner. Die Maschinen sind alle eingefroren. Wir sind alle steif wie Krautstrünke. Ist ja auch kein Wunder, wenn sich das heiße Wasser in der Fabrik sofort in Eis verwandelt. Die Wände sind alle mit Schnee bedeckt und die Scheiben mit einer dicken Eisschicht. Wie kann man in so einer Abteilung arbeiten, wo drinnen 25° Frost herrschen und draußen 30° – nur daß kein Wind weht?

Wir haben um drei Uhr mit der Arbeit aufgehört. Sind nach Hause gegangen. Wieder war es schlimm, wieder gab's nichts. Ich machte mich auf die Suche, wo man für den 29. Brot bekommt. Ohne Brot geht man zugrunde.«

Kehren wir zur Familie Wassiljew zurück. Soja Jefimownas Bericht haben wir schon gebracht, jetzt wollen wir uns ansehen, was ihr Mann uns mitteilte. Nikandr Iwanowitsch, Meister im Metallwerk. Wäre es doch möglich, einen Bericht nicht zu unterbrechen, nicht zurückzugreifen, die Einzelheiten nicht hintereinander zu bringen, sondern zeitgleich zu zeigen, was mit den Kindern der Wassiljews geschah, mit den Leuten aus seinem Betrieb und mit seiner Frau zu Hause und später im Krankenhaus, und zu vergleichen, wie zur gleichen Zeit andere Familien arbeiteten und lebten, wie die Briefträgerin Natalja Sidorowna Petruschina arbeitete und die Straßenbahnfahrerin Anna Alexejewna Petrowa, und wie die Kirow-Werker und die Arbeiter im Betrieb »Krasnaja Sarja« in ihren zerstörten Abteilungen arbeiteten.

Gern hätten wir diese Vielfalt des Lebens wiedergegeben, ohne jedesmal zurückzugreifen. Etwa in der Art »Zur selben Zeit ...« oder »Zur gleichen Stunde ...«.

Dennoch müssen wir zurückgreifen. Zurückgreifen bedeutet jedoch sich wiederholen. Und wir müssen so manches wiederholen. Es ist immer von der gleichen Sache die Rede – und wiederum von einer anderen.

Hier der Bericht Nikandr Iwanowitsch Wassiljews:

»Ich bin jetzt einundsechzig, im Krieg war ich also sechsundzwanzig. Ich war nicht bei der Armee, wurde gleich freigestellt. Als der Krieg begann, war ich Obermeister, mir waren etwa achtzig Jungen und Männer unterstellt. Und natürlich gingen alle zur Armee, auf der Stelle – ich forderte sie selber dazu auf, die Heimat zu verteidigen. Mich aber zupften sie am Ärmel: ›Und was machst du?‹ (Ich war natürlich Komsomolze.) ›Nicht nur an der Front wird Krieg geführt. Auch hier wird gekämpft, die Abteilung muß auf Waffenproduktion umgestellt werden.‹ Kurz, es kam so, daß meine besten und qualifiziertesten Leute alle weggingen, und mir wurden natürlich Frauen zugeteilt.«

»Und Gewerbeschüler?«

»Davon waren damals wenige da. Es gab schon ein paar. Aber die waren vom Hunger derart geschwächt ... Ich hatte zwei oder drei von ihnen. Und in der Hauptsache natürlich Frauen. Man hatte sie aus Kantinen abgezogen, von überallher. Wissen Sie, was das ist, ein Meister? In einem Werk, einer Betriebsabteilung? Er muß die Planaufgaben erfüllen und mit den Leuten arbeiten. Aber die hatten natürlich Hunger und froren, verstehen Sie. Nie werde ich vergessen, wie wir folgenden Auftrag ausführten. Die ›Katjuscha‹ war schon im Einsatz, und wir erhielten die Aufgabe, Granaten zu drehen. Die Frauen übernahmen die Arbeitsgänge. Soweit ich mich entsinne, waren es siebenunddreißig (man hat mich sogar mit dem Orden des Roten Sterns ausgezeichnet), und alle wurden von Frauen ausgeführt. Zuerst gab's sogar Tränen, aber dann schafften sie es. Eine Kälte herrschte – minus 22, minus 25 Grad in der Halle. Uns wurden solche langen Rohre angeliefert, sie kamen vom Werk ›Bolschewik‹. Einhundertachtzig bis zweihundert Millimeter Durchmesser, die Wand etwa zwanzig Millimeter stark. Es war besonders harter Stahl (speziell für Waffen). Die Rohre waren etwa acht Meter lang, und wir mußten sie zu Rohlingen von achthundert Millimeter Länge zerschneiden. Und das auf großen Hobelmaschinen, das dauerte sehr lange, weil man ständig gießen mußte, das Wasser aber gefror während des Arbeitsganges. Kein Span ging ab, der Meißel brach. Wo aber sollte man damals neue Meißel hernehmen? Wir hatten damals eine Schmiede dort – drei, vier Hämmer. Ich nahm also diejenigen von meinen Männern, die noch einigermaßen gut beisammen waren, und wir schmiedeten selbst Meißel. Weshalb erzähle ich das? Weil diese Kälte, der Frost uns bei den Rohren halfen. Im ›Bolschewik‹ quälten sie sich auch mit dem Schneiden ab, es ist die schwerste Arbeit. (Ich war früher selbst Dreher, bevor ich meinen Meister machte. Und das war achtunddreißig.) Wir gingen so vor: Wir schnitten an, so an die zehn Millimeter tief, dann ein Schlag auf den Ring – fertig, das Rohr brach ab. Weil es bei Frost spröde war. Kurz gesagt, wir setzten alle in Erstaunen.«

»Und es war dennoch gleichmäßig?«

»Wie mit dem Messer geschnitten. Kurz gesagt, das ging so lange, bis meine wichtigsten Leute gestorben waren. Ich entsinne mich eines Falles. Vor dem Krieg hatte ich einen Schleifer, den einzigen! Das war ein Kerl! Na, so ein richtiger gutmütiger Russe. Natürlich hob er ab und zu einen. Aber das hielt sich in Grenzen. Und was glauben sie, wie er arbeitete! Und er wurde sehr gelobt im Werk! Überall hing sein Bild, er war ein Held, verstehen Sie, ich unterstützte ihn auf jede Weise. Ich hatte Matrosen, aber auch sie hungerten. Wir kriegten mal dies und das, steckten aber alles ihm zu. Und dieser Mann kommt eines Tages zu mir und sagt: ›Weißt du, Wassiljitsch (so nannte er mich), ich werde gleich sterben.‹ Ich sagte: ›Was redest du da! Du bist der einzige Schleifer, was soll das!‹ – ›Ich sterbe.‹ Mit diesen Worten verließ er das Zimmer. Was glauben Sie, etwa zwanzig Minuten später kommt eine Frau zu mir und sagt: ›Er ist tot!‹ Er wohnte irgendwo auf der Wassiljewski-Insel, es war ziemlich weit zu laufen. Unser Mechaniker hatte ein Büro, und das hab ich geheizt – aber sonderlich warm war es da natürlich auch nicht. Dort schlief er immer. Seine Familie? Die Frau war gestorben, zwei Jungen waren bei der Armee, er war allein. Dieser Mann wußte genau, daß er in ein paar Minuten sterben würde. Und er hat bis zum letzten Atemzug gerackert, verstehen Sie?«

Ob das eine Besonderheit des Todes durch Dystrophie, durch Hunger war oder ob sich das Empfinden fürs Sterben, mit dem man ringsum so oft konfrontiert wurde, verschärft hatte – wer weiß, jedenfalls waren damals viele Fälle bekannt, wo Menschen genau den Moment vorausahnten, da sie sterben würden. Als hörten sie den Tod nahen, als sähen sie ihn kommen.

»Wozu erzähle ich das? Die Menschen arbeiteten wirklich widerspruchslos unter solch schweren Bedingungen. Vor dem Krieg gab es Anweisungen: Für zwanzig Minuten Verspätung – Entlassung, dann vor Gericht. Fast in jeder Mittagspause wurden die Leute zusammengetrommelt: Der und der hat gebummelt! Doch in der schweren Zeit der Blockade kam es nie vor, daß jemand, der sich noch bewegen konnte, nicht arbeitete. Solche Leute gab es nicht.«

»Damals waren also solche Anweisungen unnötig?«

»Es gab keine! Und ich werde das nie vergessen. Ich hab

gesehen, wie die Leute vor Hunger, öfter noch vor Kälte umfielen. Ich beschloß, eine ›Burshuika‹ zu bauen. Wir hatten eine Rote Ecke, und dort hab ich mit meinen Arbeitern eine ›Burshuika‹ hingesetzt. Und wir machten aus: eine halbe Stunde Arbeit – zehn Minuten aufwärmen. Ich war nämlich zu dem Schluß gekommen, daß sie in dieser halben Stunde mehr leisteten als in zwei Stunden. Dann kriegten wir einen neuen Direktor. Er stiefelte dauernd im Militärmantel umher. Ich wußte nicht, daß er der Direktor war. Er war vorher nur einmal bei mir gewesen. Und hatte kein Wort gesagt. Aber dann kam er und fragte: ›Wo sind deine Leute?‹ Ich sagte: ›Sie wärmen sich auf.‹ – ›Die Front braucht Waffen, wir müssen die Planauflage erfüllen, und deine Leute sitzen herum!‹ – Ich antwortete: ›Sie sitzen nicht herum, sondern wärmen sich auf. Sie schaffen nachher mehr.‹ Kurzum, ich kriegte einen Verweis. Ein Bote kam und überbrachte mir den Entscheid. Aber zwei Wochen später, als sich der Direktor schon mehr umgetan hatte, kam er, entschuldigte sich bei mir und erließ den Befehl: ›Überall sind „Burshuikas" aufzustellen! So war das. Da meine Familie gleich nebenan wohnte, war ich in der Woche zwei-, dreimal zu Hause, wissen Sie. Ich lief schnell mal hin, brauchte nur fünf Minuten. Meine Frau und meine zwei kleinen Töchter wohnten hier im Haus Nr. vierzig. Eine Tochter starb. Ich hab sie selbst begraben. Dann brach meine Frau zusammen. Wir brachten sie nicht auf die Krankenstation, sondern in die Klinik. Eine Tochter war also gestorben, die zweite allein zu Hause. Sie war drei Jahre alt, wurde vier. Was tun? Ich heizte den Küchenherd (wir wohnten nicht im Zimmer, sondern in der Küche), setzte sie auf die Herdplatte, deckte sie mit irgendwelchen Klamotten zu und lief wieder in die Fabrik. Später kam ich zurück und gab ihr dünne Suppe zu essen, damit sie nicht starb. So rannte ich hin und her. Ich kam, gab ihr zu essen, zog ihr andere Sachen an, verstehen Sie?, und lief wieder weg. Und sie war wieder allein. Ich glaubte, sie würde menschenscheu werden. Einmal kam ich, öffnete die Tür, da stand sie – ein kleines Mädchen mutterseelenallein in der Wohnung. Denn dort waren alle gestorben.«

»Und wie viele von den Arbeitern starben?«

»Die meisten. Es waren gute, qualifizierte Leute. Aber was konnte man machen? Nehmen wir mal November, Dezember einundvierzig, da war noch weniger als die Hälfte, nein, ein Drittel übrig. Und zweiundvierzig, da kann ich Ihnen rundheraus sagen: Im ganzen Werk waren etwa noch anderthalb bis zweitausend da von ehemals achttausend.«

»Sind viele an die Front gegangen?«

»Ja, sehr viele.«

Den Platz der an die Front Gegangenen nahmen Halbwüchsige und Frauen ein. So war es in allen Betrieben. Die Stadt, die die faschistischen Armeen vor ihren Mauern zum Stehen gebracht hatte und dem Sturm standhielt, versorgte ihre Verteidiger weiter mit Waffen. Ihre Erzeugnisse gelangten in den für Moskau schwierigsten Monaten sogar ins unbesetzte Hinterland. Heute erscheint es unbegreiflich, wie vom Hunger geschwächte Kinderarme, die schweren Rohlinge heben und in die Werkbänke spannen konnten.

»Wir banden uns an den Werkbänken fest. Um nicht in die Maschine zu fallen. Wir hatten nicht einfach Angst zu fallen, sondern wir wollten nicht in die Maschine geraten, verstümmelt werden«, entsinnt sich Michail Petrowitsch Pelewin, der als Fünfzehnjähriger im Kulakow-Werk arbeitete. »Wir Jungen wurden mit Hilfsarbeiten beschäftigt. Man mußte sorgsam mit dem Metall umgehen, und es uns ehemaligen Betriebsberufsschülern anzuvertrauen war nicht immer möglich. In jenen Tagen durfte es keinen Ausschuß geben. Und wenn man mal jemanden von uns für kurze Zeit an die Maschine stellte, war natürlich unser oberstes Gebot: Nicht hasten!«

Man sollte auch nicht verschweigen, daß sich so ein kleiner Junge auch deshalb mit letzter Kraft in der Fabrik mühte, weil er in der Werkkantine auf eine Graupenmarke von 12,5 Gramm gleich drei Teller heiße Hefesuppe und eine Flasche Sojamilch erhielt. Diese Milch tauchte gerade erst auf. Sie wurde hier erfunden, in der eingeschlossenen Stadt.

Wir kamen mit Olga Nikolajewna Melnikowa-Pissarenko zusammen. Ihr Schicksal während des Krieges (und auch danach) war mit der berühmten »Straße des Lebens« über den Ladogasee verbunden (darüber später). Ihre Geschichte enthält jedoch folgende Abschweifung:

»Nie werde ich vergessen, was ich im Kirow-Werk sah. Ich kam zufällig hin. Wir holten da Feuerholz. Dort standen viele Holzhäuser. Wir brachten das Holz in die Krankenhäuser. Und ich ging zufällig mal hin. Was sehe ich? Halbwüchsige, Jungen von zwölf, dreizehn Jahren und Mädchen von vierzehn Jahren stehen an den Werkbänken und arbeiten. Sie hatten ihre Väter oder älteren Brüder abgelöst. Man hatte ihnen kleine Bänke oder Kisten hingestellt, damit sie die Maschinen bedienen konnten. Ich hörte, daß ein Mädchen während der Arbeit noch mit ihrer Puppe gespielt habe. Das stimmt nicht. Sie hatte die Puppe mitgenommen, als sie zur Arbeit ging. Sie mußte irgendeinen wertvollen Gegenstand mitnehmen. Also nahm sie die Puppe mit, weil sie die für wertvoll hielt.«

»Vielleicht, weil ihr Haus inzwischen zerbombt werden könnte?«

»Ja. Sie spielte nicht damit, es war einfach etwas Persönliches. Wie könnte man vom Spielen mit einer Puppe reden, wenn sie nicht genug zu essen und zu trinken bekam und nur wußte, daß sie ein Teil herstellen mußte. Sie hatte die Puppe mitgenommen, um sie aufzuheben: Vielleicht wurde ihr Haus zerstört, dann blieb ihr wenigstens das Spielzeug.«

»Und wie alt waren diese Mädchen?«

»So dreizehn, vierzehn. Ein andermal kam ich wo vorbei. Da sah ich einen Halbwüchsigen stehen. Ich sagte: ›Was stehst du noch hier? Komm raus, es ist vorbei, der Beschuß ist zu Ende.‹ Ich trat an ihn heran, und er war tot!

Natürlich vor Hunger gestorben. So starben viele, stehend, an die Wand gelehnt!«

Pjotr Jefimowitsch Senkow, ehemaliger Meister im Kirow-Werk, erzählt:

»Ich lag fünfundzwanzig Tage im Krankenhaus. Dann war ich wieder gesund. Ich kam in meine Abteilung. Der Leiter dort war Iwan Iwanowitsch Plotnikow. Er lebt auch noch und ist gesund und munter. Damals sagte er zu mir: ›Senkow, schipp mal den Schnee vor der Abteilung weg. Wir müssen mit der Arbeit anfangen.‹ Aber mit wem arbeiten? Ich hatte nur noch den Schlosser Manikin, alle anderen waren Frauen. Und Mädchen waren da, sechzehn, siebzehn Jahre alt, ganz schwach, die verschiedensten Leute. Niemand konnte etwas. Ich war Meister, Einrichter, Arbeiter, was du willst! Ich schliff den Bohrer, schliff den Meißel, setzte ihn ein, ließ die Maschine anlaufen. Die Naryschkina war bei mir, wenn sie mich sah, weinte sie – weil sie Angst vor mir hatte, ich weiß selbst nicht, warum, sie hatte Angst vor der Werkbank und Angst vor mir.«

»War sie ein kleines Mädchen?«

»Eine Frau! Und schon älter. Ihr Mann war alter Bolschewik, schon vor der Revolution. Er arbeitete im ›Shdanow-Werk‹. Na, da hab ich meine Leute zusammengetrommelt. Und sie ausgebildet. Interessant war das Schweißen. Ich selber bin nie Schweißer gewesen. Wir mußten Formkästen machen. Heutzutage ist das ein Verbrechen, aber ich machte Formkästen aus Aluminium, und wir stellten drei Granaten hinein, damit es den kranken Frauen leichter fiel, sie zu heben und die Wurfgranaten auszuklopfen. Eine Seite wurde irgendwie angeschweißt. Schade, die eine Granate kam nicht raus, sie war mit angeschweißt, also Ausschuß. Da hab ich mir den Kopf zerbrochen, was zu tun wäre. Ich hab mir was ausgedacht: Ich hab von der einen Seite eine Fünfmillimeterscheibe angesetzt und von innen eine Gegenmutter angezogen. Es klappte. Mein Chef sagte zu mir: ›Du bist wirklich prima!‹ Die drei Granaten kamen raus, na bitte! So war das mit den Aluminiumformkästen. Auch Zapfen haben wir darin gegossen, und alles mit diesen Frauen. Jawohl, sie haben alles selber bearbeitet. Auf der Karusselldrehbank. Ich hatte irgendwo eine abgestellte entdeckt. Und wieder aufgestellt. Ich dachte mir, das heißt wirtschaftlich arbeiten, das geht in Ordnung. Die Granaten werden gebraucht. Ich hab auch einen Luftschutzkeller gebaut – dort sind wir hingegangen, wenn starker Beschuß war.

Einmal war ein schrecklicher Beschuß! Ich hatte eine Ukrainerin mit Namen Kormilizina. Ihr Mann hatte im Kirow-Werk gearbeitet, war an die Front gegangen und gefallen. Jetzt kam also der Beschuß, und ich werkelte da neben der Hobelmaschine herum. Ich sagte zu ihr: ›Geh doch mal und lausche, wo die Granaten einschlagen!‹ Sie geht. Kommt wieder und sagt: ›Hinter der Formgußabteilung!‹ Kaum hatte sie das gesagt, da krachte es über mir! Ein Einschlag. Ich wurde verwundet. Konnte mich an nichts mehr entsinnen. Und führte diese Kormilizina, ebenfalls verwundet, durch die ganze Abteilung, ohne zu spüren, daß ich einen Menschen im Arm hielt. Erst wie ich bei den Formkästen bin, bleib ich hängen und komme zur Besinnung – ich halte einen Menschen im Arm! Ich bin da. Und blute unerhört, na, denke ich, aus ist es! Aber ich sollte wohl am Leben bleiben. Ich hatte einen Vorraum mit Doppeltür. In dem Vorraum fiel ich hin und dachte: Jetzt ist es aus! Vor der Tür lehnte eine große Zange. Und in dem Moment krachte eine Granate dagegen! Wäre ich auch nur zwei Schritt weitergegangen, wäre es aus mit mir gewesen! Aber dann rannte ich wie von Sinnen los, und Granaten orgelten! Ich schoß in den Keller, in die Sanitätsstelle. Meine Frau kam. Mein Bruder kam. Sie weinten. Ich sagte: ›Warum weint ihr? Ich bin gesund und munter.‹ – ›Du mußt ins Krankenhaus!‹ – ›Ich geh nirgends hin. Wer soll dann arbeiten? Wir müssen arbeiten. Wer soll dann alles machen? Ich geh nicht ins Krankenhaus.‹ Der Deutsche hat vielleicht losgedroschen! Einmal bin ich hinausgegangen – Flugzeuge. Ich zähle – sieben, acht. Na, das sind unsere, denke ich! Aber da fallen schon die Bomben! Mein Gott! Ich stehe hier, und die Erde unter mir wackelt. Alles zittert. Der Fritz hat uns damals übel zugerichtet. Die eine Werkhalle hat er dem Erdboden gleichgemacht, buchstäblich! Und dann – wir hatten einen Schornstein. Einen Riesenschornstein. Und wie er den beschossen hat! Und eben dort hatten wir unsere Öfen.«

»In welcher Abteilung war das?«

»In der Kupfergußabteilung. Der Schornstein wurde auch getroffen. Mehrere Löcher waren drin. Wir mußten ihn umlegen, sonst wäre er womöglich eingestürzt und hätte uns erschlagen. Meine Werkstatt war gleich daneben – zwischen Kantine und Kupfergußabteilung, deshalb wurde ich mit meinen Leuten auch evakuiert. Und dann wurde der Schornstein umgelegt, er kippte um wie eine Kerze. Nun hörten sie auf, nach dem Schornstein zu schießen. Von uns Kirow-Werkern starben hier mehr als an die Front gingen. Ich weiß auch nicht, wie ich am Leben geblieben bin! Gehungert haben wir unerhört. Aber ich hab Sojamilch getrunken und Schrot gegessen. Niemand trank bei uns Sojamilch, außer mir. Ich trank kein Wasser. Ich trank Sojamilch und aß Roggenschrot. Und dann gab man Lebensmittelrationen aus, 500 Gramm Brot, sowohl für die Arbeiter als auch für uns. Wodka dazu. Bier gab's – auf Abschnitte, für uns wie für die Arbeiter. Und dann wurde die Lage immer besser.«

Valentina Stepanowna Moros war eines dieser vierzehnjährigen Mädchen, die in den Betrieben und Werkstätten nicht nur die Männer schlechthin ersetzen mußten, sondern die qualifizierten Facharbeiter. Das weiß sie noch von »ihrem Platz«.

»Der Tod meiner Mutter wirkte bedrückend auf mich. Ich konnte mich einfach nicht mehr zu Hause aufhalten. Mehrere Tage verbrachte ich bei den Nachbarn, aber dann brachte man mich in einen Betrieb dort in unserer Nähe, auf der Petrograder Seite. Ich erhielt im Betrieb eine Arbeitsstelle und wohnte dort kaserniert. Er war zum Rüstungsbetrieb geworden. Vor dem Krieg hatten sie Kassen oder so etwas hergestellt. Jetzt, während der Blockade, war es ein Rüstungsbetrieb geworden. Die Ausrüstung war nach Swerdlowsk gebracht worden, einiges jedoch geblieben. Ich hatte natürlich überhaupt keine Ahnung. So wurde ich Dreherlehrling, da wir uns sehr schnell irgendwelche Kenntnisse aneignen mußten. Ich hab so kleine Exzenter hergestellt. Wenn man den Stabilisator an die Granate schweißt, werden auf diesen angeschliffenen Teil kleine Exzenter gesetzt. Man mußte mit dem Mikrometer arbeiten, es war mühsame Präzisionsarbeit. Ich hatte keine Ablösung, mußte diese Exzenter ganz allein bearbeiten.«

Es gab auch noch andere Arbeit – die Toten wegschaffen, zu den großen Gräben fahren, um die Stadt vor einer Epidemie zu bewahren. Es war eine alltägliche, ständige, fast schon »gewohnte« Tätigkeit. Und dennoch grauenhaft für den Menschen.

In den Erinnerungen über die Blockade ist sie ebenso »aufgezeichnet« wie andere Arbeiten und Tätigkeiten der Leningrader. Aber wenn man diese »Aufzeichnung« heute hört, packt einen nicht nur als Zuhörer oder Leser Entsetzen, sondern auch als Erzähler oder Schreiber, der sich *dessen* und *solcher Dinge* erinnert.

Aber auch diese Arbeit mußte unbedingt erledigt werden. Zudem meist noch von Frauen.

»Ich hatte Angst vor Toten, mußte die Leichen aber aufladen. Wir setzten uns oben auf dem Wagen auf den Leichenstapel und fuhren los. Und mein Herz war wie abgeschaltet. Warum? Weil wir wußten, daß ich heute diese Leichen abtransportierte und man mich morgen vielleicht selber so wegbrachte.

Aber jemand würde am Leben bleiben. Wir glaubten fest daran, daß die Deutschen Leningrad nicht einnehmen würden.« (Arsenjewa, A. M.)

Das Herz »war wie abgeschaltet« – dergleichen kann man sich nicht ausdenken, so etwas muß man selbst empfinden, wie Anna Alexejewna Petrowa (Bassejnaja-Straße 74) es empfunden hat.

»Dann gab es auch noch andere Arbeit. 1942 haben wir die letzten Toten aus jenem Hungerwinter abtransportiert. Man schickte uns – meine Abteilung der Örtlichen Luftverteidigung – in die Maratstraße. Wir fuhren mit der Straßenbahn. Sammelten sie in verschiedenen Stadtbezirken und an verschiedenen Stellen auf. Und es waren verschiedene Leute. Im Kirow-Stadtbezirk waren es meistens Männer, groß und mit aufgedunsenen Leibern, und wenn wir die Bahren schleppten, schwappte in diesen Toten das Wasser hin und her wie in einem Faß. Im Newski-Stadtbezirk waren es meistens Kinder und alte Männer. Man hatte uns eingeschärft, ohne Papiere keine Toten anzunehmen. Deshalb kam es zu folgendem Vorfall: Es war an einem Sonntag. Wir holten im Bechterew-Krankenhaus Tote ab. Dort war nur ein Wächter. So sagte ich meinen Gehilfinnen, sie sollten nur so viele Tote aus der Kammer holen, wie wir Unterlagen hatten. Bis ich mit dem Wächter den Papierkram erledigt hatte, hatten meine Leute die Toten schon aufgeladen. Nun schimpfte der Wächter, wir hätten die falschen genommen, und verlangte, wir sollten sie wieder abladen. Vielleicht würden zu denen hier noch Verwandte kommen.

Die Mädchen weigerten sich, abzuladen, da kletterte der Wächter selber auf den Wagen, packte einen Toten, nahm ihn auf die Schulter und brachte ihn zurück in die Totenkammer. Die Toten waren noch nicht erstarrt, sie ließen sich in jede Richtung biegen, und so holte der Wächter seine Toten zurück. Wir aber mußten uns mit denen abplagen, die schon schwarz waren. Der Fahrer beschimpfte mich: ›Rühr die Leichen nicht an, sonst laß ich dich nicht ins Fahrerhaus!‹«

Sie erzählte ohne Widerwillen, es war ihre Arbeit gewesen, das Los war auf sie gefallen, da war nichts zu machen, jemand mußte es tun. Wir hatten gebeten zu berichten, wie alles war – bitte, genau so war es. Auch wir müssen davon erzählen, ohne uns zu schämen und zu zieren, und den Vorwurf zurückweisen, die Dinge allzu naturalistisch, allzu unästhetisch darzustellen. Wir müssen es berichten, um all denen gerecht zu werden, die wie Anna Alexejewna diese schwere Arbeit verrichtet haben.

Zu welch komplizierten Funktionen gleichsam höchst unauffällige, fast simple Berufe wurden, welche Bedeutung sie erlangten! Zum Beispiel der Beruf der Briefträgerin: Nehmen wir die bereits erwähnte Natalja Sidorowna Petruschina (Bolschoi-Prospekt 51, Wohnung 9), sie ist auch jetzt noch eine sehr rührige Frau, trotz ihres Alters (sie ist Jahrgang 1914). So kann man sie sich auch mit ihrer schweren Tasche vorstellen, und während der Blockade erschien diese Tasche noch viel schwerer, stand jedes Haus weiter vom anderen entfernt, waren die Treppen steiler. Damals brachte man die Briefe ja direkt in die Wohnung, in jede einzelne, und versuchte auch, sie dem Empfänger persönlich auszuhändigen.

»Natürlich war ich selber schon ein Kümmerling. Zu Beginn der Blockade wohnten wir in Nowaja Derewnja, dort war ein Wohnheim. Sie bombardierten den Markt – dort waren einige militärische Objekte – und zerbombten natürlich auch unser Heim. Deshalb wurden wir hier auf dem Bolschoi-Prospekt Nr. 31 untergebracht. Hier wohnten wir dann. Insgesamt sechzig Personen. Ich arbeitete im Postamt Nr. 129. Auf der Kamenny-Insel. Natürlich wurde der eine oder andere von uns auch evakuiert, aber die meisten sind verhungert. Mein Mann ist bei einem Artilleriebeschuß im Betrieb ums Leben gekommen. Er ging zur Arbeit und kehrte nicht zurück. Meine beiden Kinder starben auch während des Krieges. Dann begann die wirkliche Hungerperiode. Etwa ab Mitte Dezember erhielten wir nichts mehr auf unsere Karten.«

»Sie haben weiter gearbeitet?«

»Natürlich. Zu meinem Bereich gehörte auch die Pawlowstraße, und dort ist das Institut für experimentelle Medizin, Impfstoffe und Seren. Wenn ich dorthin kam, das war schon zu Beginn der Hungerperiode, erklärten mir die medizinischen Mitarbeiter immer wieder: ›Genossin Briefträger, wie schlecht Sie sich auch fühlen, legen Sie sich auf keinen Fall hin, versuchen Sie unbedingt weiterzuarbeiten.‹ «

»Das sagten Ihnen die Wissenschaftler?«

»Ja, einmal war gerade Professor Gurewitsch dort (er bekam viel Post), und er sagte: ›Ich werde evakuiert, man zwingt mich dazu. Aber ich will Ihnen eins sagen: Legen Sie sich niemals hin. Und lassen Sie den Mut nicht sinken. Laufen Sie, soviel Sie nur können.‹ Ich hatte diesen Rat auch schon von vielen anderen gehört und ließ den Mut nicht sinken! Solange wir noch Post erhielten, stellten wir sie zu, also so lange, wie noch keine starken Fröste einsetzten. Dann aber hatten wir keine Autos mehr. Wir mußten folgendermaßen verfahren: Um vier, fünf Uhr morgens fuhren zwei, drei Mann mit Schlitten zum Postamt. Manchmal trafen dort ein oder zwei Wochen lang keine Briefe ein, und dann kam der ganze Schwung auf einmal. Dann sortierten wir sie in Säcke und fuhren sie aus. Aber wie? Wir schoben uns gegenseitig und stellten im Laufe des Tages alles zu. In den Ämtern wurde fast nicht geheizt, aber man ließ uns in die Wohnungsgenossenschaft. Dort waren Diensthabende, dort wurde geheizt (gerade im Haus 70/75).«

»Entsinnen Sie sich noch, wie Sie in die Häuser kamen?«

»Wir sortierten die Post einen Tag lang, weil manchmal bis zu zwanzig Briefe für eine Wohnung dabei waren. Das mußte sortiert werden. Können Sie sich vorstellen, was das für Säcke waren? Und das Sortieren? Wir froren an den Händen, obwohl geheizt wurde. Einer sortierte, der andere brachte die Post weg. Und die Treppen! Da trug man die Post etwa zwei Stunden lang, und wenn man hinkam, war es dunkel. In den Treppenhäusern war es dunkel und glitschig, wer konnte, kippte den Unrat dort aus, denn die Toiletten waren außer Betrieb (es gab kein Wasser, also gossen die Leute alles auf die Treppe). Manchmal kommst du hin, fällst und rutschst wieder runter, weil alles glitschig war, besonders wenn's dunkel war. Na, und dann kommst du in die Wohnung: Die Türen stehen offen, die Wohnungen sind nicht abgeschlossen, es ist dunkel, man stolpert. Manchmal kommst du hin – da liegt der Postempfänger da. Er ist tot, denkst du. Du rüttelst ihn ein bißchen. Hier, ein Brief für Sie! Ist der Mensch bei Bewußtsein, bewegt er sich natürlich. Manch einem aber ist es völlig egal, ob er einen Brief kriegt. Du gibst keine Ruhe, rüttelst ihn. Wenn er es möchte, liest du ihm den Brief vor. Manchmal liest du auch eine Mitteilung, daß jemand vermißt oder verwundet ist, ins Lazarett kam – aber sie weinen nicht. ›Schon gut‹, sagen sie. Ein andermal kommst du hin – da liegt der Empfänger tot im Bett. Du gehst die Straße entlang, natürlich siehst du dort kaum Leute. Und kommt dir jemand entgegen, weißt du nicht: Ist es ein Kind, eine alte Frau, ein Mädchen oder wer sonst? In solcher Verfassung waren alle.

Zweimal hab ich folgendes erlebt. Ein Vater erwartete einen Brief von seinem Sohn. Er ging in die Kantine, um etwas zu essen. Was war das schon für ein Essen? Wasser und zwei Graupenkörner. Und nicht mal das gab es immer. Du stehst in der Schlange und mußt wieder gehen, weil es nicht reicht. Ich kam hin, er saß auf der Treppe. Ich nannte ihn beim Namen (seinen Vor- und Vatersnamen hab ich inzwischen vergessen) und sagte: ›Hier ist ein Brief für Sie!‹ Er darauf: ›Lesen Sie ihn bitte vor.‹ Ich tat's. Der Sohn schrieb von schweren Kämpfen, gerade wäre ein Angriff gewesen. – Das war alles. Er nahm den Brief und bedankte sich. Dann sagte er: ›Wissen Sie was? Helfen Sie mir aufstehen.‹ Stellen Sie sich vor – aufstehen! Ein Mann! Allerdings war er sehr mager. Ich versuchte, ihn hochzuheben – da mußte ich mich selber hinsetzen. Keiner von uns konnte wieder aufstehen, ich nicht und er auch nicht. Das war entsetzlich! Dann kam noch ein anderer Mann, offensichtlich ein kräftigerer. Und so haben wir uns aufgeholfen. Er ist dann mit Mühe nach Hause gelangt. Dann noch so ein Vorfall: Ich gab einem Mann (die meisten waren in derselben Verfassung) auf der Pawlowstraße einen Brief. Er hat ihn nie gelesen. Artilleriebeschuß setzte ein, und die Druckwelle schleuderte ihn gegen eine Hauswand. Dort waren gerade Mitarbeiter des Pionierhauses, Hausmeister. Sie nahmen ihn mit. So ist dieser Mann nicht mal dazu gekommen, den Brief zu lesen.«

»Und warum hat man Sie gebeten, Briefe vorzulesen? Waren die Leute so schwach?«

»Natürlich. Mancher konnte nicht mal mehr die Hand bewegen. Jener Mann, der auf der Treppe gesessen hatte, hielt ein Einkaufsnetz in der Hand. Er hatte sich gesetzt und konnte nicht mehr aufstehen. Seine Arme erstarrten schon. Wenn sich ein Mensch nicht mehr bewegt, ist es aus mit ihm.«

»Waren Ihre Kinder zu Hause, wenn Sie Post austrugen?«

»Nein. Mein Sohn war zu Beginn des Krieges gestorben. Und meine Tochter Ende November. Wir gingen immer in den Luftschutzkeller, sie erkältete sich, bekam Lungenentzündung und starb. Der Kleine war noch in der Krippe, sie wollten ihn mit der Krippe evakuieren, aber er erkältete sich auch und starb gleichfalls. So verlor ich beide Kinder fast im gleichen Jahr, und mein Mann kam im Betrieb bei einem Artilleriebeschuß um. Es war so: Du siehst, daß ein Mensch ganz entkräftet dasitzt, und du kannst ihm nicht helfen, kannst es nicht, denn du gibst ihm die Hand – und mußt dich selber hinsetzen. Und kannst nicht aufstehen. Wir hatten keine Angst, ach wo. Einmal am Tag trugen wir die Post aus. Irgendwie raffst du dich auf, aber schon auf der Treppe denkst du, du fährst Schlitten, so vereist ist alles, du hältst dich am Geländer fest. Dann kommst du hin – die Wohnungen völlig leer, niemand da, die Leute leben entweder kaserniert oder bei Verwandten – sie haben sich an einem Ort zusammengetan. Ich bin einsfünfzig groß. Jetzt wiege ich zweiundfünfzig Kilo, aber wissen Sie, damals wog ich sechsunddreißig. Dann, als schon der Frühling kam (ein wirklich zeitiger Frühling), gingen wir mal auf die Kamenny-Insel. Dort waren viele Bäume. Wir gingen zu einem jungen Baum, rissen die kleinen grünen Blätter ab und steckten sie einfach in den Mund. Dann sammelten wir die Tasche voll. Ich hab solche Blätter, Brennesseln und Melde immer gesammelt, wenn ich die Post zustellte. Kam ich nach Hause, drückte ich sie naß zusammen und klebte sie an die ›Burshuika‹. Man buk und aß sie! Um fünf Uhr stand ich auf, um meine zweihundertfünfzig Gramm Brot zu holen.

Manchmal standest du in der Schlange, und einer, der kräftiger war, packte von hinten zu, während sie dir das Brot abwogen – und steckte es in den Mund. Schluß.«

»Haben Sie so etwas erlebt?«

»Mehrmals – einer, der kräftiger war, besonders ein Mann oder eine kräftigere Frau. [Ihr erschien jeder kräftig!] Sie steht einfach da. Du rechnest doch nicht damit, daß sie es dir wegreißen will. Sie steht auch da mit ihrer Lebensmittelkarte. Aber sie ist so gierig und gleichgültig, daß sie nur an sich denkt. Das Brot war wie Lehm oder wie Erde. So ein Stück von 250 Gramm – konnte man auf einmal in den Mund stecken. Der Verkäufer konnte auch nichts machen. Der Betreffende trat heran – und steckte es sofort in den Mund. Da war nichts zu machen! Dann bin ich schlau geworden – während sie es abwogen, hab ich mich so hingestellt.« (Sie hielt die Arme schützend ausgestreckt.)

»Wie vor einem Feuer?«

»Ja.«

Soviel zu den Briefträgern. Nun zu einem anderen Beruf – dem des Druckers. Auch er erlangte unvorhergesehene Bedeutung, sogar mehr als das.

Jewgeni Alexandrowitsch Trenke (Martynow-Nabereshnaja 12) arbeitete in der Wolodarski-Druckerei, in der Abteilung, die Lebensmittelkarten druckte.

Für diese Abteilung interessierten sich natürlich alle

möglichen Gauner und faschistischen Agenten. Sie versuchten, die Arbeit zu desorganisieren und herauszufinden, was für Karten im folgenden Monat ausgegeben wurden. Farbe und Größe der Karten wurden immer wieder geändert.

»Ende des Monats kriegten wir den Hinweis: die und die Farbe, das und das Netz, die und die Größe. Wir mußten sie binnen sechs Tagen, natürlich rund um die Uhr, drukken, ohne den Arbeitsplatz je zu verlassen. Das war doch wie Geld. Es mußte genauestens abgerechnet werden. Auch das Papier war von besonderer Qualität. Jeder Stadtbezirk hatte eine Lebensmittelkartenstelle. Sie mußten die Karten etwa zwei Tage vor der Ausgabe von uns in Empfang nehmen, genau aufgeschlüsselt. Die Ausgabe an die Bevölkerung hatte innerhalb von zwei Tagen zu erfolgen. Das wurde so gemacht, damit niemand dazu kam, falsche Karten herzustellen.«

Wie wurden sie selbst versorgt, diejenigen, die die Karten für Leningrad druckten? Wie alle anderen, auf der gleichen Basis. Sie litten Hunger. Trenke hungerte und auch seine Familie. Sein fünfzehnjähriger Sohn und danach auch seine Frau starben Anfang 1942.

Die Menschen arbeiteten, und die Arbeit war notwendig. Gewiß, häufig ließ sich ihr Einfluß auf den Verlauf des Krieges, auf das Schicksal der Stadt und anderer Menschen nur unklar erraten.

Aber es gab eine Arbeit, von der alles abhing, und diese Arbeit wurde von Leuten verrichtet, die sich dessen bewußt waren, daß davon, ob sie allen Schwierigkeiten zum Trotz ihre Arbeit schafften oder nicht, abhing, ob heute oder morgen weitere Tausende starben oder durchkamen.

Das waren die Bäcker, die Arbeiter der Brotfabriken.

Wir platzten bei Nikolai Antonowitsch Loboda (Nowossibirskaja-Str. 4) gerade in die Mittagsmahlzeit. Vera Nikolajewna, die Hausfrau, pflichtete uns bei, daß die Arbeit vorgehe und dann erst die Bewirtung komme, und erzählte auch bereitwillig, fast fröhlich von der Blockade, von sich und ihrer Schulzeit. Ihr Mann schwieg sich mürrisch aus, wie uns schien. Na, aus dem holen wir nicht viel heraus, sagte uns unsere Erfahrung. Und wir wären vielleicht auch gegangen, wäre uns nicht aus dem Stapel von Familiendokumenten eine alte Zeitung unter die Augen geraten, in der von N. A. Lobodas Heldentat berichtet wurde. Er hatte einen heißen Ofen repariert, und dadurch konnte die Brotfabrik am Morgen ihre Produktion ausliefern, Leningrad Brot geben.

Da lächelte Nikolai Antonowitsch das erstemal etwas schuldbewußt und bat uns, um unsere Aufmerksamkeit von seiner Person abzulenken, am Mittagstisch Platz zu nehmen.

Dennoch gelang es uns, seinen Bericht festzuhalten. N. A. Loboda war eigentlich Seemann, Mechaniker.

»Das war im ersten Kriegsmonat. Ich kam in den Betrieb: Niemand da! Der Direktor nicht, der Energiebeauftragte nicht. Der Chefmechaniker Michailow (jetzt schon in Rente) war einen Monat vor Kriegsbeginn eingezogen worden, und ich hatte seine Pflichten übernommen. Wir buken runde Brote. Ein Monat verging. Es war schon September. Wir hatten kein Mehl. Da hieß es: Wir müssen zu Kastenbrot übergehen, oder wir müssen die Fabrik schließen.«

»Und warum Kastenbrot?«

»Der Unterschied zwischen Kastenbrot und rundem liegt in der Gewichtszunahme beim Backen. Die ist beim Kastenbrot größer. Man kann Wasser in die Form zugießen, oder was man will. Beim runden Brot kann man das nicht, weil alles auseinanderlaufen würde. Unser Verwaltungsleiter hieß Smirnow. Und damals war noch Motschalowski Direktor (er ist schon tot). Die beiden riefen mich zu sich und sagten: ›Wir sollen mal ins Stadtexekutivkomitee kommen.‹ – ›Meinetwegen.‹ Wir kommen hin. Popkow und Kusnezow sagen uns: ›Genossen! Wir brauchen Brot, aber kein rundes, sondern Kastenbrot mit Zusätzen.‹ (Wir gaben Zellulose zu.) ›Aber wir backen runde Brote!‹ –

›Und wieviel Zeit braucht ihr, um alles umzustellen? Wir geben euch zwanzig Tage – denkt nach und berichtet uns!‹ Wir fuhren zurück. Und ich hab mir den Kopf zerbrochen. Es gab kein Material, aus dem man etwas machen konnte. Und da sagte ich: ›So und so, ich brauche ein 200-mm-Band beliebiger Stärke, für Brotformen, und solche Formen brauchen wir etwa dreizehn Stück – ein Teufelsdutzend (so sagt man auch heute noch). Also hab ich aufgeschrieben, was ich brauchte – Zeit und Leute. Man gab mir zehn Mann vom ›Vulkan‹, und wir haben in sieben Tagen alles umgerüstet. Das Material? Auf der Kamenny-Insel standen Lagerhäuser. Ich erhielt einen Passierschein, fuhr mit mehreren Lastwagen hin, belud einen, dann noch einen. Als ich mit dem dritten kam, traten zwei Genossen in Zivil zu mir: ›Wer hat Ihnen gestattet, hier was abzuholen?‹ Ich sagte: ›Ich hab ein Papier.‹ – ›Nur Moskau kann das entscheiden.‹ – ›Ich weiß nicht, ich hab nur das hier.‹ Sie setzten mich in einen Wagen und brachten mich ins ›Große Haus‹. Dort führten sie offensichtlich mehrere Telefongespräche und sagten dann: ›Entschuldigen Sie! Wir haben Sie zu Unrecht mitgenommen. Anordnung von oben.‹ So haben wir den ersten Ring umgerüstet, und als wir das erste Kastenbrot gebacken hatten, ich kann Ihnen sagen – wenn man es in die Hand nahm und drückte, so bestand es zur Hälfte aus Wasser. Und davon einhundertfünfundzwanzig Gramm. Und nichts zum Draufschmieren! Als die Bombardierungen begannen, fehlte es an Wasser. Also bauten wir an der Malaja Newka eine Pumpstation und verlegten eine Leitung dorthin (das war schon im Dezember!). Aber wir hatten keine Rohre! Was haben wir getan? Wir nahmen Feuerwehrschläuche statt der Rohre. Da setzte Frost ein. Nach zwei, drei Tagen war in den Schläuchen alles zugefroren. Was haben wir getan? Wir haben sie isoliert. Als sie das Wasser abgestellt hatten, versuchten wir zunächst, es in Eimern aus der Malaja Newka in den sechsten Stock zu tragen.

Und so haben wir das Wasser für eine ganze Brotfabrik

mit Eimern herangeschleppt. Die Treppen hoch in den sechsten Stock! Und wie es um die Gesundheit und Kraft der Leute stand, wissen wir ja.

Nebenan war das Kalinin-Sägewerk. Strom gab es nicht. Wir hatten eine kleine Blockstation, aber sie war nicht in Betrieb. Auf dem Gelände des Sägewerks lag eine große Menge Stämme (zur Herstellung von Brettern) und verschiedene Abfälle. Sie heizten drei Monate mit diesen Stämmen und lieferten uns Energie. Die Pumpstation stellten wir zuerst aufs Eis. Später, als die Stadt schon Wasser lieferte, versorgte uns das Kalinin-Werk mit Elektroenergie. Wir hatten ein Kabel von dort hierher gelegt, aber die ständig darüberfahrenden Wagen kappten es schließlich. Bei den Lastwagen wäre ja noch nichts passiert, aber offensichtlich war ein Panzer darübergefahren, und seine Ketten hatten es zerschnitten. Da waren wir gezwungen, das Kabel zweieinhalb Meter hoch zu verlegen. Und so ging es bis Mai. Dann stabilisierte sich die Stromversorgung aus Wolchow, aber wir hatten kein Heizmaterial für die Öfen. Auf der Kamenny-Insel wurden Häuser abgerissen. Man sagte uns: Dort kriegt ihr zehn Häuser, in denen noch alles drin ist – Möbel, Kleidung, alles. Wir rissen sie ab, natürlich am Tag. Wer Spätschicht hatte, ging vormittags, und wer Nachtschicht hatte, auch tagsüber.

Eine Armee-Einheit gab uns zwei Traktoren Marke ›Stalinez‹. Wir legten eine Stahltrosse über den oberen Teil des Hauses (es waren alles einstöckige oder zweistöckige Holzhäuser) und zogen an der Trosse. Die Einheit gab uns drei Lastwagen. Damit brachten wir das Holz auf das Gelände der Brotfabrik, um zu heizen und Brot zu backen. Und jeder, der beim Abriß der Häuser geholfen hatte, erhielt einen Kubikmeter (für die Wohnungen war ja auch kein Heizmaterial da). Einmal paßte eine Arbeiterin nicht auf und verstopfte den Ofen. Ich berechnete in etwa, daß die Formen sieben Meter von der Stelle abgesetzt sein mußten, wo die Maschine stand, maß ab und sagte: ›Schlag hier auf!‹ Sie stemmten ein Loch hinein, so daß man hineinklettern konnte. Darin herrschte eine Temperatur von zweihundertvierzig Grad! Ich löschte den Ofen, so! Erst goß ich Wasser hinein. Dampf stieg auf. Die Temperatur sank. Wahrscheinlich auf etwa einhundertsechzig bis einhundertachtzig Grad. Ich wickelte mir was um den Kopf und machte meine Wattejacke, die Filzstiefel, die Wattehosen und die Fausthandschuhe naß. Dann kroch ich hinein. Beim erstenmal schaffte ich es nicht. Ich spürte, daß ich das Bewußtsein verlor. Also kroch ich raus, setzte mich etwa zehn Minuten hin – und kroch ein zweites Mal hinein. Diesmal konnte ich alles herausreißen. Dann sagte ich: ›So, nun macht wieder zu!‹ Und ab ging's. Der Ofen war ungefähr zwei Stunden ausgefallen – schon wurde er wieder beschickt, das heißt, wir haben die Brotversorgung nicht unterbrochen. Die Regierung hat mich dafür ausgezeichnet: Man verlieh mir den Orden des Roten Arbeitsbanners.«

Was man tun konnte

Die Straßen vom Schnee verweht und übersät von Trümmern zerstörter Häuser.

Der Schnee ist bald jungfräulich, unstädtisch weiß, bald dick bestreut mit der Flugasche der Feuersbrünste.

Die Stadt gehörte den Fußgängern. Entfernungen hatten Realität erlangt. Sie wurden mittels Beinkraft gemessen. Nicht wie früher nach der Fahrtzeit von Straßenbahn oder Bus – sondern nach Schritten. Demzufolge bekam die Stadt neue Konturen, unabhängig von den Fahrtrouten der Transportmittel. Einst hatten nur die eigene und die anliegenden Straßen eine mit den Beinen ausgemessene, physisch spürbare Ausdehnung. Im Blockadewinter bedeutete es einen langen Marsch, von der Wassiljewski-Insel auf die Petrograder Seite oder von der Wyborger Seite auf den Newski zu kommen, und man bereitete sich darauf auch wie auf einen langen Marsch vor.

Schmale Pfade schlängelten sich zwischen Schneewehen

und vereisten O-Bussen, Pfade zu den Häusern, zu Eislöchern, Geschäften, Pfade über die Newa, über Plätze, Pfade zu den Stadtbezirksexekutivkomitees und Stadtbezirkssowjets. Die Gehsteige sind voller Schutt, die Menschen gehen mitten auf der Fahrbahn. Die Fenster sind kaputt, mit Brettern vernagelt oder mit Kissen und Matratzen zugestopft, und überall ragen Abzugsrohre der »Burshuikas« heraus.

An den Holzplatten, die die Schaufenster der Geschäfte vor Splittern schützten, überall Anzeigen: »Sarg zu verkaufen«, »Stelle eiserne Öfen her«, »Tausche einen Kubikmeter Feuerholz gegen Hirse«. Die Anzeigen jener Zeit sind erstaunliche Dokumente des Lebens. Sie sind nur auf seltenen, zufälligen Fotos erhalten und in der Erinnerung der Menschen, aber nicht wörtlich. Und eine Möglichkeit, diese erstaunlichen Zeitdokumente wiedererstehen zu lassen, gibt es nicht.

Und die Höfe, die Treppenhäuser von Leningrad.

Und die Kantinen, wo Schlangen schweigsamer Menschen mit Kasserollen und Teekesseln langsam weiterrükken.

Endlos könnte man solche, die Vorstellungskraft beeindruckenden Bilder der Zerstörung, des vom Hunger geprägten Alltags der Leningrader anführen, Bilder der erstarrten, gelähmten, entkräfteten Stadt.

Weitaus schwieriger ist es, hinter alledem die eisernen Klammern des Willens zu erkennen – jene energische, zielgerichtete Tätigkeit, durch die die Stadt unter grauenvollen Bedingungen am Leben erhalten wurde.

Nichts tat sich von allein. Nehmen wir nur die eisernen Öfen: Ihre Produktion mußte durch die örtliche Industrie aufgenommen werden, Eisen- oder Walzblech mußte erzeugt und das Metallkombinat zu diesem Zwecke mit Strom versorgt werden. Die Bäder wurden geöffnet. Aber sie brauchten Kohle, und die mußte herangebracht werden. Das alles waren fast unlösbare Probleme, und sie erforderten vor allem gewaltige organisatorische Anstrengungen.

Bereits im Januar verlangte das Büro des Leningrader Gebietskomitees von den Exekutivkomitees: Das eingefrorene Wasserleitungsnetz ist aufzutauen und nach einem bestimmten Zeitplan Wasser in die oberen Stockwerke der Häuser zu pumpen zwecks Durchspülung der Abwasserrohre. Petroleum und Benzin wurden verteilt, um die eingefrorenen Rohre zu erwärmen. Dazu wiederum mußten die Hausverwaltungen Lötlampen bekommen. Das Leningrader Stadtparteikomitee nahm sich dieses Problems an, denn unter Blockadebedingungen fünfhundert Lötlampen herzustellen war ein ernstes Problem. Die Anweisungen und die harten, kategorischen Beschlüsse jener Monate erschienen zuweilen irreal (und damals wirkten sie absolut unerfüllbar), und dennoch wurden sie erfüllt, und größtenteils auch fristgemäß, ohne Ausreden und Verweise auf die Umstände. Ohne Verweise auf den Beschuß, den Tod der damit Beauftragten, die Vernichtung durch Feuer und auf fehlendes Material. Ursachen gab es genug, aber nicht sie entschieden. Die Stadt und das Leben vieler Menschen wurden durch den ständigen Zwang, durch die Erfüllung jedes einzelnen Punktes gerettet.

Die Stadtbezirksspartei- und -exekutivkomitees arbeiteten unter ungewohnten, sogar unwahrscheinlichen Bedingungen. Die Stadt war dieselbe – dieselben Stadtbezirke, dieselben Wohnviertel und Hausverwaltungen, dieselben Einrichtungen und Behörden, dieselben Lagerhäuser, dieselben Straßen, Schulen und Geschäfte. Aber jetzt ging es nicht mehr wie vordem um die Bedürfnisse des Stadtbezirks, um Pläne zur Verbesserung der Wohnbedingungen, um Reparaturen – es ging um Leben oder Tod der Bewohner.

Zum erstenmal lastete eine derart schwere Verantwortung auf den Schultern der Partei- und Sowjetfunktionäre.

Ihre Möglichkeiten wurden indes immer geringer. Es gab keine Transportmittel, die Front hatte alle Ärzte, Milizionäre und Bauarbeiter – physisch kräftige Männer – geholt, außerdem hatten diese selbst darauf bestanden, in die vorderste Linie zu kommen. Andere hatte die Dystrophie weggerafft. Der Hunger machte keinen Unterschied zwischen den Berufen – er tötete Gießer und Staatsanwälte, Arbeiter der Wasserwirtschaft und Komponisten.

Die Zahl der Betten in den Behelfskrankenhäusern war begrenzt. Manchmal verteilten die Sekretäre der Stadtbezirksparteikomitees diese rettenden Plätze persönlich. Zuvor aber mußten diese Krankenhäuser erst einmal eingerichtet werden. Heizung, Ernährung und Pflege mußten gewährleistet sein.

Dazu kam die Organisierung der Evakuierung mit ihren zahllosen Schwierigkeiten, dem Transport von Menschen und Gütern und der Registrierung. Den einen mußte man zureden, anderen helfen, eine Reihenfolge mußte festgelegt, Kinder mußten zusammengesucht und Begleitpersonal bereitgestellt werden.

Jedes Stadtbezirkskomitee mußte tagtäglich unzählige derartige Probleme lösen, die durchweg wichtig waren. Sie hier aufzuzählen oder mit charakteristischen Einzelheiten wiederzugeben ist unmöglich. Was wir sammeln konnten, sind nur einzelne Fakten, sie geben durchaus kein vollständiges Bild, lassen jedoch eine Vorstellung von dieser Arbeit zu.

Sergej Michailowitsch Gastejew war einer von den leitenden Stadtbezirksfunktionären, die sich unmittelbar mit alledem befaßten. Er war Leiter der Wohnungsverwaltung und stellvertretender Vorsitzender des Stadtbezirksexekutivkomitees im Lenin-Stadtbezirk. Hier sein Bericht über die Holzhäuser, die man abreißen ließ, um Heizmaterial zu gewinnen. Ihre Bewohner mußten in Häuser seines Stadtbezirks umgesiedelt werden, dafür aber mußte Wohnraum gefunden, mußten Zuweisungen vorbereitet und ausgeschrieben werden.

»Ich entsinne mich, wie binnen zwei, drei Tagen fast fünfzig Häuser abgerissen, eiligst an Krankenhäuser und Kindergärten, der Rest an Kantinen, Bäder und Wäschereien verteilt werden mußten. Heizmaterial wurde dringend gebraucht, und es gab keins. Die Leute verheizten Stühle. Ich hab es selber gesehen – nach einem Luftangriff heizte man mit Deckeln von Klavieren und Flügeln. Kam man in eine Wohnung, war nirgends ein Platz zum Hinsetzen – alles war leer. Deshalb die strikte Anweisung des Stadtbezirksexekutivkomitees – sofort die Holzhäuser abzureißen. ›Du wirst Heizmaterial liefern!‹ Die Menschen froren. Wenn ein Haus von einer Bombe oder einer Granate getroffen wurde, war im Nu alles ungeschützt, die Scheiben waren kaputt, nirgends gab es Bretter oder etwas anderes zum Abdichten – also zogen die Menschen in einen anderen Stadtbezirk. Zu Verwandten, zu guten Freunden. Die Wohnungen blieben leer. Wenn eine Granate explodierte, flog alles Glas aus den Fenstern. Die Menschen liefen schnell weg, weil es schrecklich kalt war. Wohin sie liefen, wußte niemand recht. Dann suchte man sie. Ich mußte während eines Bombenangriffs kurzfristig Leute umsiedeln, die am Leben geblieben waren. Also bestellte ich die Verwalter mehrerer Häuser zu mir, die in der Nähe des zerbombten Hauses standen, und fragte: ›Was hast du für Zimmer, sind Wohnungen frei?‹ und siedelte die Ausgebombten – nach einer Liste – schnellstens um. An eine Zuweisung war da nicht zu denken. Die Leute standen auf der Straße und zitterten, weil sie sich nirgends wärmen konnten. Zu meinen Pflichten gehörten: Luftschutzkeller, Gasschutzräume, Wohnungen, Umsiedlungen und der Abriß von Holzhäusern. So gab man mir zum Beispiel für die Gegend um das Kirow-Werk einhundert Häuser (die Prawaja-Tentelewskaja-Straße, die Lewaja-Tentelewskaja-Str. und andere), und ich mußte die Menschen in kürzester Zeit in meinen Bezirk umsiedeln.«

»Wie transportierten sie denn ihre Habe?«

»Natürlich auf Schlitten. Außerdem gab es noch einen Beschluß des Stadtbezirksexekutivkomitees, daß jeder Stadtbezirk vor Abriß der Häuser ein großes Lagergebäude vorzubereiten und ein Verzeichnis der persönlichen Habe jener Mieter aufzustellen hatte, die nicht da waren. Diese

Sachen kamen dann entsprechend dem Verzeichnis in das Lager. Die Lagerverwalter mußten die Möbel und Sachen einzelner Häuser oder Wohnungen in verschiedenen Ecken unterbringen. Erst danach durften die Häuser abgerissen werden.«

Schwer vorzustellen, wie man es unter den damaligen Bedingungen in allen Stadtbezirken fertigbrachte, an dieser mühseligen juristischen Prozedur festzuhalten.

In dem Bericht des Vorsitzenden des Wyborger Stadtbezirkssowjets, Alexander Jakowlewitsch Tichonow, wird dieselbe Geschichte wiederholt.

»An allen Holzhäusern stand mit Kreide: ›f. A.‹ – ›Für den Abriß vorgesehen.‹ Viele Bewohner wollten nicht ausziehen, besonders jene, die am Haus ein Stück Land hatten. Es kam auch vor, daß man ein Haus abriß, ein altes Mütterchen aber dort sitzen blieb und nicht weg wollte: ›Ich gehe nirgends hin.‹ Die Leute redeten ihr zu: ›Es muß sein. Ohne Heizmaterial kommst du hier um, und auch die anderen kommen um.‹ Manche Leute wurden nach der Umsiedlung noch ausgebombt und mußten ein weiteres Mal umsiedeln.

Es gab noch eine andere schwere Aufgabe. Da hatten wir zum Beispiel das Haus der Spezialisten. Wie überall machten wir auch dort eine Bestandsaufnahme der noch vorhandenen Habe aller Evakuierten. Wir nahmen persönlich alles auf und brachten es im Lager des ›Krasnaja Sarja‹-Werkes unter. Technische Hilfsmittel besaßen wir nicht. Heute sagt man einfach: ›Stellt zwanzig Lastwagen bereit.‹ Damals aber hatten wir es mit geschwächten Leuten zu tun, versuche einer, wertvolle Gegenstände mit ihrer Hilfe in ein Lager zu bringen. Die Sachen wurden dann lange in diesen Lagerräumen aufbewahrt, dort wurde eigens geheizt. Lagerverwalter wurden eingestellt, sie erhielten Gehalt und bewachten die Habe der Bürger. Das wirkte etwas phantastisch: Die Stadt war eingeschlossen, die Deutschen beschossen sie – und zum gleichen Zeitpunkt befaßten sich die Stadtbezirkspartei- und -exekutivkomitees nicht nur damit, Staatseigentum zu schützen, sondern ließen auch den Besitz evakuierter Bürger bewachen. Außerdem wurde darauf geachtet, daß ihre Wohnungen nach einem Bombenangriff nicht verfielen – Fenster und Türen wurden mit Brettern vernagelt.

Als der Blockadering aufgebrochen wurde, ereignete sich auch folgendes: Da schrieb zum Beispiel ein Bürger: ›Schicken Sie mir einen Bescheid, wie meine Wohnung instand gehalten wurde.‹ Solche Bitten trafen aus Mittelasien, aus Swerdlowsk ein und waren alle ans Stadtbezirksexekutivkomitee gerichtet. Wir mußten antworten. Also wurden spezielle Abgeordnetengruppen geschaffen, ein Aktiv, sie gingen in das betreffende Lager oder in die Wohnung, falls Sachen dort aufbewahrt wurden, und setzten eine Antwort auf.«

Die Holzhäuser, die in die Heizkessel, »Burshuikas« und Küchenherde wanderten, konnten nicht alle mit Wärme versorgen.

»Wir konnten nicht allen Brennholz geben«, erzählt Alexander Petrowitsch Borissow (Newski-Prospekt 84), »aber wer kam, der kriegte etwas. Uns waren Holzgebäude in Nowaja Derewnja zugewiesen worden. In vielen Häusern blieb es dennoch weiter kalt. In der Rubinsteinstr. 17 stand ein großes Haus, darin wohnten an die fünftausend Menschen. Betrat man eine Wohnung, stand alles offen, die Menschen lebten kaum noch, einige lagen, andere schleppten sich mühsam herum, Mütter starben, Kinder blieben am Leben. Es kam zu grauenhaften Vorfällen. Als Leitung des Exekutivkomitees mußten wir die Häuser ablaufen.«

Alexander Petrowitsch Borissow war bei Kriegsausbruch stellvertretender Vorsitzender des Exekutivkomitees im Kuibyschew-Stadtbezirk, einem der zentralen Stadtbezirke. Nach dem Krieg stieß ihm ein schweres Unglück zu. Er ist bereits seit vielen Jahren blind. Aus der Art, wie dieser Mensch das bittere Leid äußerlich unbeschwert erträgt und immer bemüht ist, seine Angehörigen aufzuheitern, kann man erraten, wie er damals während der Blockade in seinem Stadtbezirk war, wieviel fremdes Leid er auf sich nahm. Auch jetzt ist er manchmal auf dem Piskarjowskoje-Friedhof. Er lauscht der ewigen Musik und dahinter der Ruhe und Stille der grünen Gedenkstätte und blickt zurück.

»Mir tritt nur das Bild vor Augen, das ich selbst gesehen habe. Das ist nicht der heutige gepflegte Friedhof, besonders dort, wo das Denkmal der Mutter Heimat ist. Damals sah man dort Tote und einen hundert Meter langen Graben! Tausende von Toten wurden hineingelegt, und mit Traktoren und Schaufeln wurde der Graben, so gut es ging, zugeschüttet. Man fürchtete, daß es im Frühjahr zu einer Epidemie kommen könnte, aber alles lief glimpflich ab, weil es in gewissem Maße doch gelang, der sanitären Situation Herr zu werden.«

Sein Gedächtnis hat vieles festgehalten, was über den Umkreis seines Hauses oder Werkes hinausging und den Bezirk betraf, und dieser Bezirk entspricht hinsichtlich der Bevölkerungszahl und der Flächenausdehnung einer ganzen Stadt.

»Ich mußte die Brotfabrik Nr. 1 allein überprüfen. Die Brotversorgung der Betriebsangehörigen schien gesichert zu sein, aber ein hoher Prozentsatz kam nicht zur Arbeit – sie hatten Skorbut. Was rettete sie? Fichtennadelaufguß. Der half sehr gut. In den ersten Tagen, als der Hunger begann, sahen wir viele Leute Fichtenreisig schleppen. Wozu? Sie bereiteten daraus einen Aufguß und tranken ihn. Man muß dazu sagen, daß unser Stadtbezirk ein Stadtbezirk von Angestellten war und besonders hungerte. Sie erhielten täglich einhundertfünfzig Gramm Brot. Aber natürlich nicht solches, wie wir es heute essen. Morgens fuhren wir immer den Bezirk ab. Hier waren Tote abgelegt, da einfach im Schnee liegengelassen worden. Und niemand wußte, wer sie waren. Das war auch eine Form, das Überleben zu sichern – der Tod wurde nicht gemeldet, damit man die Lebensmittelkarte behalten konnte. Und wenn man kam und fragte: ›Wann ist er gestorben?‹, sagten sie nicht, daß das schon einen halben Monat her war, sondern behaupteten, das wäre heute oder gestern gewesen.«

»Wurden die Lebensmittelkarten in solchen Fällen abgenommen?«

»Nein, sie konnten sie behalten.«

»Was konnten Sie denn in solchen Wohnungen ausrichten?«

»Einigen haben wir geholfen. Meistens konnten solche Leute gerettet werden, die in irgendeiner Weise mit der Produktion, mit einer Institution verbunden waren. Im übrigen hatten wir alle Hände voll zu tun, die Toten wegzuschaffen. Neben dem Kuibyschew-Krankenhaus lagen sie in ganzen Stapeln. Auch an anderen Stellen wurden sie gesammelt, um danach auf den Friedhof geschafft zu werden. Besondere Lastwagen wurden eingesetzt, die die Toten täglich aufsammelten und auf die Friedhöfe brachten. Auf dem Piskarjowskoje-Friedhof wurden viele aus unserem Stadtbezirk begraben. Gräben wurden ausgehoben. Wir hatten Traktoren und mobilisierten Leute aus den Bezirksorganisationen. An die zweihundert Mann wurden zusammengetrommelt und dorthin geschickt, damit sie Gräben aushoben und später wieder zuschütteten. Ein entsetzliches Bild. So weit das Auge blickte – Tote! Besonders auf dem Bogoslowskoje- und dem Piskarjowskoje-Friedhof. Es waren Tote jeder Altersgruppe, Kinder und Greise, der eine war im Sitzen gestorben, der andere mit erhobenen Armen, manche hatten ein Bein gebeugt.«

Die Bestattung der Toten wurde im Winter fast zum erstrangigen Problem: Epidemien drohten die Lebenden dahinzuraffen, wenn der Frost aufhörte.

»Als das Massensterben begann, wurden die Friedhöfe aufgeteilt. Uns wurde der Piskarjowskoje-Friedhof zugewiesen. Er lag hier hinter dem Wald«, fährt Alexander Jakowlewitsch Tichonow in seinem Bericht fort. »Wir mußten mit Hilfe der Bevölkerung unseres Stadtbezirks Gräben ausheben. Die Toten lagen auf den Straßen. Der Stadtbezirk wurde in Mikrobezirke aufgeteilt. Für jeden Mikrobezirk wurde ein Aktiv des Exekutivkomitees gebildet. Bestattungsbüros wurden eingerichtet. Sie rechneten genau ab, mußten dem Stadtkomitee der Partei täglich melden: Wir haben heute soundso viele Gräben ausgehoben und soundso viele Tote begraben. Maximal beerdigten wir an einem Tag an die zweitausend Tote. Massenbegräbnisse gab es etwa zwei Monate lang, im Frühjahr sank die Zahl der Toten allmählich.

Ich war täglich viermal auf dem Friedhof. Ich begann meinen Arbeitstag auf dem Friedhof und beendete ihn dort.«

Die Wissenschaftler der Stadt suchten nach Möglichkeiten, vollwertige Ersatzlebensmittel herzustellen, um der Bevölkerung zu helfen. Jedem Stadtbezirk war daran gelegen, dabei mitzuwirken, in seinen Betrieben Rohstoffe aufzuspüren und Maschinen zur Verarbeitung bereitzustellen.

Das Wyborger Stadtbezirkskomitee mit dem Sekretär Kedrow an der Spitze brachte die Produktion von Eiweißhefe aus Holzfasern in Gang.

Diese während der Blockade berühmt gewordene Eiweißhefe rettete wahrscheinlich vielen Leningradern das Leben. Sie wurde als zusätzliche Nahrung ausgegeben. In vielen Berichten war von einem Teller Suppe aus Eiweißhefe die Rede. Aber weder die Erzähler noch uns beschäftigte die Frage, woher diese Eiweißhefe kam.

Indes ist mit ihr der Name eines berühmten Leningrader Wissenschaftlers verbunden, Wassili Iwanowitsch Scharkow, der nicht nur die Technologie für die Produktion dieser Hefe ausarbeitete, sondern darüber hinaus vorschlug, dem Mehl Hydrozellulose zuzusetzen, und die Produktion dieser Nährzellulose in Gang brachte, so daß die Zellulose bereits Mitte November in die Brotfabriken kam. Sie enthielt keine Nährstoffe, trug jedoch zu einer größeren Gewichtszunahme beim Backen bei, erlaubte es, der Bevölkerung die festgelegte Brotration zukommen zu lassen, und machte das Brot großporig und eßbar.

Der Doktor der technischen Wissenschaften W. I. Scharkow gehörte zu den Gelehrten, deren Wissen Hunderttausenden hungernder Stadtbewohner das Leben rettete. 18 Hefefabriken wurden eingerichtet, ein Teil im Wyborger Stadtbezirk.

»Alles wurde mit Hilfe der Industrie unseres Stadtbezirks bewerkstelligt. Es wurde abgesprochen, wer dieses Teil für die Maschine herstellte, wer ein anderes, wer den Container, wer den Motor liefern und wer ihn umwickeln sollte. Alles wurde bis ins letzte Detail festgelegt. Alle Organisationen waren kollektiv daran beteiligt. Bald wurde die Abteilung in Betrieb genommen. Die Produktionskapazität (in Tonnen) war groß. Man nahm Birkenholz dafür.«

Gleich hier in der Nähe der Fabrik und danach auch unweit der Brotfabriken wurde aus Fichtennadeln Fichtennadelextrakt gewonnen.

»Einige kamen von selbst und fragten: ›Wie kann ich bei der Lösung dieser Aufgabe helfen?‹ Das Zusammengehörigkeitsgefühl war ungewöhnlich groß, vielleicht noch größer als das Hungerempfinden.

Äußerst brennend war die Frage: Wie sich aufwärmen? Die Mitglieder des Exekutivkomitees wurden aufgeteilt, um Wärmestuben einzurichten, wo die geschwächten Menschen, die zu Hause nichts zum Heizen hatten, heißes Wasser trinken konnten. Heißwasserspeicher wurden aufgestellt. Die Hausmeister heizten sie. Man stellte ihnen dafür Brennstoffe zur Verfügung. Komsomolabteilungen brachten denjenigen heißes Wasser, die zu schwach waren, um aus den oberen Stockwerken herunterzukommen. Ein Teil der Abgeordneten wurde auf Wohnungen aufgeteilt, sie brachten den Schwachen Brot auf ihre Lebensmittelkarte. In den Wärmestuben wurde über die Lage an den Fronten gesprochen.

Wir sicherten die Produktion von ›Burshuikas‹ für die Bevölkerung, die Anfuhr von Feuerholz und richteten Lagerräume ein.«

Womit mußten sich die Stadtbezirke nicht alles beschäftigen! Im Winter 1942 zum Beispiel ließ man eine Straßenbahn durch den Lenin-Stadtbezirk fahren, und S.M.Gastejew erinnert sich:

»Alle Strecken waren eingefroren, da alle Schienen voll Wasser gelaufen waren. Dennoch war beschlossen worden, zu Neujahr 1943 die Straßenbahnen in Betrieb zu setzen. Zu meinen Pflichten gehörte es, den Abschnitt vom Narwa-Tor bis zur Kalinkin-Brücke zu säubern. Mir wurden hundert Frauen vom ›Roten Dreieck‹ zugewiesen. Wir arbeiteten eine ganze Nacht. Mit Brecheisen, Schaufeln, Hacken.«

Die Mitarbeiter der Stadtbezirke mußten immer dort sein, wo die Lage besonders schwierig war, wo Granaten einschlugen, Feuersbrünste loderten, Bomben fielen, Rohre platzten, wo man Menschen mobilisieren mußte, wo etwas geschah. Sie haben deshalb viele ungewöhnliche, beeindruckende Episoden in Erinnerung behalten. So prägte sich A. P. Borissow besonders die Bombardierung des Gostiny Dwor ein.

»Im Gostiny Dwor befand sich eine kleine Pelzfabrik. Die Frauen brachten ihre Kinder mit zur Arbeit, im Grunde war es ein Frauenbetrieb. Fliegeralarm wurde gegeben. Ein Teil ging in den Luftschutzkeller, ein Teil blieb in der Produktion. Das Gebäude stürzte zusammen, und ein kleines Mädchen geriet mit seiner Mutter in die Lücke zwischen den Safes. Und die Tochter tröstete die Mutter. Die Kleine war sieben Jahre alt. ›Mama, sie retten uns‹, sagte sie, um der Mutter beizustehen. Später, als wir die beiden herausgezogen hatten, sagte die Mutter: ›Das ist meine Retterin.‹ – Eine andere Frau geriet zwischen einen Balken und einen Haufen Ziegel. Der Balken drückte sie derart, daß sie sich nicht rühren konnte. Behutsam grub man sie aus, denn hätte man die Trümmer schnell beiseite geräumt, wären vielleicht die Mauern eingestürzt. Drei Tage lang wurde Ziegel für Ziegel abgetragen. Der Ehemann kam und blieb die ganze Zeit bei ihr. Sie hatte nur den einzigen Gedanken: Würde man sie retten oder nicht? Wir sprachen mit ihr durch einen Spalt, und sie glaubte, daß der Tod sie schon beim Wickel hätte, bestimmt würde sie nie herauskommen. Und doch wurde sie gerettet.«

Anatoli Iwanowitsch Dubrowski war zuerst Instrukteur des Dzierżyński-Stadtbezirksparteikomitees.

Durch die Komsomolarbeit, den Sport und das Studium hatte er sich seinen Platz im Leben erobert. Da begann der Krieg, er kehrte aus Kaunas nach Leningrad zurück, man schickte ihn als Instrukteur in das Stadtbezirkskomitee der Partei, und er fuhr sofort zu den Verteidigungsanlagenbauern – in den ersten Tagen und Wochen des Krieges galt die Hauptsorge der Stadtbezirkspartei- und -exekutivkomitees der Errichtung von Verteidigungsanlagen. »Täglich waren bis zu 500 000 Mann erforderlich, um Verteidigungsanlagen zu bauen.«

Alles war erstmalig, alles kam überraschend und war schwierig, und nicht nur für junge und unerfahrene Leute wie A. I. Dubrowski. Niemand besaß Erfahrungen in einem *solchen* Krieg, bei *solchen* Prüfungen und Schwierigkeiten. Dafür gab es ungeheure Selbstaufopferung und Hingabe für die Sache. Die Leningrader errichteten die ersten Verteidigungslinien hinter Nowgorod. Und dort erhielten sie schon ihre erste Feuertaufe. Anatoli Iwanowitsch Dubrowski, der als ganz gewöhnlicher Mensch an der angespannten Arbeit beteiligt war, die Bevölkerung anleitete, um den Feind aufzuhalten, gerät heute noch in Erregung, wenn er an seine ersten »Instruktionsaufgaben« denkt. In seinen Berichten über die Bombenangriffe, denen die Leningrader »beim Schanzen« ausgesetzt waren, über die Verwundeten, die er nach Leningrad evakuieren mußte, ist auch folgendes Bild des Krieges eingestreut:

»Und dieser Zug bei Schimsk war ein Pferdetransport, und dort waren auch Benzintanks. Die Bomben trafen die Tanks und den Zug, der Zug fing an zu brennen, und ich entsinne mich noch, wie die brennenden Pferde aus den Waggons sprangen und davonpreschten. Sie preschten brennend davon.«

Der Krieg entfachte flammenden Zorn, aber die Umstände erforderten Kaltblütigkeit, Tag für Tag hartnäckige Arbeit. Im Oktober traf eine Zweihundertfünfzig-Kilo-Bombe das Gebäude des Dzierżyński-Stadtbezirksparteikomitees und durchschlug es von oben bis unten, entsinnt sich Anatoli Iwanowitsch. Er erinnert sich noch der roten Staubsäule. Besonders tief und schmerzlich hat sich ihm jener Tag eingeprägt, als mit einemmal drei seiner Instrukteure ums Leben kamen (zu dieser Zeit leitete er schon die Org.-Instrukteurabteilung des Parteikomitees).

»Diese Frauen – es waren drei – gingen, ihren Aufgaben entsprechend, morgens immer in ihre Betriebe. Zu der Zeit warfen die Deutschen nicht nur Spreng- und Brandbomben, sondern auch Schrapnellbomben; um möglichst viele Fenster zu zerschlagen. Denn der Winter, die Kälte – und die Häuser ohne Fenster, verstehen Sie? Und alle drei zusammen wurden von einer solchen Schrapnellbombe erwischt. Sie gingen die Tschaikowskistraße entlang, und dort, wo jetzt unsere 17. Feuerwache und das Kriegskommissariat stehen, dort kamen sie um. Frau Paramonowa, Frau Posdnjak, die dritte war neu, ich weiß ihren Namen nicht mehr.«*

Nein, für jeden einzelnen, welche Funktion er auch bekleidete, war es damals nicht einfach, das Schicksal der Leningrader Einwohner während der Blockade würdig zu teilen. Erwies er sich dem jedoch gewachsen, so bekennt er heute voller Stolz:

»Das Stadtbezirksparteikomitee bekam zu dieser Zeit nichts extra. Ich meine in bezug auf Verpflegung. Die Mitarbeiter des Stadtbezirksparteikomitees waren in der gleichen Lage wie alle Mitarbeiter anderer Organisationen und jene Personen, die in dem ersten Winter dablieben, um die Gebäude nach der Evakuierung zu bewachen, oder überhaupt nicht wegfahren wollten. Deshalb konnte ich in die-

* Der Arzt B. Prussow schrieb uns, A. I. Dubrowski sei in seinem Bericht eine Ungenauigkeit unterlaufen: Eine der drei – Frau Posdnjak – wurde verwundet, blieb jedoch am Leben

ser Beziehung zum Beispiel niemandem direkt helfen. Höchstens, daß ... Wir bekamen doch da diese Brühe – na, die Hefesuppe, und manchmal kam der Sekretär einer Parteiorganisation, du wußtest, daß er Hunger hatte, und wir hatten eine sogenannte Kantine, da hast du ihn eingeladen. Jeder von uns hatte sich wie alle anderen zur Regel gemacht, sich keinesfalls hinzulegen, wie schwer das auch fiel! Denn die Praxis hatte bewiesen: Hatte sich ein geschwächter Mensch erst einmal hingelegt, dann stand er meist nicht wieder auf. Später besserte sich die Lage etwas, auch die Ernährungssituation entspannte sich ein wenig, als die Große Straße über den Ladogasee errichtet wurde. Und ganz besonders, als wir im Frühjahr Nebenwirtschaften organisierten. Zuerst brachten wir die Menschen auf grüne Wiesen hinaus. Dort krochen sie umher und aßen, was eßbar war, und auch Nichteßbares. Später, als sie kräftiger geworden waren, legten sie Gemüsegärten an und pflanzten alles mögliche. Jede Organisation hatte ihre Parzellen.

Was das Stadtbezirkskomitee der Partei anbetraf, so hatte man uns Beete im Michailowski-Garten zugewiesen, und wir bemühten uns, sie zu hegen. Wir versuchten vor allem solche Kulturen anzubauen, die recht schnell Früchte trugen.«

»Die Männer auch?«

»Alle, alle! Angefangen beim ersten Sekretär bis zum technischen Mitarbeiter. Alle gruben, säten und kümmerten sich um die Pflanzen. In der Regel verlegten wir uns auf Gurken. Bei einigen gediehen sie, bei anderen aber überhaupt nicht. Sie versengten, keimten gar nicht. Also haben wir geteilt. Der größere Teil der Organisationen war aus dem Stadtbezirk nach außerhalb verlegt worden und erhielt dort Parzellen. Und in der Folge entstanden große, gut organisierte Nebenwirtschaften mit guten Erträgen. Wir stellten die erzeugten Produkte sogar aus. Viele würden uns heute noch um unsere Erträge beneiden, weil Menschen, die ausgehungert waren, sehr schnell begriffen, was wo am besten gedeiht und was man mit anderem zusammen essen kann. Sie kümmerten sich um die Gärten wie um ihre Angehörigen.«

Die Mitarbeiter der Stadtbezirkspartei- und exekutivkomitees und aller Organisationen, die das Leben in der eingeschlossenen Stadt in Gang hielten, lebten selbst unter Bedingungen, die jede rein formale oder Scheintätigkeit ausschlossen.

Alle Kräfte, Energie, Verstand, Gefühl und Gewissen, waren auf das Wichtigste und Unaufschiebbarste gerichtet, ohne das am nächsten Tag kein Brot in den Läden gewesen wäre, ohne das Tausende von Menschen erfroren oder von Epidemien dahingerafft worden wären.

In den Kartoffeln, die man für Leningrad hatte ernten und einlagern können, tauchte ein gefährlicher Pilz auf. Jeder verstand: Dieser Pilz würde nicht nur die Kartoffeln auffressen, sondern auch Tausende und aber Tausende Menschenleben kosten, wenn nicht unverzüglich in der ganzen Stadt umfassende Maßnahmen ergriffen wurden. Es war eine Erkrankung durch Phytophtora, zu der es am fünfzehnten Tag nach dem Roden kommt. Fäulnis setzt ein, die Kartoffeln »weinen«, werden naß und lassen sich nicht mehr lagern, unter keinen Umständen.

Ein großer, bereits ergrauter Mann – Stanislaw Antonowitsch Prshewalski*, der vor dem Krieg im Leningrader Gemüseaufbereitungskombinat tätig war und es in den Blokkadejahren leitete – berichtete über seine Zweigstelle, über die Angestellten seines Betriebes und über sein »Produkt« mit nicht geringerem Pathos als jeder Heerführer über seine Siege und Niederlagen. Mit Recht: Davon, ob seine Leute diese weinenden Kartoffeln würden retten können oder nicht, ob sie verwertet oder vernichtet werden würden, hing sehr viel ab. Im eingeschlossenen Leningrad, an der ganzen Leningrader Front verstanden das alle.

* S.A.Prshewalski ist 1977 gestorben, bevor sein Bericht gedruckt wurde.

»Ich meldete es im Smolny. Popkow und Lasutin fuhren mit mir ins Kombinat. Ich stellte für sie eine Probemiete her und sagte: ›Kommt in einer Woche wieder und überzeugt euch!‹ Sie kamen eine Woche später und öffneten die Miete. Als wir die Kartoffeln eingemietet hatten, waren sie in Ordnung, nun schnitten wir sie auf – faulig. Da überzeugten sie sich, daß diese Kartoffeln sofort gegessen werden mußten. Und so faßte der Militärrat den Beschluß: Der Verbrauch von Graupen ist zu unterbinden.«

»Für wie lange?«

»Für eine bestimmte Zeit, bis alle Kartoffeln verbraucht waren. So ließen wir kein Gramm Kartoffeln verderben. Alles wurde verwertet, aber in sehr kurzer Zeit. Im vorliegenden Fall ersetzten die Kartoffeln die Graupen. Sie wurden alle verzehrt.«

»Waren alle 1942 geernteten Kartoffeln angesteckt, die Leningrad erhalten hatte?«

»Absolut alle. Das war ja die Tragödie. Wir konnten sie nicht bis zum Winter lagern, mußten sie vorher alle aufessen. Hätten wir sie bis zum Winter gelassen, hätten wir alle Vorräte aufgeben müssen.«

Die unter Beschuß liegende, hungernde und frierende Stadt wurde noch von einem anderen Todfeind heimgesucht – dem Skorbut. Auch dagegen mußte der Kampf aufgenommen werden.

Der Leiter der chemotechnischen Abteilung des Vitamininstituts, Alexej Dmitrijewitsch Bessubow, berichtete, wie wissenschaftliche Empfehlungen »für den Vitamin-C-Gewinn aus Fichtennadeln« erarbeitet wurden. Davon war schon die Rede.

Die Empfehlungsanweisung »für die Herstellung von Antiskorbutfichtennadelaufguß unter industriellen und häuslichen Bedingungen« mußte jedoch noch realisiert und dazu mußten die entsprechenden Geräte beschafft oder hergerichtet werden. Für mehrere Millionen Einwohner und Soldaten mußte ein rettendes Mittel bereitgestellt werden. Und dazu brauchte man erst einmal Fichtennadeln. Mußte sie nach Leningrad bringen. Nur wenn man sich voll und ganz über die Schwierigkeit dieses scheinbar kinderleichten Unternehmens – einen Aufguß aus Fichtennadeln herzustellen – unter den damaligen Verhältnissen klar ist, begreift man, warum Stanislaw Antonowitsch Prshewalski diese Arbeit der Wissenschaftler, leitenden Funktionäre und Leningrader Frauen als Epopöe bezeichnet!

»Und diese Epopöe wurde nirgends beschrieben. Wie würde sie in der Literatur auch aussehen – Fichtennadelextrakt, na schön. Tränen flossen in Strömen – die Frauen kamen mit aufgeriebenen Hacken. Ich kann Ihnen erzählen, wie es war. Damals in der Degtjarnaja-Straße 5. Wir hatten dort einen kleinen Obst- und Gemüseverarbeitungsbetrieb. Den stellten wir auf die Gewinnung dieses Fichtennadelextrakts um. Wir benutzten Gemüsehobelmaschinen dazu.«

»Die, mit denen Kohl geschnitten wird?«

»Jawohl, dieselben. Die benutzten wir zum Zerkleinern der Nadeln. Aber um den Extrakt herzustellen, müssen die Nadeln aufbereitet werden, weshalb sehr viele gebraucht wurden. Leute aus unserem Be- und Entladekontor, in dem nur Frauen arbeiteten, holten das Reisig dazu aus dem Pargolowski-Wald.«

»Sie nahmen Fichtennadeln dazu?«

»Ja. Deshalb marschierte jeden Tag eine Gruppe hungriger Frauen nach Pargolowo. Später gelang es uns dann auf irgendeine Weise, sie mit Pferdefuhrwerken hinzubringen (Lastwagen gab man uns nicht).«

»Anfangs mußten sie das Reisig also schleppen?«

»Ja, ohne Pferde. Das waren vom Kalinin-Kontor, von Piskarjowka aus etwa sechzehn Kilometer.«

»Sie mußten das Reisig sechzehn Kilometer weit schleppen?«

»Ja. Sie mußten es zunächst selber tragen. Später organisierten wir den Transport mit Pferden (wir hatten in unserem Piskarjowsker Stützpunkt ein paar Pferde) und schafften es zur Degtjarnaja-Straße Nr. 5. Dort wurden die Nadeln zerkleinert, Essig dazugegeben und der Aufguß gefiltert. Und ich kann Ihnen sagen: Wir stellten solche Mengen von Extrakt her, daß wir alle Lazarette und Kantinen damit ausreichend beliefern konnten. Mehr noch: Wir organisierten sogar die Ausgaben von Fichtennadelpäckchen an die Zivilbevölkerung mit einer Zubereitungsanweisung. Wir entnadelten die Zweige, packten die Nadeln ab und legten eine Zubereitungsanweisung dazu. Wenn mich meine Erinnerung nicht trügt, lieferten wir pro Tag an die zweihunderttausend Portionen an die Apotheken. Dadurch konnten wir den Extrakt täglich ununterbrochen durch die Apotheken absetzen. Wie mir später Mediziner sagten, gelang es auf diese Weise, Skorbuterkrankungen in der Form, wie man sie erwartet hatte, vorzubeugen. Durch diesen Fichtennadelextrakt. Ihn herzustellen war kolossal schwierig. Der Kriegsrat half uns dabei. Auf welche Weise? Wir konnten diese Frauen schließlich nach der Kategorie III der Armeeration verpflegen, da sie den Soldaten gleichgestellt wurden (nicht den Frontsoldaten, sondern denen im Hinterland – sie kriegten die Ration für rückwärtige Dienste). Das ermöglichte es uns in gewissem Maße überhaupt erst, den Extrakt herzustellen.«

»Sie setzten ihn in Fässern an?«

»Ja.«

»Und wie lange mußte er stehen?«

»Na, wenn wir ihn morgens ansetzten, war er abends schon im Lazarett. Sie kamen zu uns, stellten sich an, nahmen ihn entgegen und tranken ihn auf der Stelle.«

So war es im Kleinen wie im Großen. Aber nichts ist als klein zu bezeichnen, wenn das Leben so vieler Menschen davon abhängt. Während wir uns erinnern, sprechen wir über die legendäre »Straße des Lebens«, über Fichtennadelextrakt, Heizmaterial, Wasser, das Bestatten der Toten, die Behelfskrankenhäuser, die Hilfe von Mitarbeitern der Örtlichen Luftverteidigung oder der Hilfstrupps des Komsomol für die Hungernden in den Häusern – und hinter alledem spüren wir eine höchst komplizierte organisatorische Arbeit.

Es gab die Losung: Das ganze Land hilft Leningrad! – und das war tatsächlich so, ungeachtet des tödlichen Blokkaderinges. Viele Tausende außerhalb dieses Ringes waren daran beteiligt. Hier ein charakteristisches Beispiel aus dem Bericht von Stanislaw Antonowitsch Prshewalski:

»Über die ›Straße des Lebens‹ kam auch Gemüse?«

»Ja, in großen Mengen. Die nordöstlichen Bezirke lieferten uns in jenen Jahren große Mengen Trockenkartoffeln. Wie sah das aus? Die genannten Bezirke hatten keine befahrbaren Straßen. Heute erst läßt sich sagen, daß man sie mit Lastwagen durchqueren kann. Also organisierten wir dort die Herstellung von Trockenkartoffeln, um auch aus diesen abgelegenen Gegenden Kartoffeln zu bekommen. Getrocknet wurden sie zu Hause. Unter den Kolchosbauern hatten wir allein zehntausend Heimarbeiter.«

»Sie trockneten sie selbst auf den Öfen?«

»An die Kolchosbauern wurden aufbereitete Kartoffeln verteilt, und sie trockneten sie. Einen Teil trockneten wir in Trockenöfen, die wir hatten bauen können.«

»Zehntausend Heimarbeiter waren beschäftigt?«

»Jawohl, sie trockneten Kartoffeln für die Stadt Leningrad.«

Wir haben bereits viele Berichte gebracht, in denen sich die Leute erinnern, wie der Hunger jeden veranlaßte, voller Bangen und Hoffnung immer wieder alle Winkel und Behältnisse seiner Wohnung zu durchstöbern – ob sich nicht noch etwas Eßbares fand. Oder etwas, was zuvor als ungenießbar gegolten hatte. Und die ganze Stadt verhielt sich in der tödlichen Umklammerung des Hungers wie jeder einzelne. Am 8. September waren die Badajew-Lagerhäuser niedergebrannt, aber die Bewohner gruben dort noch lange Erde aus. Genauso machte es das Leningrader Obst- und Gemüseverarbeitungskombinat.«

»War dort viel Zucker verbrannt?«

»Ich ließ ihn noch lange zu Marmelade kochen«, entgegnet Stanislaw Antonowitsch. »Freilich knirschte etwas Sand dazwischen. Ein Teil davon war so verbrannt, daß er nicht verarbeitet werden konnte. Aber der Zucker, der verklumpt war, ließ sich weiterverwenden.«

Und dann erzählte er eine Geschichte, an die sich heute noch viele erstaunt und sogar belustigt erinnern, nämlich, wie die eingeschlossene Stadt unter ihren Füßen gewaltige Sauerkraut-»Lager« entdeckte.

»Kapustin, der Sekretär des Stadtparteikomitees, rief mich an. ›Was sitzt du dort herum? Weißt du, was in deinem Kombinat los ist?‹ Ich fragte: ›Was denn?‹ – ›Über zehntausend Leute graben es um.‹ Man hatte es ihm gemeldet. Ich ins Auto und hin.«

»Und wann war das? Im Herbst?«

»Das war zweiundvierzig. Ich also hin. Tatsächlich. Der Kombinatsdirektor sammelte danach fünfzehntausend Schaufeln ein. Sie gruben, ließen die Schaufeln fallen und nahmen das Kraut. Jemand hatte noch gewußt, daß 1935 (also noch ehe ich dort meine Tätigkeit aufnahm) zuviel Sauerkraut nach Leningrad gebracht worden war und man es nicht gegessen hatte.«

»In welchem Jahr?«

»Fünfunddreißig.«

»Seit der Zeit lag es dort?«

»In Fässern. Man hatte es jedoch in sandigem Boden vergraben, der sich recht gut für die Frischhaltung eignete, möchte ich mal sagen. Und das hatte jemand gewußt. Und jetzt grub man es aus. Von diesem Kraut lagerten dort fünftausend Tonnen. In vierundzwanzig Stunden war es unter die Leute gebracht.«

»Und wie war die Qualität? Haben Sie es selbst probiert?«

»Vorzüglich.«

»Im Ernst? Seit fünfunddreißig?«

»Es war konserviertes Sauerkraut mit guter Konsistenz, sehr würzig. Alles, wie es sein mußte!«

»Da haben sie sich ein Faß geschnappt und die Schaufeln fallen lassen? Fünfzehntausend Schaufeln sammelte man ein, sagen Sie?«

»Jawohl. Die Leute ließen sie einfach liegen.«

»Demnach waren fünfzehntausend Mann da?«

»So muß es wohl gewesen sein. Und sie waren nicht aufzuhalten, also hab ich sie gewähren lassen. Auf diese Weise haben sie das Betriebsgelände gereinigt.«

In jener ersten Etappe, als Verwirrung herrschte, keiner das Geschehen begriff und niemand recht wußte, wie und in welcher Richtung sich die Ereignisse entwickeln würden, kam es auch zu Fehlkalkulationen beim Heranschaffen und bei der Lagerung von Lebensmitteln sowie bei der Evakuierung der Bevölkerung. Selbst der große, positive Faktor, der bei der standhaften Verteidigung der Stadt eine gewaltige Rolle spielte – die leidenschaftliche Verbundenheit der Leningrader mit ihrer Heimatstadt, ihr Patriotismus –, hatte verhängnisvolle Folgen. Sogar Leute, die die Stadt verlassen konnten, ja dazu verpflichtet waren, und zwar nicht nur im eigenen Interesse, sondern auch in dem ihrer aktiven Verteidiger, blieben da, ließen sich nicht evakuieren.

Es genügt, daran zu erinnern, daß sich im tödlichen Blockadering auch etwa 400 000 Kinder befanden. Die Mütter und Großmütter waren geblieben und mit ihnen die Kinder. Im Sommer und Herbst einundvierzig fehlte es an Beharrlichkeit und Konsequenz bei der Evakuierung der Bevölkerung, das kam erst später, unter unvergleichlich schwierigeren Bedingungen, im Winter, als etwa eine Million Frauen und Kinder, vom Hunger geschwächte Menschen, hinausgebracht werden mußten (und sogar Hunderte von Kilometern zu Fuß), bei grimmiger Kälte und unter ständigen Bombenangriffen und Artilleriebeschuß.

Über all das schreiben und reden viele selbstkritisch, wenn sie die komplizierte Situation jener Jahre einschätzen.

So entsinnt sich Iwan Andrejewitsch Andrejenko: »Man muß feststellen, und das ist nichts Neues, daß wir vor dem

Krieg keinen ausgearbeiteten Plan einer normgerechten Versorgung mit Lebensmitteln und Industriewaren für den Kriegsfall besaßen. Wir hatten ein System erarbeitet, wie gegen Brandbomben, Feuersbrünste usw. vorzugehen sei, aber alles andere – Fehlmeldung. Ich möchte noch einen schwerwiegenderen Umstand anführen. Er besteht darin, daß in der eingeschlossenen Stadt 2 Millionen 544 000 Menschen geblieben waren plus 38 000 aus den Stadtrandbezirken, die gleichfalls im Blockadering lagen. Darunter waren viele alte Männer, über 400 000 Kinder und über 700 000 Familienangehörige. Und bei der ersten Evakuierung, die wir am 29. Juli vornahmen (der Leningrader Sowjet hatte einen entsprechenden Beschluß gefaßt), brachten wir faktisch nur 636 000 hinaus. Wobei sogar die Rede davon war, daß sich die Lage zwar zugespitzt hatte, die Leningrader aber nicht fliehen würden. Niemand würde davonlaufen oder wegfahren. Der Leningrader Sowjet erhielt Mitteilung aus den Stadtbezirken, wonach die Bevölkerung gegen eine Evakuierung und für eine Verteidigung Leningrads sei. Sehen Sie, das war einerseits gut, andererseits aber auch schlecht, denn wir hätten nicht nur 636 000 wegbringen sollen, sondern das Anderthalbfache oder gar Doppelte, vielleicht auch das Dreifache. Dann hätten wir nicht so unter der Situation zu leiden gehabt, die folgte – schließlich waren 2 Millionen 544 000 geblieben.

Später dann, als ein besonderer Erlaß des Staatlichen Verteidigungskomitees über die Evakuierung der Bevölkerung über den Ladogasee herausgekommen war und Alexej Nikolajewitsch Kossygin herkam, wurden in der einen Richtung Lebensmittel herangeschafft und auf dem Rückweg Leute evakuiert. Und man muß sagen, daß von Januar zweiundvierzig bis Oktober zweiundvierzig über 900 000 hinausgebracht wurden. Irgendwo hab ich noch die genaue Zahl. Hier ist sie: Von Januar zweiundvierzig bis Oktober zweiundvierzig wurden insgesamt 961 079 Personen evakuiert. Etwa 700 000 blieben für das Jahr dreiundvierzig. Jawohl, von November bis Dezember 1942 wurde nur diese Anzahl Personen evakuiert.«

Iwan Andrejewitschs Name ist den Blockadeteilnehmern in Erinnerung geblieben. Die von allen sehnsüchtig erwarteten Mitteilungen über die Lebensmittelrationen trugen seine Unterschrift: Andrejenko, I. A. Er berichtete uns:

»Andrej Alexandrowitsch Shdanow sagte: ›Wir müssen die „Leningrader Prawda“ und den Rundfunk nutzen. Wer von uns ist persönlich verantwortlich für die Versorgung? Andrejenko, Iwan Andrejewitsch ... [Ich war stellvertretender Vorsitzender des Leningrader Stadtsowjets und leitete die Abteilung Handel]. Soll er die Bevölkerung unterrichten.‹«

Der Bevölkerung immer neue Herabsetzungen der Rationen, die ohnehin schon Hungerrationen waren und den Tod schließlich nur noch hinausschoben, mitzuteilen war eine bittere Notwendigkeit. Iwan Andrejenko war in jenen Tagen und Wochen (Oktober–Dezember 1941) für die Eingeschlossenen keineswegs ein guter Geist. Und er war sich dessen bewußt. Eine Entschädigung brachten jene Tage, als sich die Lage durch die Einrichtung der »Straße des Lebens« verbesserte. Und er seinen Namen unter ganz andere Mitteilungen setzen konnte.

»Ich entsinne mich, wie ich im Dezember eines Abends beim Sekretär des Stadtparteikomitees, Alexej Alexandrowitsch Kusnezow, war. Wir überprüften noch einmal die vorhandenen Lebensmittelvorräte. Die Brotrationen für die Bevölkerung war schon lächerlich niedrig und nicht mehr zu verringern, die Leute starben massenweise. Wir überlegten und zerbrachen uns den Kopf. Ich kannte Alexej Alexandrowitsch schon aus der Zeit vor dem Krieg, war öfters mit ihm zusammengekommen. Er war willensstark und leistete viel, um das Leben von noch mehr Leningradern zu retten, aber so düster hatte ich ihn noch nicht erlebt. Und dennoch sagte er später (ich hab mir das aufgeschrieben): ›Weißt du, wir dürfen die Hände nicht in den Schoß legen, das geht nicht!‹ Und er brachte folgendes Beispiel: ›Weißt du, was mir ein Arbeiter im Kirow-Werk gesagt hat? Lieber Steine fressen als Leningrad aufgeben!‹ – Wir gingen zum Genossen Shdanow und berichteten ihm. Und verringerten dann die Verpflegungssätze nicht für die Bevölkerung, sondern für die Armee, für die Matrosen und Soldaten. Im Dezember standen die Dinge schlecht. Was war weiter zu tun? Noch mehr senken konnten wir nichts.«

»Und der Abtransport? Über den Ladogasee?«

»Das waren anfangs nur Tröpfchen, wissen Sie. Wir hatten damals eiserne Reserven – Zwiebäcke in den Armeeinheiten und Mehl, das auf Kriegsschiffen in Kronstadt lagerte. Sie sollten nicht angerührt werden. Der Kriegsrat der Leningrader Front faßte den Entschluß, diese Zwiebäcke und das Mehl für die Versorgung der Matrosen, Soldaten und der Bevölkerung zu verwenden, weil die Lebensmittelrationen einfach nicht weiter gesenkt werden konnten.«

Dann endlich! Ein Durchbruch zeichnete sich ab.

»Als vom 21., 22. und 23. Dezember an die Lieferung von Mehl den Verbrauch überstieg, versammelten wir uns alle bei Andrej Alexandrowitsch Shdanow. Darauf vertagten wir die Erörterung dieser Frage auf die Sitzung des Kriegsrats. Und faßten dort den Entschluß: Ab 25. Dezember einundvierzig wird die Brotration der Arbeiter um 100 Gramm erhöht, statt 250 Gramm gab es also 350 Gramm. Die übrigen Bevölkerungsgruppen erhielten je 75 Gramm mehr.

Ich muß Ihnen sagen, daß die Erhöhung freilich gering war, aber können Sie sich vorstellen, wie die Bevölkerung sie aufnahm? (Man befaßte sich damals auch damit, wie das Volk darauf reagierte.) Die Leute wußten ja nicht (es wurde abends beschlossen), daß man ihnen, wenn sie anderntags in die Verkaufsstelle kamen, nicht 125 Gramm geben würde, sondern 200 Gramm.

Die Menschen schöpften daraus neue Kraft, weniger, weil sie sich mit den zusätzlichen 75 Gramm hätten satt essen können, nein, sie glaubten wieder daran, daß es gelingen würde, die Faschisten zu besiegen und die Versorgungsprobleme zu lösen.«

Jeder leitende Funktionär steht bei der Bevölkerung in einem bestimmten Ruf, ob er das will oder nicht. Da beißt die Maus keinen Faden ab. Vor allem, wenn es sich um einen Menschen handelt, der darüber entscheidet, ob Sie am Leben bleiben oder nicht, ob es eine Erhöhung oder im Gegenteil eine Verringerung der ohnedies kümmerlichen Brotration gibt. An einen solchen Menschen werden besondere Anforderungen gestellt. Zumal der Alltag unter jenen Bedingungen nicht von der Arbeit zu trennen war. Die meisten lebten kaserniert. So läßt sich denken, welch hohe Anforderungen jeder ehrliche Mitarbeiter deshalb auch an sich selbst stellte. An sich und andere. Über die »Gewissenhaftigkeit jener Zeit« berichtet Stanislaw Antonowitsch Prshewalski und bringt folgendes Beispiel:

»Der Oberbefehlshaber der Front erkrankte. Sein Adjutant kam zu mir, da er wußte, daß ich im Sowchos Mjaglowo unter der Verfügungsgewalt Pawlows fünf Milchkühe stehen hatte. Er brachte ein Attest des Arztes mit, wonach der Oberbefehlshaber dringend Milch brauchte. Ich meldete Andrejenko, daß ich dem Adjutanten fünf Liter gegeben hatte. Und was bekam ich von ihm zu hören? Er sagte: ›Weißt du, in Kriegszeiten wird man für solche Dinge erschossen! Welches Recht hattest du, ohne Genehmigung der Verpflegungsdreiergruppe etwas abzugeben? Wir haben eine Verpflegungsdreiergruppe.‹ Ich sagte: ›Ich habe die Milch nicht irgend jemandem gegeben, sondern dem Oberbefehlshaber, dem die Verpflegungsgruppe unterstellt ist.‹ Er sagte: ›Das hat damit gar nichts zu tun. Da einmal diese Anordnung besteht, darf niemand sie verletzen.‹ Ich sagte: ›Sie waren nicht da, auch Sie hätten bestimmt nicht abgelehnt!‹ – ›Doch. Beim nächsten Mal unterbleiben solche Sachen!‹ Verstehen Sie nun die Einstellung des Menschen zu den Verordnungen, die damals erlassen wurden?«

Iwan Andrejewitsch, der noch immer energiegeladen

und konzentriert ist und sich sein flüchtiges, heiteres Lächeln auch in den schwierigsten Situationen und der Mühsal der Nachkriegszeit bewahrt hatte, behielt folgenden Vorfall wie eine hohe Auszeichnung in Erinnerung:

»Einmal war ich in einem Betrieb – ich weiß nicht mehr, in welchem – nach meiner Rede noch mit dem Direktor und dem Parteisekretär zusammen. Da tönte hinter mir eine Baßstimme: ›Dieser Andrejenko ist mir der Richtige! Kann sich selber nicht richtig verpflegen, wie soll er da den Kessel für alle verwalten?‹ Ich war sehr dürr. Wäre ich füllig gewesen, hätte es natürlich geheißen: ›Kein Wunder!‹ Aber da traten die Frauen für mich ein und nahmen sich den Mann vor: ›Fettwanst du! Also ißt er dir nichts weg, wenn er's täte, sähe er aus wie du!‹«

Iwan Andrejewitschs Berichte enthalten viel Gutes über die Menschen jener Jahre, er erkannte den Wert der – zudem noch massenhaft – zutage tretenden Beweise von Bewußtheit, Disziplin und menschlicher Güte.

Unter Bedingungen, die, wie man annehmen möchte, die egoistischsten und gröbsten Instinkte entfesseln würden, war der Massenhunger etwas ganz besonders Kritisches!

»Es gab da einen Vorfall! Das war etwa im November oder Dezember einundvierzig – in schwerster Zeit. Im Wolodarski- (heute Newski-) Stadtbezirk betrat ein Hüne von Mann eine Bäckerei. Er unterschied sich sehr von den Kunden und Verkäufern (letztere unterschieden sich kaum von den Käufern), blickte kurz in die Runde, trat sofort an ein Regal und sagte: ›Hört zu, was ich euch sage. Sie wollen uns verhungern lassen!‹ Und begann die Brote, diese ziegelähnlichen Quader, unter die Leute zu werfen. ›Hier nehmt und eßt!‹ Verstehen Sie? Aber die Leute langten nicht zu. Es waren ungefähr zwölf Personen im Laden. Und drei Verkäufer. Sie begriffen sofort, und obwohl sie nicht besonders kräftig waren, überwältigten sie ihn alle zusammen und warfen ihn zu Boden. Auch Schulkinder machten dabei mit – sie rannten zur nächsten Milizstelle

(Telefon gab es keins). Die Miliz kam und nahm ihn fest. Es war ein Provokateur.«

»Aber sonst herrschte Disziplin?«

»In Leningrad stand es damals in dieser Hinsicht gut, entsinne ich mich. Na ja, die Leute mußten sich erst daran gewöhnen. Davon hab ich ja schon gesprochen: Wie wir uns daran gewöhnten, so taten das auch die übrigen. Plünderungen waren Ausnahmen. Was war damals nicht alles möglich! Sie wissen doch, daß man für ein Kilo Brot eine goldene Uhr erstehen konnte.«

»Wer befaßte sich denn auf dem Markt mit solchen Geschäften?«

»Die verschiedensten Leute. Ich kann Ihnen ein Beispiel anführen. Einmal kam so ein Bursche auf den Trödelmarkt, wissen Sie. Die Familie bestand nur noch aus zwei Jungen – einem älteren und einem jüngeren. Sie hatten ihre Lebensmittelkarten. Der Vater war an der Front. Die Mutter verhungert. So gingen sie zum Markt, um eine Matrosenjacke zu verkaufen. Ein Mann kaufte sie ihnen für dreihundert Gramm Brot ab. Sie kehrten nach Hause zurück und aßen es auf. Anderntags stellten sie beim Aufwachen fest – die Jacke hatten sie aufgegessen, aber wo waren die Lebensmittelkarten? Sie hatten in der Jacke gesteckt. Der Junge, der sie verkauft hatte, konnte sich gut an den Käufer erinnern, weil der einen Bart trug. Und dieser Bärtige kam zu ihnen. Er hatte sie mit Hilfe der Lebensmittelkarten – die Anschrift stand darauf – ausfindig gemacht und kam, um sie ihnen zurückzugeben. Sehen Sie?«

»Wie haben Sie von diesem Vorfall erfahren?«

»Na, es gab doch Meldungen. In Leningrad häuften sich zwangsläufig alle möglichen negativen und positiven Erscheinungen. Negative gab es wenig, positive natürlich mehr.«

»Über welchen Draht gelangten diese Meldungen zu Ihnen?«

»Über den Leningrader Sowjet. Was die Lebensmittelkarten betrifft, so hab ich noch ein Beispiel. Ein Wagen mit Brot fuhr durch die Straßen und wurde von einer Granate getroffen. Der Fahrer war sofort tot. Das war wirklich so. Es war dunkel. Leute sammelten sich – zulangen und fort! Aber das geschah eben *nicht*, alles blieb bis aufs letzte Krümchen auf dem Wagen. Die Miliz wurde geholt, alles umgeladen und weggebracht. Oder nehmen wir den Fall mit den zwei Schulmädchen. Ein Geschäft brannte. Nein, es waren vier Schulmädchen. Die stürzten in das Geschäft und schleppten mit den Verkaufskräften Zucker, Graupen und sonstwas heraus. Eine alarmierte zur gleichen Zeit die Feuerwehr und meldete den Vorfall. So wurden sehr viel Lebensmittel gerettet, die ausgegeben werden sollten. Das war das. Aber ich habe Ihnen noch nicht erzählt, daß der Leningrader Sowjet und unser Exekutivkomitee mit Unterstützung des Kriegsrats der Leningrader Front und des Stadt- und Gebietskomitees der Partei den Beschluß faßten, vom ersten bis zum zehnten Januar 1942 Schulneujahrsfeiern zu organisieren, so seltsam das auch scheinen mag und obwohl es sehr schwierig war. Ich habe darüber ein Dokument. Hier ist es: ›Anläßlich des Jahreswechsels sind in bombensicheren Zufluchtsstätten Feiern zu veranstalten.‹ Die Leningrader Hauptverwaltung für Gaststätten organisierte für die Teilnehmer die Ausgabe eines markenfreien Neujahrsessens und die Verteilung kleiner Geschenke. Die Leningrader sollten Mandarinen aus Georgien erhalten. Man hatte beschlossen, dieses Obst zu Neujahr nach Leningrad zu bringen, und damit wurden Fahrer des 390. Kfz-Bataillons beauftragt. Und die Mandarinen kamen an. Als die Neujahrsfeiern stattfanden, wurden sie den Kindern als Geschenke übergeben.«

Wir werden darüber noch in dem Kapitel »Leningrader Kinder« berichten.

Ein besonders wichtiges Thema der Leningrader Blokkade ist die Errichtung der »Straße des Lebens«. Aus der Literatur ist wohlbekannt, wer an der Verwirklichung dieser rettenden Idee beteiligt war und welche Anstrengungen, Mühen und wieviel Selbstlosigkeit es die leitenden

Funktionäre und Erbauer der Eisstraße kostete. Aber das ist ein besonderes Thema. Wir wollen nur feststellen, daß man an ein kühnes und in seiner Kompliziertheit einmaliges Unterfangen – die Errichtung einer Eisstraße über den Ladogasee – nur mit der festen Überzeugung herangehen konnte, daß unsere Menschen Unmögliches zu leisten imstande waren.

Es ist auch nicht verwunderlich, daß viele ehemalige Blockadeteilnehmer bis zum heutigen Tag ein besonderes Kameradschafts- und Verantwortungsgefühl anderen gegenüber hegen. Um zu verstehen, warum Generalmajor Jemeljan Sergejewitsch Logutkin, der bereits in Spanien Kampferfahrungen gesammelt hat, noch heute um das Schicksal der Veteranen der Örtlichen Luftverteidigung besorgt ist – er bemüht sich unablässig, daß sie letztendlich den »vollwertigen Kämpfern und Teilnehmern des Großen Vaterländischen Krieges« gleichgestellt werden –, muß man seinen Bericht über diese »siebzehn- bis neunzehnjährigen Mädchen« hören, die die in die Schützengräben gegangenen Männer ersetzten und alles durchstanden und miterlebten.

»Wenn ich über die schwierige Periode der Blockade berichte, habe ich den ersten Winter im Sinn. Da fand der schrecklichste Zusammenstoß mit dem Feind vor den Mauern Leningrads statt, möchte ich sagen. Neben dem unmittelbaren Schutz der Stadt hatten wir noch die Aufgabe, der Front zu helfen.«

»Sie sagen, daß Sie achttausend an die Front geschickt haben?«

»Jawohl, achttausend.«

»An welchen Tagen?«

»Im schwierigsten Moment, und wenn ich mich nicht irre, verringerte sich unser Personalbestand auf ganze zweieinhalbtausend. Ich stellte mir die Frage: Wie weiter? Und berichtete der Führung, insbesondere dem Stabschef der Front, General Dmitri Nikolajewitsch Gussew. ›Wie soll es weitergehen? Niemand ist mehr da, um die Stadt zu verteidigen.‹ Er sagte zu mir: ›Jemeljan Sergejewitsch, machen Sie sich keine Sorgen, wir helfen Ihnen.‹ Nach einiger Zeit bestellte mich der Oberbefehlshaber der Front, Goworow, zu sich. Er hörte mich an und sagte mir gleichfalls: ›Wir helfen Ihnen.‹ Wieder etwas später rief mich abermals der Stabschef der Front, General Gussew, zu sich und sagte: ›Freuen Sie sich, Jemeljan Sergejewitsch, Sie kriegen Verstärkung.‹ – ›Was für welche? Wen? Woher?‹ – ›Sie kriegen Leningrader Frauen.‹ Und dann fragte ich: ›Was sehen Sie mich denn so an?‹ – ›Sie kriegen Frauen!‹ Ich sagte: ›Hören Sie! Doch welche aus der Armee?‹ Da sagte er leise zu mir: ›Sie müssen verstehen, lieber Genosse Logutkin! Wir haben in Leningrad kein Männerkontingent mehr. Jetzt ziehen Sie selbst Ihre Schlüsse und tun Sie alles, daß Soldaten aus ihnen werden!‹ Wenige Zeit später kamen etwa siebzehntausend Leningraderinnen, junge Frauen und Mädchen. Es war ein bemerkenswertes Kontingent. Ich kenne mich ganz gut in der Geschichte aus, besonders in unserer Militärgeschichte! Ich glaube, es hat noch nie einen Fall gegeben, daß aktive Truppeneinheiten durch Frauen aufgefüllt wurden. Ich habe dergleichen noch nie erlebt. Und deshalb waren wir die erste Zeit etwas hilflos ... bis wir begriffen, daß man auch mit diesen Truppen würde kämpfen müssen, zumal sich der Feind zum Angriff auf die Stadt rüstete. Also haben wir sie ausgebildet.«

»Das war Anfang zweiundvierzig?«

»Wenn ich mich nicht irre, im März zweiundvierzig. Da haben wir mit der Ausbildung der Soldaten begonnen.«

Das sagt sich leichthin – Ausbildung. Frauen, oft noch Mädchen, zudem ausgehungert und äußerst entkräftet, ein uraltes Männerhandwerk zu lehren.

Wie das am Anfang aussah und vor sich ging, erzählte uns später Iwan Wassiljewitsch Kaljagin – ein ehemaliger U-Boot-Fahrer und späterer Gehilfe des Leiters der Luftverteidigung des Kirow-Werks.

»Na, zunächst haben wir die Frauen in die Kasernen gebracht (die waren auch vernachlässigt, die Männer hatten nicht viel zur Verschönerung ihrer Behausung beigetragen – sie haben sie nicht sonderlich oft gescheuert). Nun kamen Frauen in diese Behausungen. Wir hatten Schulen belegt und Kindergärten.

Wie vorgeschrieben, waren die Kompaniechefs nach wie vor Männer. Sie kommandierten: ›Stillgestanden! Und da stand sie, die Frauenabteilung, können Sie sich den Anblick vorstellen? Eingehüllt in Umschlagtücher, überall lugten Haare hervor, die Gesichter blau! Ich bekam es bei diesem Bild mit der Angst, führte Kompaniechef Lapin beiseite und fragte ihn: ›Wieso sind deine Frauen alle schwanger? Sie sind doch eben erst angekommen.‹

Er sagte: ›Gott bewahre! Sie haben zuviel Gras gegessen. Wissen Sie, sie kochen sich aus Gräsern eine Suppe und essen sie. Sie haben doch Hunger!‹«

Die Frauen blieben Frauen, sie wollten sogar gefallen: Womöglich nahm man sie sonst gar nicht?

Alexandra Michailowna Arsenjewa kam auf folgende Weise in ein »Komsomolregiment«. Sie begegnete einer Freundin, und diese forderte sie auf: »Weißt du, es heißt zwar, wir müssen sehr viel arbeiten, aber es gibt täglich dreimal warmes Essen.«

»Ich sagte: ›Ljussenka! Wie sollen die mich nehmen? Ich bin ja dünn wie ein Grashalm – ein Windstoß, und ich falle um!‹

Sie darauf: ›Weißt du was! Du schminkst dich! Zieh dich schön an, mach dich hübsch! Da nehmen sie dich. Schmink dich nur!‹

Ich hatte keinen Lippenstift, gar nichts. Da habe ich mir bei der Nachbarin einen gelichen, die Wangen gepudert, die Lippen nachgezogen, dann die Pelzmütze aufgestülpt und los! Na, und Ljussenka Budakowa – sie wohnt jetzt irgendwo im Altaigebiet – hatte dem Kompaniechef schon gesagt, ich wäre ein gebildetes Mädchen, politisch sehr gut informiert, Künstlerin dazu – sie hat ihm alles mögliche erzählt – ich würde zeichnen, schreiben und wer weiß was noch. (Ich hab damals immer Gedichte verfaßt.) So war der

Kompaniechef schon vorbereitet. Als ich ihm gegenüberstand, habe ich wohl einen guten Eindruck gemacht, und so schickte er mich in die Pessotschnaja-Straße. Kennen Sie die? Eine Querstraße der Bankowstraße, am Ende der Baskowstraße – und dort in der Pessotschnaja-Straße war der Regimentsstab, da mußte ich mich aufnehmen lassen! Das war entsetzlich!«

»Die Röte Ihrer Wangen wirkte also echt?«

»Die war von Dauer! Aber als ich in der Pessotschnaja-Straße war, dachte ich – zurück schaffst du's nie. Ich habe irgendwo gelegen, irgendwo gesessen und mich gefragt: Wie willst du nach Hause kommen? Aber ich mußte doch! Ich hatte mein Kind in der Mochowaja-Straße allein gelassen. Und dieses Kind hat mich fortwährend weitergetrieben! Wenn es nicht gewesen wäre, hätte ich aufgegeben. Aber ich hatte ein kleines Mädchen – ein niedliches kleines Ding. Und dieser kleinen Tochter wegen mußte ich aufstehen. Also schleppte ich mich weiter. Als ich über das Marsfeld ging, sah ich plötzlich, wie ein Mann sich vorbeugte, sich bückte, etwas aus dem Schnee klaubte und in den Mund steckte – es waren himbeerrote Klümpchen. Und alle Leute stocherten im Schnee und steckten etwas in den Mund. Ich bückte mich: Jemand hatte hier Sirup verschüttet. Damals wurde auch Sirup ausgegeben, und diese Tröpfchen klaubten sie aus dem Schnee! Und ich tat das auch. Dann ging ich weiter. Ziemlich schnell. Und blieb stehen. Nein, ja nicht stehenbleiben, sonst fällst du. Ich mußte weiter – meine Tochter wartete. Wieder mußte ich an sie denken! So habe ich es geschafft. Der Kompaniechef fragte: ›Hast du die Papiere? Bist du nicht müde?‹

Ljussja zwinkerte mir zu, und ich lächelte einfältig und sagte: ›Nein!‹ Und dachte: Hauptsache, deine Beine tragen dich, nur nicht umfallen.«

»Na, dann haben wir sie in Ordnung gebracht«, setzte Kaljagin seinen Bericht fort. »Zuerst wollte ich mich drükken und hab eine Meldung geschrieben (weil ich eigentlich Spezialist der Seekriegsflotte bin und man mich zur Flotte

die Fähigkeit wider, Fakten und Erlebnisse aufzuzeichnen, sondern auch das Bestreben, den Menschen, die Geschichte, überhaupt die ganze Welt gedanklich neu zu verarbeiten: Der Krieg, überhaupt die ganze Blockade boten dazu übergenug Anlässe und »Material«. Ein solches Tagebuch sind die »alltäglichen Aufzeichnungen« des Direktors des Archivs der Akademie der Wissenschaften der UdSSR, Georgi Alexejewitsch Knjasew, »Im belagerten Leningrad«, die uns seine Witwe, Maria Fjodorowna Knjasewa, übergab. Dieses Dokument (über 1200 maschinengeschriebene Seiten!) verdient es, daß man es gesondert untersucht und darüber spricht. Vorerst führen wir nur einige Stellen an, die uns die »Idee« von G. A. Knjasews Tagebuch offenbaren.

»Ich gehe zum Dienst.* Ich bemühe mich, an meine Arbeit, an die Geschichte der Kultur zu denken. Ich schreibe über mich nicht als Subjekt, sondern als Objekt. Alles, was ich erlebt habe, erleben noch viele andere. Viele erleben das gleiche, und alles endet auch mit einem ›Flattern‹ des Herzens, spiegelt nur trübe wider, ohne helle Bilder, ohne einen klaren Gedanken im Kopf. Wieviel Erlebnisse! Und sie geraten alle in Vergessenheit, schwächen sich ab, lösen sich auf. Dann erscheint alles anders, *wie es später sein soll.* Und viele in Wirklichkeit alltägliche Menschen stehen als Helden und kluge Köpfe da. Kothurne und Stelzen erscheinen immer nur dann auf der Bühne, wenn Zuschauer da sind.

Aber niemand weiß, was im Inneren eines Menschen vorgeht, wenn er mit sich, mit all seinen Widersprüchen, geistigen Höhenflügen und Zusammenbrüchen allein ist. Deshalb will ich einen solchen Menschen festhalten. Das Schändlichste für einen Soldaten sind Kleinmut und Feigheit. Dasselbe gilt für uns Zivilisten. Ein Zivilist kann je-

* G. A. Knjasew wohnte in der Nähe des Archivs der Akademie der Wissenschaften der UdSSR, auf der 7. Linie der Wassiljewski-Insel, Nr. 2 – im Haus der Akademie der Wissenschaften. Er fuhr im Rollstuhl, seine Beine waren gelähmt

doch unmöglich vierundzwanzig Stunden am Tag gespannt wie eine Stahlsaite verbringen. Jede Saite muß gestimmt werden.«

So stimmt sich dieser Mensch, der Verfasser des Tagebuches, ein – auch durch diese Selbstkontrolle mit Hilfe des Tagebuchs. Um nicht zuzulassen, daß der Hunger mit den Muskeln auch die Seele auffrißt. Während er aufzeichnet, was er auf seinem »kleinen Radius« (das Haus, die Straße unterwegs zum Archiv, die Arbeit) beobachtet, versucht er, einen »großen Radius« zu erfassen.

Er spricht voller Achtung von den zivilen Verteidigern Leningrads, von denen, die durch Hunger und Beschuß ums Leben kamen, aber da er auch über sich schreibt, braucht er Ausdrücke wie »passive heldenhafte Verteidiger Leningrads«, »heldenhafte passive Verteidiger« (eingedenk dessen, daß sie den Feind nicht sehen und ihm keinen direkten Schaden zufügen können).

»Intelligenzlertum! Jawohl, was wir waren, werden wir bleiben. Wir haben noch Schamgefühl und ein Gewissen. Diese alten, ›komischen‹ Intelligenzler haben die große russische humanistische Kultur hervorgebracht und die Voraussetzungen für die Oktoberrevolution geschaffen. Ich habe alle Kräfte eingesetzt, um im Umgang mit den Menschen zuvorkommend und freundlich zu bleiben, damit es für uns leichter ist. Brot habe ich keins, aber es gibt vorläufig noch das Wort, das aufmunternde, gute Wort. Es kann Brot nicht ersetzen. Wie widerlich ist es jedoch, wenn andere, die kein Brot haben, mit Steinen werfen.«

»12. 10. 1941. Sonntag. Einhundertdreizehnter Tag.

Den ganzen Tag habe ich meine Mappen mit Papieren in Ordnung gebracht. Meine Aufzeichnungen habe ich in drei Mappen – die eine in die andere – verpackt. Werden sie erhalten bleiben oder vernichtet, verbrannt oder von einer Druckwelle in alle Winde verstreut werden? Was auch immer geschehen mag, ich habe sie zusammengepackt und mit all dem früher Geschriebenen ins untere Fach des Bücherschrankes gelegt.«

Bei den verschiedensten Überlegungen kommt ihm indes weder im November noch im Dezember, noch irgendwann später der Gedanke, seine Aufzeichnungen könnten den in die Stadt eingedrungenen Faschisten in die Hände fallen. Kein einziges Mal erwägt Knjasew in seinem Tagebuch, in dem der Tod jede Minute den Schlußpunkt setzen konnte, also in einem streng vertraulichen und höchst aufrichtigen Dokument, wie man meinen sollte, ernsthaft den Fall Leningrads. Er verdrängt diesen Gedanken nicht nur als Schwäche, sondern kann es sich *einfach nicht vorstellen.*

Auch führte er das Tagebuch nicht zum Zeitvertreib. Das Archiv der Akademie der Wissenschaften der UdSSR arbeitete weiter. Unter G. Knjasews Leitung wurde weiter an der »Geschichte der Akademie der Wissenschaften« geschrieben, die Mitarbeiter kamen täglich zur Arbeit, sammelten Dokumente und evakuierten die wertvollsten. Das war das Tagebuch eines schaffenden Menschen. Die täglichen, oft mehrere Seiten langen Aufzeichnungen entstanden am Ende eines Arbeitstages. Nicht nur Fliegeralarme, Bombenangriffe und der Hunger wurden darin beschrieben, sondern auch die Arbeit des Archivs, der Alltag dort, die Mitarbeiter und das öffentliche Leben der Stadt.

Interessant ist es, anhand des Tagebuchs zu verfolgen, wie sich die Ansichten und Urteile des Autors sowohl über den Krieg als auch über den Hunger und die Bestimmung des Menschen wandelten. Solcherart Originaldokumente enthalten wertvolle Einzelheiten über den Alltag der Stadt, über das Aussehen der Straßen, Gebäude, über Gerüche, Farben, Geräusche – über all das, mit dessen Hilfe man sich das Leningrad jener Zeit vorstellen kann. Details dieser Art sind meist nur in Tagebüchern erhalten geblieben. Dort werden sie im Original und unabhängig von den Launen des Gedächtnisses aufbewahrt.

»Die Sphinxe, meine alten Freunde, stehen einsam an der halb verödeten Uferstraße.

Ihnen gegenüber blickt das massive Gebäude der Akademie der Künste düster mit vernagelten Fenstern in die Welt. Es bedrückt auch jetzt durch seine schwere, weiße Majestät. Der Rumjanzew-Park ist lichter geworden und wirkt nackt und bloß. Dort ist ein Feldlager. Rotarmisten gehen hin und her, ein Feuer brennt, ein Pferd rupft Reste vergilbten Grases. Neben dem Obelisken steht ein Planwagen. In den Alleen halten noch einige Lastwagen; die übrigen, die zuvor fast den ganzen Park gefüllt haben, sind weggefahren worden. Das dunkle, bleigraue Newawasser kräuselt sich unter großen, nassen Schneeflocken. Gegenüber dem Senat liegt ein Kriegsschiff mit drei Schornsteinen, es verdeckt das majestätische Gebäude beinahe von der Newaseite. Das wundervolle Denkmal Peter I. ist im ringsum aufgeschütteten Sand verschwunden. Der Begründer der Stadt steckt in der Dunkelheit eines Holzgehäuses hinter Sandsäcken. Ein Herbstbild. Der gespenstische Anblick dieses wundervollen Leningrader Panoramas erregt mich tagtäglich aufs neue. Trete ich aus der Haustür, so überzeuge ich mich gleich beim ersten Blick, ob die Sphinxe unversehrt sind, die Isaak-Kathedrale, die Nadelspitze der Admiralität und der Engel mit dem Kreuz auf der Alexandersäule.«

»8. 11. 1941. Sonnabend. Einhundertvierzigster Kriegstag.

Die Reihe alter Häuser entlang der Uferstraße von der 1. Linie zur Universität bieten einen traurigen Anblick: Überall sind die Fensterscheiben herausgeflogen oder kaputt. Auch der Menschikow-Palast hat sich offensichtlich im Zentrum einer Druckwelle befunden, statt der oberen runden Fenster und der Fenster im mittleren Stockwerk über dem Balkon klaffen nur leere Höhlen, keine einzige Scheibe ist mehr vorhanden. Im untersten Stock sind nur einzelne Scheiben zerschlagen. In den Seitenflügeln des Palastes sind ebenfalls viele Scheiben zersprungen oder herausgeflogen und die Rahmen zerschrammt. Ebensolche Zerstörungen sind am Haus des ehemaligen Archivs der Militärschuleinrichtungen und an der philologischen Fakultät der Universität zu sehen. Woher sie rühren, konnte ich nicht erkennen: die Gebäude selbst weisen keine Zerstörungen durch Bomben auf, auch die Uferstraße ist unversehrt. Der Hausmeister sagte mir, eine Bombe sei in Ufernähe in die Newa gefallen und habe alle Scheiben in der Uferstraße zerschlagen. Aber vielleicht ist das auch die Folge von Granateinschlägen beim gestrigen Artilleriebeschuß, als wir morgens die Kanonade hörten. Es gibt noch eine dritte Variante. Gegenüber, beim Senat, liegt ein Kriegsschiff mit drei Schornsteinen und weittragenden Geschützen. Sie sollen vorgestern während des Luftangriffs dieser Aasgeier ein paar Salven abgegeben haben. Matrosen hatten mir schon früher einmal gesagt: Wenn die weittragenden Schiffsgeschütze auf der Newa einmal das Feuer eröffnen, bleibt auf der Uferstraße keine Fensterscheibe heil.

In der Akademie der Wissenschaften ist noch alles beim alten. Man vernagelt nur die alten Fenster des Zoologischen und Ethnographischen Museums mit Sperrholzplatten.

Ich hab einen Blick auf die Uferstraße des gegenüberliegenden Newaufers geworfen. Neue Zerstörungen an den Fenstern sind nicht zu erkennen, weil die meisten längst mit Platten vernagelt wurden.

19. 11. 1941. Die Schornsteine der an den Uferstraßen der Newa vertäuten Schiffe wurden weiß gestrichen. Auch die bislang grüngefleckten Lastwagen wurden weiß gestrichen, damit sie sich nicht vom Schnee abheben.

Die Newa vereist langsam.

Am Tor und an den Einfahrten des Ersten Kadettenkorpsgebäudes auf der Sjesdowskaja-Linie drängen sich fortwährend Frauen, junge und alte, und Kinder, sie hoffen auf ein Wiedersehen mit ihren Angehörigen – verwundeten und genesenden Soldaten. Manchmal rennt die Menge schnell von einer Stelle zur anderen und blickt hinauf zu den Fenstern. Die Augen der einen leuchten freudig auf, andere stehen niedergeschlagen, verdrossen oder völlig gleichgültig da. Ein paar haben kleine Päckchen in den Händen.

Die ohnehin nachlässig gekleideten Leningrader haben jetzt jedes Stilempfinden verloren, besonders die Frauen. Gestern sah ich ein Paar: ein Mann in Armeeuniform, am Arm eine Frau in grauer Steppjacke, Wattepumphose und braunem Fez mit Quaste. Dabei sah sie jung, unbekümmert und zufrieden aus. Offensichtlich war der Mann ihr Verlobter oder Gatte. Die Kleidung anderer ist zusammengestoppelt, ›chronologisch geschichtet‹. Für einen Schriftsteller, einen Maler wird es schwierig, fast unmöglich sein, diese Menge, wie sie jetzt auf der Straße zu sehen ist, später einmal darzustellen; er wird unweigerlich auf ausgedachte, auf Phantasiegestalten verfallen.«

Solche Tagebücher sind eine Seltenheit. Die meisten Leute schilderten ihre Erlebnisse, ihren Kampf ums Überleben und um die nächsten Angehörigen. Manche Tagebücher sind tragische Berichte über das Schicksal irgendeiner Familie oder eines Menschen, wie er verzweifelt Widerstand leistete und wie er arbeitete (die meisten Tagebücher wurden von arbeitenden Menschen geschrieben). Wir bekamen auch Aufzeichnungen, die vorwiegend beschrieben, wo und was gegessen wurde, wie die Lebensmittelabschnitte umgesetzt oder wieviel Lebensmittel ausgegeben wurden. W. Beljakow schrieb sein Tagebuch mit ständig zunehmender peinlicher Genauigkeit:

»6. Januar 1942. Ich bin in die Kantine auf der Tschubarow-Straße gegangen. Habe dort vier Portionen Kascha aus Duranda gegessen – mehr war nicht da. Für die Kascha haben sie 50 g Graupen abgeschnitten. Die Kascha ist schlecht verdaulich, ich habe Magenschmerzen.

16. Januar. Etwa zwei Stunden nach Brot angestanden. Um 5 Uhr morgens hingegangen und erst um 8 Uhr war-

mes Brot gekriegt. Das Mittagessen heute war sagenhaft, es dauerte von 11 bis 16 Uhr 30. In dieser Zeit hab ich einen Teller Kohlsuppe gegessen, einen Teller Nudeln und einen Teller Perlgraupen. Ich hab viel Wasser getrunken, mein Gesicht ist stark aufgedunsen.«

Mit heute unbegreiflicher Beharrlichkeit werden fast täglich solche Ziffern, Teller und Gramme aufgezählt. Das war das Leben, aber vielleicht erschien es auch als das Allerwichtigste und Allerwertvollste für die Geschichte? Und so zieht sich ein Bericht, wie er, Beljakow, jemanden suchte, der ihm Boxhandschuhe zu richtigen Handschuhen umarbeiten konnte, weil er entsetzlich an den Händen fror und doch Feuerholz, Brot und Wasser holen mußte, über Tage hin.

Viele führten erst nach Beginn der Blockade Tagebuch – zum erstenmal in ihrem Leben. Die Menschen spürten plötzlich, daß sie sich im Mittelpunkt von Ereignissen befanden, an die sie morgen selbst nicht mehr glauben würden: War das überhaupt so gewesen, konnte dergleichen geschehen, konnte man das alles durchstehen? Hier die Aufzeichnung unseres Gesprächs mit Galina Grigorjewna Bobinskaja. Wir haben sie bereits erwähnt – eine große, schon ältere schöne Frau, die in einer alten »Petersburger« Wohnung wohnte, wo sowohl der Flügel als auch die Wände und die Stuckdecke gleichsam Teil ihres »Blockadetagebuchs« waren.

»Wissen Sie, die herabgestürzte Decke hier wurde später von deutschen Gefangenen repariert, wie seltsam das auch klingen mag.«

»Was? Diese Zeichnungen dort – das haben die gemacht?«

»Nein, dort war nur Stuck. Aber den Flecken dort, die helle Stelle, das haben sie gemacht. Wir hatten einen Nachbarn, dem man Deutsche zum Renovieren seines Zimmers zugeteilt hatte, und er hat sie dann zu uns geschickt, damit sie die Decke reparierten. Das muß so sechsundvierzig oder fünfundvierzig gewesen sein. Wenn nicht schon vierundvierzig. Hier ist die Stuckverzierung und die Bemalung wiederhergestellt worden, das ist teuer, und man kann mit der Hand nicht hinreichen. Und die Glassplitter im Flügel, die glitzern jetzt noch. Im Haus gegenüber ist eine Bombe explodiert. Es war damals einstöckig (jetzt sind noch zwei Stockwerke daraufgesetzt). Ich war auf Arbeit. Meine Mutter und meine Großmutter waren hier. Das war zweiundvierzig. Jetzt bin ich schon dienstältester wissenschaftlicher Mitarbeiter im Staatlichen Museum für Ethnographie der Völker der UdSSR. Also Ethnograph und bis zu einem gewissen Grad unterwegs. Außerdem sind wir Wasserwanderer. Mein Mann und ich fahren oft mit dem Paddelboot. Es steht hier, das Boot.«

»Das Tagebuch entstand, als Sie neunzehn waren?«

»Ja.«

»Sagen Sie, mit welcher Absicht haben Sie es geschrieben?«

»Das ist schwer zu sagen. Wahrscheinlich waren die Ereignisse von einer Art, daß sie einfach festgehalten werden mußten. Meine Hauptabsicht war, es einmal, wenn all das vorbei sein würde (und darüber bestand kein Zweifel, deshalb schrieben wir die Dinge ja auch auf), wenn also einmal alles vorbei sein würde, selber zu lesen, und natürlich sollten das auch diejenigen, die das alles nicht miterlebt haben.«

»Haben Sie schon vor dem Krieg Tagebuch geführt?«

»Ja, ein Schultagebuch, aber das war Kinderei. Ich muß sagen, daß ich mir bis heute das Schreiben nicht abgewöhnt habe.«

»Und Sie waren sicher, daß Sie überleben würden?«

»Daran bestand für mich nicht der geringste Zweifel! Es war eine törichte Hoffnung. Ich ging bei Artilleriebeschuß oder während eines Fliegerangriffs die Straße entlang, und mir kam überhaupt nicht in den Sinn, daß das einmal mir oder meinen Angehörigen gelten könnte. Jemand anderem mochte vielleicht etwas zustoßen, aber nicht mir und meinen Angehörigen.«

»Aus wem bestand Ihre Familie damals? Mit wem wohnten Sie zusammen?«

»Mit meiner Mutter und mit beiden Großmüttern.«

Galina Grigorjewna las uns ihr Tagebuch vor und erklärte uns von Zeit zu Zeit einiges dazu.

»›15. Dezember 41. Heute ist die letzte Straßenbahn gefahren. Die Gleise sind vom Schnee verweht und mit Eis bedeckt, die Oberleitungen beschädigt. Auf den Schienen stehen Wagen.‹ Ich muß dazu sagen, daß ich später in der Straßenbahn- und O-Bus-Verwaltung gearbeitet und an der Wiederinstandsetzung eben jenes Straßenbahn- und O-Bus-Netzes mitgewirkt habe, von dem die ersten Zeilen meines Tagebuchs handeln. ›25. Dezember. Die Brotration wurde erhöht: von 125 Gramm auf 200 (für Angestellte) und von 250 auf 350 für Arbeiter. Kuska ist vom Tod errettet.‹ Kuska ist unser Kater. Wir waren jeden Tag drauf und dran, ihn aufzuessen, trachteten ihm jeden Tag nach dem Leben. Er war ein reinliches Tier, sehr zahm, sehr zutraulich und allgemein beliebt. Und diese Notiz hier ist nicht zufällig, weil das Verhängnis in gewissem Sinne verschoben wurde. Nun, wir glaubten, er wäre ein für allemal gerettet, aber das war ein Trugschluß. ›28. Dezember. Wir haben in der Wohnung kein Wasser mehr. Müssen es in den unteren Stockwerken holen. Ein delikates Moment: Am 30. Dezember haben wir das letzte Mal den Abort benutzt. Der Hof erhielt das erste „Geschenk“ in einem Briefumschlag.‹ – Verstanden? Ja? Ich brauch wohl nicht zu kommentieren. ›Wir putzen uns selten die Zähne. Waschen uns höchstens einmal am Tag. Das Wasser in den Eimern und Büchsen in der Küche gefriert. Ende Januar haben wir im Zimmer umgeräumt. Dort steht jetzt eine „Burshuika“. Wir wärmen uns, kochen dreimal am Tag etwas zu essen und benutzen sie (das heißt die „Burshuika“) auch zur Beleuchtung. 18. Januar. Die letzte Kerze ist niedergebrannt. In der Petroleumlampe brennt Benzin. Wir benutzen sie nur während des Essens.‹ Und das sagt eigentlich alles über unseren Zustand aus: Während des Frühstücks starb Menschikow in seinem Bett neben dem Eßtisch. Das war der Adoptivsohn einer meiner Großmütter. Aber letzten Endes ist unwichtig, ob Adoptivsohn oder leiblicher. Wichtig ist, daß ein Mensch hier im Zimmer im Bett lag, während wir den fürs Frühstück bestimmten Teil unserer Lebensmittelration aßen. Er starb; aber wir frühstückten zu Ende. Die psychische Sperre hatte bereits eingesetzt. Es gab keinen Raum mehr für die Emotionen, die für einen normalen Menschen im Normalzustand natürlich sind. Für das Ausheben des Grabes und die Bestattung verlangten sie ein Kilo Brot und 300 Rubel.«

»Für ein Begräbnis dreihundert Rubel?«

»Ja, und ein Kilo Brot. Aber woher es nehmen, wenn das, was es auf Lebensmittelkarten gab, nicht reichte und die Preise auf dem Markt wahnsinnig hoch waren? Also haben wir ihn mit einem Schlitten abtransportiert, in ein Laken gewickelt, und irgendwo in einer Ecke hingelegt. In Verbindung damit hatte sich der Hausmeister (und das offenbar auf Anweisung der Miliz – wahrscheinlich war sie für die Hausmeister zuständig) zu folgendem verpflichtet: Ich verpflichte mich, die Leichname alleinstehender Bürger nicht ohne Sarg auf den Friedhof zu bringen. Deshalb fand man Tote häufig auf Höfen, Dachböden und in Treppenhäusern. ›Nach Angaben des Arztes K. sterben 80 % der Männer.‹ Das war alles Mitte Januar. ›Feuerholz wird aus den Schuppen in die Wohnungen gebracht, weil es sonst gestohlen wird, und auch die Schuppen werden zu Brennholz auseinandergenommen. Mama teilt jeden Tag die Brotration in kleine Stücke ein!‹ Das ist das, was ich Ihnen schon erzählt habe. Die ganze Tagesration wurde in drei Portionen geteilt, und dann mußte das noch auf die Familienmitglieder aufgeteilt werden. ›Auf den Straßen sind weder Hunde noch Katzen zu sehen. Alle wurden im Januar aufgegessen. Anfang November noch lagen in Papier gewickelte krepierte Katzen herum.‹«

»Man hatte sie aus der Wohnung gebracht?«

»Damals, jetzt schon nicht mehr.«

»Und war Ihre Katze schon aufgegessen?«

»Noch nicht. ›Anfang November erhielten wir die Erlaubnis zum Abbau der Schutzkästen vor den Fenstern wegen des zu geringen Tageslichts, als Folge davon verschlechterte sich abrupt die Verdunklung. Dezember und Januar sind Monate mit astronomischen Sterblichkeitsziffern: Die Leute sterben in der Nähe ihrer Häuser, auf der Straße, auf Arbeit. Sie verhungern buchstäblich auf der Straße, nachdem sie übernatürliche Entbehrungen auf sich nehmen mußten – aus Mangel an Licht, Wärme, Bequemlichkeit usw., vor allem aber wegen der nicht ausreichenden Nahrung – aber nie hört man Klagen oder defätistische Reden.‹ So steht das hier bei mir. Und das war wirklich so: Absolut niemand sagte etwas. Charakteristisch ist auch, daß die meisten Leningrader eigene Wunschvorstellungen für Wirklichkeit nahmen, je länger die Blockade dauerte. So war es mit dem Aufbrechen des Blockaderinges, der Erhöhung der Lebensmittelration, der Einnahme von Mga usw. Hier sind noch eine ganze Reihe Momente aufgezeichnet: Alle Frisiersalons wurden geschlossen, alle Kinos. Das Komödientheater, das Theater des Leninschen Komsomol. Die Musikalische Komödie spielte anfangs noch periodisch, dann hörte sie auf zu existieren. Die Stadt war erstarrt. ›Anzeige an der Tür eines Geschäfts: Neuer Sarg zu verkaufen, darunter der Preis und die Maße. 17. Januar. Ein Schäferhund rannte munter die Pionerskaja-Straße entlang. Die Passanten schickten ihm gierige, ohnmächtige Blicke hinterher.‹ Ich möchte wissen, wo der damals herkam und wieso er noch so munter dahinrannte.«

»Vielleicht gehörte er einer Armee-Einheit an?«

»Ja, vielleicht. ›Die Steinhäuser brennen aus. Die Feuersbrünste dauern Wochen. Keiner löscht. Es gibt kein Wasser, die Wasserleitung ist beschädigt. Der Karl-Liebknecht-Prospekt ist im Bereich Blochin-, Pionerskaja- und Wwedenskaja-Straße überflutet. Fast von der Tuschkow-Brücke und der Pionerskaja- und Wwedenskaja-Straße an.

Das Wasser steht auf dem Gehsteig, die Autos fahren bis zu den Radachsen durchs Wasser.‹ Und hier ist etwas Schreckliches passiert. Ich hab es selber gesehen. Wir traten auf die Straße. Und gleich hier in der Nähe meiner Schule (gegenüber der Schule, in die ich ging) war eine Frau ins Wasser gefallen. Man zog sie heraus und stellte sie auf eine kleine Stufe vor der Schultür. Aber man stellte sie nur so hin. Lehnte sie so gegen die Wand. Da strenger Frost herrschte, konnte man wohl nichts anderes mit ihr machen. Deshalb ließ man sie dort. Ich habe sie selbst gesehen, erfroren.«

»Im Stehen erfroren?«

»Ja, denn sie konnte sich nicht bewegen. Konnte nicht nach Hause gehen, und niemand war imstande, sie hinzuschleppen.

›Ein charakteristischer Satz einer alten Frau: „Wenn mir dieser Hundesohn [sie meinte Hitler] unterkäme, ich würde ihm die Hölle heiß machen!" Dabei kann sie vor Alter und Schwäche kaum reden. Alle Holzhäuser, Kioske und das Lenin-Stadion wurden zu Brennholz abgerissen. 15. April. Die ersten Straßenbahnen für die Personenbeförderung haben das Straßenbahndepot verlassen – die 3, 7, 9, 10 und 12. Die Straßenuhr auf dem Bolschoi-Prospekt geht wieder. Die Plakate vom Herbst „Alle an die Front!" haben anderen Platz gemacht: „Alle in die Gemüsegärten!" Die Anzeigen über den Verkauf von Särgen sind solchen über den Verkauf von Möbeln, Hausrat und Kleidung gewichen. Die Lebensmittelkarten werden jetzt vollständig beliefert, Lebensmittel sind jedoch alles andere als billig (natürlich die vom Markt), es ist fast unmöglich, welche zu bekommen, noch unmöglicher als im Winter. Zerstörte Häuser werden durch dekorative Wände verdeckt. Sehr lange war ein zerstörtes Haus Ecke Newski-Prospekt und Herzenstraße (wo das Gebäude des Instituts war) hinter allen möglichen Brettern und Plakaten verborgen. Wo Gebäude zerstört wurden, hat man Beete angelegt.‹ Weiter folgen ganze Seiten aller möglicher Lyrik.«

Jetzt zum Tagebuch von Jelena Nikolajewna Awerjanowa-Fjodorowa.

»Wie haben Sie dieses Tagebuch begonnen und warum?«

»Ich hab nicht bewußt damit begonnen. Ich weiß nicht mal mehr, was mich dazu getrieben hat. Ich mußte von jemandem Abschied nehmen, der an die Front ging. Da sagte ich mir: Du solltest aufschreiben, was kommt. Na, ich weiß nicht.«

»Lesen Sie bitte vor, was Ihnen selbst interessant erscheint.«

»Mir erscheint das hier jetzt schon nicht mehr so interessant. Also, anfangs ist von diesem Fedja die Rede. Dann: ›Schon wurden nur noch 600 Gramm Brot ausgegeben.‹ Die Kürzungen setzten bereits ein. Weiter: ›14. August 1941. Großmutter, Tante Tanja, Koka (meine Taufpatin) und ihre Schwester sind zu uns gezogen. Sie haben nichts außer ihren Lebensmittelkarten. Tanja hat ein paar Graupen, an die zwei Kilo, ein Kilo Kartoffeln und etwas Zukker, Großmutter hat gar nichts. Mutter und ich haben dafür 4 Kilo Hirse, 3 Kilo Linsen, 4 Kilo Reis, 2,5 Kilo Grieß, ein Kilo Haferflocken und noch dies und das, 6 Kilo Zukker (nein, 5 Kilo Zucker), Tee, Kaffee, Salz, Senf. Alle Lebensmittel wurden gemeinsam verbraucht: stets wurde für alle gekocht, egal, was es war. Für 150 Rubel haben wir Weißkohl gekauft, ihn eingesalzen und immer Kohlsuppe gekocht und dann noch Kascha, und jeden Tag haben wir uns satt gegessen. Alles war gut, außerdem kriegten wir ja noch Lebensmittel auf Karten. Im September haben wir noch anständig gelebt, das heißt, es reichte für fünf Personen. Nur gab es jeden Tag abends um 7 Uhr Bombenangriffe. Aber wir gingen nicht in den Luftschutzkeller.‹«

»Wir haben immer Kohlsuppe gekocht, jeden Tag haben wir uns satt gegessen.« Spüren Sie diese Wut und diese Bitterkeit über diese Unbedachtsamkeit! Zwei, drei Monate später sollte diese mangelnde Vorsorge bei ihnen Hungervisionen auslösen. Wer konnte auch wissen, wie alles ablaufen würde. Selbst alte, erfahrene Petersburger, die den Hunger der zwanziger Jahre erlebt hatten, ahnten nichts, waren nicht umsichtig genug.

Jelena Nikolajewna aber blättert weiter in ihrem Tagebuch:

»Hier steht wieder was von Fedja. Ach ja: ›Wir heizen den Küchenherd nur jeden zweiten Tag. Kochen alles auf dem Herd. Petroleum gibt es nicht, wir müssen Holz verbrennen. Noch haben wir viel davon. Ich denke, über den Winter wird es reichen. Mit mehr rechnet vorläufig niemand hier, obwohl unsere Kommune aus fünf Mann besteht. Dennoch ist unsere Wirtschaft stabil, noch haben wir alles. Was weiter kommt, bekümmert uns nicht. Na gut, ich hoffe, es langt für alle, später wird man weitersehen. Noch leben wir. Und das ist doch sehr viel. Sie bombardieren dauernd, und es ist schrecklich. Viele Häuser sind zerstört, und natürlich gibt es auch viele Opfer.‹«

Das mit Fedja, ob sie will oder nicht, kann sie nicht auslassen, sie dringt ein in das Blockadeleben, die Geschichte jener ersten Liebe. In Leningrad haben Front und Stadt sich miteinander verflochten wie nirgends sonst, sie sind die ganzen neunhundert Tage eng miteinander verbunden. Wer an die Front ging, ging zu Fuß und kam auch zu Fuß von dort zurück. Die Stadt war aus den Schützengräben zu sehen, man sah, wie sie brannte. Jede Nacht waberte in der Ferne der rote Schein der Feuersbrünste. Am Tage rauchte die vertraute, selbst in den winzigsten Konturen bekannte Silhouette der Stadt, und schwarzer Rauch quoll auf. Artilleriebeschuß, Bomben und Feuer fraßen die Stadt auf. Die Schornsteine aber rauchten nicht, weder die der Betriebe noch die vielen über den Schneebergen der Hausdächer. Und die Luft war klar, optisch rein, so daß man weit sehen konnte. Nie zuvor hatte sich die Stadt so deutlich vom bleichen Nordhimmel abgehoben. Man sah sie aus der vordersten Linie bei Puschkin, von den Pulkowo-Höhen und von Krasny Bor aus.

»›9. Oktober. Heute war ich in Schuschary bei Fedja. Ich

will alles der Reihe nach schildern. Bereits vorgestern abend hatte ich alles zusammengepackt, was ich ihm bringen wollte: warme Socken, seinen Helm, er hat auch um eine Tabakspfeife und Tabak gebeten, und statt Brot hatte ich ihm Pfefferkuchen, 600 Gramm Konfekt Marke „Kryshownik“ gekauft, außerdem Zucker, sogar eine Flasche Wein, Papirossy, Briefumschläge und Briefpapier – das war alles. Am Morgen bin ich losgegangen, um sechs Uhr. Ich bin hinter Natascha gegangen.‹ Das war eine Bekannte von mir, die mich begleitet hat. ›Wir mußten an vielen Posten vorbei – sie überreden, täuschen oder ihnen Papirossy dafür geben, daß sie uns durchließen. Ein paar haben wir über ein Minenfeld umgangen, statt die Chaussee zu benutzen, sind wir lange querfeldein gelaufen, und erst als wir schon fast in Schuschary waren, haben wir die richtige Straße benutzt. Aber hier hielten uns immer wieder Patrouillen auf und sagten: „Wo ihr hingeht, ist die Front.“ Und richtig. Es wurde mächtig geschossen. Aber ich war entschlossen, nicht umzukehren, sondern weiterzumarschieren. Natascha sagte: „Komm, wir gehen heim.“ Ich aber entgegnete: „Nein, jetzt sind wir schon fast da, es ist nur noch ein kleines Stück, und ich gehe nicht zurück. Du kannst ja umkehren, dann gehe ich allein weiter.“

Wir sind zu zweit weitergegangen. Dann haben wir einen Soldaten getroffen. Er hat uns geholfen, die Posten zu überreden, daß sie uns durchließen. Unterwegs trafen wir eine Frau – eine Militärärztin –, zufällig vom selben Regiment, in dem unsere Jungen waren. Sie kannte beide. Dank ihrer Hilfe haben wir sehr schnell den Unterstand gefunden, wo sie steckten. Man hatte sie jedoch kürzlich getrennt und Kussja weiter weg versetzt, Fedja aber war noch hier. Natascha ging weiter, und ich hab auf Fedja gewartet, da er gerade unterwegs war, er war Melder. Der Kommandeur schickte einen anderen, um Fedja zu holen, und lud mich in den Unterstand zum Aufwärmen ein, denn draußen war's kalt, und ich hatte nur einen Übergangsmantel an und fror ganz erbärmlich. So bin ich in den Unterstand gekrochen. Bald danach kam Fedja. Erst wußten wir gar nicht recht, was wir sagen sollten, uns fiel nichts ein. Der Kommandeur entließ ihn und sagte: „Geht ein bißchen spazieren. Wenn du sie dann zurückbringst, komm her und sag Bescheid."

So sind wir beide in ein Haus gegangen. Die Besitzerin ließ uns Platz nehmen und setzte uns was vor. Wir redeten miteinander. Dann war wieder Beschuß. Wir gingen zurück in den Unterstand, dort war es ungemütlich. Dann ging ich heim. Alles, was ich mitgenommen hatte, gab ich ihm. Natürlich freute er sich über mich und das Päckchen. Er brachte mich noch zum ersten Posten. Weiter durfte er nicht mit. Ich ging zu Fuß die Chaussee entlang nach Hause. Um 2 Uhr bin ich aus Schuschary weg, und um 6 Uhr abends mußte ich auf Arbeit sein. Und es war ein weiter Weg, ich war müde, und es fiel mir schwer. Aber das machte nichts, dafür hatte ich Fedja gesehen! Kaum näherte ich mich dem Fleischkombinat, setzte wieder Beschuß ein, und die Granaten explodierten so nahe – es war unheimlich! Stehenbleiben durfte ich nicht – die Zeit wartete nicht, ich hatte Angst, zu spät zur Arbeit zu kommen. So rannte ich, tief gebückt, zur Straßenbahn. Ich war hundemüde! Als ich zu Hause ankam, war es schon 6 Uhr, und ich konnte gerade noch etwas essen und mich umziehen – dann mußte ich schon zur Arbeit. Ich begab mich zerschlagen an meinen Arbeitsplatz, am liebsten hätte ich geschlafen. Um 8 Uhr war Alarm. Wir gingen in den Luftschutzkeller, und dort bin ich eingeschlafen. Dadurch habe ich mich ein bißchen ausgeruht. Aber ich konnte nicht arbeiten – so müde war ich.

10. Oktober. Heute tut mir vom gestrigen Marsch noch der ganze Körper weh, als hätte ich riesige Lasten schleppen müssen, so sehr schmerzt mich alles! Aber dafür hab ich Fedja gesehen! Ich weiß nicht, ob es ihm recht war oder nicht, daß ich ihn besucht hab, trotz aller Schwierigkeiten und des Schießens bin ich hingegangen, aber ich bin froh, daß ich ihn gesehen habe. Er sieht gut aus, hat mir erzählt,

wie sie gekämpft haben und fünf Tage nichts essen konnten, wie ihre Einheit aufgerieben wurde und wie sie nach Leningrad fliehen wollten, aber unterwegs haben sie welche von uns getroffen, und so sind sie in Schuschary geblieben.

Ja, mit 18 Jahren hat er soviel erlebt – nichts Gutes, nichts Leichtes, sondern Schweres. Frühzeitig hat er erkannt, daß das Leben schwer ist, und jetzt muß er noch den ganzen Krieg und alle Kämpfe durchstehen. Er ist jung und mußte doch schon viel durchmachen. Aber er steht mir gerade darum so nahe, weil er nichts Gutes gesehen hat und wieder schwere Prüfungen ertragen muß. Der Krieg! „Die anderen haben noch ihre Eltern. Ich aber hab weder Vater noch Mutter", sagte er, „und zu ihnen ist niemand gekommen, du aber hast mich besucht." Ich hab ihm gesagt, daß ich mich bemühen würde, ihm Vater und Mutter, Freund und Schwester zu ersetzen, und daß ich immer alles, was von mir abhängt, für ihn tun würde. Und ich halte mein Versprechen.‹ Damals dachte ich noch, daß wir uns wiedersehen würden, und ich hoffte lange. Er ist gefallen.

›11. Oktober. Fedja hat mich gebeten, ihm Finger- und Fausthandschuhe zu besorgen. Ich hab beschlossen, es über den Betrieb zu tun. Das Gewerkschaftskomitee hat mir geholfen, sie haben mir nicht nur gute lederne Schützenhandschuhe besorgt, sondern auch warme Wäsche, und so werde ich Sonntag noch einmal zu ihm gehen und ihm alles bringen. Vielen Dank, daß sie sich so gekümmert und mir geholfen haben, alles für Fedja zu beschaffen.

Heute haben sie Geld für Geschenke an Soldaten gesammelt. Alle haben fünf bis zehn Rubel gegeben, und ich hab gar nicht gezählt, hab dreißig gegeben. Das sind doch unsere Soldaten, sie verteidigen uns.

14. Oktober. Heute ist die Brotration auf 500 Gramm gesenkt worden.

15. Oktober. Wieder eine Senkung, auf 400 Gramm.

16. Heute bin ich wieder zu Fedja nach Schuschary ge-

gangen. Diesmal war es aber noch schwieriger. Ich ging allein – Natascha wollte nicht mit. Ich war entschlossen, ihn zu sehen, wie schwer es mir auch gemacht würde.‹«

Und sie schaffte es. Wieviel Bücher wurden über das Heldentum weiblicher Liebe geschrieben, wieviel Beispiele dafür gibt es, und doch ist man immer wieder erstaunt, wenn man die knappe, unbeholfene Darstellung dieser Märsche aus der Stadt an die Front, in die Schützengräben hört. Noch hatte der Hunger nicht zugeschlagen. Später hatten die Menschen schon keine Kraft mehr dazu.

»Von den Jungen, die sich bei uns freiwillig gemeldet hatten, ist fast keiner zurückgekommen. Ein paar Mädchen sind wiedergekommen. Man hatte sie gleich weiter hinter Leningrad geschickt. Sie kamen zurück, ein paar, zwei oder drei. Ich treffe mich noch heute mit meinen Freundinnen.«

»War dieser Fedja aus Ihrem Betrieb?«

»Ja, wir arbeiteten damals beide dort. ›17. Januar 1942. Eine schwere Zeit! Der Krieg mit Deutschland dauert nun schon sieben Monate. Was wir in dieser Zeit durchgemacht haben, ist sehr schwer zu beschreiben. Aber die Schwierigkeiten sind noch nicht zu Ende, jetzt ist erst die schwerste Periode. Ich will einige Fakten anführen. 15. Januar. An diesem Tag haben wir Großmutter begraben, und was ich an diesem Tag erlebt habe … Nie hätte ich mir vorstellen können, daß so was geschehen könnte. Wir mußten sie ohne Sarg begraben, weil es nirgends einen zu kaufen gab und wir nicht imstande waren, selber einen zu zimmern, bittet man jemanden darum, dann tut er's nur für Brot. Aber wo es hernehmen, wenn wir selber nur 350 Gramm am Tag kriegen, und außer Brot nichts …‹« (Sie weint.) »Was ist das? Ich hätte nicht gedacht, daß ich weinen würde. Na, macht nichts. ›Aber wo es hernehmen, wenn wir selber nur 350 Gramm am Tag kriegen und außer diesem Brot nichts weiter. Schon 18 Tage leben wir nur von Brot. Der Hunger dauert schon den vierten Monat. Wir haben alles aufgegessen, was wir hatten, in einer großen Kommune, und alles war gut. Aber jetzt, wo wir überhaupt nichts mehr haben ...‹«

»Sie haben weiter zusammen gewohnt?«

»Ja. Aber jetzt kommt es zum Zerfall. Als wir nichts mehr hatten, begann der Zerfall, und alle gingen weg. Nur Mama und ich blieben zusammen, zu zweit. Zwar ging auch sie später zu Verteidigungsarbeiten, und ich wohnte kaserniert. Aber in der allerschwersten Zeit hab ich in der Fabrik gearbeitet, und wir haben trotzdem zu Hause gewohnt.«

»Sie waren damals zwanzig und Ihre Mutter?«

»Sie war fünfzig. Sie ist Jahrgang 1890. ›Sie haben keinerlei Lebensmittel ausgegeben. Im letzten Monat gab es noch ein paar Lebensmittel, dafür nur 250 Gramm Brot.‹ Also gab es schon im Dezember nur zweihundertfünfzig Gramm. Das war während der Blockade die geringste Ration für Arbeiter. Dann gab's dreihundertfünfzig. Aber wir hatten Arbeiterkarten, wir arbeiteten. ›Und die Lebensmittel sind wahrscheinlich sogar dieselben wie in der Hungerzeit damals 1918, ganz bestimmt.‹ Ich kann nicht entziffern, was hier steht. ›Das Brot ist sehr schlecht, mit verschiedenen Zusätzen. Aber jetzt gibt es nicht einmal das. Wir haben Großmutter auf dem Schlitten zum Friedhof gebracht und abwechselnd gezogen, ich, Mutter, Tanja und Schura. Dabei schleppten wir uns selber nur mühsam vorwärts. Mir ist rätselhaft, wie wir bei der Verpflegung überhaupt noch leben. Und einer hinter dem anderen – eine lückenlose Kette mit Toten, meistens ohne Särge. Aber das ist noch nicht alles. Ein Glück, wenn die eigenen Verwandten jemanden hinbringen, schlimmer ist, wenn ein ganzer Lastwagen voll beladen vorbeifährt, und die Toten ohne Kleidung, ohne Schuhe, jeder in dem, was er gerade hatte.‹ Sie haben die Menschen von der Straße aufgelesen. Da geht einer, fällt um, stirbt – und wird aufgeladen. Und dort auf dem Friedhof waren solche riesigen Massengräber. ›Sechs Lastwagen und drei Pferdefuhrwerke kamen, während wir dort waren, an – voller Toter. Ein unheimlicher

Anblick! Und wie viele sind schon hingebracht und noch nicht begraben worden! Die Arbeiter, die aus Fabriken und Betrieben hergeschickt wurden (denn nicht in allen Fabriken wurde gearbeitet), schaffen es nicht, Gruben auszuheben und sie zu begraben. Sie bestatten jetzt alle in einem gemeinsamen Grab, ohne Särge, aufeinandergeschichtet. Schon vor einem Monat, also am 19. Dezember, als wir Kolenka begruben ...‹ (Der kleine Sohn von meiner Schwester Schura, mein Neffe), ›... wurden die Gräber bereits außerhalb des Friedhofsgeländes, auf neuen Flächen gegraben. Und jetzt sind noch weiter weg Massengräber.‹

»Welcher Friedhof war das?«

»Der an der Ochta. In Bolschaja Ochta. Er besteht jetzt noch. Dort sind große Massengräber. Und dorthin haben wir Großmutter gebracht. Kolenka hatten wir noch auf unserer Grabstelle bestattet, wo unser Vater liegt, auf dem Georgijewskoje-Friedhof – so hieß er.

›22. Januar 1942. Es gibt kein Licht, kein Wasser, keinen Verkehr. Die Straßenbahnen fahren nicht. Selten nur kommen Autos vorbei. Dafür sehr viele Fußgänger mit Schlitten und Särgen, mit Toten. Das ist der einzige Verkehr in der Stadt. Die Läden sind alle geschlossen, nur die Bäckerläden und einige Lebensmittelgeschäfte sind geöffnet, aber leer und dunkel. Die Menschen sind alle aufgedunsen und sehen schrecklich aus, schwarz, schmutzig, dürr. Sieben Monate sind vergangen. Mir kommen sie wie sieben Jahre vor. Alle sind alt geworden. Die Jungen sehen ganz schrecklich und so alt aus – ein unheimlicher Anblick. Sehr viele Häuser sind zerstört. Wer hierher zurückkehrt, wird die Stadt wohl kaum gleich wiedererkennen. Aber das alles ist nicht so schlimm wie der Hunger. Damit hatten wir am wenigsten gerechnet, und nun ist es so gekommen. Hauptsache, wir stehen das alles durch! Dann werden wir jedes Stück Brot schätzen – nicht so wie früher, als wir es gar nicht würdigten. Jetzt hängt das ganze Leben von diesem Brot und vom Wasser ab. Zum Beispiel heute: Nirgends war Wasser aufzutreiben, also wurde kein Brot gebacken. Der Wasserturm ist zerschossen, so daß die Brotfabrik kein Wasser hatte und die Arbeit dort stockte, wir mußten bei dieser Kälte 4 Stunden nach Brot anstehen!

15. Februar 1942. Ein furchtbares Unglück – Mutter wurden die Brotkarten gestohlen. Das bedeutet den Tod. Bis zum Ersten ist es noch lange. Ohne Brot können wir unmöglich leben. Was sollen wir tun? Als ich von der Arbeit heimkam und Mutter es mir erzählte, wußte ich nicht, was ich tun sollte. In meiner Erbitterung hab ich sie ausgeschimpft und dann losgeheult. Aber das ändert schließlich auch nichts. Wir sind auf den Markt gegangen, haben 500 Gramm gekauft und dafür 150 Rubel bezahlt. Nur gut, daß es gerade welches gab. Aber schließlich ist es nicht möglich, jeden Tag auf dem Markt zu kaufen, dazu reicht das Geld einfach nicht. Gut wäre es, wenn sie noch irgendwelche anderen Lebensmittel ausgeben würden, wenn nicht, wird es sehr schwer, diese Zeit zu überstehen. Ich will alles verkaufen, das ganze Geld von mir und Fedja ausgeben, nur um durchzukommen. Wenn wir am Leben bleiben, können wir uns später alles wieder anschaffen. Hauptsache durchkommen! Es ist sehr schwer, aber was soll ich machen? Ich kann Mutter nicht böse sein. Wahrscheinlich ist das unser Schicksal.‹«

Jeder hatte seinen Retter

Wir haben viele Berichte aufgezeichnet, aus denen ersichtlich ist, wie die Menschen überlebten, obwohl sie allen objektiven Bedingungen zufolge, hätten sterben müssen. Eine der Frauen, Alexandra Michailowna Arsenjewa, hat dieses Wunder so formuliert: »Jeder hatte seinen Retter.« Und so war es wirklich. Nicht nur in dem Sinne, daß viele lediglich deshalb überlebten, weil jemand sie im kritischsten Moment auf der Straße aufhob, die verlorene Lebensmittelkarte zurückbrachte oder den letzten Bissen mit ihnen teilte. Es gab auch eine vielschichtigere Abhängigkeit.

Die Menschen blieben oft aus Liebe, aus Pflichtgefühl

und aus Zuneigung zu einem Kind, einem geliebten Menschen oder zur Heimatstadt am Leben.

Wie Soja Alexandrowna Jerschowa (Martynowskaja-Str. 19) es ausdrückt:

»Uns alle (nun, ob alle, weiß ich nicht) hat die Hoffnung, die Liebe gerettet. Ich liebte meinen Mann, mein Mann liebte seine Familie, sein Töchterchen. Er diente in der Nähe, er kämpfte. Und wenn wir uns setzten, um etwas zu essen, dann stand sein Foto bei uns, und wir warteten darauf, daß er zurückkäme. Und nur um der Liebe und dieser Hoffnung willen konnten wir alle überleben. Es war sehr schwer. Jetzt kann ich es mir gar nicht mehr vorstellen – wie wir es überstanden haben.«

Sie retteten sich, indem sie andere retteten. Und selbst wenn sie starben, so richteten sie auf ihrem letzten Weg noch jemanden auf. Und wenn sie überlebten – dann nur, weil jemand anders sie mehr brauchte als sie sich selbst. So erinnert sich A. M. Arsenjewa, daß sie ihr Leben Leuten verdankt, die sie retteten. Und nicht nur einmal.

»Wer mich gerettet hat? Kürzlich habe ich meine Retterin erst wiedergefunden, kann ich sagen. Sie hat mich damals ins Komsomolregiment gebracht. Ich fand sie rein zufällig: Sie kam zu einem Treffen von Schulfreunden aus dem Altaigebiet.

Und mein erster Retter? Ich kann mich nicht einmal an seinen Namen erinnern, aber ich weiß (wir waren im selben Betrieb), daß er Chauffeur war. Wen er gefahren hat, weiß ich nicht mehr, wohl aber, daß er Sascha hieß. Er war ein sehr sympathischer Junge. Und einmal kam er zu einer Frau und wollte seinen Neffen abholen. Er brachte ihr ein bißchen Trinkspiritus mit, etwas Buchweizengrütze und natürlich Holzscheite, zum Heizen. Sie saßen am Tisch und aßen irgendwelchen Käse, er sah aus wie Seife. Ich lag dort im Zimmer. Sascha sah zu mir und fragte: ›Wer ist das da?‹ – ›Wir haben sie bewußtlos gefunden. Bei einem Bombenangriff. Ich weiß nicht, wer sie ist.‹ Ich aber erkannte ihn und sagte mit ganz schwacher Stimme: ›Sascha!‹ Er blickte zu mir, trat heran und sagte: ›Alexandra Michailowna! Sind Sie's?‹ Ich sagte: ›Ja, Sascha!‹

Er ging dann zu unserer Arbeitsstelle (dort hatte man mich schon als vermißt gemeldet) und sagte, wo ich bin. Dann kamen sie und haben mich auf einem Schlitten nach Hause gebracht. Ich kriegte einen Krankenschein. Ich lag ja schon im Sterben! Aber unsere Mädchen waren tüchtig. Sie zogen mir das Kleid aus (ich hatte ein Kleid vom Newski 12* – goldgelb, aus Seide). Und wuschen das Kleid jedesmal (ich lag inzwischen völlig unbekleidet da) – und zogen es mir wieder an, wuschen es und zogen es mir wieder an. Jeder, der kam – alle wuschen mir das Kleid. So hatte ich stets etwas Sauberes an und keine Läuse. Im Betrieb war ich Hauptbuchhalter gewesen. Aber was war ich schon für ein Hauptbuchhalter, wenn ich nur ans Brot dachte? Ich hab auch meine kleine Tochter mit zur Arbeit genommen.«

Wieviel solche oder ähnliche Fälle gibt es! Jeder mag, für sich genommen, als Ausnahme erscheinen, aber wenn man mehrere hintereinander hört, begreift man, was dahintersteht.

»Ich gehe mit Larissa (der Tochter meiner Freundin Lena) über die Bawarski-Brücke, die beim ›Krasnaja-Bawarija‹, da tritt ein Matrose zu uns und sagt: ›Hier Kleine, das schenkt dir Onkel Wanja!‹ – und gibt uns eine Kilodose amerikanisches Büchsenfleisch. Wir schnell nach Hause, und dort haben wir zu viert alles weggeputzt, ohne es erst warm zu machen«, entsinnt sich Vera Iwanowna Pawlowa (Tosno, Borjarow-Str. Nr. 52).

Solche Fälle prägen sich in allen Einzelheiten ein. Ihr ganzes Leben lang werden sie daran denken, an die Bawarski-Brücke und auch an das Gesicht dieses unbekannten Matrosen, und wie sie das Büchsenfleisch aßen, das sie vielleicht rettete, Larissa und auch Kolja, heute erwachsene Menschen, die selbst Kinder haben. Und wenn

* bekanntes Modeatelier in Leningrad

W. I. Pawlowa ihre Freundin Lena besucht, die inzwischen Larissas Kinder hütet, erinnern sie sich an den Matrosen auf der Bawarski-Brücke, und er ist auch für die Enkel ein Begriff, obwohl sie ihn nie gesehen haben.

»Ende November verloren wir die Brotkarten«, schreibt uns Sinaida Wladimirowna Ostrowskaja. »Wir hatten überhaupt keine Vorräte, der Verlust hätte uns zum Verhängnis werden können. In der Nachbarwohnung lebte Familie Iwanenko. Außer vier Erwachsenen war dort auch noch die Familie der Schwiegertochter aus Luga mit drei Kindern hängengeblieben. Die jüngste Tochter von Frau Iwanenko, Irina, war mit einem Kapitänleutnant verheiratet gewesen, der bereits in den ersten Kriegstagen gefallen war.«

So entsteht eine Kette von Rettern und Geretteten: Matrosen, die selbst mit einer halben Hungerration auskommen müssen, bringen der Familie des gefallenen Genossen von Zeit zu Zeit ein paar Lebensmittel (»Damals wurde alles in Gramm berechnet«), und etwas fällt in einem für die Nachbarn kritischen Moment auch für sie ab. (»Valentina Iljinitschna Iwanenko brachte uns ein Glas Reis. Man kann sich heute unmöglich vorstellen, was das damals bedeutete. Dabei hatte sie selbst 8 hungrige Mäuler zu stopfen. Ich werde das mein Lebtag nicht vergessen. Von ihrer Familie sind nur Irina und die Schwiegertochter mit den Kindern am Leben geblieben, die im Februar evakuiert wurden.«)

Ein unbekannter, fremder Soldat rettete auch Maria Jerschowa. Er kam in ihre Sprechstunde in die Poliklinik und klagte über eine Magenverstimmung. Sie fragte, was er gegessen habe. Er sagte – Pferdefleisch.

»Ich war sonst immer sehr schüchtern, aber diesmal bat ich zum erstenmal, ob er mir nicht auch welches besorgen könne. Er sagte: ›Frau Doktor, was sagen Sie da? Wollen Sie wirklich Pferdefleisch essen?‹ Er ließ sich meine Anschrift geben und brachte mir ein großes Stück. Ich habe es dann mit den Nachbarn geteilt.«

Sie erzählte es mit Staunen. So viele Jahre ist das nun schon her, und noch heute muß sie sich darüber wundern, vielleicht sogar mehr als damals. Dann überlegte sie und entsann sich, daß es noch jemanden gab, der sie ohne jede Gegenleistung rettete und etwas ganz anderes mit ihr teilte.

»Ich erhielt schon eine Arbeiterkarte. Und dennoch verkaufte ich alles Entbehrliche auf dem Markt. Mein Gehalt war für die damalige Zeit recht anständig, schließlich war ich Ärztin. Und ich konnte doch alles für mich verbrauchen. Meine Kinder waren weggebracht worden. Und dennoch ging's langsam mit mir zu Ende. Da rettete mich die Nachbarin. Sie lebt nicht mehr. Aber ich treffe mich öfter mir ihrer Tochter Alla. Einmal bin ich einfach nicht zum Dienst gegangen – ich konnte nicht. Da entdeckte meine Nachbarin, daß ich zu Hause lag und nicht aufstehen konnte. Ich hatte nichts zu essen. Und geheizt hatte ich auch nicht mehr. Sie nahm mich zu sich. Wir wohnten in einer Wohnung. Polina war etwas kräftiger. Sie sammelte überall Holz, zerkleinerte es und heizte. Ihre Tochter war sechs Jahre, glaube ich. Sie sorgte, daß wir es warm hatten, und machte auch Tee.

Ich bekam in dieser Zeit eine Lungenentzündung. Da ging sie auf den Markt und tauschte dort schwarzes Brot gegen etwas Süßes ein. Einmal hob ihr ihre Tochter ein Stück Brot auf – sie wollte es nicht allein essen. Die Kleine mochte ihre Mutter sehr. Polina Georgijewna aß dieses Brot lange nicht, sondern hob es auf. Schließlich aß sie es doch.«

Niemand hat es fertiggebracht, auch nur ein winziges Stück jenes Leningrader Brotes zum Andenken aufzuheben. Wie teuer, wie heilig es auch war!

Wir forschten weiter: »Warum hat die Nachbarin Sie zu sich genommen? Was hat sie dazu veranlaßt?«

Frau Jerschowa denkt nach. Zuerst antwortete sie: »Wir wohnten in derselben Wohnung.« Dann sagte sie: »Wir waren befreundet.« Dann erkennt sie das Wichtigere: »Wir sind heute noch befreundet. Und meine Enkelkinder sind mit ihren Enkeln befreundet, sie besuchen sie, oder die anderen kommen her.«

In den schon lange bestehenden, tief verwurzelten Arbeitskollektiven, sagen wir, des Kirow-Werks, der Öffentlichen Bibliothek, der Metallfabrik, und bei der Miliz ist die Reputation der Blockadejahre gleichsam der Garant für Anständigkeit.

Die Historikerin Tatjana Nikolajewna Tokarewa entsinnt sich glücklicher Augenblicke ihres Lebens während der Blockade, in denen sie dasselbe erlebte – menschliche Hilfsbereitschaft, Anständigkeit und Güte, die einem entgegengebracht wurden oder die man selbst jemandem zuteil werden ließ.

»Wir hatten keinen eisernen Ofen. Eine Wohnung hatten wir, aber keinen eisernen Ofen, nur einen großen, in dem wir klassische Lexika und dergleichen verheizten. Sie wollten nicht recht brennen, aber immerhin, wir heizten. Und eines Tages gingen wir mit unserem Brot die Straße entlang. Kurz gesagt, Mutter und ich hatten gerade welches geholt, und da kommt uns ein Ofensetzer entgegen und trägt einen Ofen. Wir fragen ihn, wie's denn wäre. Er darauf: ›Der hier ist schon verkauft, aber wenn ihr wollt, gehen wir zu mir.‹ Das taten wir. Es war auf dem Beljowskoje-Feld. Wir gingen mit in seine Wohnung. Er hatte acht Kinder.

Außerdem war noch seine Nichte da, und die Hälfte der Kinder lag im Grunde schon vor Hungerschwäche, sie standen nicht mehr auf und waren sehr schwach. Er selber lief noch herum, seine Frau auch. Und so gab er uns diesen eisernen Ofen. Dabei hatten wir eigentlich zu Hause nichts mehr verloren, dort lag unser Vater, er war tot, und wir konnten ihn nicht begraben, konnten nichts ausrichten. Da sagte der Ofensetzer: ›Wißt ihr was? Wir haben es hier warm, bleibt bei uns. Ihr habt nichts zu essen, und wir haben nichts zu essen, dafür ist es bei uns warm.‹

Und wir blieben. Meine Mutter und ich blieben dort. Er machte uns ein Lager auf dem Fußboden, wo auch seine Kinder lagen, acht an der Zahl. Seine Frau holte aus einem zerstörten Haus in der Nähe Brennholz, und das eiserne Öfchen brannte die ganze Zeit. Alle lagen in einer Reihe. Worüber sollten wir sprechen, wenn nicht über schmackhafte Gerichte? Und die Unterhaltung dauerte sehr lange – die ganze Nacht. Und wir blieben drei Tage bei ihm.

Wir blieben. Und dann beschlossen wir, nach Hause zu gehen, um nach der Post zu sehen.«

»Von wem erwarteten Sie denn welche?«

»Mein Mann war an der Front. Außerdem wollten wir die Zeitungen durchsehen und so weiter. Wir kommen nach Hause – keine Zeitungen da. Aber das klärt sich schnell, die Nachbarn von gegenüber erzählen: ›Da ist ein Soldat gekommen und hat sie mitgenommen. Wir haben ihm gesagt, Sie wären gestorben, weil Sie sich drei Tage nicht haben blicken lassen.‹ (Das war damals so: Wenn sich jemand drei Tage nicht blicken ließ, galt er als tot.) ›Er hat aber gesagt, daß er noch mal vorbeikommt.‹ Wie sich später herausstellte, war das mein Mann gewesen. Er war, natürlich ohne vorherige Ankündigung, von der Front gekommen, mit einem Sack auf dem Rücken. Mit Kondensmilch, Hirse und so weiter. Das erste, was wir beschlossen, war, zu diesem Ofensetzer zu gehen. Es war ganz spontan. Natürlich nahmen wir ihm was zu essen mit.

Und wir blieben bis zum Abend dort. Vielleicht klingt die Geschichte ein bißchen sentimental. Der Ofensetzer freute sich sehr. Er war ein kluger, interessanter Mann. Ich möchte sagen, er gehörte zu den Menschen, die erst kürzlich vom Land gekommen waren, sie waren wirklich vom Land. Das sind gewöhnlich große Familien. Er hatte acht Personen zu versorgen. Na, die Zeit verging. Meine Mutter unterrichtete in einer Schule. Nach der Blockade kehrten wir nach Leningrad zurück – das muß so sechsundvierzig gewesen sein –, und natürlich ging sie wieder zurück an ihre Schule (im Wolodarski-Stadtbezirk). Plötzlich kommt da ein Junge zu ihr und sagt, daß … na, etwa wie: ›Ich freue mich sehr, Sie zu sehen.‹ Und: ›Mein Vater hat viel von Ihnen erzählt.‹ Und dann hörten wir, wie es der Familie des Ofensetzers ergangen war: Der Vater und vier seiner Kinder waren gestorben. Nur vier Jungen waren am Leben, ein Teil der Familie also.

Es war sehr rührend, daß man sich in dieser Familie an uns erinnert hatte und überhaupt an diese ganze Geschichte – daß wir zu ihnen gekommen und geblieben waren, mit ihnen gesprochen hatten, sie uns gleichsam in ihre Familie aufgenommen hatten, weil wir so unglücklich und in einer ganz entsetzlichen Lage waren – rührend war das alles. Ich möchte hier nicht weiter ins einzelne gehen.«

Man lernte andere und sich selbst von der besten Seite kennen. Natürlich enthüllte das Blockadeleben auch die verborgensten Mängel des Menschen, die im normalen Leben in Friedenszeiten oft durch schöne Reden, Versicherungen und die Fähigkeit, zu beeindrucken, sich als Seele von Mensch hinzustellen, getarnt werden. Man erlebte jedoch auch das Gegenteil. An Stelle von Wortkargheit, Verdrossenheit, Jähzorn und Unhöflichkeit traten plötzlich große Hilfsbereitschaft und Zärtlichkeit, Liebe und starkes Mitgefühl.

Die Mitarbeiterin der Ermitage, Olga Ernestowna Michailowa, berichtet:

»Die Blockade hat uns so fest miteinander verbunden, daß wir diese Bande bis heute nicht lösen können. Sie legte das Innerste des Menschen bloß, die Leute schienen jetzt alle Hüllen fallengelassen zu haben. Man konnte bei einem Menschen sofort alle positiven und negativen Seiten erkennen. Der gute Kern, die guten Eigenschaften traten jetzt deutlich hervor. Ich kann Ihnen von Anna Pawlowa Sultan-Schah erzählen, die in der Orient-Abteilung arbeitete. Sie arbeitet auch jetzt noch. Seit über fünfzig Jahren arbeitet sie in der Ermitage. Sie hat für die Ermitage kolossal viel geleistet. Und während der Blockade kümmerte sie sich um die älteren Mitarbeiter.«

»Wie alt war sie damals?«

»In den mittleren Jahren. (Sie ist jetzt über achtzig.) Wie hat sie sie umsorgt, wie hat sie sich bemüht, sie vor Unheil zu bewahren (na, das klingt jetzt etwas pathetisch, aber man kann das wirklich nur so ausdrücken)! Sie hat ihnen heißen Tee besorgt, hat sie immer wieder besucht, wenn sie nicht zur Arbeit kamen – für sie Brot eingekauft und ihnen geholfen, das eine oder andere zu tun. Dabei war sie selber in keiner besseren Verfassung als alle anderen. Sie hatte keine extra Verpflegung und arbeitete auch wie alle. Erstaunlich, daß sie noch heute wie damals ist. Dabei könnte man sie vom Äußeren her für etwas rauh halten und nicht ohne weiteres für so gutherzig. Wenn ein Mensch schlechte Anlagen hatte, dann blieb er schlecht, vielleicht wurde er sogar noch schlechter. Ein habgieriger Mensch trachtet bestimmt danach, auf Kosten anderer zu überleben. Wer aber kein Egoist war, tat das nicht, er teilte den letzten Bissen.«

Die Ihnen bereits bekannte Taissija Wassiljewna Meschankina versuchte leidenschaftlich, uns davon zu überzeugen (sie selbst war überzeugt), daß sie die blauen Augen eines Mädchens, das ihr immer auf dem Hof entgegenrannte (das Töchterchen der Nachbarin) – unbedingt von damals, aus der Blockadezeit kannte. *Nicht solche ähnlichen, sondern genau solche* Augen hatte ein kleines Mädchen gehabt, das sie im Schnee aufgelesen hatte.

»Etwa dreißig Schritt vor mir geht eine Frau, gefolgt von einem kleinen Mädchen. Die Kleine fällt hin und bleibt zurück. Sie muß etwa fünf Jahre alt sein. Ich gehe auf der Seite, wo die Fabrik ›Progreß‹ steht. Meine kleine Tochter ist dort im Kindergarten. Das Mädchen aber fällt immer wieder hin, steht auf und schleppt sich an der Mauer entlang weiter. Die Frau aber (vielleicht ist es genauso eine

Großmutter, wie ich es bin) blickt sich nach ihr um und geht weiter. Warum nimmt sie das Kind nicht an die Hand? Ich konnte es nicht länger mit ansehen. Überquerte die Straße (das Haus Nr. 13 steht gegenüber dem Kindergarten) und nahm das kleine Mädchen bei der Hand. Sie sah mich an. Sie hatte besonders schöne Augen. Ein kleines Mädchen in grauem Pelzmantel und mit grauer Pelzmütze. In der schlimmsten Kälte. Ich weiß nicht, woher ich auf einmal die Kräfte nahm. Ich nahm das Kind auf den Arm und trug es in den Kindergarten, wo auch meine Kleine war.

Nina Nikolajewna fragte mich: ›Wo haben Sie das Mädchen her?‹

›Nina Nikolajewna! Ich konnte einfach nicht vorbeigehen.‹

Kaum hab ich sie hereingetragen, sagt sie: ›Ich hab Hunger!‹

Es roch nach Suppe und Brot. Ich sagte: ›Nina Nikolajewna! Ich konnte nicht anders, entschuldigen Sie! Knapsen Sie etwas von der Ration meines Kindes ab und nehmen Sie das kleine Mädchen auf.‹

Ich weiß nicht, warum ich nicht mehr vermochte, aber ich hab nichts weiter getan, nur eben das.«

•

Kehren wir jedoch von bekannten Menschen zu den anderen, den unbekannten, denen man zufällig begegnet, zurück.

Wer war es, der der Arbeiterin Lidija Georgijewna Ochapkina half, den Schlitten mit den Sachen zu ziehen, vor allem aber – mit einem Paket, in dem Lebensmittel waren, die ihr Mann von der Front geschickt hatte?

Lidija Georgijewna Ochapkinas Geschichte ist ein besonderes Kapitel, und ungern nur zerstören wir seine Geschlossenheit, aber das Beispiel paßt sehr gut hierher.

Der Abend brach an. Sie war den ganzen Tag unterwegs gewesen, zog den Schlitten hinter sich her, hatte die Formalitäten für die bevorstehende Abreise, die rettende Evakuierung, erledigt und wollte jetzt heimkehren, von der Tschaikowskistraße zur Wassiljewski-Insel:

»Den Koffer und das Paket zu ziehen fiel mir sehr schwer, meine Kräfte waren erschöpft. Sobald es dunkel wurde, war kein Mensch mehr auf den Straßen von Leningrad. Die Straßen waren öde und still, Schneegestöber erschwerte das Gehen. Auf Fahrbahnen und Gehsteigen lag Schnee. In jenem Winter räumte ihn niemand. Meine Füße versanken im Schnee, ich konnte sie kaum bewegen. Immer wieder blieb ich, schwer atmend, stehen. Ich war pitschnaß und spürte, wie mir der Schweiß über Gesicht und Rücken rann. Dann begann ich, die Schritte zu zählen. Eins, zwei, drei, so bis zehn, dann blieb ich stehen und ruhte mich aus. Wieder: Eins, zwei, drei, und wieder blieb ich stehen. Ich kam mir wie ein völlig erschöpftes Pferd vor, das man mit der Peitsche schlägt, ohne daß es sich vom Fleck rührt. Einmal blieb ich stehen, um zu verschnaufen, da konnte ich mich überhaupt nicht mehr bewegen. Ich fiel auf meinen Schlitten und überlegte voll Entsetzen, was ich tun sollte. Es war ein Uhr nachts. Auf der Straße keine Menschenseele. Ich fuhr die Uferstraße an der Newa entlang, weit entfernt von den Häusern. Ich fürchtete, jemand würde mir in einem Hauseingang auflauern, mich ermorden und mir das Paket wegnehmen. Dann würden meine armen Kinder lange um mich weinen und schließlich sterben, weil ich nicht heimkam. Diese Gedanken zerrissen mir das Herz. Sie hatten schon seit acht Uhr morgens nichts zu essen bekommen und waren jetzt allein in dem kalten, ungeheizten Zimmer, im Dunkeln. Ich aber war hier auf der Straße und konnte einfach nicht zu ihnen gelangen. Was tun? Was? Bei jemandem anklopfen und um Hilfe bitten? Ich blickte mich um – überall Dunkelheit. Wer ist auch schon nachts unterwegs? Man würde mich doch nur erschlagen und alles an sich nehmen. Nein, ich mußte allein weiter. Ich ruckte den Schlitten ein bißchen weiter. Wieder zählte ich: Eins, zwei … Plötzlich kam von irgendwoher eine Frau, trat zu mir und sagte: ›Ich helfe Ihnen.‹ Ich freute mich. Sie nahm den Strick, zog und sagte mir, ich sollte von hinten schieben. Ich konnte ihr nicht folgen. Sie zog den Schlitten allein. Schon befürchtete ich, sie würde ihn wegschleppen. Ich rief: ›Bleiben Sie stehen, warten Sie!‹ – aber sie zog ihn weiter, ohne sich umzublicken. Ich wollte ihr nachlaufen, fiel jedoch sofort hin. Während ich lag, dachte ich: So, jetzt fährt sie ihn weg, und ich erfriere hier. Ich blickte auf – sie war weg. Ich stand auf und ging langsam weiter, da sah ich meinen Schlitten stehen, und alles lag noch drauf, wie es gewesen war. Ich freute mich und dachte: Vielen Dank, vielen Dank! Dann nahm ich den Strick und zog den Schlitten allein weiter. Ich kam an die Litejny-Brücke und wollte hinüber. Ich bekam kaum Luft, atmete schwer, war völlig naß, und mein Herz hämmerte. Aber die Brücke wurde bewacht. Zwei Soldaten mit Gewehren standen da und ließen mich nicht hinüber. Wie habe ich gebettelt, gefleht, geweint! Sie sagten immer nur: ›Es geht nicht!‹ und rieten mir, über eine andere Brücke zu fahren. Aber ich konnte nicht mehr, hatte einfach keine Kraft mehr. Hier neben dem Schlitten würde ich erfrieren. Also würde wieder nichts aus unserer Abreise werden. Damals war mein kleiner Junge verlorengegangen, diesmal konnte ich nicht weiter. Völlig entkräftet und einsam stand ich da, kein Mensch war auf der Straße, ich lag halb auf dem Schlitten auf der einen Seite der Newa, und meine Kinder waren auf der anderen. Ob sie noch lebten? Vielleicht waren sie schon gestorben, nachdem sie in dem kalten, dunklen Zimmer vor Hunger nach mir geschrien hatten? Bei diesem Gedanken sprang ich wie von der Tarantel gestochen auf. Ich mußte mit dem Schlitten den Pfad auf der Newa entlanggehen, aber er war vom Schnee zugeweht, und ich konnte ihn nicht finden. So ließ ich den Schlitten auf der Uferstraße stehen, kletterte hinunter und versuchte, dort ein Stück entlangzugehen, versank jedoch sofort bis zu den Knien im Schnee. Ich kletterte wieder hinauf. Da sah ich plötzlich einen Lastwagen kommen. Ich rief: ›Helft mir!

Helft!‹ Der Wagen hielt. Man fragte mich, was los wäre. Ich erklärte es. Es war ein Militärlastwagen. Ein Soldat lud meinen Schlitten auf und half mir einsteigen, und wir fuhren los. Wir fuhren nicht lange. Aber das Wichtigste war – sie brachten mich über eine andere Brücke hinüber. Dann mußten sie in eine andere Richtung abbiegen. Sie hatten einen Auftrag zu erledigen. Ihren besorgten Gesichtern konnte ich entnehmen, daß sie sich nicht länger um mich kümmern konnten. Dennoch bin ich ihnen sehr dankbar. Dann ging ich Schritt für Schritt weiter und erreichte endlich unser Haus. Da war es bereits drei Uhr morgens.«

Im Grunde ist Lidija Georgijewna Ochapkinas Geschichte eine ganze Kette ähnlicher Hilfeleistungen und Beistandsaktionen, eine Kette, die sie weiterzog und ins Leben zurückführte.

Jeder hatte seinen Retter. Sie traten aus der Dunkelheit der froststarren Straßen, gingen in die Wohnungen und zogen andere unter Trümmern hervor. Sie konnten nichts zu essen geben, sie hungerten selbst, aber sie sagten ein paar Worte, hoben jemanden auf, stützten ihn und reichten ihm die Hand. Sie erschienen in der letzten, kritischen Minute, da der Mensch, der an der Mauer lehnte, zusammensank, sich auf eine Stufe einer Hauseinfahrt setzte und nicht mehr die Kraft hatte, aufzustehen.

»Ich erinnere mich an folgendes«, erzählte Nil Nikolajewitsch Beljajew. »Januar und Februar zweiundvierzig war ich eine Zeitlang krank geschrieben. Ich ging jeden Tag in die Poliklinik. Dort erhielt ich dann die Genehmigung, zur Arbeit zu gehen. Natürlich konnten sie mir nicht helfen, ich hatte mich nur etwas ausruhen können. Das Problem bestand darin, daß ich nicht nur eine Erkältung hatte. Mich quälte damals eine Nierensache. Ich hatte mir beim Bau von Verteidigungsanlagen, beim Schützengrabenausheben, erst eine Nierenentzündung geholt, und dann bekam ich auch noch Nierensteine und dauernd Nierenkoliken. Und das ist was – wenn Sie das noch nicht kennengelernt haben, dann wünsche ich es Ihnen auch nicht. Es ist schrecklich. Im Januar überkam mich das zum erstenmal, und ich wurde krank geschrieben. Nachdem ich mich ein bißchen erholt hatte, beschloß ich, noch am gleichen Tag von der Poliklinik aus zum Dienst zu gehen und nachzusehen, was dort los war, weil ich wußte, daß zu dieser Zeit fast niemand mehr auf Arbeit war. Ich arbeitete zu der Zeit mit meinem Kollegen zusammen – einem wirklich guten Freund, dem schon etwas älteren Dmitri Iwanowitsch Worobjow. Und ich wollte ihn besuchen und hören, wie die Dinge standen, weil es für einen allein dort schwierig war.«

»Wo haben Sie gearbeitet?«

»Beim Rundfunkkomitee. Das war hier auf der jetzigen Malaja-Sadowaja-Straße. Damals hieß sie noch Straße des Proletkults. Es war so um drei oder vier Uhr nachmittags. Im Februar, am achtundzwanzigsten Februar zweiundvierzig. Noch ehe ich den Moskauer Bahnhof erreicht hatte, spürte ich, daß ich es nicht schaffen würde. Gegen Abend hatte solcher Frost eingesetzt, daß ich mir sagte: Jetzt fällst du um und erfrierst. Ich wollte umkehren. Tat es auch, ging am Suworow-Prospekt vorbei und war schon ganz in der Nähe meines Hauses – ich wohnte auf dem Newski, Nr. 105. Und das passierte etwa vor der 101. Ich lehnte mich an die Hauswand, um zu verschnaufen. Ich lehnte mich an, um nicht zu fallen. Dort standen solche mit Sand und Erde gefüllten Kästen, die die Schaufenster der Geschäfte schützen sollten. Ich dachte: Wartest hier ein bißchen, bis du wieder bei Kräften bist, nach rechts oder links kannst du nicht fallen, weil dich da die Kästen halten. Aber dann spürte ich – es war ein Fehler gewesen, stehenzubleiben. Lieber hätte ich mich zusammennehmen und mich irgendwie weiterschleppen sollen. Denn man brauchte nur stehenzubleiben und den Beinen etwas Ruhe zu gönnen – sofort versagten sie den Dienst! So stand ich in schmerzliches Grübeln versunken. Was sollte ich tun?

Am erbärmlichsten erschien mir, daß das übernächste Haus schon meins war! Ich lehnte an der 101, also noch die 103, und ich würde bei der 105 sein. Aber leider war der Newski fast menschenleer, einige dystrophische Gestalten schleppten sich dahin. Zu meinem Glück aber kam eine Frau vorbei. Sie war noch ziemlich jung und offensichtlich in besserer Verfassung als ich. Sie fragte: ›Was haben Sie, Bürger?‹ Ich antwortete: ›Was? Ich stehe hier und kann nicht weiter. *Dabei ist mein Haus nebenan.*‹

Und dieser Umstand, daß ich *nebenan* sagte, hatte eine positive Wirkung. Hätte ich weiter weg gewohnt, so hätte sie sich natürlich nicht um mich gekümmert. Aber da es das übernächste Haus war, sagte sie: ›Dann versuche ich jetzt, Sie hinzubringen. Ist bei Ihnen jemand zu Hause?‹ Ich sagte: ›Ja, meine Mutter muß da sein.‹ (Sie lebte damals noch.) So faßte sie mich unter. Ich legte ihr den Arm um die Schulter. Ganz langsam schleppten wir uns zu dem Haus. Sie hob mich buchstäblich bis zum dritten Treppenabsatz die Stufen hoch. Und klingelte. Natürlich mit dem Klingelzug, sie drückte nicht auf den Klingelknopf. Zu der Zeit gab es längst keinen Strom mehr. Ich wanderte so aus ihren Armen in die meiner Mutter. Die war zuerst sehr erschrocken. Was sollte das bedeuten? Sie dachte, mir ginge es ganz schlecht. Aber als ich in der Wohnung war, sah sie, daß ich mich in demselben Zustand befand wie schon die ganzen Monate. (Ihr ging es zu dieser Zeit ein wenig besser als mir.) Und sie freute sich und bedankte sich bei der Frau. Die Tür schloß sich. Als wir uns ein wenig besonnen hatten, überlegten wir: Was sollte das, ich hatte gar nicht gefragt, wer die Frau war und woher sie kam. War sie von hier? War sie von irgendwoher zugezogen oder Leningraderin? Denn ich wollte sie später aufsuchen und mich bedanken, da sie mir buchstäblich das Leben gerettet hatte. Aber damals bestand, offen gesagt, sehr wenig Hoffnung darauf. Deshalb zerbrach ich mir nicht weiter den Kopf. Ich sagte mir, ich würde ja doch nicht durchkommen, und vielleicht war sie genauso schwach wie ich, da würde ich sie ohnedies nicht wiedersehen.«

Was ist einfacher und natürlicher, als einem anderen Menschen zu helfen, aufzustehen, und ihn nach Hause zu geleiten? Wenn das heute nicht geschieht, dann nur aus schändlicher Gleichgültigkeit, Gefühlskälte oder gemeinem Egoismus. Niemand kann sich heutzutage vorstellen, daß ein Mensch einfach aus Kraftlosigkeit vorübergeht, daß er zu schwach ist, die Hand auszustrecken oder sich zu bücken. Und es will einem nicht in den Kopf, daß jemand helfen möchte – und nicht dazu imstande ist. Eine Vorstellung davon, wie schwierig das war, erhält man am ehesten nicht aus den Berichten derjenigen, die geholfen haben, sondern jener, die nicht helfen konnten. Denn sie offenbaren uns, welche übermenschlichen Anstrengungen eine solche scheinbar höchst einfache Gefühlsregung kostete.

Die ehemalige Straßenbahnfahrerin Warwara Wassiljewna Semjonowa:

»Einmal kam ich von der Petrograder Seite. Da erblickte ich einen alten Mann, der zusammengebrochen war. Wissen Sie, man sah ihm an, daß er ein stattlicher, gesetzter Mann war. Und nun lag er da. Er konnte nicht schreien, machte nur Zeichen mit den Händen. Ich trat zu ihm. Aber wie weiter? Ich allein konnte nichts ausrichten. Fußgänger gingen vorüber, immer wieder. Alle sahen so schrecklich aus, als brauchten sie selber jemanden, der sie stützte, wissen Sie. Ich ging weiter, und vor mir ging eine Frau. Auch sie fiel hin. Sie war so schmächtig! Sie hab ich noch irgendwie wieder auf die Beine gebracht. Sie half selber etwas dabei, und so stellte ich sie auf. Sie bat: ›Führ mich doch zu dem Hauseingang dort.‹ Ich sagte zu ihr: ›Nein, meine Liebe! Sei froh, daß ich dich aufgehoben hab. Ich bin selber nahe daran, umzufallen, und mich wird niemand aufheben. Ich hab dir aufgeholfen, jetzt geh allein weiter!‹ Aber es war glatt! Nicht nur, daß niemand streute, sie hackten auch das Eis nicht weg. Das war's.«

»Und wohin gingen Sie?«

»Ich war auf der Krestowskaja. Damals gingen alle zu Fuß. Weshalb ich unterwegs war? Wir hatten kein Brennholz mehr. Und mein Bruder war Schneider, und er hatte so einen langen Tisch, einen Arbeitstisch. Aus ganz dicken Brettern. Ich schleppte sie nacheinander von dort zu uns. Auch mein Enkel ging los und brachte immer wieder ein paar Stöckchen. So haben wir die ›Burshuika‹ geheizt und Brot darauf getrocknet. Jeder hatte seinen Platz. Ging einer weg, setzte sich der nächste hin. Wir mußten das Brot trocknen.«

»Warum?«

»Wir glaubten, das wäre günstiger. Wir legten das Dörrbrot in eine kleine Schüssel, gossen heißes Wasser darauf, taten Salz dazu und ein bißchen Pfeffer, und dann tranken wir das Wasser. Dann tranken wir noch eine Schüssel und aßen danach das aufgeweichte Brot als zweiten Gang. Das hatte sich bei uns so eingebürgert, daß wir auch nach der Blockade so aßen – zuerst das Flüssige vom Teller und dann das Dicke.«

Es gab auch Gefühllosigkeit, es gab auch Roheit; Lebensmittelkarten wurden gestohlen, jemandem das Brot aus der Hand gerissen, Sterbende gefleddert (»Sterben willst du? Bitte sehr! Doch vorher gib die Karte her!«), alles mögliche kam vor, aber nicht das ist erstaunlich, sondern wie viele auf ähnliche Weise gerettet wurden wie der Bürger Beljajew! Solche Berichte haben wir jede Menge gehört. Wieviel solche unbekannten Passanten gab es! Sie verschwanden, nachdem sie einem Menschen das Leben zurückgegeben, ihn von dem verhängnisvollen Abgrund zurückgezogen hatten; sie verschwanden spurlos, und das schon dahindämmernde Bewußtsein konnte nicht einmal die Gesichtszüge des Retters festhalten.

Man möchte meinen, für die unbekannten Passanten bestand weder die Verpflichtung zu helfen, noch waren verwandtschaftliche Gefühle der Anlaß, noch erwarteten sie Ruhm oder Entgelt. Mitleid? Aber ringsum herrschte der Tod, und man ging gleichgültig an Toten vorüber und wunderte sich über die eigene Gefühlskälte. Die meisten sagen von sich: Der Tod der nächsten, liebsten Angehörigen berührte einen nicht mehr, im Organismus hatte ein Schutzsystem zu wirken begonnen, nichts wurde mehr aufgenommen, die Kraft reichte nicht, sich dem Schmerz hinzugeben. Und dennoch reagierten sie. Ein anderes Gefühl verstärkte sich – das der staatsbürgerlichen Pflicht, außerdem weckte die Frontstadt soldatische Hilfsbereitschaft. Jeder fühlte sich in gewissem Maße als Frontsoldat, er half nicht einfach einem zusammengebrochenen Passanten, sondern einem Kampfgefährten. Die Armee kämpfte ganz in der Nähe, irgendwo am Straßenbahnaußenring, und die Gesetze soldatischer Ehre wurden zu Gesetzen für die ganze Stadt.

»... In jeder Wohnung lagen Tote. Wir fürchteten nichts mehr. Hätten Sie früher eine solche Wohnung betreten? Es ist doch unangenehm, wenn man dort Tote ... Unsere ganze Familie war gestorben, und sie lagen hier. Später erst haben wir sie in den Schuppen gebracht!« (M. J. Babitsch)

»Dystrophiekranke haben keine Angst. An der Akademie der Künste legte man am Ufer der Newa Tote ab. Ich kletterte gelassen über den Leichenberg. Ich hatte gedacht, je schwächer der Mensch ist, desto grauenvoller ist ihm alles, aber nein, die Angst war gewichen. Wie hätte ich reagiert, hätte sich das in Friedenszeiten ereignet – ich wäre vor Entsetzen gestorben. Und auch jetzt: Ist kein Licht im Treppenhaus, fürchte ich mich. Kaum hatten die Menschen wieder zu essen, war auch die Angst wieder da.« (Nina Iljinitschna Lakscha)

Der unbekannte Passant ist ein Beispiel für den Massenaltruismus der Blockade. Er offenbarte sich in kritischen Ta-

Veronika Alexandrowna Opachowa mit den Töchtern Lora und Dolores

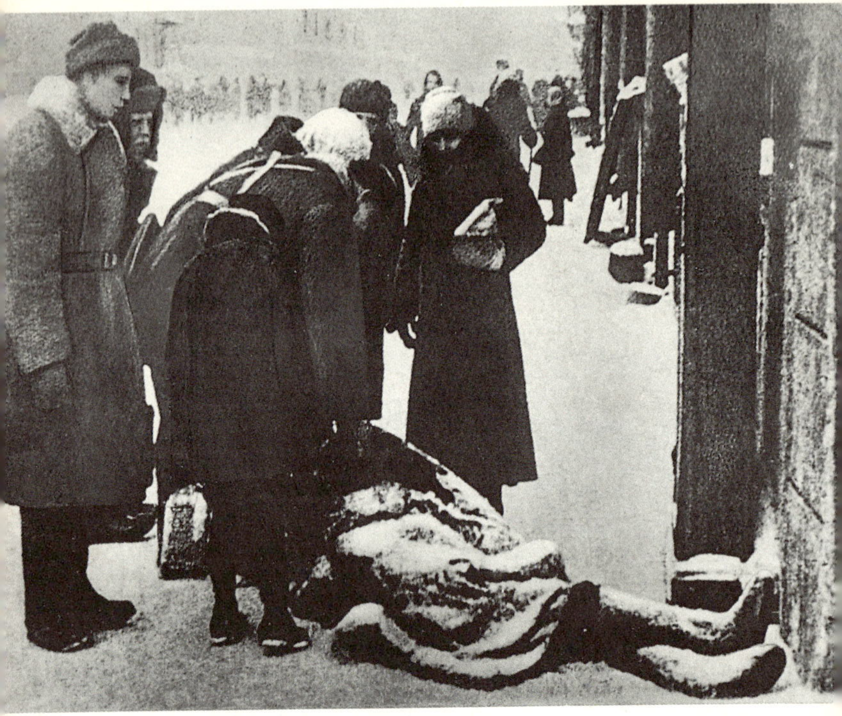

Gegenüber: *Kinderzeichnungen*

Vera Nikolajewna Loboda – obere Reihe rechts – mit Angehörigen (1936)

30-92
ЛЕ 41-30

Evakuierung der Leningrader Bevölkerung (1941)

2-69-25

oben: Ausstellung von Beutewaffen (1941)
unten: Sowjetische Panzer auf dem Weg zur Front

gen, unter kritischen Umständen, aber desto aufrichtiger war er.

Die meisten Retter sind unbekannt geblieben. Einige aber wurden ausfindig gemacht. In den Berichten, die im Grunde nur ein Schicksal beschrieben, das eine genauere Untersuchung, eine ausführlichere Geschichte verdient hätte, traten ihre Züge zunächst schwach und zufällig hervor.

Erst nannten sie ihn Nikolai Iwanowitsch. Ich glaube Lebedew. Wahrscheinlich Lebedew. Das kindliche Erinnerungsvermögen ist unzuverlässig. Irina Kirejewa (heute Mitarbeiterin der Ermitage) war damals vierzehn Jahre alt. Sie hat keine Ahnung, wieviel Kinder in dem von Lebedew eingerichteten Behelfskrankenhaus waren. Er streifte durch den Dzierżyński-Stadtbezirk und sammelte entkräftete kleine Kinder auf, er mühte sich rastlos und beschaffte für sie kleine Zusatzrationen.

»Wir wurden gerettet, weil meine Kusine und ich in Nikolai Iwanowitschs Krankenhaus lagen. Er füllte absolut alle Räume, die beheizbar waren. Ich entsinne mich noch, wie man die Kinder brachte, sie konnten oft schon nicht mehr essen, so entkräftet waren sie. Mich setzte auch in Erstaunen, wie die Kinder mit dreieinhalb Jahren völlig erwachsen waren. Das war grauenvoll. Das war im Dezember, da herrschte schon Hunger. Im September und Oktober hatten sie uns mit Brandbomben überschüttet. Damals hielten wir Kinder noch auf den Dächern Wache. Wir nahmen die Sache leicht. Alles war interessant. Jetzt aber war alles ganz anders. Ich entsinne mich noch, wie man einmal Zwillinge brachte. Die Eltern schickten ihnen ein winziges Päckchen, drei Stück Gebäck und drei Stück Konfekt. Die beiden Kleinen hießen Sonetschka und Serjoshenka. Der Junge teilte sich und ihr je ein Stück Gebäck zu, dann wurde das dritte halbiert. Ein paar Krümchen blieben übrig, die überließ er seiner Schwester. Die Kleine bemerkte dazu: ›Serjoshenka, die Männer haben es schwer, den Krieg zu ertragen, also iß du die Krümchen.‹ Sie waren damals drei Jahre alt.«

»Drei Jahre?«

»Sie konnten gerade sprechen, jawohl, drei Jahre, solche Knirpse! Zudem wurde das Mädchen später weggebracht, der Junge blieb. Ich weiß nicht, ob sie durchgekommen sind oder nicht.«

Ob man wohl etwas mehr über ihn erfahren könnte – wer war er, Nikolai Iwanowitsch Lebedew?* Wie hat er das alles fertiggebracht? Diejenigen aufzusammeln, die noch nicht im Lethe versunken waren. Schließlich ist das ein Mensch, der Hunderte von Kindern gerettet hat.

In den verschiedenen Berichten kommen sie häufig vor – die Mitarbeiter der Abteilung Volksbildung in den Stadtbezirken, die Ärzte, Lehrer, Angehörigen der Komsomolabteilungen, der Betreuungstrupps, jene Helden, jene Retter, denen Leningrader ihr Leben verdanken. Viele dieser Menschen hätten eine extra Geschichte verdient, man sollte Material über sie sammeln, wir aber konnten nur einige flüchtig erwähnte Namen aufgreifen und sie wenigstens so dem Strom des Vergessens entreißen.

Die Menschen wurden auf verschiedene Weise gerettet. Zuweilen half auch die bescheidenste, nach Kräften erwiesene Anteilnahme.

Maria Ananjewna Stschelywanowa hatte vor dem Krieg einen kleinen Jungen namens Valeri adoptiert, über den übrigens noch gesondert berichtet wird. Sie arbeitete in der Hausverwaltung und besaß keinerlei zusätzliche Möglichkeiten, wie man so sagt. Sie hatte auch noch die Pflicht auf sich genommen, Blut zu spenden, um der Front in irgendeiner Weise zu helfen.

»Na ja, das war so. Als ich wieder daheim war, kam Valeri sofort zu mir: ›Tante Mussja! Ich möchte bei Ihnen bleiben.‹ – ›Na gut‹, sagte ich, ›bleib, geht in Ordnung.‹

* Nach der Veröffentlichung in der Zeitung »Nowy Mir« erhielten wir einen Brief von D. G. Bassanewskaja, in dem sie schreibt: »Ich habe Nikolai Wassiljewitsch Lebedew (nicht Iwanowitsch, wie Sie schrieben) sehr gut gekannt, er war ein bemerkenswerter Mensch und Arzt.«

Und dann noch was. Mein Mann hatte eine Nichte. Sie war Studentin am Technologischen Institut, schon im 3. Studienjahr und hatte geheiratet. Der Mann war Ingenieur, man hatte ihn nach Barnaul geschickt, sie waren gerade drei Monate zusammen gewesen. Und diese Nina wurde zum Stellungsbau geschickt. Ich hatte Valeri mit in meinem Zimmer (und das war zwölf Quadratmeter groß, kleiner als das hier) und nun noch Nina. Eigentlich wohnte sie im Wohnheim, dort, wo Lesnoje liegt, aber sie ging dort nicht hin, sondern kam zu mir. Sie stammte aus Noworossijsk und hatte so ein breites, etwas unrussisches Gesicht und dicke schwarze Zöpfe. Diese Nina kam zu mir – eine Dystrophiekranke, wie sie im Buch steht, keine Wangen, nichts mehr, so hatte sie sich während des Stellungsbaus verändert. Sie konnte nicht mal richtig sprechen. Ich fragte: ›Nina, hast du Lebensmittelkarten?‹ Sie: ›Ja.‹ – ›Hast du dir davon Brot gekauft?‹ – ›Tante Mussja, ich habe für drei Tage im voraus alles aufgegessen.‹ Für drei Tage! Ich aß immer nur die Tagesration, hab stets darauf geachtet, nichts im voraus zu kaufen. ›Gut, Nina, leg ab, du wirst bei mir wohnen‹, sagte ich.

Also erst Valeri und jetzt Nina. Aber ich hatte doch keinerlei Lebensmittelvorräte. Jetzt will ich Ihnen was erzählen. Ich hatte mir nicht wie andere Leute Vorräte angelegt. Hatte ja nicht mal eine Möglichkeit, sie aufzubewahren. Mein Schrank war so ein kombinierter. Ich hatte die ganze Zeit leichtsinnig gelebt – niemals hatte ich irgendwelche Vorräte. Aber einmal, noch in den ersten Tagen, sah ich eine Straßenhändlerin Reis in Halbkilopäckchen verkaufen. Niemand stand da. Ich ging hin und fragte: ›Kann ich ein halbes Kilo haben?‹ – ›Aber bitte.‹ Ich nahm eines. Dann blieb ich kurz stehen und überlegte: Vielleicht gibt sie mir noch mehr? Nein, sagte ich mir, für mich wäre es mehr, als ich brauche, und ein anderer kriegt dann nichts. Also ging ich entschlossen nach Hause und schob diesen Reis als eiserne Ration hinter den Ofen, weit hoch, damit ich ihn nicht so leicht erreichen konnte. Na, und diese

Nina, wissen Sie, die war vor Hunger wie anormal. Ich sagte zu ihr: ›Nina, ich füttre dich jetzt drei Tage mit meinem Brot durch‹ (ich erhielt als Blutspenderin eine Arbeiterkarte, aber die teilte ich ja schon mit Valeri), ›bis du uns mit deiner Lebensmittelkarte einhast, dann wirst du wie alle holen.«

»Wurde Blutspendern außer Brot noch etwas gegeben?«

»Wissen Sie, damals gaben sie überhaupt nichts. Nina kam im Oktober zu mir. Damals – das ganze Jahr 1941 – gaben sie nichts weiter, nur die Brotration für Arbeiter. So habe ich sie dann auf den richtigen Stand gebracht. Sie benahm sich die ganze Zeit ganz seltsam und sagte, wir sollten einen Hund kaufen. Ich fragte: ›Wozu möchtest du einen Hund haben, Nina?‹ – ›Ich will ihn aufessen.‹ Deshalb ging sie immer über die Märkte.

Unsere Nachbarinnen waren schon älter, rauchten viel und brachten auch ihr das Rauchen bei. Über diese Nachbarinnen will ich auch erzählen. Es waren alte Jungfern. Sie tauschten ihr Brot gegen Tabakwaren ein. Sie sahen, wie ich Valeri und Nina das Brot zuteilte. Und da dachten sie, daß ich das ganz besonders gut bringe. Anastassija Alexejewna meinte sogar: ›Wie schlau Maria Ananjewna doch ist! Hätten wir gewußt, daß Blutspender die Arbeiterkarte kriegen, wären wir auch Blut spenden gegangen.‹ Und einmal war ich ganz fassungslos. Sie hatten eine große Schale eigens für Brot. Dort hinein legten sie ihr winziges Stück, brachten mir beide die Schüssel und dazu ein Messer und sagten: ›Maria Ananjewna, Sie können so gut Brot teilen. Lena und ich reden immer davon, wie gut Sie teilen können. Teilen Sie uns doch das Brot.‹ – Natürlich ließ ich mir nicht anmerken, daß ich gar nicht besonders gut teilen konnte, sondern sagte: ›Geben Sie her.‹ Ich nahm das Messer, schnitt und sagte: ›So, das hier essen Sie morgens, das zu Mittag und das am Abend.‹ – ›Vielen Dank, Maria Ananjewna, vielen Dank!‹ – Dann trugen sie ihre Schale wieder weg. Später zogen die beiden alten Frauen zu ihrem Bruder auf die Sowjetskaja-Straße und verhungerten dort.

Das waren unsere Nachbarinnen. Es waren gute Leute. Wir hatten in Eintracht zusammen gelebt – fünf Zimmer, zwölf Personen. Nie sagten wir einander auch nur ein grobes Wort.«

Wieder: Es ging nur darum, Brot zu teilen, es in drei Stückchen zu zerschneiden, im Grunde nur ein Zeichen, ein Aufeinanderzugehen. Auch das half und unterstützte.

»Und wissen Sie, was mit Nina geschah? Ich hatte ihr nichts von dem Reis erzählt. Eines Tages wurde sie krank. Ja, ich hab ihr nicht gesagt, daß mein Bruder verhungert war, bei seiner Frau. Und daß ich ihn begraben hatte. Wie grauenvoll das war! Vielleicht erlauben Sie mir, später davon zu erzählen?«

»Ja, natürlich. Zuerst von Nina.«

»Zuerst von Nina! Gut. Sie ging über die Märkte und wollte etwas kaufen, aber ich wußte nichts davon. Einmal vergiftete sie sich und starb fast, ihr Haar sträubte sich, dann wurden die Fingernägel blau. Sie starb! Und ich hatte doch eben erst meinen Bruder begraben. Sie hatten ihn auf diesen schrecklichen Friedhof gebracht, den Smolensker, wo ich so viele Tote gesehen hatte! Mich erfaßte ein derartiges Entsetzen, daß ich nun auch sie würde begraben müssen! Mit ihrem Magen war etwas nicht in Ordnung, und sie mußte sich übergeben. Ich fragte sie: ›Nina, was hast du gegessen? Erzähle, was los ist!‹ Und sie sagte: ›Entschuldigen Sie, Tante Mussja, ich bin auf den Markt gegangen und hab dort ein Stück Butter gekauft – so groß – und es auf der Stelle runtergeschluckt. Die ganze Butter!‹ – Wie sich herausstellte, war das Seife gewesen, die man nur äußerlich als Butter getarnt hatte. Und sie hatte sie gegessen. Und nun starb sie. Natürlich gab es damals keine ›Schnelle Hilfe‹. Und da fiel mir dieser Reis ein, das halbe Kilo! Was gab's damals schon für Medikamente? Ein Mensch starb, hatte schon blaue Hände. Ich nahm den Reis und kochte ihn. Ich gab ihr die heiße Brühe, und sie trank sie, und dann hat sie den ganzen Reis gegessen. Und bis heute … Ich zeige Ihnen gleich mal ihr Foto!«

Diejenigen, die andere retteten, die sich um andere kümmerten, ihnen halfen, sie aus einer schwierigen Lage befreiten oder ein Stück Wegs schleppten, diejenigen, die Verantwortung trugen, die mit letzter Kraft *ihre Pflicht* erfüllten – arbeiteten, Kranke versorgten, Angehörige –, die kamen häufig durch, wie seltsam das auch scheinen mag. Natürlich war das nicht die Regel. Auch sie starben. Und alle möglichen Gauner kamen durch. Das Parteikomitee vom Kirow-Stadtbezirk setzte 1942 Anna Alexandrowna Kondratjewa als Leiterin des Stadtbezirksgesundheitsschutzes ein. Der Sekretär des Stadtbezirksparteikomitees, W. S. Jefremow, bat sie, ihre Aufmerksamkeit vor allem den Kinderkrippen, den Kindern überhaupt zu widmen. Anna Alexandrownas Familie ist seit Generationen mit dem Putilow-Werk, dem heutigen Kirow-Werk, verbunden. Dies galt auch für alle ihre Verwandten. Insgesamt arbeitete ihre Familie seit über dreihundert Jahren dort, hatte sie ausgerechnet.

So begann sie mit der Kinderkrippe des Kirow-Werkes. Da stellte sich heraus, daß jemand erlaubt hatte, eine Reihe Mitarbeiter mit über die Krippe zu verpflegen. So kam es dazu, daß Kinder starben, Verwandte von Mitarbeitern aber »verpflegt wurden«. Auch in der Tuberkulosebetreuung wurden Diebstähle aufgedeckt.

Unter den Menschen fand gleichsam eine Polarisierung statt. Entweder anständig handeln, wie es das Gewissen befahl, was immer auch geschah, oder unter allen Umständen durchkommen, mit allen Mitteln, auf Kosten der Nächsten, der Verwandten, wessen auch immer. Alle menschlichen Gefühle und Eigenschaften wurden einer äußerst schweren Prüfung unterworfen – die Liebe, die Gattentreue, verwandtschaftliche Bindungen, Vaterschaft, Mutterschaft.

Maria Wassiljewna Maschkowa hat uns eine besondere Geschichte erzählt. Man hatte ihr 1941 aufgetragen, die Kinder von Mitarbeitern der Öffentlichen Bibliothek zu evakuieren, aber die Straße wurde abgeschnitten, so mußte sie sehr bald mit den Kindern nach Leningrad zurückkehren.

»Unter den Kindern, mit denen ich wegfuhr, war auch der Junge einer unserer Mitarbeiterinnen, Igor, ein niedlicher kleiner Kerl. Seine Mutter umsorgte ihn sehr zärtlich und liebevoll. Schon bei der ersten Evakuierung hatte sie gesagt: ›Maria Wassiljewna, geben Sie Ihren Kindern auch Ziegenmilch. Ich nehme für Igor immer Ziegenmilch.‹ – Aber meine Kinder waren in einer anderen Baracke untergebracht, und ich war streng darauf bedacht, ihnen nie etwas Besonderes zuzustecken, kein Gramm über die festgelegte Ration. Und dann verlor Igor seine Lebensmittelkarten. Einmal im April gehe ich am Jelissejew-Laden vorbei (damals schleppten sich die Dystrophiker schon in die warme Sonne) und sehe da einen Jungen sitzen, der sieht gräßlich aus, ein Skelett voller Ödeme. ›Igor? Was ist mit dir?‹ frage ich. ›Maria Wassiljewna, meine Mama hat mich fortgejagt. Sie hat gesagt, sie gibt mir keinen Bissen Brot mehr.‹ – ›Wie denn das? Das kann doch nicht sein!‹ Er war in einem bedenklichen Zustand. Mühsam gelangte ich mit ihm in meine Wohnung im vierten Stock. Ich konnte ihn kaum hinaufschleppen. Meine Kinder gingen zu der Zeit schon in den Kindergarten und hielten sich einigermaßen. Aber er sah so schrecklich, so erbarmungswürdig aus! Und sagte fortwährend: ›Ich mache Mama keine Vorwürfe. Sie handelt richtig. Ich bin schuld, ich hab meine Karte verloren.‹ – ›Ich bringe dich in der Schule unter‹, sagte ich. (Sie sollte wieder geöffnet werden.) Und mein Sohn raunte mir zu: ›Mama, gib ihm das, was ich aus dem Kindergarten mitgebracht habe.‹ Ich gab Igor zu essen und ging mit ihm in die Tschechowstraße. Wir betraten die Wohnung. Das Zimmer war grauenhaft dreckig. Da lag diese zerzauste Dystrophikerin. Beim Anblick ihres Sohnes schrie sie sofort: ›Igor, ich geb dir keinen Bissen, geh fort!‹ Im Zimmer stank es, und es war dunkel. Ich sagte: ›Was tun Sie? Es sind doch nur noch drei, vier Tage, dann geht er in die

Schule und kommt wieder zu Kräften.‹ – ›Er kriegt nichts mehr! Sie stehen noch auf Ihren Beinen, aber ich kann das nicht mehr. Ich geb ihm nichts! Ich liege hier und hab Hunger.‹ So hatte sich eine zärtliche Mutter in eine Bestie verwandelt! Aber Igor ging nicht. Er blieb bei ihr, und später hab ich erfahren, daß er gestorben war.

Einige Jahre danach traf ich sie wieder. Sie sah blühend und gesund aus. Als sie mich sah, kam sie auf mich zugestürzt und rief: ›Was hab ich getan!‹ Ich sagte zu ihr: ›Warum jetzt darüber reden?‹ – ›Nein, ich kann nicht mehr! Ich muß immer an ihn denken.‹ Einige Zeit später hat sie ihrem Leben ein Ende gesetzt.«

Der Zerfall der menschlichen Persönlichkeit endete tragisch.

Die Amplitude menschlicher Leidenschaften vergrößerte sich während der Blockade ganz außergewöhnlich – vom Sturz in tiefste Tiefen bis zu hochgradiger Bewußtheit, großer Liebe und Treue.

Während wir darüber Erkundigungen einzogen, wie die Menschen überlebt hatten, auf welche Weise, mit welchen Mitteln und was ihnen besonders geholfen hatte, begegneten wir auf Schritt und Tritt der Erscheinung, daß die Familie zusammengerückt war, daß man einander half, in Behörden und Betrieben ein Kollektiv schuf; jemand forderte, daß man sich einer gewissen Disziplin unterwarf, und setzte das auch durch und erlaubte nicht, daß die Leute sich gehenließen. Die Mutter Marina Tkatschewas hielt die Kinder an, sich auch während der Blockade stets die Zähne zu putzen. Zahnpulver gab es nicht – dann nehmt Holzkohle. Für diese Familie bedeutete es auch viel, daß der Kater nicht aufgegessen wurde. Sie retteten das Tier. Er sah schrecklich aus, er war ganz versengt, weil er sich an der glühenden »Burshuika« die Flanken gerieben hatte. Aber sie aßen ihn nicht auf. Und das war das erste, was Marina Alexandrowna Tkatschewa in ihrem Bericht mitteilte – in rein kindlichem, seit jenen Jahren bewahrtem

Stolz. Und auch so etwas hob die Selbstachtung der Menschen und hielt sie aufrecht. Anhand der verschiedensten Geschichten und Vorfälle kann man sich überzeugen, daß es für die meisten Leningrader weniger *Mittel und Wege* gab, *durchzukommen*, als viel mehr *Mittel und Wege, zu leben.*

Die kleinen Freunde

Wir konnten uns überzeugen, daß in den Erinnerungen an die Blockade vieles bewahrt wurde. Und über viele Jahre. Man brauchte nur nach der Wahrheit zu fragen und sie anzuhören. Die ganze Wahrheit. Selbst wenn das fünfunddreißig, vierzig Jahre her war.

Aber wenn die Erinnerung nur Ausgewähltes bewahrt, dies und das retuschiert, anderes vergißt, so lassen sich Tagebücher von der Zeit nicht beeinflussen. Die Jahre können ihnen nichts anhaben. In den Tagebüchern ist die Persönlichkeit des Autors nur insoweit wichtig, wie er furchtlos war.

Im Tagebuch der Lehrerin Polsikowa-Rubez, W., finden sich Seiten aus dem Tagebuch einer Schülerin. Das Mädchen Valja hatte sie ihr gezeigt. Geplant war, daß Valja sie auf einer Morgenveranstaltung am 30. April 1942 vorlesen sollte. In Valjas Tagebuch waren Ereignisse vermerkt, die noch gar nicht so weit zurücklagen und allen, die sie hören sollten, aus eigener Erfahrung vertraut sein würden.

Aber lesen Sie, wieviel Aufregung die Idee auslöste: vorzulesen beziehungsweise anzuhören, was sie alle kannten, der Vorleser wie der Zuhörer, an das sie sich auch ohne das Tagebuch erinnerten.

»Ich bin unglaublich aufgeregt«, schreibt Xenija Wladimirowna. »Wie wird die Sache ablaufen? Die Kinder interessieren sich sehr, was aber wird der Vertreter der Abt. Volksbildung der Stadt sagen? Wir neigen dazu, alles zu beschönigen. Besonders bewegt uns Valjas Tagebuch. Sie kam damit zu mir und sagte: ›Ich lese nur das, was ich kann. Alles kann ich nicht vorlesen.‹ Natürlich hab ich auch nicht darauf bestanden.

Valja gibt das Tagebuch dann sofort Lebedew (Mitarbeiter am Institut für Parteigeschichte – A. A., D. G.). Zu mir sagt sie: ›Darin stehen sehr schwere Dinge!‹ Ihre Augen sind voller Tränen, sie rinnen langsam über ihre Wangen.

3. 5. 1942: Ich gebe eine Stunde in der 8. Klasse«, fährt die Lehrerin X. W. Polsikowa-Rubez fort. »Artilleriebeschuß setzt ein, die Schüler werden merklich nervös. Das ist das Ergebnis des 1. Mai.* Vorher haben sie alles gelassen ertragen. Ich ertappe mich bei dem Gedanken, daß die Möglichkeit zu sterben realer geworden ist.

Valja steckt mir ihr Heft zu. ›Lesen Sie es und entscheiden Sie, ob ich es abgeben soll.‹

Ein dünnes, recht schmutziges Heft. Auf dem Umschlag eine halb verwischte Inschrift. Ich kann sie nicht entziffern.

Ich führe die Auszüge an, die zu entziffern sie mir geholfen hat.

›9. X. 41. Ich beginne also mit der Beschreibung des ablaufenden Lebens und der Ereignisse. Vielleicht geht morgen die Schule wieder los. Ich warte ungeduldig auf den heißersehnten Tag, da wieder Unterricht ist.

Es ist langweilig!

Die einzige Zerstreuung ist der irische Setter Silwa. Ich will mir im Klub des Nachrichtenwesens einen Film ansehen, aber … daraus wird nichts, ich kann nicht, dort ist zu viel „Volk“ einer mir unangenehmen Sorte.

15. X. Ich habe in der vergangenen Zeit viel erlebt.

Wir haben beschlossen, Silwa zu töten – aber wie?

Alexander Petrowitsch schlug folgendes Verfahren vor: erst mit einem Hammer betäuben, dann abstechen, aber es ging nicht so, wie wir uns das vorgestellt hatten, sondern: Silwa heulte entsetzlich, und um unnützen Lärm zu vermeiden, hat A. P. sie nicht weiter geschlagen.

* Am 1. Mai beschossen die Deutschen die Stadt besonders erbittert

Wir wollten sie einerseits des Fleisches wegen töten, andererseits weil wir kein Futter für sie hatten. Als sie sie töten wollten, war ich sehr aufgeregt. Mein Herz hämmerte so stark, daß ich glaubte, es würde mir aus der Brust springen.

Dann haben wir uns was anderes ausgedacht: Wir beschlossen, Katzen zu töten und Silwa mit dem Fleisch zu füttern.

A. P. tötete eine, ich zog das Fell ab, weidete sie aus und zerschnitt sie in Stücke. Andere Katzen zerrissen das Fleisch ihrer Artgenossin mit solchem Behagen, daß es erstaunlich war, das zu sehen.

Ich wollte auch einmal probieren, wie Katzenfleisch schmeckt, briet mir ein Stück mit Pfeffer und Knoblauch und aß es dann ... was soll ich sagen, das Fleisch war recht schmackhaft, ich glaube, es steht Rindfleisch in nichts nach, im Geschmack erinnert es an Huhn.

20. X. Ich begreife jetzt sehr gut, was Hunger ist. Früher hatte ich keine rechte Vorstellung von diesem Gefühl. Zwar wird mir immer ein bißchen schlecht, wenn ich Katzenfleisch esse, aber da ich essen will, erscheint mir auch Ekelhaftes schmackhaft. Außerdem, hab ich denn allein solchen Hunger? Wer ist daran schuld? Ich bin niemals böse gewesen, habe mich immer bemüht, allen etwas Gutes zu tun. Aber jetzt hasse ich dieses Pack, die Deutschen, weil sie unser Leben, die Stadt verunstaltet haben. Sie leert sich.

3. XI. 41. Heute hatten wir Unterricht. Wie hab ich mich gefreut. Man hat uns versprochen, uns jeden Tag ein Mittagessen und 50 Gramm Brot ohne Marken zu geben. Die Lehrer sind alle neu.

Sie wollen meine arme Silwa einschläfern. Schade.

8. XI. 41. Gestern war ein Feiertag, der 24. Jahrestag der Oktoberrevolution.

Die Deutschen bombardierten uns wider Erwarten nicht.

Vorläufig hab ich weiter Unterricht. In Geometrie hab ich eine Zwei bekommen. Die Russischlehrerin spricht uns fortwährend Mut zu. Sie sagt, zu Neujahr ist der Krieg aus. Ob das stimmt? Jetzt ist es sehr schwer.

A. P. ist sehr böse, weil nichts zu essen da ist. Aber was haben Mama und ich damit zu tun? Wo sollen wir etwas hernehmen? Die einzige Hoffnung ist: Wir werden Silwa einpökeln. Aber das Fleisch wird nicht lange reichen. Sie tut mir leid.

Was tun?

12. XI. Jetzt gibt es in der Schule kein Mittagessen mehr. Alles nur gegen Lebensmittelmarken. Die Lage ist schwierig. Morgen werden sie wahrscheinlich die Brotration senken, wir kriegen dann nur 150 Gramm. Von Mama kann ich auch fast nichts kriegen. Die Lehrer raten uns, den Gürtel enger zu schnallen. Die Stadt wird belagert. Wir haben eine Katze eingepökelt. Silwa lebt noch. Wahrscheinlich pökeln wir auch sie bald ein. Von Alik fehlt jede Nachricht. Jetzt gehe ich zu Mama Mittag essen. Ob sie was für mich hat? Ich weiß nicht.

15. XI. Vorläufig geht es in der Schule gut voran. Ich habe zwei Zweien und eine Eins und überhaupt keine Dreien. Mit dem Essen steht's sehr schlecht. Heute hab ich bis 3 Uhr nachmittags keinen Bissen gekriegt. Und dann habe ich einen Teller dünne Sauerkohlsuppe ohne Brot gegessen und zwei Tassen Tee mit einem Stück Konfekt für 4 Rubel, 20 Kopeken. Mir schwindelt vor Hunger. Und was wird noch kommen?

Ich muß trotzdem möglichst gut lernen, denn das alles zählt doch einmal auf der Straße des künftigen Lebens! Ich muß Mut fassen! Ich muß ausdauernd sein und vorläufig alles erdulden. Einen anderen Ausweg gibt es nicht.

13. XII. 41. Endlich nehme ich mir Zeit, um meine Gedanken und Wünsche darzulegen.

Wieviel Veränderungen sind in dieser Zeitspanne vor sich gegangen! Wieviel Unglück ist hereingebrochen! Wieviel schwere Minuten mußte ich ertragen!

Man hat mir meine arme Silwa gestohlen und aufgegessen. Katzen gelten jetzt als Leckerbissen (aber, ach, es gibt keine mehr). Alexander Petrowitsch hat sich als ganz widerlicher Kerl entpuppt, der kein Bewußtsein hat, von allen alles haben will und sich nur um sich kümmert. Er ist ein Faulenzer, Heuchler, Speichellecker und Schwätzer (im Grunde hat er alle negativen Eigenschaften). Ich habe ihn durchschaut, auch Mama hat es. Aber wie ihn loswerden? Er ist sehr böse und imstande, jemanden für nichts und wieder nichts zu töten (wie man sagt).

Wir wollen aus der Stadt flüchten (nicht aus Furcht vor den Bombardierungen der Deutschen und wegen des Hungers, sondern um ihn loszuwerden). Mama ist krank und nur noch ein Schatten. Sie setzt sich immer für uns bei ihm ein, ißt selbst nicht und weint manchmal leise. Ich weiß, sie sorgt sich um Alik, von ihm ist noch kein einziger Brief eingetroffen. Ich versuche, ihr Mut zuzusprechen. Sollte sie wirklich nicht durchkommen? Ich habe Angst, daran zu denken. Unsere liebe und vertraute Nachbarin Pelageja Lukinitschna ist weggefahren. Ich freue mich für sie und wünsche ihr von ganzem Herzen Glück wegen ihrer Güte. Denn sie ist ein ganz besonderer Mensch! Sie hat versprochen, sich auch um unsere Abreise zu bemühen. Ich will alles im Stich lassen. In den Süden fahren und dort ein stilles, friedliches Leben führen wie eine Einsiedlerin!

18. XII. Vor kurzem wollte ich aus der Stadt weg. Wegfahren und ein Einsiedlerleben führen. Aber ist das nicht dumm? Und was wird aus der Schule? Schließlich hatte ich schon ein halbes Jahr Unterricht! Hab ich recht, den Stiefvater zu hassen? Ich kann mir darüber nicht klar werden. Warum mache ich mir um alle Sorgen, er aber nur um sich? Das ist mir widerlich. Vielleicht hat der Hunger ihn so werden lassen? Denn vor dem Krieg war er anders. Er wollte mir den Vater ersetzen! Oh! Wenn ich es könnte, würde ich für Hitler einen schrecklichen Tod ausdenken. Er ist an allem schuld! Er ist schuld an dem Krieg, und der Krieg verdirbt die Menschen.

25. XII. 41. Heute ist ein besonderer Tag! Die Brotration

wurde um 75 Gramm erhöht. Mir stehen jetzt 200 Gramm zu und Mutter auch 200 Gramm. Welches Glück! Alle freuen sich so, daß sie vor Glück fast weinen! Der Stiefvater ist heute unerträglich. Ich schäme mich, ihm grob zu kommen, aber ich kann nicht anders. Er hat sein ganzes Brot gegessen, dann das von Mutter und meins. Die heutige Erhöhung gibt es für uns nicht.

Ich hasse ihn! Und verstehe nicht, wie man so gemein handeln kann.

29. XII. 1941. Es heißt, das Glück begleitet den Menschen nicht immer. Ja, zum Teil ist das richtig, aber heute ist für mich ein Glückstag! Und warum? Ich freue mich über den Tod meines Stiefvaters Kuklin. Wie habe ich auf diese Minute gewartet! Ich hab ihn schrecklich gehaßt. Der Hunger hat seine schmutzige Seele bloßgelegt, und ich habe ihn kennengelernt. Oh, das war ein elender Schuft, wie es wenige gibt. Und heute ist er gestorben. Er starb abends: Ich war im anderen Zimmer. Großmutter kam herein und sagte: ›Er ist tot!‹ Zuerst habe ich es gar nicht geglaubt, dann verzerrte sich mein Gesicht zu einem gräßlichen Grinsen. Ach, hätte er doch meinen Gesichtsausdruck in dieser Minute sehen können, dann hätte er gesagt, daß ich grausam hassen kann. Er ist gestorben, ich aber habe gegrinst. Am liebsten wäre ich vor Glück herumgesprungen, aber meine Kräfte reichten nicht aus. Der Hunger hat sein Werk verrichtet. Ich konnte mich nicht einmal richtig bewegen.«

Das unglückliche Mädchen schien ihr gräßliches Grinsen selbst gesehen zu haben. Ja, das Verhalten des Stiefvaters, der unter der Last des Hungers zuviel von seinem Ich eingebüßt hatte, war der unmittelbare Grund ihres Hasses. Aber das Grinsen, das dem Mädchen selbst Entsetzen einflößte, entsprang auch den Verlusten, die sie hatte auf sich nehmen müssen. Sowohl die Katze, die sie ausgenommen hatte, als auch die Anschläge der Familie auf das Leben der geliebten Silwa – alles war von Bedeutung. Es geht nicht darum, ob »unsere kleinen Freunde« eßbar, »schmackhaft« sind, sondern darum, daß sie auch unser »Vorfeld« sind. Ohne sie, ohne ein *menschliches* Verhalten zu ihnen sind wir keine vollwertigen Menschen.

Das Schicksal der Tiere im eingeschlossenen Leningrad ist auch ein Teil der Tragödie der Stadt. Eine *menschliche* Tragödie. Anders ist nicht zu erklären, weshalb sich nicht nur ein oder zwei, sondern fast jeder zehnte Blockadeteilnehmer entsinnt, wie der Elefant im Zoo von einer Bombe getötet wurde, und davon erzählt. Viele, sehr viele erinnern sich der eingeschlossenen Stadt aus folgendem Grund: *Der Mensch fühlt sich besonders unbehaglich, ihm ist unheimlich, und er hat den eigenen Tod, das eigene Verschwinden vor Augen, weil Katzen, Hunde, sogar Vögel verschwunden sind.*

F. A. Prussowa trug in ihr Tagebuch aus einem Gedicht von Vera Inber, das sie im Rundfunk gehört hatte, das ein, was sie selbst sah und erlebte: »Kein Bellen, kein Miauen, kein Vogelpiepsen.«

Und bei G. A. Knjasew lesen wir:

»Ich schreibe alles auf, was in mein Blickfeld gerät. Aber seit langem schon gerät mir kein Hund, keine Katze, keine Taube ins Blickfeld. Nicht einmal Spatzen sehe ich, obwohl für sie auf den Straßen Futter liegt. Hunde, Katzen und Tauben hat man gegessen. Die Spatzen sind wohl in den starken Frösten gestorben. Allerdings kenne ich noch einen lebenden Hund, den von Frau Lossewa. Sie läßt ihn immer in ihrem Zimmer, führt ihn nie aus. Nachdem sie ihren Mann verloren hat, hängt sie an dem Tier wie an einem Freund. Jetzt hat sie ein kleines Mädchen zu sich genommen, die Tochter der verstorbenen O. A. Sie ist nicht recht zufrieden mit ihr. Vera ist nur für eine Weile bei ihr, aber es gereicht ihr zur Ehre, daß sie sie in einer so schweren Zeit zu sich nahm.«

Man übergab uns das Manuskript von Irina Korshenewskaja, und obwohl die Verfasserin eine gestandene

Schriftstellerin ist und das, was wir zitieren, bereits Literatur (und in unserem Buch ist das eher ein Mangel denn ein Vorzug), bringen wir ausnahmsweise doch einige Ausschnitte.

»Der Backwarenladen, wo ich meine Ration abholte, befand sich an der gegenüberliegenden Ecke. Wie überall waren auch hier die Fenster mit Sandsäcken ausgelegt, wurde beim Schein einer Funzel verkauft. Neulich bemerkte ich, daß ein Schäferhund an der Ladentür saß. Nur Haut und Knochen. Er blickte die Hineingehenden und Herauskommenden an, und seine Augen brannten und flehten. Aber wer konnte mit ihm teilen? Alle gingen vorüber, ohne ihn anzusehen, und er saß und rührte sich nicht von der Stelle. Er blickte jeden an, darunter auch mich. Einmal habe ich beobachtet, wie er seinen Posten bezog. Er lief nur auf drei Beinen, die linke Vorderpfote war verletzt. Vielleicht verstaucht? Wo waren seine Besitzer? Waren sie gestorben oder hatten sie ihn freigelassen, damit er sich selbst Futter suchte?

Der Hund war wohlerzogen. Er bat, ohne sich zu erniedrigen. Sein Blick sagte: Ich sterbe vor Hunger. Vielleicht gebt ihr mir wenigstens einen Krümel?

Ich streichelte ihn und hob die Lefze, um mir sein Gebiß anzusehen. Er war noch ziemlich jung. Dann stieg ich zu mir in den dritten Stock hoch, schloß die Tür auf – und siehe da – der Hund war mir gefolgt. Nun hatte ich gerade tags zuvor grünes Brot gefunden. Also würde ich es mit ihm teilen müssen. Ich gab ihm ein steinhartes Stück, und er nagte gierig daran. Dann wusch ich eine Flasche aus und gab ihm warmes Wasser zu trinken. Er bat um nichts, war so dankbar, rollte sich zusammen und schlief ein. Unmöglich, zu glauben, daß er nicht verstand, wie ungeheuer schwer es auch die Menschen jetzt hatten.

Wie lange dieser Hund bei mir lebte, weiß ich nicht mehr. Ich entsinne mich nur, daß er blieb, wenn ich wegging. Er wedelte auch nicht mit dem Schwanz, wenn ich zurückkam. Vielleicht, weil ihm das schwerfiel, vielleicht aber wedeln Schäferhunde überhaupt nicht. Ich freute mich, ein lebendes Wesen zu Hause zu haben, das auf mich wartete. Manchmal sprach ich mit ihm, aber meist blickten wir uns schweigend an. Ich hab den Hund Prosper genannt. Das heißt ›der Glückliche‹. Blickte ich in seine fiebrig lodernden Augen, dann dachte ich immer, vielleicht würde einmal der Augenblick kommen, wo einer von uns vor Hunger den Verstand verlieren und über seinen Zufallsfreund herfallen würde, um ihn aufzufressen. Aber noch war ich bei Verstand, ich konnte kein Lebewesen töten, das bei mir Zuflucht gesucht hatte. Der Hund war so schwach, daß er schwerlich imstande sein würde, über mich herzufallen. Außerdem sind Schäferhunde dankbar und behalten Kränkungen wie Liebkosungen im Gedächtnis.

Ich spürte, wie meine Kräfte langsam schwanden. Ich schlief schlecht und träumte nur vom Essen. Alle Augenblicke wachte ich auf und hörte, wie es im Lautsprecher tickte. Das Gerät durfte ich nicht ausschalten – es kündigte Luftangriffe an. Aber Nachtangriffe erfolgten selten, und tagsüber oder abends warfen die Deutschen ihre Bomben immer zu ein und derselben Zeit ab.

Das grüne Brot war aufgegessen, und ich nahm meine Erkundungsgänge in der Wohnung wieder auf. Ich mußte auch Heizmaterial beschaffen. Die Schemel hatte ich schon verbrannt, auch meinen Küchentisch. Jetzt haftete mein Blick auf dem riesigen Küchentisch des Tierarztes. Er würde lange Zeit reichen, aber ich würde Mühe haben, ihn zu zerhacken, vor allem aber mußte ich ihn erst leeren.

Ich zog den obersten Schubkasten auf. Darin lagen Küchenmesser, Holzlöffel und ein Nudelholz. Ich langte weiter hinein und ertastete etwas Seltsames. Es war ein sauberes, etwa faustgroßes weißes Bündel. Darin war etwas Körniges. Vielleicht Erbsen? Ich knotete das Bündel auf und sah Maiskörner. Das war eine Überraschung! Aber wie kam der Mais nach Leningrad? Vor dem Krieg gab es manchmal Maisgrütze, sie war wie Grieß. Man konnte Maisbrei daraus kochen. Aber ganze Maiskörner waren eigentlich in ganz Leningrad nicht zu finden. Und warum lagen sie hier, wo Eßbares eigentlich nicht hingehörte, außerdem noch im hintersten Winkel und wie Waschblau verpackt? Wenn man sie aufkochte, würden sie doppelt so groß, dann konnte ich zwei, drei Tage davon leben.

Ich aß nur einige Körner und gab Prosper eine Handvoll, und am Morgen teilte ich den Mais in zwei Portionen. Die eine gab ich Prosper, die andere schüttete ich in eine Tüte und brachte sie nach dem Unterricht Tante Olja.

Prosper hielt nicht durch. Das grüne Brot war aufgegessen, den Mais hatte er gefressen. Und etwa zwei Tage danach, als ich wieder ins Institut ging, erhob er sich und verließ mit mir das Haus.

›Ich will dich nicht zurückhalten‹, sagte ich zu ihm. ›Aber es steht fest, daß du es bei mir besser hast. Ich töte dich ganz bestimmt nicht. Ohne dich fühle ich mich ganz traurig.‹

Aber er ging dennoch. Ich sah, wie er sich schwankend zum Müllkasten schleppte. Naiver Hund!«

»Unter uns in der Wohnung des verstorbenen Präsidenten kämpfen vier Frauen beharrlich um ihr Leben – drei seiner Töchter und eine Enkelin«, hat G. A. Knjasew in seinem Buch notiert. »Bis jetzt lebt auch ihr Kater noch, den sie bei jedem Fliegeralarm mitnehmen, damit ihm nichts zustößt.

Dieser Tage suchte ein Bekannter sie auf, ein Student. Beim Anblick des Katers bat er, ihn ihm zu geben. Er sagte rundheraus: ›Gebt ihn mir, gebt ihn mir!‹ Sie konnten ihn kaum abwimmeln. Und seine Augen brannten gierig. Die armen Frauen waren richtig erschrocken. Jetzt bangen sie, daß er bei ihnen eindringt und den Kater stiehlt.

Oh, du liebendes Frauenherz! Da hat das Schicksal der Studentin Nechoroschwa die natürliche Mutterschaft versagt, und nun behandelt sie den Kater wie ein kleines Kind. Frau Lossewa ist immer nur mit ihrem Hund beschäftigt. Das sind die zwei Exemplare dieser Gattungen auf meinem Radius. Alle übrigen sind längst aufgegessen!«

Noch eine andere Frau, Margarita Fjodorowna Newerowa, plagte sich mit einem lebenden Wesen, aber dann kam es zu einer Tragödie. Ja, es muß eine Tragödie sein, wenn die Erinnerung daran jemanden noch mehr als drei Jahrzehnte danach peinigt und schmerzt.

»Ich verließ das Haus mit meinem kleinen Hund, einem ganz winzigen, um Brot zu holen. Wir traten aus dem Haus. Da lag ein alter Mann. Drei Finger betend zusammengelegt, lag er erfroren mit seinen Filzstiefeln da.

Als wir in den Bäckerladen kamen, war kein Brot da, aber mein Hund stupste mich plötzlich mit der Nase zu einem Filzstiefel. Ich bückte mich.

›Was hast du?‹

Da stellte sich heraus, daß er ein Stück Brot gefunden hatte. Er gab es mir. Wobei ich wie ein Rabe hochsprang und das Brot an mich preßte, wissen Sie. Der Hund aber blickte mich an: ›Gibst du mir davon oder nicht?‹ Ich sagte: ›Du kriegst was, mein Lieber, du kriegst was!‹

Ich habe aus dem Brot eine Brotsuppe gekocht – Sie können sich nicht vorstellen, wie sie uns schmeckte!

Dann gingen wir wieder zurück – da hatte der alte Mann schon keine Filzstiefel mehr an. Was Wunder, im Jenseits brauchte er sie nicht mehr, ich verstand das schon. Er hatte die Finger zusammengelegt, um sich zu bekreuzigen, und war nicht mehr dazu gekommen, der Ärmste.

Vor dem Krieg hatten sehr viele Leute Vögel im Zimmer, alle möglichen ...«

»Kanarienvögel?«

»Nein, die nicht, Waldvögel. Außerdem hatten wir 18 Aquarien, jedes mit einem Fassungsvermögen von sechs Eimern Wasser, mit verschiedenen exotischen Fischen (das war das Hobby meines Mannes), und ich hatte mir vierundzwanzig Vögel angeschafft, außerdem hatten wir einhundertachtzig Blumentöpfe.«

»Wieviel Zimmer hatten Sie denn?«

»Mein Mann drei, und eines für uns zwei. Wir hatten sechs Hunde. Allerdings haben wir später fünf davon weggegeben, es waren Rassehunde. Wir behielten nur unseren kleinen Foxterrier Sorja. Dann hat unser Nachbar ihn gefressen.«

»Hat er ihn gestohlen?«

»Nein, schlimmer noch, er packte mich an der Gurgel und ... Damals begannen sie unser Haus abzureißen, und ich mußte unsere Sachen herschaffen, konnte das aber nicht selber tun, verstehen Sie. Nur die Bücher habe ich auf einem Kinderschlitten hierhergebracht. Und dafür, daß er mir geholfen hat, die großen Sachen hierherzubringen, nahm er sich das Buffet, die Ottomane, Schränke ... Ich kann mich jetzt nicht mehr entsinnen, was noch, und als Verpflegung den Hund. Aber es war ein kleiner Hund, an ihm war überhaupt nichts dran. Er war immer so hungrig gewesen, daß an ihm nichts dran war. Wissen Sie, das war so ein Hund, der mir immer auf dem Schoß saß, und besonders während der Blockade; schließlich ging doch etwas Wärme von mir aus ...«

»Und dennoch haben sie ihn weggegeben?«

»Ich habe mich lange widersetzt, dann hab ich zu ihm gesagt: ›Sorja, na, ist schon alles egal, also komm.‹ So hab ich geredet. (Und der hatte schon die Ottomane zu sich hinübergeschleppt, alles hatte er hinübergeschleppt.) Ich sage zu ihm: ›Senja, nimm dir noch was ... die Ikone zum Beispiel, nimm die Ikone. Nur laß mir den Hund. Er soll eines natürlichen Todes sterben. Er wird sowieso bald ... Denn er hat ja nichts zu essen.‹

Und das hier ist charakteristisch. Wir kamen hin. Und ich hatte mir folgendes ausgedacht: Wenn der Hund aufsteht und mit mir geht, behalte ich ihn. Zum Teufel mit dem Kerl, sollen doch die Sachen bei ihm bleiben, soll alles bei ihm herumstehen. (Ich hätte ja gar nicht an den Sachen gehangen, hätte ich gewußt, daß mein Mann nicht zurückkehrt. Mein Gott, wieviel brauch ich schon! Bis heute sind mir Sachen gleichgültig!)

Und nun stellen Sie sich vor, der Hund kam und setzte sich. Ich erhob mich und ging zur Tür – und er wendete nicht mal den Kopf. Ich blieb an der Tür stehen. Und er wandte sich von mir ab (so) und rührte sich nicht! Ich ging hinaus – und stürzte mit einem Satz hinunter – und kehrte gleich wieder zurück. Ich sagte: ›Senja, gib mir den Hund! Nimm, was du willst, oder ... laß sein, hilf mir nicht weiter. Mag alles so bleiben.‹

›Ich hab ihn schon abgestochen‹, sagte er.

Und wissen Sie, da hab ich zum erstenmal während des ganzen Krieges losgeheult. Vorher hab ich nie geweint. Ich hab meinen Mann verabschiedet und nicht geweint. Ich war wie versteinert. Hier aber ...«

Wenn der kleine Hund nun deshalb nicht reagierte, weil er verstand, daß sein Frauchen ihn verraten hatte?

Vielleicht hat er sich auch einfach geopfert – für sein Frauchen, weil sie in einer Notlage war?

So viele Jahre sind verstrichen, und noch immer belastet es Margarita Fjodorowna – eine von Natur lebensfrohe Frau, die vieles ironisch sieht.

Wir haben den Bericht der Ermitage-Mitarbeiterin Olga Ernestowna Michailowa aufgezeichnet, in dem sich ein kleines Mädchen vergiftete, nachdem es mit ansehen mußte, wie seine Mutter den Liebling der Familie, einen Kater, ausnahm. Für den Menschen blieb der Gradmesser für Moralisches und Unmoralisches auch unter Bedingungen bestehen, da dieser Gradmesser sehr fraglich sein mußte, sollte man meinen. Und das war er auch – bei anderen Menschen. G. A. Knjasew, Romantiker und nüchterner Historiker zugleich, schreibt:

»Selbst innerhalb der Familie traut man einander nicht und bewahrt zum Beispiel Brot in einer verschlossenen Aktentasche auf. Man beobachtet einander. Zankt sich wie hungrige Hunde um ein kleines Stückchen. Wie schnell kann der Mensch doch von den Gipfeln der Kultur auf seinen tierischen Urzustand zurücksinken!«

Wenn das richtig ist, so ist auch etwas anderes richtig:

Unter den gleichen Bedingungen blieben andere Menschen menschlich, verwandelten sich nicht in Tiere. Auf verschiedene Weise trotzten sie den Bedingungen und sich selbst. Einige hielten später dennoch nicht durch.

»Deshalb bin ich zutiefst davon überzeugt, daß derjenige, der anständig, der ordentlich war, das auch blieb«, sagt Frau O. Michailowa. »Wer nicht anständig war, in dem entwickelten sich die negativen menschlichen Züge bestimmt ganz besonders, das steht fest.

Hierzu gibt es sehr viel zu sagen, und die verschiedensten Gefühle überwältigen einen jetzt, wenn man sich erinnert. Bedrückende und freudige, weil man in dieser schweren Zeit doch auch ganz erstaunlichen Leuten begegnete. Wie ich schon gesagt habe, waren die Menschen damals gewissermaßen nackt und bloß, man spürte und sah sofort, wie es um sie stand. Alles trat offen zutage. Und es war ein großes Glück, mit guten Menschen zu verkehren.

Und hier noch ein weiterer Fall, der meiner Kindheitsfreundin, die in unserem Haus wohnte. Sie beging Selbstmord.«

»Sie hielt nicht durch?«

»Sie ging in die Öffentliche Bibliothek, las dort einige Bücher und bereitete sich ein Gift. Ich will ihren Namen nicht nennen. Sie ist die Tochter eines ehemals berühmten Wissenschaftlers (er ist noch vor dem Krieg gestorben). Warum sie es getan hat? Weil sie bei ihrer Mutter geblieben war. Sie besaßen einen großen Kater. Und die Mutter aß diesen Kater auf, den alle so verwöhnt und geliebt hatten, für den sie vor dem Krieg alles getan hatten. Sie wissen doch, wie Tiere manchmal in einer Familie zu kleinen Göttern werden können!

Als sie sah, daß ihre Mutter den Kater aß, glaubte sie, in ihrem Leben wäre nun alles zu Ende, die früher in ihrer Familie geltenden Prinzipien und Normen waren zusammengebrochen, und das war das Werk ihrer geliebten Mutter, des Menschen, der ihr am nächsten stand. So lagen die Dinge. Sie hatte zwar auch schon Dystrophie, aber ihre seelische Kraft, ihre moralischen Prinzipien waren stärker als die der Mutter. Natürlich erkannte sie, daß hier schon ein innerer Verfallsprozeß stattfand und immer weiter voranschritt. Im Grunde war es für sie eine Tragödie, die Mutter in diesem Licht zu sehen.«

»Wußte die Mutter, warum ihre Tochter Selbstmord beging?«

»Ich weiß es nicht, aber ich glaube, daß die Mutter zwar die Tochter beweint hat und dergleichen, sie aber dennoch bis zum Schluß nicht verstand. Einige Leute wurden durch Dystrophie schwachsinnig, wenn sie von Natur aus zum Bösen neigten, meine ich. Da war die Dystrophie und darauf basierte etwas anderes, nennen wir es kurzerhand Marasmus. Ich denke, die Mutter hat nicht verstanden. Ihre Tochter hingegen hat sehr gut verstanden. Ich hab sie noch einmal getroffen, nachdem die Mutter den Kater gegessen hatte. Sie erzählte mir entsetzt: ›Stell dir vor! Mutter hat den Kater aufgegessen, unseren Maxim! Sie hat ihm das Fell abgezogen und ihn aufgegessen, und alles mit eigenen Händen. Und hat mir davon angeboten!!!‹

Aus der Art, wie sie mir das erzählte, war mir klar, daß das für sie das Ende bedeutete.«

Die Menschen sahen und spürten die heranrückende ausweglose Lage auf verschiedene Weise. Und sie verhielten sich verschieden, wie sie ihr vergeblich zu trotzen versuchten, immer mehr selbst hineingerieten oder sich davor retteten, ist auch ganz verschieden.

Ja, jenes Mädchen hielt nicht durch. *Sie hielt als Mensch nicht durch*, nicht auf kreatürliche Weise.

Knjasew hätte sie wohl verstanden. Obwohl er ein weitaus stärkerer Charakter war, mehr Argumente für den Kampf bis zur letzten Konsequenz hatte und mehr an sich, den Menschen glaubte.

Sie retteten nicht nur Tiere, sondern auch sich selbst mit Hilfe der Tiere und gaben den Kindern die Kindheit zurück. Aus Leningrad war nach dem Jahr zweiundvierzig jedes noch so kleine Lebewesen verschwunden. Es gab weder Katzen noch Hunde noch Vögel – nichts dergleichen. Nur ein Winkel in der Stadt blieb erhalten, nicht durch ein Wunder, sondern dank der Liebe mehrerer Menschen. Darüber kann uns Maria Metschislawowna Brudinskaja erstaunliche Dinge erzählen.

»Ich mußte vor allem die Tiere schulen, Tiere, die überhaupt nicht dressiert waren. Ich mußte sie so dressieren, daß sie Eindruck machten. Vor allem mußte ein Text ausgearbeitet werden, den ich den Kindern vortrug. Die Käfige für die Tiere baute ich selbst, damit ich sie fahren konnte.

Wir besaßen ein kleines Halbpony, ein kleines Pferdchen – Maltschik. Und Timoscha – keinen Wächter, sondern einen Pferdeknecht, er war ein herzensguter Mensch, der einwilligte, mit uns zu fahren. Denn alles mußte aufgeladen werden. Und so haben wir diese Tiere umhertransportiert (das, was Sie auf den Zeichungen und Fotos gesehen haben, ist der reinste Luxus, das war schon kurz vor dem Ende, als wir einen Lastwagen hatten).

Wir stellten also die Käfige auf den Wagen und banden sie fest. Und dann fuhren wir zu dritt – Timoscha, ich und Tamara Semjonowna, zu den Punkten (wie ich sie nannte), für die ich einen Vertrag hatte. Wir kamen an. Wurden sehr schön empfangen. Aber glauben Sie nicht, daß wir uns Hoffnungen auf eine bessere Beköstigung machten. Nein, auch dort war alles genau berechnet, so daß für uns, grob ausgedrückt, nichts abgezweigt werden konnte.«

»Das war dreiundvierzig?«

»Ja. Wir suchten uns ein großes Zimmer und stellten die Tiere aus. Die Kinder lärmten, weil das für sie ...«

»Sie hatten noch keinen Hund und keine Katze gesehen?«

»Ja, ja. Sie machten ganz große Augen, saßen da und guckten. Dann hab ich ihnen so einen kleinen einführenden Vortrag gehalten. Und dann kamen die Vorführungen: Die kleinen Hunde tanzten, den kleinen Fuchs konnten sie anfassen (er biß nicht). Was er fraß, wußten sie nicht, sie steckten ihm winzige Konfektstückchen zu, die sie dort bekamen.

Und dann hatten wir noch den kleinen Affen Inka – er war ziemlich bösartig, so daß man nur schwer an ihn herankam.

Wenn die Vorstellung dann beendet war, verstauten wir alles wieder. Und einmal fuhren wir den Newski entlang und gerieten in einen entsetzlichen Artilleriebeschuß. Und wissen Sie was? Wir dachten überhaupt nicht an uns, sondern nur daran, wie wir die Tiere retten könnten. Also schlüpften wir in einen Hof (meiner Ansicht nach den der Öffentlichen Bibliothek), es war ein großer Hof. Wir stellten uns in den Torweg. Ich beugte mich über den Käfig, in dem der Affe Inka saß, er aber, der Bösewicht, statt dankbar zu sein, spürte wohl, daß da etwas dunkel, etwas ungewöhnlich war (sie reagieren sehr schnell auf so etwas), und begann mich zu zwicken und mir den Kittel zu zerreißen, den ich trug. Ich mußte es ertragen!

Wir kamen dennoch heil heraus und fuhren weiter. Das ging noch mal glücklich aus. Einmal aber fuhren wir zu zweit zu Frau Rukawischnikowa (so lautete ihr Familienname). Und als wir gerade bergan fuhren, das war am Suworow-Denkmal, also mußte es die Troizki-Brücke sein, und uns über etwas unterhielten, da hörten wir plötzlich mächtigen Lärm – ein Feuerwehrauto kam angebraust, bemerkte unser armseliges Wägelchen nicht, und wir hatten Enten darin, Hühner und ein paar Küken – und krach! Da lagen wir alle auf der Erde. Sie hatten unsere Wagendeichsel zerbrochen.«

»Sie fuhren mit dem Pony?«

»Ja, nur mit dem Pony. Ich lenke stets mit der linken Hand. Maltschik erschrak sehr und zog weiter vorwärts. Ich stieß mich nur mächtig, behielt aber die Fassung und packte ihn. Er zitterte. Der Aufprall war so heftig gewesen, daß an einem Hinterbein ein Hufeisen abgesprungen war. Wir banden das Pony an den ersten besten Griff und sammelten die Tiere ein. Und Sie können sich ja vorstellen:

der Wagen selbst und das Gegacker, der Lärm. Leute waren sehr wenige in der Nähe, jemand kam gelaufen, konnte uns jedoch nicht helfen. Dabei war das doch alles Staatseigentum, war ein Wertobjekt, dafür war ich verantwortlich.

Ich trug also alles zu einem Haufen zusammen (Frau Rukawischnikowa half mir, so gut es ging). Wir mußten alles von der Straße räumen und beiseite schleppen. Von dort, von der Troizki-Brücke, schleppte ich mich mit Maltschik zum Zoo, um dort zu melden, daß wir zwar übel zugerichtet waren, aber noch lebten. Und von dort holte uns dann der große Pferdewagen ab, mit dem man sonst Futter für die Tiere heranschaffte. Der lud den ganzen Kram auf!«

»Sagen Sie, die jüngeren Kinder kannten überhaupt keine Tiere?«

»Nein. Woher auch? Sie waren ganz klein. Auch Schulkinder kannten kaum welche, sie hatten sie schon vergessen. Hunde gab es gar nicht – sie waren aufgegessen worden – keine Tauben, keine Hunde, nichts Lebendes.«

»Sagen Sie, wie kommt es, daß der Zoo unversehrt blieb und die Jahre einundvierzig, zweiundvierzig durchstand?«

»Es gab Vorräte. Dort ist doch der Udelninski-Park. Da wurde Heu gemacht. Der Elefant kam einundvierzig um. Bei einem Luftangriff, er wurde verwundet. Man bedauerte später sehr und schimpfte darüber (das war, als ich gerade dorthin gekommen war), daß sie das Fleisch nicht aufgehoben hatten – man hätte es einpökeln oder sonstwie aufheben können, aber sie hatten das Tier vergraben, und eine kolossale Menge Fleisch war verloren. Doch sonst sind im Zoologischen Garten trotz des Hungers und des Artilleriebeschusses keine Tiere umgekommen. Nein, nein. Ein junger Tiger erkrankte und starb eines natürlichen Todes. Die meisten Tiere waren weggebracht worden, ich weiß nicht genau, ich glaube, nach Saratow. Ein Teil war geblieben. Den Elefanten hatten sie nicht wegbringen können und auch nicht die große Flußpferdkuh Krassawiza.«

»Sie ist durchgekommen?«

»Jawohl. Sie wurde alt wie Methusalem und starb eines natürlichen Todes.«

»War man nicht auf ihr Fleisch erpicht?«

»Nein. Meiner Ansicht nach nicht auf ihr Fleisch, sondern auf ihr Futter.«

»Aber sie frißt doch Gras?«

»Damals war auch das begehrt. Wissen Sie, was ich Ihnen sagen möchte: Mit ihr hatten wir die meiste Plackerei. Sie konnte ohne Wasser nicht leben – dann entstehen Risse in ihrer Haut. Dort hinter dem Zoo ist ein Kanal, und wir mußten endlos mit Schlitten Wasser herbeischaffen. Das war für uns ein schweres Unternehmen, reihum wurde jeder dazu eingeteilt. Und so wurde sie mehrmals am Tag übergossen und mit allen möglichen tierischen Fetten eingeschmiert (wenn man sie nicht selbst aufaß).

Wissen Sie, das Futter für den Zoo wurde beim Stadtsowjet mitbilanziert, so daß die Affen auch Vitamine erhielten (wie die vom Sowjet sie auftrieben, ist mir ein Rätsel).

Das Heizen war auch sehr schwierig für uns. Ich wohnte auf der Wassiljewski-Insel. Wenn ich aus dem Zoo nach Hause ging (natürlich mit Gasmaske, ist ja klar), trug ich immer ein Bündelchen Feuerholz, Späne, kleine Stückchen bei mir, um zu Hause gleich die ›Burshuika‹ heizen zu können.

Was soll ich Ihnen noch erzählen? Dann organisierten wir für die Kinder Ponyfahrten. Zwei Ponys waren uns geblieben. Aber kein Zaumzeug, nur irgendwelche zerrissenen Riemen. So hab ich selbst den Sattler gespielt. Ich nähte alle möglichen Riemen, überholte das Kummet, machte alles selbst. Der Wagen wurde gschmückt. Und Timoscha, unser berühmter Timoscha – wir mochten ihn alle sehr, Timoscha also, dieser alte Mann, half uns. Und er hat dann die Kinder gefahren, und da herrschte natürlich große Freude.

Sehr bedrückend waren natürlich die Besuche bei den Verwundeten in den Lazaretten. Das war einfach entsetzlich. Sie waren doch manchmal mit grauenhaften Verwundungen ans Bett gefesselt, und dennoch lächelten sie. Und wie teuer war uns dieses Lächeln! Wir brauchten nichts weiter, nur dieses Lächeln!«

»Wegen Ihres Affen?«

»Natürlich, und wir gaben uns Mühe, stellten alles Mögliche an, um ihnen entgegenzukommen.

Viele Kinder strömten zu uns. Aber wissen Sie, wir ließen nur die ein, die gut lernten, sich irgendwie ausgezeichnet, Älteren geholfen hatten oder was weiß ich. Sie kamen gern, sehr gern. Und ihre Arbeit bestand darin, daß sie im Zoo aufräumen, beim Füttern helfen, vor allem aber das betreffende Tier beobachten und sich Notizen machen mußten. Wir fuhren mit ihnen in den Udelninski-Park und beobachteten den Vogelflug oder kleinere Tiere.

Wissen Sie, die Kälte, die Risse, die vom Frost durchdrungene Decke, der Reif. Sowohl die Kinder – junge Naturforscher – als auch wir haben trotzdem das eine oder andere getan. Wir dachten nicht an Brot zum Essen, sondern an *geistige* Nahrung, und wir hatten auch Brehms ›Tierleben‹.«

Wovon leben die Menschen?

Der Hunger folterte, tötete Kinder vor den Augen ihrer Mütter. Und die Kinder sahen die Qualen ihrer Mütter, verstanden sie jedoch vielleicht erst viele Jahre später richtig, als sie selbst Väter und Mütter waren.

Magdalina quälte sich und klagte.
Als sie starr den Lieblingsschüler fand,
Keiner einen Blick zu werfen wagte,
Dorthin, wo die stille Mutter stand.

Anna Achmatowa

Wir besitzen einige Aufzeichnungen, in denen sich eine Mutter und ihr inzwischen erwachsenes Kind gleichzeitig einer Sache erinnern. Hier nun ein solcher Bericht von

Olga Iwanowna Moskowzewa und Valentina Alexandrowna Gawrilowa (wir nennen die Tochter Valja, obwohl sie längst erwachsen ist).

Olga Iwanowna:

»Ich war beim Betriebsschutz, und man gestattete uns, Holz zu holen. Also bat ich eine Nachbarin und eine zweite mitzugehen, wir holten das Holz – sie schleppten es, ich schleppte es auch mit bis zum Haus und kehrte schnell zum Wachdienst zurück. Später zerkleinerten wir das Holz – und ab damit auf den Markt, der war dort ganz in der Nähe, der Klinski-Markt. Ich selber durfte mich nicht hinstellen und verkaufen. Also hieß ich das Valja. Ich fuhr sie, mehr tot als lebendig, mit einem kleinen Wagen hin, damit sie sich neben das Holz stellte, so daß alle spürten: Hier stand jemand. Und ich stellte mich ein Stück entfernt hin und beobachtete sie. Und wissen Sie, eines Tages hatten wir Glück: Eine Frau trat zu mir und sagte: ›Ich gebe Ihnen ein Kilo Grütze!‹«

Valja:

»Hirsegrütze, ein Kilo Hirsegrütze!«

Olga Iwanowna:

»›Ein Kilo Hirsegrütze. Sagen Sie es niemandem. Ich zeige Ihnen meine Wohnung nicht. Fahren Sie das Holz nur vors Haus und schütten Sie es hin.‹ Also mußte ich das Holz und Valja auf dem Schlitten ziehen.«

»Sie haben das Holz gezogen und sie darauf gesetzt?«

Olga Iwanowna:

»Ja, sie konnte nicht gehen. Na, wir brachten es hin. Kriegten die Grütze. Aber wohin damit? Valja rief ängstlich: ›Die nehmen sie uns weg, die nehmen uns die Grütze weg!‹ Ich sagte: ›Ach was, versteck sie unter dem Mantel.‹«

Valja:

»Damals nahmen sie einem so etwas weg.«

Olga Iwanowna:

»Ja, das kam vor. Ich steckte die Grütze unter ihren Mantel und sagte: ›Setz dich auf den Schlitten, oder noch besser: leg dich! Ich fahr dich heim.‹ So brachten wir die

Grütze nach Hause. Und Valja hat darauf aufgepaßt, sie führte gewissermaßen unsere Wirtschaft. Wenn ich vom Dienst kam, goß sie mir Suppe ein und zählte dabei die Hirsekörner ab. Sie zählte so lange, bis die Suppe kalt war. Ich weinte, schließlich wollte ich etwas Warmes haben, ich kam von draußen, sie aber zählte immer: ›Der Doktor hat mir gesagt, du sollst kein bißchen von mir nehmen und ich nicht von dir, alles soll gleich geteilt werden. Dann bleiben wir am Leben.‹ Wissen Sie, sie hatte's im Kopf – sie war nicht ganz normal.«

Valja:

»Ja, ich war nicht ganz normal.«

Olga Iwanowna:

»Und wie! Sie hatte kein Erinnerungsvermögen mehr, absolut nicht.«

»Und welches Jahr war das? Vor dem Ladogasee?«

Olga Iwanowna:

»Ja, ja, vor dem Ladogasee. Ich arbeitete noch nicht dort. Am Obwodny-Kanal war eine Rüstungsfabrik, mein Mann arbeitete dort. Mich hat man dort im Betriebsschutz eingestellt – ich war schon krank, zählte als Schwerbeschädigte der Stufe 3. Und von dort stammte auch das Holz. Das war vor dem Ladogasee.«

Valja:

»Damals gab man Schrot und Duranda aus.«

Olga Iwanowna:

»Ich hatte Wolle, hab Strümpfe gestrickt und der Köchin gegeben. Was ich hatte, hab ich ihr gegeben, und sie gab mir mal eine Zwiebel, mal Kartoffelschalen. Daraus machte ich Kartoffelpuffer, aus Hefe Hefesuppe. Dann kriegte ich Leim. Aus dem machte ich Sülze (es war Leim zum Kleben). Ich konnte sie nicht essen, aber Valja aß sie. Sie aß den Leim mit Behagen wie Sülze.«

»Und das mit der Grütze hat ihr wohl der Arzt im Krankenhaus eingeschärft?«

Olga Iwanowna:

»Ja, ja. Ihre Lunge war nicht in Ordnung, fortwährend

war was mit ihrer Lunge. Deshalb gab der Arzt ihr Sojamilch. Sie kam und machte eine Art Kaffee. Ich wollte, daß sie ihn trank, aber sie meinte, ich sollte trinken. So saßen wir und stritten. Sie zu mir: ›Ich esse nicht, wenn ich sterbe – dann stirbst auch du. Aber wenn ich esse und du nicht – stirbst du, und ich bin allein.‹ Ich mußte nachgeben und alles genau teilen. Und dann: Sie holte Lebensmittel. Da entdeckte ich – eine halbe Praline war übrig. Ich sagte: ›Valja, warum hast du sie nicht gegessen?‹ (Ich wollte immer, daß sie mehr aß als ich.) Sie zu mir: ›Nein, nein, was denkst du! Ich hab nur eine halbe gegessen. Der Doktor hat gesagt, wir sollen alles genau teilen, ganz genau. Dann bleiben wir beide am Leben.‹«

Valja:

»Wie man sich unter den damaligen Bedingungen retten konnte, war zum Beispiel im Leningrader Rundfunk zu hören: ›Essen Sie Ihre einhundertfünfundzwanzig Gramm nicht mit einemmal. Teilen Sie sie auf.‹ Ich hatte die Kraft, sie aufzuteilen. Ich versteckte sie hinter dem Fenster, hinter dem Rahmen, denn es gab Ratten und Mäuse. Zumindest anfangs. Später gab es weder Mäuse noch Katzen, noch Hunde – nichts gab es mehr in Leningrad. Und ich teilte es so ein: Ein Stückchen aß ich morgens, ein Stück abends. Ich hörte mir immer an, was im Rundfunk gesagt wurde.«

Olga Iwanowna:

»Wir hatten ein Kätzchen. Und ich sagte: ›Bringt es irgendwohin.‹ Da kam unser Pate und sagte: ›Gebt es mir, ich esse es auf.‹ Aber da fing Valja an zu weinen: ›Was sagst du da? Du willst das Kätzchen essen!‹ Dann überredete ich die Nachbarin, sie war Straßenbahnschaffnerin. Ich sagte: ›Hör zu, Katja, erzähle Valja, du bringst das Kätzchen in eine Kantine, dort kann es am Leben bleiben, wird es durchgefüttert, und dann geben sie es zurück. Nur soll sie niemals hingehen, es sich nicht ansehen. Wenn der Krieg vorbei ist, gibt man es ihr zurück.‹ So haben wir es abgesprochen.«

Valja:

»Ich entsinne mich auch noch: Ich wollte unbedingt leben. Dieser Wunsch, dieses Verlangen war so groß, daß ich bereit war, mich allem zu fügen, was man sagte, alle Ratschläge anzunehmen, nur um durchzukommen! Es ist einfach erstaunlich! Ich entsinne mich noch der Verkäuferin, die uns die Lebensmittel ausgab. Es kam vor, daß wir nichts kriegten. Entweder hatte die Brotfabrik kein Mehl, oder die Produktion stockte aus irgendeinem Grund. Sogar so etwas kam vor! Aber wenn alles in Ordnung war und Brote gebracht wurden, dann waren es immer sehr große Laibe. Mich beeindruckte, daß sie so groß waren. Aber sie waren gefroren. Die Verkäuferin konnte das Brot nicht mit dem Messer schneiden, sie zerhackte es mit dem Beil. Ich entsinne mich noch sehr gut. Der Bäckerladen war in unserem Haus Nr. 76. Hier haben wir während der ganzen Blokkade gewohnt. Und sie zerhackte die Brote mit dem Beil, um ein kleines Stück abzuhacken – einhundertfünfundzwanzig Gramm. Im voraus wurde nichts geliefert, weil es in Leningrad zu wenig Möglichkeiten gab, Lebensmittel im voraus zu liefern. Und ich hatte damals einen Traum: ›Mama! Ob wir die Zeit noch erleben, wenn die Regale unten im Bäckerladen voller Brote liegen?‹ Ich glaubte einfach nicht, daß eine solche Zeit kommen würde. Ich träumte nicht von Brötchen, nur voll Brot sollten die Regale sein. Und ich sagte: ›Wie glücklich werden wir sein, wenn wir das noch erleben!‹ Ich habe diese Zeit erlebt, habe die Regale voller Brot gesehen. Aber noch heute werfen wir niemals Brot weg, sondern trocknen es.«

Olga Iwanowna:

»Sie sagte, wir würden schon herrlich leben, wenn wir genug Brot und Salz hätten (denn Salz gab es damals auch nicht), wir würden heißes Wasser trinken und Salz und Brot essen!«

Valja:

»Und ich hab mir noch einen anderen Fakt gemerkt. Wir wohnten neben dem Warschauer Bahnhof an der Moskowskaja Sastawa, dort waren viele Betriebe, daneben die Badajew-Lagerhäuser. Deshalb wurde diese Gegend besonders stark bombardiert. Die Pulkowo-Höhen waren ganz in der Nähe, und der Moskauer Stadtbezirk kriegte alle Granaten ab. Wann immer die Bomben fielen, schätzte ich mich glücklich, im Erdgeschoß zu wohnen, denn von oben kamen alle herunter zu uns. Gewöhnlich gilt das Erdgeschoß ja als schlecht: Dort ist es dunkel und feucht, aber während des Krieges war das ein großer Vorteil. Vielleicht hat es uns auch gerettet, denn in unserem Haus sind viele Granaten im zweiten und dritten Stock eingeschlagen, und dann kamen alle zu uns, um sich zu retten. Mama putzte mich in solchen Momenten folgendermaßen heraus: Sie zog mir meinen Kindermantel aus und ihren an, denn der war aus feinem Tuch und mit Pelzkragen und wertvoller als mein Kindermantel. Sie hängte mir einen Beutel um den Hals und steckte unsere Lebensmittelkarten hinein und sagte: Wer weiß, was passiert, du hast dann für die erste Zeit, den ersten Monat Lebensmittelkarten, verkaufst meine Sachen, meinen Mantel und kommst irgendwie durch, vielleicht durchbrechen sie auch den Blockadering, und du kannst dich evakuieren lassen.«

Die Leningrader Frau. Sie lebte ein klein wenig länger, als ihr eigentlich vorbestimmt war, doch der Tod warf sie später, ausgezehrt, wie sie war, zu Boden. Der Gedanke an ihr Kind, die Angst, die Sorge darum oder um den Mann ließ sie einen Tag, zwei, einen Monat länger leben.

»Und wissen Sie, manchmal spürte ich, wie ich immer schwächer wurde. Hände und Füße waren schon ganz kalt. Mein Gott! Ich sterbe! Und Wowa? Und wissen Sie, da stand ich auf und tat etwas. Das kann ich jetzt einfach nicht erklären.« (Alexandra Borissowna Den)

Viele von ihnen sind nur dadurch am Leben geblieben – allen wissenschaftlichen Berechnungen zum Trotz, wonach ein reglos Daliegender weniger Kalorien verbraucht als einer, der sich nach Wasser zur vereisten Newa schleppt, unter großen Mühen einen Schlitten voll Brennholz zieht und tagelang nach Brot für sein Kind ansteht. Hier sollte die Wissenschaft etwas revidieren oder sich vergessener Dinge erinnern. »Ich mußte nicht nur für mich Lebensmittel holen, sondern noch für fünf Personen, die daheim saßen und auf mich warteten; ich mußte für das Kind Sojamilch besorgen, ich mußte die Lebensmittelkarten für die Hausbewohner abholen. Überhaupt war ich die ganze Zeit unterwegs, und vielleicht bin ich deshalb durchgekommen. Ich war fast nicht aufgedunsen. Ich glaube, ich habe während der Blockade gerade mal einen Tag gelegen.« (Olga Iossifowna Rybakowa, Ingenieur, sie arbeitete bei der Hausverwaltung, Kutusow-Str. 12)

J. S. Ljapin, Doktor der physikalisch-mathematischen Wissenschaften und Professor für Mathematik, der das alles selbst erlebt und beobachtet hat, äußert sich wie folgt:

»Aber ein Moment möchte ich doch hervorheben, denn es spielte für uns wie auch für viele andere Leute eine besondere Rolle. Ich unterhielt mich damals auch mit Ärzten darüber, und sie haben es später bestätigt. Normalerweise stellt man sich den Menschen doch als eine Art Ofen vor: Solange man Holz nachlegt, brennt er, ist kein Holz da, legt man nicht nach, ist es verbrannt – geht er aus! Und beim Menschen legt man also alle möglichen Kalorien nach, und von denen lebt er und arbeitet. Und wenn die nicht mehr da sind, wird das verbraucht, was im Organismus angehäuft ist: Fettablagerungen, Muskeln. Er braucht das alles auf. Wenn bei ihm dann alles ›verbrannt‹ ist (jeder Physiker kennt das Energiesystem), nichts mehr da ist, was ihn sich bewegen läßt – dann stirbt er. Aber häufig starb der Mensch dann, wenn in seinem Organismus noch ein winziger Vorrat an Kalorien da war – im physischen primitiven Sinne; der Ofen hätte noch brennen können, aber der Mensch starb. Er ist eben doch kein Ofen. Er ist eine sehr komplizierte Maschine, eine außergewöhnlich komplizierte. In dieser Hinsicht spielte es eine große Rolle, wie sich der Mensch verhielt, wie er zu kämpfen verstand.

Ich entsinne mich einiger Leute zu Beginn der Hungerzeit, die aufhörten, sich zu waschen, aufhörten, sich zu rasieren. Wenn sie ihre Lebensmittel im Empfang genommen hatten, aßen sie alles gleich im Laden auf. Wurden Lebensmittel für drei Tage ausgegeben, so verzehrten sie alles an einem Tag, und dann hatten sie nichts mehr. Und das waren keine entsetzlich willenlosen Typen, nein, ganz normale, gute Leute. Sie gingen vom Prinzip eben jenes Ofens aus: Um sich zu bewegen, verbrauchte der Mensch Kalorien, die waren knapp, also mußte man liegen, soviel liegen wie möglich. Nicht einmal die Finger durfte man bewegen, nur liegen mußte man. Genau das war falsch, weil der Mensch eben kein Ofen ist. Stimmt, du gehst durchs Zimmer, dann wäschst du dich, natürlich mit kaltem Wasser, du verbrauchst für all das Kalorien. Aber in Wirklichkeit bleibst du eben dadurch ein menschliches Wesen, das in gewissem Maße noch funktioniert.

Man kann sagen, daß viele Menschen in dieser Hinsicht nach einem strengen Plan vorgingen, natürlich nach einem Plan, der den vorliegenden Bedingungen entsprach, aber er stand für jeden Tag fest. Während der schweren Zeit der Blockade bestand das Mittagessen aus heißem Wasser, in dem fünfzig Gramm sonst nicht eßbaren Brotes eingeweicht wurden. Man aß vom Teller mit einem Löffel. Man könnte meinen, ich rede über Kleinigkeiten: Ist es nicht gleichgültig, wann man seine einhundertfünfundzwanzig Gramm ißt, ob man das Brot einweicht oder nicht, mit dem Löffel ißt oder nicht? Nein, auch das war wichtig. Es mußte ein gewisser Rhythmus entstehen ähnlich dem im normalen Leben eines Menschen. Ich hab es an mir selbst und an meinen nächsten Angehörigen erfahren, ich habe es auch von Ärzten gehört, die das alles massenhaft beobachten konnten. Natürlich ist das keine Garantie. Letzten Endes nützt alles Einteilen nichts, wenn der Mensch keine Nahrung bekommt, holt ihn früher oder später der Tod.

Ich wiederhole, es ist keine Garantie, aber es hat den Tod so weit wie möglich herausgeschoben. Ich muß sagen, daß ich versucht habe, meine Gedanken und Empfindungen unter Kontrolle zu halten und mich nicht so gehenzulassen, wie das einige taten – das war falsch.«

Wir besitzen zwei Tagebücher – das von Frau Prussowa und das ihres Sohnes. Das der Mutter ist besonders interessant: Die Krankenschwester, die es geschrieben hat, ist nicht nur eine beeindruckende Persönlichkeit, die ein tragisches Mutterschicksal erlitten hat, sondern auch ein literarisch begabter Mensch. Sie ermunterte auch ihren Sohn, sich Aufzeichnungen zu machen. Als dieser, ein Medizinstudent, zur Armee einberufen wurde, gab sie ihm ein dikkes Heft mit und sagte: »Schreib die interessantesten Dinge auf, denn es heißt immer: Für die Nachwelt sind auch schlechte Aufzeichnungen von Zeitgenossen wertvoll.« In den Niederschriften ihres Sohnes, des späteren Arztes Boris Prussow, wird auf einigen Seiten gleichfalls das Problem der Kalorien angesprochen – der in den Nahrungsmitteln enthaltenen und auch der »geistigen«.

»Meine Mutter, Faina Alexandrowna Prussowa, war Krankenschwester und schon recht lange im Dienst. Früher hatte sie als Operationsschwester bei Professor Grekow im Obuchowski-Krankenhaus gearbeitet. Und danach in der Chirurgie des Sofija-Perowskaja-Krankenhauses. Dank unserer Mutter sind wir alle durchgekommen, weil sie uns immer wieder aufmunterte. Wir ließen uns nicht gehen, wuschen uns notdürftig und badeten sogar. Dabei ist sehr interessant, daß sie eine eigene Theorie hatte, die übrigens vom Leben bestätigt wurde: Nicht hinlegen, nicht hinlegen! Als ich einmal, schon selbst in der Medizin tätig, zu erwidern versuchte: ›Mama! Wenn du liegst, verbrauchst du weniger Kalorien, demzufolge brauchst du auch weniger Nahrung‹, erwiderte sie: ›Es klingt paradox, ist aber eine Tatsache: Wer umhergeht, bleibt am Leben und kann arbeiten. Bewegt euch!‹ Als ich völlig entkräftet war (das war zweiundvierzig) und schon nicht mehr ins Institut gehen wollte, sagten meine Schwester und meine Mutter zu mir: ›Du mußt das Medizinische Institut beenden. Geh hin! Wenn du nicht mehr hingehst, stirbst du!‹ So ging ich. Und ich mußte vom Marsfeld bis zum Lew-Tolstoi-Platz laufen, täglich hin und zurück, außerdem noch Hausbesuche machen und im Sofija-Perowskaja-Krankenhaus Sprechstunde abhalten.

So war unsere Mutter. Wann immer jemand zu uns kam, bei uns war es stets sauber. Auf dem Tisch lag ein Tischtuch. Auch ging es bei uns immer fröhlich zu. Alles war aufgeräumt, ordentlich und sauber. Und unsere Mutter hat uns diese Reinlichkeit, diese Diszipliniertheit vererbt. Und das hat uns meiner Meinung nach geholfen, durchzukommen. Unsere Mutter verhinderte immer wieder, daß wir verzweifelten. Die Ration wurde geteilt, jeder erhielt seinen Anteil, wobei meine Schwester und meine Mutter mir später eingestanden, daß sie mir in der schwersten Zeit mehr gaben, ich weiß nicht warum. Aber das Interessanteste ist: Mama war der Meinung, daß es in ihrem Zimmer immer sauber war. Der Fußboden wurde stets gewischt, alles blitzte, aber als die Blockade aufgehoben wurde, sie die Verdunklungsvorhänge abgenommen hatte und es wieder Strom gab, blickte sie auf die Tapeten und sagte: ›Mein Gott! Wie hab ich mich getäuscht! In welchem Schmutz hab ich trotz alledem gelebt.‹«

Aus dem Tagebuch von Olga Jefimowna Epschtejn:

»5. Mai. Ich bin nach den Nachrichten zur Arbeit gegangen. Der Betrieb hat einen neuen Rüstungsauftrag erhalten. Es fehlt an Leuten. Von den alten Arbeitern ist fast niemand mehr da. Sie sind gestorben, ein Teil ist weggefahren. Ich lerne neue Teilc herstellen. Noch immer trage ich den Wintermantel. Der derzeitige Auftrag ist weit interessanter als der letzte. Schon die Vielfalt der Teile, und sie sind wesentlich präziser, außerdem aus Buntmetall. Heute wurde die Kantine mit Kaviar aus Duranda beliefert, ich kriegte ein Kilo. Früher hätte ich so etwas nie in den Mund genommen, jetzt erscheint es mir als Leckerbissen.

13. Mai. Ich habe Edik besucht. Abends höre ich immer die Nachrichten des Informationsbüros, dann gehe ich in die Bäckerei und kaufe meine 250 Gramm Brot und, sofern welche da ist, Butter. Ich schmiere sie aufs Brot und laß es mir schmecken. Dann gehe ich zur Arbeit. Wenn ich wieder zurück bin, wärme ich mir Tee auf, trinke mich satt und lege mich schlafen. Ich arbeite selbständig, bin Meister, Kontrolleur, Hilfskraft und Transportarbeiter gleichzeitig.

Heute war bei uns Betriebsversammlung. Die Planerfüllung im Mai wurde ausgewertet. Wir haben den Plan erfüllt.

Heute war eine Ärztekommission da. Man hat mir Dystrophie im ersten Stadium bescheinigt. Die schwersten Dystrophiefälle wurden für eine Zusatzverpflegung erfaßt. Ich rechne nicht damit, auch dazu zu kommen. Mein Zahnfleisch ist schon fast gerade geworden. Ich hab mich schon gewundert, daß ich so leicht davongekommen bin und meine Zähne behalten habe. Heute wurde pro Person ein Liter Sojamilch ausgegeben.

10. Juni. Der Parteiorganisator kam zu mir und sagte: ›Hier hast du eine Bescheinigung, schnell zum Arzt.‹ – ›Warum?‹ – ›Für zusätzliche Verpflegung.‹«

Die Leningrader Frauen kämpften verzweifelt und furchtlos gegen den Hunger. Das war ihre Front. Wer in dieser Stadt überlebt hat, verdankt das nicht nur den Truppen, nicht nur der »Straße des Lebens«, sondern auch der Standhaftigkeit, Geduld, Ausdauer und Kraft der Frauen und letzten Endes ihrer Liebe.

Und wie gern wäre die Leningraderin auch damals nicht die Stärkste und Ausdauerndste gewesen, sondern »nur eine Frau«, deren sich jemand annahm. Zuweilen überstieg es einfach ihre Kraft, das satteste und gesündeste Familienmitglied zu spielen.

»Ich entsinne mich eines Vorfalls. Eine Zeitlang gab man statt Zucker sogenannte Sojariegel aus. Na, da war weniger Soja drin als ... ich weiß nicht, was. Die teilte ich für uns drei auf. Und ich entsinne mich, daß ich ihnen ein- oder zweimal eine Portion gegeben habe und in den Korridor gegangen bin. Und einmal hab ich das auch gemacht und dort geweint. Wissen Sie, im Grunde ist mir Essen auch jetzt noch ziemlich gleichgültig. Ist was da, wird's gegessen, wenn nicht – auch gut. Aber damals ... Ich entsinne mich noch heute, wie ich in den Korridor gegangen bin und geweint habe.« (Alexandra Borissowna Den)

Die Frau, Mutter und Gattin mußte stärker, ausdauernder und tapferer sein als ihr eigenes Ich.

Leningrader Kinder

»Ich trat aus unserem Hof neben dem Generalstab und sah – an der Tür, ganz zusammengeduckt, einen kleinen Jungen sitzen. Er schien etwa sechs Jahre alt zu sein. Ich fragte: ›Was machst du hier?‹ Er antwortete: ›Ich bin hergekommen, um zu sterben.‹ – ›Sterben willst du? Sie mal an, was du für einer bist – wenn du es bis hierher geschafft hast, stirbst du auch nicht! Und wo wohnst du?‹ – ›An der Moika. Wir haben einen sehr dunklen Hof und eine sehr dunkle Wohnung. Hier aber ist es so hell. („Das war auf dem Schloß-Platz.") Also bin ich hergekommen, um zu sterben.‹ Na, da nahm ich ihn mit meinen Mädchen mit zu mir ins Archiv. Wir gaben ihm warmes Wasser zu trinken, irgendwelche Brotreste und Tischlerleim, richtigen Tischlerleim. Und er sagte zu uns: ›Wenn ich am Leben bleibe, esse ich immer solchen Leim.‹«

»Und wie alt war er?«

»Mir schien, sechs Jahre. Aber in Wirklichkeit war er elf. Und ich fragte ihn: ›Warum bist du hergekommen? Ist von deiner Familie niemand mehr am Leben?‹ Er sagte: ›Verstehst du das nicht? Wenn ich noch jemanden hätte, wäre ich nicht gekommen. Papa ist an der Front, Mutter gestorben. Sie liegt noch da. Meine kleine Schwester ist auch tot.‹ Da habe ich ihn ins Kinderzimmer gesteckt und seine Adresse angegeben (er hatte sie mir genannt), sie sind hingegangen. Mehr weiß ich nicht von ihm.« (Aus dem Bericht von Frau L. A. Mandrykina)

»Leningrader Kinder.« Wenn diese Worte erklangen – am Ural oder hinter dem Ural, in Taschkent und in Kuibyschew, in Alma-Ata und Frunse –, krampfte sich dem Menschen das Herz zusammen. Allen brachte der Krieg großes Leid, den Kindern aber besonders. Über sie brach so viel herein, daß jeder mit unwillkürlichem Schuldgefühl danach trachtete, ein wenig Last von ihren Schultern, ihren Herzen zu nehmen und selbst zu tragen. Es klang wie eine Parole – »Leningrader Kinder«! Und dieser Parole folgte jeder in jedem beliebigen Winkel unseres Landes. Bis zu einem gewissen Moment waren sie wie alle Kinder, sie blieben fröhlich und erfindungsreich. Sie spielten mit Granatsplittern und sammelten sie (wie sie vor dem Krieg Briefmarken oder Schokoladenpapier gesammelt hatten). Sie liefen von zu Hause weg und tauchten in der vordersten Linie auf, da die Front greifbar nahe war. Begeistert schütteten sie in ihrem Hof Sand auf deutsche Brandbomben, als wären es Silvesterschwärmer.

»Wir fuhren weiter, bis zum Obwodny-Kanal«, entsann sich die ehemalige Straßenbahnfahrerin Anna Alexejewna Petrowa. »Hier fegten Kinder auf der Nowo-Kamenny-Brücke mit Besen Bomben in den Kanal, gleich ins Wasser.«

Kaljagin, I. W.: »Nun, der Junge sagte sich, wenn ich hier herumlaufe und schreie, hört mich doch niemand. Ich renn herum – und das Haus brennt ab. Also beschloß er, von dem großen Haus auf ein niedrigeres zu springen.«

»Wieviel Stockwerke?«

»Von einem dreistöckigen auf ein einstöckiges. Zwei Stockwerke. Wozu groß überlegen? Er sprang und warf die

Brandbombe vom Dach. Sein Familienname ist mir entfallen.«

Aber dann wurden sie die stillsten Kinder auf der Welt.

»Wir saßen da, und um uns, um die Schule, krepierten sechzehn Granaten! Alle Scheiben zerbarsten. Die Jungen berührten mich alle mit einem Finger. Wissen Sie warum? Offenbar weil ich ... Ich spürte, wie ich zitterte. Ich nahm all meine Kraft zusammen, um das Zittern zu unterdrükken, verstehen Sie, und wissen Sie, ich schaffte es! Wissen Sie, ich nahm wirklich alle Kraft zusammen! Und dann sagte ich mir, daß ich jetzt nicht in Leningrad wäre, sondern in Molodino bei meiner Mutter, und daß alles in Ordnung wäre.« (Nina Wassiljewna Rogowa)

»Vor mir stand ein etwa neunjähriger Junge. Er war in ein Umschlagtuch gehüllt, dann noch in eine Steppdecke, er stand da und fror. Es war kalt. Ein Teil der Leute ging, ein Teil wurde von anderen abgelöst, aber der Junge blieb. Ich fragte ihn: ›Warum gehst du dich nicht aufwärmen?‹ Er darauf: ›Zu Hause ist es sowieso kalt.‹ Ich sagte: ›Heißt das, du wohnst allein?‹ – ›Nein, mit meiner Mutter.‹ – ›Na und, kann sie nicht laufen?‹ – ›Nein, das geht nicht. Sie ist tot.‹ Ich sagte: ›Wie meinst du das?‹ – ›Meine Mutter ist gestorben, und sie tut mir leid. Jetzt bin ich auf eine Idee gekommen. Ich lege sie jetzt nur noch tagsüber ins Bett, nachts stelle ich sie an den Ofen. Sie ist ja doch tot. Und von ihr geht so eine Kälte aus.‹« (Ignatowitsch, S. A.)

Die Leningrader Kinder verlernten in diesem Winter herumzutollen. Sie verlernten sogar, zu lachen oder zu lächeln, genauso wie ihre Mütter und Großmütter und genauso wie ihre als erste sterbenden Väter und Großväter.

»Die Menschen, selbst die Kinder, weinten und lächelten nicht mehr«, entsinnen sich viele. Wie sagte Olga Bergholz »ihren« Leningradern: »... der Schmerz ist stärker als unsere Tränen.« Auch ein Lächeln erfordert offensichtlich Kraft. Und soviel Kraft hatten sie nicht, sie reichte nicht für die Arbeit, für das Leben! Als der schreckliche Todes-

und Hungerwinter vorbei war, spürte eine Frau plötzlich (man hatte in ihrer Gegenwart etwas Scherzhaftes getan oder gesagt): »›Mit meinem Gesicht ging etwas vor, eine ungewöhnliche Verschiebung der Muskeln.‹ Das bedeutete, der Mensch lächelte wieder.« (Aus dem Bericht von Lidija Sergejewna Ussowa)

»Ich entsinne mich noch, wie ich nach Brot anstand«, erzählte uns die Sängerin des Leningrader Akademischen Chors, Galina Alexandrowna Martschenko, wobei sie tief in sich hineinblickte, auf jene dreizehnjährige Galja aus der Blockadezeit. »Wir hatten einen großen Hof, und man mußte etwa anderthalb Häuser seitlich umgehen, und dann kam die Bäckerei. Ich entsinne mich noch, wir hatten uns schon abends angestellt, standen tagelang, nachdem wir uns absolut alles übergestreift hatten. Mama konnte sich überhaupt nicht bewegen, sie war sehr schnell entkräftet. Sie wärmte mir die ganze Zeit Ziegelsteine, bei uns lagen immer Ziegelsteine auf der ›Burshuika‹, zwei oder drei. Ich legte mir einen auf die Brust, um warm zu werden. Ich weiß noch – ich kroch durchgefroren nach Hause, dann gab man mir einen anderen Ziegel, und ich schleppte mich damit gleich wieder weg, ich hatte doch mehr Kraft. Ich weiß noch, daß Mama mich mit diesen Ziegeln einfach gewärmt hat. Na, endlich bekam ich für meine Leute je einhundertfünfundzwanzig Gramm Brot und kehrte nach Hause zurück.«

»Kam es vor, daß Sie gelacht haben?«

»Wir lachten nicht mehr, jedenfalls entsinne ich mich nicht eines solchen Falles. Wir redeten überhaupt nicht miteinander, weil wir einfach nicht die Kraft dazu hatten. Nein, ich kann mich nicht entsinnen, daß ich gelacht hätte. Ich trug unsere Lebensmittelkarten immer bei mir, weil Mama fürchtete, sie zu verlieren. Und das hätte den Tod bedeutet.«

»Und haben Sie geweint?«

»Nein, auch das nicht, mir war einfach alles gleichgültig.

Wir gingen auch nicht mehr in den Luftschutzkeller, sondern schlossen uns ein und gingen nirgendshin.«

»Ein Frau hat uns erzählt, wie sie nach all dem Erlebten zum erstenmal lächelte und sich selbst über diese vergessene Muskelbewegung wunderte. Können Sie sich an Ihr erstes Lächeln erinnern?«

»Nein, daran kann ich mich nicht erinnern. Aber meiner Ansicht nach hab ich schon wieder gelächelt, als wir evakuiert wurden. Vielleicht auch schon früher. Nein, als wir schon in Shicharewo waren.«

Alexandra Alexandrowna Agronskaja, Leiterin der Musikbibliothek des Leningrader Akademischen Chores, eine liebe Frau mit Lachgrübchen, wurde sofort ernst und traurig, als sie von dem Lächeln erzählte, das sich so selten auf den Gesichtern der Kinder zeigte. Sie lebte in einem Kinderheim, einem Blockadekinderheim (die Mutter war »mobilisiert«, der Vater an der Front).

»Und wie verhielten sich die Kinder? Eines aß alles auf einmal auf, ein anderes hob sich was auf, stimmt's?‹

»Wissen Sie, ich kann nur sagen, daß wir immer nur sehr winzige Stückchen aßen. Niemals bissen wir ins Brot, sondern wir brachen winzige Stücke ab und steckten sie in den Mund. Und im Eßraum (wir hatten ein großes Zimmer, wo wir Kinder alle aßen) waren wir der Reihe nach dran, nach dem zweiten Gang, also der Kascha, die Töpfe auszulecken.«

»Und wer legte die Reihenfolge fest?«

»Die Erzieherin. Wir waren viele Kinder dort.«

»Ging es der Reihe nach oder als Belohnung?«

»Nein, es ging der Reihe nach. Wissen Sie, ich glaube, daß wir nicht viel Unfug getrieben haben. Es gab meiner Ansicht nach nichts, wofür man uns hätte bestrafen müssen, wir konnten uns gerade noch bewegen. Jedenfalls, als ich in die Schule kam ... Da fällt mir der Name meiner Lehrerin in der ersten Klasse ein – Jelena Ignatjewna. Es war die 202. Schule auf der Sheljabowstraße. Nachdem wir in der Klasse zum erstenmal wieder über etwas gelacht hatten – das war wahrscheinlich Ende vierundvierzig, die Klasse mußte aus irgendeinem Grund lachen –, ging sie hinterher von Haus zu Haus, suchte alle Eltern auf und erzählte allen: ›Ihre Kinder haben heute gelacht.‹ Das war ein höchst wichtiges Ereignis.«

»Und wo war das Kinderheim?«

»Auf der Nekrassowstraße. Vorn stand eine Kirche, und hinten im Hof war das Kinderheim. Als wir Kinder einmal gerade spazieren waren, wurde das Haus von einer Granate getroffen. Uns geschah nichts, man siedelte uns in ein anderes Gebäude um.«

»Im Kinderheim konnte man Sie nicht zum Lachen bringen?«

»Ich glaube nicht, obwohl wir auch tanzten. Ich zum Beispiel war das Füchslein. Außerdem weiß ich noch, daß wir ein Theaterstück aufführten, »Schneewittchen«, und ich war das Schneewittchen, ich sang, aber wahrscheinlich war das nicht sehr lustig, denke ich mir.«

»Waren alle Kinder so alt wie Sie, oder gab es auch ältere?«

»Es gab auch ältere und jüngere als ich.«

»Und dann sind Sie aus dem Kinderheim nach Hause zurückgekehrt?«

»Ja, zusammen mit meiner Schwester.«

»Und Ihr Vater?«

»Der ist vor kurzem gestorben. Er hat den ganzen Krieg mitgemacht. Er war in Deutschland. Und dann hat er Expeditionen mitgemacht – jetzt möchte ich mal angeben! Er ist auf der ›Ob‹ und der ›Lena‹ in die Antarktis gefahren. Und jetzt trägt eine Sandbank in der Antarktis seinen Namen.«

»Agronski?«

»Nein. Posharski.«

»Warum haben Sie einen anderen Familiennamen?«

»Weil ich geheiratet habe, wissen Sie.« Sie lacht. »Natürlich erinnere ich mich an vieles, im Grunde jedoch wenig Erfreuliches. Mir erschien damals selbst der Tag schrecklich, an dem die Blockade aufgehoben wurde. Ich war mit meiner Schwester und mit Mama zu Hause. Wir wohnten mitten im Stadtzentrum – auf der Sofija-Perowskaja-Straße. Hier ist der Gribojedowkanal, wissen Sie, gleich neben uns, es ist wirklich der Stadtkern. Und weder meine Schwester noch ich hatten irgend etwas im Radio gehört, keinerlei Bekanntmachung. Wir drei traten auf die Straße, und eine Freundin unserer Mutter kam uns entgegen. Sie schrie etwas entsetzlich laut, packte meine Mutter, und sie rannten los, meine Schwester und ich blieben hier. Und in diesem Moment donnerte es gewaltig! Wissen Sie, ich kann mich nicht entsinnen, während des Krieges so ein Krachen gehört zu haben, daß mich das schreckliche Gefühl überkam, etwas breche zusammen. Die ganze Stadt war hell erleuchtet. Und dann stellte sich heraus, daß es der Siegessalut war! Meine Schwester und ich waren in eine Schneewehe gefallen. Irgendwelche Männer, Soldaten, zogen uns heraus. Wir weinten schrecklich. Mit Mühe nur konnte man uns beruhigen.«

»Sie wußten noch nicht, was geschehen war?«

»Wir hatten überhaupt keine Ahnung. Wir konnten uns nicht vorstellen, was Sieg bedeutete. Für Kinder war das damals noch ein sehr abstrakter Begriff, denke ich. Aber zu jener Zeit, am Tag der Aufhebung der Blockade, bekamen wir schon etwas zu essen, verstehen Sie, man gab uns was, und nicht nur äußere Kohlkopfblätter. So brachte ich aus der Schule in einem Krug Kascha mit nach Hause, und die konnten wir essen. Uns kam es schon etwas besser vor. Und natürlich war die Aufhebung der Blockade, war dieser Tag sehr bedeutsam, obwohl meine Schwester und ich sehr erschrocken waren.«

Wir baten, noch einmal auf jene Lehrerin zurückzukommen, von der uns Alexandra Alexandrowna anfangs erzählt hatte. Sie ließ uns keine Ruhe. Für sie war das erste Lachen der Kinder ein Ereignis. Und sie bewertete es als großes, vielleicht entscheidendes Ereignis. So, daß sie alle Eltern aufsuchte. Und ihnen diese Kunde wie ein wertvolles Geschenk brachte – sie hatten gelacht! Sie lachen wieder!

»Woher wissen Sie, daß sie überall hinging?«

»Unsere Eltern haben es uns erzählt. Ich kenne das Vorkriegsschicksal dieser Lehrerin nicht, ich weiß auch nichts über ihr Privatleben während des Krieges. Mir war, als lebte sie nur für die Schule und für uns. Wir kamen hungrig und frierend in die Schule. Sie half uns beim Ausziehen und prüfte, was wir darunter hatten. Manche Kinder, die nichts darunter hatten, wickelte sie in Zeitungspapier und zog das Kleid darüber, damit sie nicht froren. Weinte jemand während des Unterrichts plötzlich, dann hatte sie immer ein paar Brotrinden in der Tasche. Sie trug eine zu große Strickjacke, die Taschen waren irgendwo unten (vielleicht schien mir das damals auch nur so). Und sie ließ uns dann die harten Brotrinden lutschen, nur damit wir nicht weinten. Wenn Artilleriebeschuß war, rief sie uns auf dem Korridor zusammen und deckte uns buchstäblich mit ihrem Körper. Sie besuchte uns auch sehr oft zu Hause. Kam eines ihrer Kinder auch nur einmal nicht zur Schule, erschien sie noch am selben Tag zu Hause. Wie ihr selbst zumute war, davon hab ich natürlich keine Ahnung, ich weiß auch nicht, ob sie Familie hatte oder alleinstehend war, weil ich nur in der ersten, der zweiten und zu Beginn der dritten Klasse bei ihr Unterricht hatte.«

»Über ihr weiteres Schicksal wissen Sie nichts?«

»Ich habe sie nie wieder gesehen. Ich kam an eine andere Schule. Als ich später in meine alte Schule zurückkehrte, war sie nicht mehr da.«

»Und wie lautete ihr Vor- und Vatersname?«

»Jelena Ignatjewna.«

»Den Familiennamen wissen Sie nicht mehr?«

»Nein.«*

Die Erinnerungen von Kindern, das heißt von Menschen, die während der Blockade Kinder waren, unterschei-

* Nach der Veröffentlichung im »Nowy Mir« riefen uns ihre Schüler an. »Das ist Frau Nikolajewa. Jelena Ignatjewna Nikolajewa!«

den sich von denen Erwachsener, obwohl die Leute, die sie uns heute erzählen, jetzt erwachsen sind und selbst schon Väter, Mütter, ja sogar Großmütter.

Das kindliche Gedächtnis hat erstaunlich viel bewahrt und klar umrissen aufgezeichnet. Einige Bilder lassen sich vom heutigen Bewußtseinsstandpunkt aus nicht entschlüsseln. Und auch so manche Ängste sind uns schwer verständlich.

Der damals sechsjährige Vitja (Viktor Wassiljewitsch Korbunow) hat sich von allen Bombenangriffen nur eingeprägt: Ein riesiger Schrank fing auf seinen Beinen zu tanzen an! Und nach dem Angriff lagen auf den Betten im Kindergarten Glassplitter.

Den kleinen Wolodja (Wladimir Rudolfowitsch Den), damals etwa zwölf Jahre alt, hatte die Mutter zum Spielen aus dem Haus geschickt. Es war Februar 1942. Nach dem ununterbrochenen Zuhausehocken wurde ihm von der frischen Luft leicht schwindlig. Am meisten aber beeindruckte ihn der hohe Schnee, der ihm bis über den Kopf ging – Schneegräben, Schneewehen, vom Schnee zugewehte Erdgeschosse der Häuser, Schneegebirge. Und es war kein Stadtschnee, sondern sauberer, blitzender, gleißender. Und fünfunddreißig Jahre später fuhr er, ebenfalls im Februar, nach Kirowsk zum Skifahren.

»Ich ging dort durch die Straßen, und – was war das? Seltsame Assoziationen. Dieser Schnee! Natürlich waren die Gehwege nicht so verweht wie damals hier. Na, und auf den Rasenflächen lag der Schnee übermannshoch, weil man ihn den ganzen Winter von der Straße geräumt und beiseite geschleudert hatte.«

Dieser saubere Schnee, die schneeweiße Polarlandschaft ringsum weckte kindliche Erinnerungen aus der Blockadezeit.

Die Erinnerungen kehren zurück, leben auf und treten plötzlich im Charakter, in Gewohnheiten und Traumgesichten zutage. Bei jedem auf besondere Weise, aber so, daß die Menschen manchmal nicht wissen, wo sie herrühren.

Der sechsjährige Kolja (Nikolai Viktorowitsch Chludow) verknüpft Schnee stets mit Hunger: »Wenn es schneite, hatte ich ständig das Bedürfnis, etwas zu essen.« So eng waren diese beiden Dinge bei ihm verbunden.

Die aus dem kindlichen Erinnerungsvermögen ans Licht tretenden Bilder leuchteten gewöhnlich in allen Farben.

»Am Finnländischen Bahnhof fesselten die O-Busse meine Aufmerksamkeit, die auf dem Platz überwinterten. Daneben stand ein abgebranntes Haus. Es war gelöscht worden, und die Wasserbäche, die auf die Dächer der O-Busse geprasselt waren, hatten sich in riesige Eissäulen verwandelt. In den Strahlen der Frühjahrssonne funkelten und blitzten diese Säulen, und alles ringsum erinnerte mich an das Reich des Eiskönigs.« (Lidija Iwanowna Melnikowa)

Die achtjährige Shanna (Shanna Emiljewna Umanskaja) verbindet die Erinnerung an die Blockade stets mit schrecklicher Kälte. Es war immer kalt, unter der Bettdecke, im Pelz – überall war es kalt. Und sie erinnert sich noch an einen gewaltigen, mit Stücken einer Steppdecke umhüllten Korb, in dem die Mutter das Mittagessen brachte. Das Brot wurde in Stücken von zweihundert Gramm im Koffer verwahrt und der Koffer im Sofa, damit das Brot nicht mit einemmal aufgegessen wurde.

»Auch schien weder Morgen noch Abend zu existieren. Nichts. Mir war, als herrschte ständig pechschwarze Dunkelheit. Ich lernte die Uhrzeit auf dem Zifferblatt entziffern. Und zu meiner Schande sei es gesagt, daß ich heute nur noch die Stunde weiß, wo Mama mir etwas zu essen geben mußte. Manchmal wußte ich, daß Morgen war, manchmal nicht, weil wir praktisch nicht schliefen, sondern die Nacht in einer Art Halbschlaf verbrachten. Es heißt – das Brot schläft im Menschen. Aber da wir kein Brot hatten, fanden wir auch keinen Schlaf.«

Bei allem Leid während der Blockade, inmitten aller Nöte, Entbehrungen, inmitten von Tod und Entsetzen waren die Kinder die größte Tragödie. Um sie sorgten sich die städtischen Behörden und die Bevölkerung am meisten, ihr Leiden, ihre Situation war für alle höchst qualvoll und schmerzlich. Und selbst in dem vom Hunger getrübten Bewußtsein der Erwachsenen galten die Kinder und alles Kindliche in der Regel als heilig.

»Eine erwachsene Frau holte die Lebensmittel gewöhnlich mit einem Schlitten aus dem Lager. Sie nahm stets zwei etwa vierzehnjährige Jungen mit. Nun war die Reihe an mir. Das Lager befand sich hinter dem Narwa-Tor. Wir gingen hin und zurück zu Fuß. Der Hinweg fiel leicht, zurück hielten wir uns an der Leine des Schlittens fest. Einer ging immer hinten und paßte auf. In einem Schlagloch neigte sich der Schlitten, und das Sojakonfekt fiel aus der Schachtel in den Schnee. Im Nu bildete sich um uns ein enger Ring aus Passanten. Die Frau fuchtelte mit den Armen und jammerte, und ihrem Geschrei entnahmen alle, daß das Konfekt in ein Kinderheim gebracht wurde, und wir zwei Jammergestalten waren eine gute Illustration. Die Leute drängten sich um uns, spreizten die Arme, ihre Augen brannten, aber niemand bückte sich. Wir sammelten alles Konfekt wieder in die Schachtel, hoben die Tüten auf, stellten den Schlitten richtig hin und fuhren weiter. Die Leute folgten uns noch lange mit dem Blick.« (Alexander Iwanowitsch Ljubimow)

Greise von Kindern, die nicht lächelten, die schwiegen und kraftlos waren, die alles verstanden und doch nichts begriffen. Die Deutschen, der Krieg, die Faschisten waren irgendwo dort vor der Stadt, selbst die Blockade blieb für die Sechs-, Acht- und Zehnjährigen ein abstrakter Begriff. Konkret waren die Dunkelheit, der Hunger, die Sirenen, die Bombeneinschläge – unbegreiflich, warum all das über die Menschen hereingebrochen war. Wohin war das Essen verschwunden, wohin die nächsten Angehörigen? Der Krieg wurde nicht durch Menschen, durch den Feind, die

Hilfspolizisten oder eine fremde Sprache verkörpert, wie das zum Beispiel in den okkupierten Gebieten der Fall war. Wir sprechen hier über kleine Kinder, diejenigen, die älter waren, wurden schnell erwachsen. Die Kindheit der Kleinen fand ein jähes Ende. Es war nicht einfach für diese kleinen Greise, später ins Leben, in die Kindheit, zu sich selbst zurückzufinden.

Nina Wassiljewna Kowaljowa, eine sehr implusive, lebhafte, einfühlsame und vernünftige Frau, erzählt über sich als kleines Mädchen in einer Weise, daß man dieses kleine Ding unwillkürlich vor ihr und ihrem gnadenlosen Gedächtnis in Schutz nehmen möchte.

»Wie alt waren Sie damals?«

»Sechs. Meine Mama hüllte mich in alles, was da war. Ich weiß noch – ich trug irgendwelche Fetzen, Tücher. Sogar mehrere Mäntel übereinander.«

»Wahrscheinlich weil es so kalt war und wohl auch, um die Sachen stets bei sich zu haben?«

»Ich weiß nicht, wozu das alles geschah. Ich entsinne mich nur, wir schwerfällig ich war. Ich glaube, ich machte nur ein Zehntel dieses Kleiderbündels aus. Dann hab ich mir gemerkt, daß wir auf einem Fuhrwerk fuhren, irgendwohin. Ein Mann in einem Bauernpelz ließ uns nicht weiterfahren. Er sagte: ›Wohin? Dort sind die Deutschen!‹ So machten wir kehrt. Meine Mutter saß, glaube ich, neben mir. Sie fragte: ›Nina, möchtest du etwas essen?‹ Ich hatte entsetzlichen Hunger, konnte es jedoch nicht sagen. Im Inneren schrie ich: ›Mama, ich möchte etwas essen.‹ Aber sagen konnte ich es nicht. Und mir war so schrecklich zumute, weil mir meine Zunge nicht gehorchte.«

»Und warum konnten Sie es nicht sagen?«

»Meine Zunge kam mir wie Watte vor. Ich konnte mich auch nicht bewegen, nichts konnte ich. Ich war wie tot. Und eine innere Stimme schrie: Ich möchte essen! Dann entsinne ich mich noch einer Episode, als man uns schon an den Ural gebracht hatte. Wohin zuerst, weiß ich nicht mehr. Ich entsinne mich nur, daß ich in irgendeiner Ecke saß. Und dort teilten sie für uns Pfefferkuchen. Sie teilten sie nicht quer, sondern längs, damit sie aussahen wie ganze Pfefferkuchen und nicht wie halbe. Sie gaben uns die Pfefferkuchen und fragten immerzu: ›Schmeckt's?‹ Ich verstand nicht einmal die Worte. Ich weiß noch, ich saß da und überlegte, was ›es schmeckt‹ oder ›es schmeckt nicht‹ bedeutete. Was ist das, wenn man essen möchte oder nicht essen möchte? Ich schwöre, ich saß da in der Ecke, und mich beschäftigte der Gedanke: Was heißt das: Ich möchte nicht essen? Dann entsinne ich mich noch folgender Episode am Ural. Als die Kinder längst schliefen, lief ich aufs Feld. Alle hatten gesagt: Das Brot wächst. Ich hatte das wörtlich verstanden. Also dachte ich mir, da brauchst du nur ein Loch zu graben, da findest du ein frisches Brot. Ich wollte es nehmen und mich satt essen. Ich hockte also dort und grub und grub. Ich hob ein tiefes Loch aus, aber Brot war nicht zu finden! Also saß ich da und heulte. Und da kam ein sehr großer Mann zu mir, weiß ich noch, und fragte: ›Was machst du hier?‹ – Ich sagte: ›Ich grab nach Brot.‹ Und wissen Sie, entweder waren die Leute von Natur sehr gutherzig, oder mir schien es nur so, jedenfalls nahm mich der ältere Mann huckepack und trug mich zu sich nach Hause. Ich entsinne mich noch – in ein dunkles Zimmer. Er gab mir Kartoffeln und erzählte lange, daß man das Korn erst säen müßte, dann würde es reif, dann müßte man es ernten, zu Mehl mahlen, dann backen. Und erst dann würde daraus Brot. Ich weiß auch noch, wir hatten eine dicke Kinderfrau. Es kam vor, daß sie mich an ihren Leib drückte und streichelte. Aber das berührte mich gar nicht, so sehr war ich abgestumpft. Als ich schon in die Schule ging, konnte ich schlecht begreifen. Das war lange so.«

»Und wo war Ihre Mama?«

»Das weiß ich nicht. Als man uns über den Ladogasee gebracht hatte und uns auf einen Lastwagen (oder auf ein Fuhrwerk, ich weiß nicht mehr) gesetzt hatte, war, glaub ich, meine Mama schon nicht mehr bei mir. Meine Schwester war krank. Ich entsinne mich, sie lag im Krankenhaus, in einem Krankenzimmer. Ich glaube, sie hatte Tuberkulose. Man gab ihr einen Löffel Streuzucker und ein Stück Butter. Sie konnte nicht essen. Ich hatte mich unter ihrem Bett versteckt, und sie gab mir zu essen. Die Portion, die ihr zustand, hat sie mir gegeben, und ich hab den Löffel abgeleckt.«

»Sie hat ihn unters Bett gehalten?«

»Ja. Ich sagte: ›Valja, wann kriegst du wieder was?‹«

»Haben Sie lange dort gelegen? War ihr Krankenzimmer in der Nähe?«

»Nein, ich hab nicht dort gelegen. Ich weiß nicht, wie das war. Ich entsinne mich nur noch, daß sie im Bett lag und Zucker und Butter bekam. Und nicht essen konnte, und ich lag unter dem Bett und leckte alles ab. Und dann – wie abgestumpft ich war! Ich entsinne mich, als wir zurückkehrten, fuhren Valja und ich mit einem Zug. Ich hatte solche Angst vor Zügen! Man mußte mich mit Gewalt in den Wagen zerren! Ich hatte entsetzliche Angst vor der Lokomotive, dem Dampf und Rauch. Valja sagte: ›Paß auf, gleich holt Mama dich ab.‹ Sie war älter. Wenn ich damals sechs war, war sie neun. Sie war also schon vernünftig. Ich aber … ich hatte das Wort ›Mama‹ einfach vergessen. Ich erinnere mich, daß Mama schon auf dem Bahnsteig stand. Valja sagte: ›Da kommt Mama.‹ Ich aber stieß meine Mutter weg und sagte: ›Wo ist meine Mama?‹ Valja sagte: ›Na, das ist sie doch! Hier!‹ Ich erkannte sie sehr lange nicht an. Ich lehnte sie in einem Maße ab, war derart böse, daß ich mir später, als wir schon zur Schule gingen und Tagebücher oder Hefte erhielten, selbst Vieren eintrug, ihr die Hefte hinschob und sie dann aus einem Winkel heimlich beobachtete. Was war das nur? Ich hatte überhaupt kein Gefühl dafür, daß ich eine Mutter hatte, sie wiedergefunden hatte.«

»Hat sie Sie denn gut behandelt?«

»Aber natürlich. Sie hatte doch soviel durchgemacht, ihre Kinder in entsetzlicher Verfassung gesehen und fest geglaubt, sie hätte sie verloren. Wie hätte sie uns schlecht behandeln können? Sie litt sehr, aber mir bereiteten ihre Qualen sogar ein gewisses Vergnügen. Ich weiß nicht, was das war. Jetzt kann ich meine Boshaftigkeit überhaupt nicht verstehen. Und ich bedauere sie sehr. Denn ich bin ja ganz anders geworden. Aber damals benahm ich mich so entsetzlich, und lange Zeit berührte mich überhaupt nichts. So entsinne ich mich, wie die Mathematiklehrerin mir eine Aufgabe mit einfachsten Zahlen beibringen wollte. Sie mühte sich, mühte sich – ich kapierte nicht! Ich konnte nicht einmal bis zwanzig zählen. Ich weiß nicht, was das war! Ich war einfach entsetzlich.«

»Und wo ist Ihre Mutter jetzt?«

»In Rente. Papa kriegt auch schon Rente. Sie sind beide krank. Besonders Mama. Mein Vater ist gesünder als sie.«

»Spricht Ihre Mutter oft von Leningrad und der Blokkade?«

»Wissen Sie, überhaupt nicht. Wir fragen sie nicht, und sie sagt nichts. Einmal hab ich es versucht: ›Vielleicht erzählst du uns was?‹ Aber sie schrie mich fast an, wissen Sie: ›Nein, ich will nicht!‹ Kriegsfilme sieht sie sich überhaupt nicht an, sie versucht immer, um solche Filme herumzukommen. Sie kann das Wort ›Krieg‹ auch jetzt nicht ertragen und will nichts hören.«

»Erzählen Sie bitte vom Tag des Sieges.«

»Da passierte folgendes. Bei Kriegsende gaben sie uns Weißkäse aus Soja. Ich entsinne mich des Siegestages an den Fünf Ecken. Die Musik spielte alles mögliche, aus den Fenstern dröhnte Grammophonmusik. Es war schon Frühling. Die Straßen waren voller Menschen. Ich weiß noch, wie zwei Soldaten eine große Brezel trugen, eine riesige weiße Brezel. Meiner Meinung nach war es eine richtige. Alle warfen ihnen etwas zu. Von einem Balkon flogen Blumen und irgendwelche Papiere. Ich hatte aber nichts bei mir, nur einen solchen Käse. Da bin ich hingegangen und hab einem der Soldaten, die die Brezel trugen, meinen Weißkäse gegeben.«

»Hat er ihn genommen?«

»Ich weiß nicht, ob er ihn genommen hat oder nicht, jedenfalls hab ich ihnen statt Blumen den Käse überreicht – als Geschenk.«

Irina Kirejewa entsinnt sich eines Mädchens in der behelfsmäßigen Kinderklinik. Man hatte sie gebracht, als sie schon im Sterben lag. Das Mädchen war älter als sie.

»Sie sagt zu mir: ›Iß bitte mein Brot („wieviel war das wohl? Die übliche Norm – 125 Gramm"), ich lebe nicht mehr bis morgen.‹ Sie lag neben mir. Unsere Bettchen standen sehr eng beieinander, damit man möglichst viele ins Zimmer bekam.

Ich entsinne mich, wie ich die ganze Nacht nicht schlafen konnte, weil ich überlegte: Soll ich das Brot nehmen oder nicht? Alle wußten, daß sie schon nicht mehr essen konnte. Wenn ich das Brot aber nahm, würden sie denken, daß ich es ihr gestohlen hätte. Und dabei hatte ich so schrecklichen Hunger. Es war ein entsetzlicher Kampf mit mir selbst: Es gehört dir nicht! Also hab ich das Brot nicht genommen. Wenn man jetzt sagt: Ein Hungriger darf alles tun, auch stehlen und so weiter – dann entsinne ich mich meiner Empfindungen als Kind, als ich nichts Fremdes nehmen konnte, obwohl man es mir geben wollte. Das kleine Mädchen ist tatsächlich gestorben, und das Stück Brot blieb unter ihrem Kissen.«

Diese verborgene Polemik flackert immer wieder in den verschiedensten Berichten auf. Sie läßt sich, grob gesagt, auf zwei Ansichten reduzieren: Die einen, wie Irina Kirejewa, sind der Meinung, der Mensch habe kein Recht, seine Würde zu verlieren und die Gesetze der Menschlichkeit, Anständigkeit und Ehre zu verletzen. Sie verzeihen, sie rechtfertigen solche Fälle nicht, wo Leute Brot stahlen, es ihren Nächsten wegnahmen und sich zu Gaunereien und hinterhältigen Tricks hinreißen ließen. Sie haben selbst alle Prüfungen durchgestanden, sind nicht gestrauchelt, haben nichts preisgegeben und sich gleichsam ein

Recht auf solch eine Strenge erworben. Andere haben auch die Martern des Hungers kennengelernt und gesehen, wie schwer es einem Hungernden fällt, für seine Taten einzustehen.

Diese Polemik gehört zu jenen Streitfragen, die sich nicht mit Hilfe von mathematischer Logik lösen lassen. Sie dauert noch an, zieht sich über Jahre und durch Generationen hin und widerspiegelt die unterschiedliche Struktur der menschlichen Seele, die Unterschiede in Willenskraft, Standhaftigkeit, Erziehung und vielleicht noch anderen, uns unbekannten Eigenschaften.

Später hörten wir von einem ähnlichen Ereignis wie dem, als die Kinder in der Schule zum erstenmal wieder lachten. Es ist fast die gleiche Geschichte und dennoch eine andere. Wir führen auch sie an. Eine von beiden auszuwählen ist schwierig.

Es war mitten im Herbst 1942. Einige Schulen begannen wieder mit dem Unterricht. In der Schule, in die Irina Kirejewa ging, kam nur eine einzige Klasse zusammen, insgesamt siebzehn Kinder.

»Wir rissen vor der nächsten Stunde aus. Die Idee zu diesem Streich kam uns ganz plötzlich. Aber die Türen waren abgeschlossen, damit wir nicht auf die Straße rannten. Da brachen wir die vom Hinterausgang auf und wollten gerade ausrücken, als wir prompt dem Leiter der Abteilung Volksbildung unseres Stadtbezirkes in die Arme liefen. Er sagte: ›Ihr geht sofort in die Schule!‹ Denn eben schlugen wieder Granaten ein, und man gestattete uns nicht, auf der Straße herumzulaufen. Im Grunde hatten wir ja auch dort nichts zu suchen. Wir kehrten in die Schule zurück, meldeten uns bei der stellvertretenden Schulleiterin, und sie weinte plötzlich.

Jetzt verstehe ich, warum sich die Lehrer freuten, denn das war das erste kindliche Vergehen, überhaupt kehrten die Kinder ins Leben zurück, das war klar und für sie äußerst erfreulich.«

Die Episoden ähneln einander und auch wieder nicht. In

der ersten ist es das Lachen, in der zweiten ein Streich: Verschiedene Reaktionen der Lehrer, aber das gleiche Verständnis für das *Ereignis.* Jeder Fall ist für sich bemerkenswert. Andere Schattierungen, andere Empfindungen und Umstände. Hätten wir einen davon weglassen können, ohne dabei dem Gesamtbild zu schaden? Jedesmal, wenn wir uns beschränken, kommt kein Gewinn, sondern ein Verlust heraus.

Wenn man Tag für Tag einen Bericht nach dem anderen hört, hat man das qualvolle Bedürfnis, sich immer wieder zu überzeugen, daß ein Lächeln möglich, daß Kindsein möglich war, daß es all das gab, daß all das möglich war!

»Wir saßen da, und wir redeten nur übers Essen: ›Mama hat Äpfel gebracht‹, ›Mama hat Grießbrei gekocht‹. Kurzum, alle saßen wie Greise beisammen und redeten nur übers Essen. Und plötzlich rannte ein kleines Mädchen im weißen Kleidchen aus dem Kreis heraus und hüpfte mit dem Sprungseil. Alle Kinder blickten sie erstaunt an. Ich erkundigte mich nicht einmal, wer das Mädchen war, freute mich aber sehr, wie sie gleich einem Schmetterling aufflatterte, und sie hat sogar mir Mut eingeflößt, und ich fühlte mich unbeschwert.« (Nina Wassiljewna Rogowa)

Bis Dezember 1941 fuhren Schlepper mit Lastkähnen über den Ladogasee nach Leningrad. Zu dieser Zeit hatte der Kriegsrat der Front schon alle Vorbereitungen für die künftige »Straße des Lebens« getroffen. Am 21. November 1941 setzte sich ein Troß aus Pferdegespannen über das erste Eis in Marsch, bald folgten auch Lastwagen. 60 Lastwagen steuerten das Ostufer des Sees an, um Mehl zu holen. Leningrad bekam Brot. Aber weitere Wochen und Monate waren nötig, bis endlich statt der 125 Gramm 200 und später 300 Gramm auf Marken ausgegeben werden konnten. Die Lastwagen, die Brot brachten, mußten sich durch Schneestürme kämpfen und an Eislöchern und Spalten vorbeimanövrieren. Sie kamen aus Kobona. Die »Straße des Lebens« konnte die schwindenden Lebensmittelvorräte der Stadt nicht sofort auffüllen. Das Land schickte Leningrad alles, was es konnte. Eisenbahnwagen mit Geschenken, Pferdefuhrwerke der Partisanen. Auf dem Rückweg nahmen die Lastwagen Mütter mit ihren Kindern mit. Diejenigen, denen es am schlechtesten ging. Zwanzigtausend Soldaten, Offiziere und Zivilangehörige betreuten die »Straße des Lebens«. Sie taten ihr Möglichstes und darüber hinaus vieles, was im normalen Leben als unmöglich gegolten hätte. Der Heroismus dieser Menschen gehört zu den schönsten Seiten in der Chronik des Großen Vaterländischen Krieges. Sie waren Helden – jeder auf seine Weise, durch sein individuelles, unnachahmliches Verhalten.

»Wir hatten alle große Angst, auf dem Eis zu sterben. Warum? Wir fürchteten einfach, daß uns dann die Fische fressen würden. So sagten wir uns: Lieber soll es uns auf dem Festland erwischen, in kleine Stücke zerreißen, nur nicht auf dem Eis. Besonders ich. Ich war ein Hasenfuß. Das verhehle ich nicht. Ein Hasenfuß. Ich hatte Angst, daß mich die Fische fressen würden! Und seither fürchte ich mich vor Wasser. Als ich noch ein kleines Mädchen war, konnte ich sehr gut schwimmen. Ich war auch gut im Sport. Seit der Eisstraße habe ich Angst vor dem Wasser. Ich kann mich nicht einmal in der Badewanne im Sitzen waschen. Ich muß mich unbedingt im Stehen duschen. Ich fürchte mich vor Wasser.«

Das sagte uns Olga Nikolajewna Melnikowa-Pissarenko, Trägerin des Rotbannerordens, den sie als eine der ersten an der Leningrader Front erhalten hatte, eine Kämpferin, über die Fadejew und Simonow seinerzeit Reportagen schrieben. Hört man dieser winzigkleinen Frau zu, dann glaubt man, daß sie sich fürchtete, genauso wie man an ihren Orden glaubt (den sie als dritte Leningraderin erhielt) und an ihre Heldentat auf der »Straße des Lebens«.*

* Wir trafen uns mit Olga Nikolajewna Melnikowa-Pissarenko, als sie im Museum der »Straße des Lebens« arbeitete

»Die Evakuierung begann in der zweiten Januarhälfte. Zuerst wurden Schwerverwundete evakuiert. Es war ein ganz grauenhafter Transport. Dann kamen Kinder und kranke Frauen dran. Man nannte das eine besonders wertvolle Ladung, weil es lebende Menschen waren, ausgezehrt und hungrig! Die Leute sahen so schrecklich aus, waren so ausgemergelt, daß man sie in Decken und Umschlagtücher, in alles mögliche hüllte, nur um sie über die Eisstraße zu bringen. Und vor dem Morgengrauen, als die Wagen über den Ladogasee preschten – die Fahrer beeilten sich sehr, um die dreißig, zweiunddreißig Kilometer schnell hinter sich zu bringen –, vor dem Morgengrauen fanden wir fünf, sechs kleine Leichen. Es waren kleine, ausgezehrte Kinder. Sie waren schon tot, denn stellen Sie sich vor: Da entgleitet so ein Kind bei voller Fahrt den Händen der Mutter, schlägt im Fallen auf das Eis und rutscht weg. Wir versuchten herauszufinden, wessen Kinder das waren, wickelten sie aus, aber sie hatten weder einen Zettel noch sonstwas bei sich. Es waren Kinder von acht bis zwölf Monaten, Jungen und Mädchen.«

»Die Mütter hatten sie nicht halten können?«

»Sehen Sie, die Mutter hält es im Arm. Angenommen, der Wagen rumpelte über einen Buckel im Eis, und der Mutter rutscht das Kind vor Schwäche aus den Händen. Sie war doch so schwach: Sie hatte Dystrophie, wenn nicht schon dritten Grades, so dicht davor. Man hatte sie auf den Wagen heben müssen, um sie ins unbesetzte Hinterland zu bringen. Und manchmal fuhren ganze Kolonnen mit Kindern in geschlossenen Wagen, in Bussen. Sie waren schon im Kindergarten- und Schulalter. Obwohl es geschlossene Wagen waren, gab es doch keine Heizung. Die Fahrzeuge waren sehr kalt. Nicht so wie heutzutage – da werden Busse und O-Busse geheizt. Und nicht selten kamen unterwegs Schneestürme auf, sie ließen das Kühlwasser im Nu einfrieren und setzten den Motor außer Betrieb. Um das Wasser auf offener Eisfläche wieder zu erwärmen, brauchte der Fahrer anderthalb Stunden, vielleicht sogar zwei. Es war noch gut, wenn der Wagen in der Nähe eines Zeltes hielt, dann nahmen wir die Kinder ins Zelt, ließen ihnen medizinische Hilfe zuteil werden und gaben ihnen zu essen. Das heißt, was konnten wir ihnen schon geben? Jedem ein Stückchen Zwieback – an die fünfzig Gramm. Und süßen Tee. Und wenn wir sahen, daß es einem Kind sehr schlecht ging, taten wir alles, damit es über den See kam. Manchmal mußten wir auch eine Spritze geben, Kampfer, um die Herztätigkeit zu erhalten.

In meinem Zelt taten im Februar Sanitäter aus Sibirien, aus dem Ural Dienst: gesunde, kräftige Männer. Und sie sagten: ›Olga Nikolajewna, diese Kinder sind doch schon tot!‹ – ›Nein, sie leben noch, ihr Herz schlägt noch, sie leben‹, antwortete ich. Denn daß sie so starre Augen hatten, kam nur von der ungeheuren Erschöpfung. Manchmal wuchsen in den Gesichtern der Kinder sogar Härchen.«

»Wie bei alten Männern?«

»Ja. Wir nannten sie manchmal unsere kleinen, betagten Greise. Wenn die Kinder zu mir ins Zelt kamen, fehlte ihnen jede Kraft, sie wollten und konnten sich nicht bewegen (nicht wie unsere Kinder heute). Faßte man sie an der Hand, so war die ganz dünn, nur Knochen, von Haut umspannt. Und man konnte die Knochen buchstäblich durch die Haut zählen. Und wenn der Fahrer dann kam und meldete, der Wagen wäre fertig, man könnte sie wieder in den Bus setzen, dann widersetzten sie sich. Sie wollten nicht aus der Wärme weg. Sie spürten, daß man sich hier um sie kümmerte, ihnen ein Stück Zwieback und süßen Tee gab. Sie widersetzten sich. Na, wir machten ihnen begreiflich, daß sie an einen noch besseren Ort kämen, dort würden sie Suppe kriegen und weiche Brötchen, man würde sie gesund machen und sie würden es noch wärmer haben. Sie würden es gut haben. Ich sagte: ›Wir begleiten euch bis nach Kobona.‹ Und manchmal mußten wir das auch wirklich tun, nur um die Kleinen zu beruhigen. Wenn sie sahen, daß wir mit ihnen fuhren, beruhigten sie sich. Und ihre Augen waren derart starr, wissen Sie, so ohne jeden

Glanz, es waren tote, glasige Augen, wenn man das so sagen kann. Als wir ihnen den Zwieback gaben, leuchteten die Augen kurz auf, aber dann erlosch das Leuchten sofort wieder.‹

Es geht hier um die allerkleinsten Kinder, die sich des Geschehens noch nicht bewußt waren, die nichts verstanden; um diejenigen, die, sofern sie durchkamen, Ihnen heute nichts erzählen können. Sie erinnern sich an nichts. Sie waren in einem Alter, wo man sich noch nichts einprägt. Selbst wenn heute irgendwelche verschwommenen Bilder aus ihrer frühen Kindheit vor ihnen auftauchen, können sie ihre Bedeutung nicht entschlüsseln.

Von allem Gehörten und Aufgezeichneten stachen einige Berichte durch ihre Bedeutsamkeit und die Aufrichtigkeit des Empfindens ab, das sich durch die Jahre nicht abgeschwächt hatte. Dies gilt in erster Linie für den Bericht von Maria Iwanowna Dmitrijewa (Gas-Prospekt 54). Zwar müßte man sie erzählen sehen oder wenigstens ihre Stimme hören, um das Wesentlichste ihres Berichts zu erfassen. Aber da Sie sie nicht hören können, sondern nur die Aufzeichnung lesen, wollen wir doch wenigstens etwas über sie selbst sagen.

Diese etwas füllige und (im Vergleich zu dem Foto aus der Kriegszeit) selbstverständlich älter gewordene Frau ist die Verkörperung von Güte. Tätiger Güte. Und ihr Bericht zeugt von großer psychischer Anspannung. Sie sieht die Vorgänge von vor fünfunddreißig Jahren so deutlich vor sich, als erlebe sie all das noch einmal, von dem sie Ihnen erzählt. Und Sie lauschen bald nicht mehr ihrem Bericht, sondern eilen mit ihr, mit den Kämpfern des Selbstschutzes von Baracke zu Baracke, von Brandstätte zu Brandstätte, von einem Toten zum anderen.

Die Leiterin der Selbstschutzgruppe der Wohnungsgenossenschaft im Kirow-Stadtbezirk, Maria Iwanowna Dmitrijewa, erinnert sich noch heute an die Nummern ihrer Häuser.

»Das geschah etwa im Dezember. Oder im Januar? Jedenfalls war es im Winter. Und sehr kalt. Beschuß setzte ein. Sehr starker Beschuß. Wir brauchten lange, um hinzukommen. Ich meine, in die Schwezowstraße, dort war ein Haus beschossen worden, die Siebenundvierzig, auch das gegenüber und eins noch näher hierher – die Sechsunddreißig. Wir rannten hin. Die Sechsunddreißig. Man sah gar nichts. Die Granate mußte durch ein Fenster geflogen sein. Tatsächlich – in einem Fenster war die Scheibe heraus; die Granate war in der Wohnung explodiert. Und hatte ein Mädchen getötet. Wir sahen es erst auf dem Rückweg. Aber sie war ohnedies tot. Kniete mitten im Zimmer, nur im Unterhemd. Offenbar war sie aufgesprungen, hatte wohin laufen wollen, es aber nicht mehr geschafft. Das Geschoß hatte ihr den Kopf abgerissen. Nur Haare lagen da. Achtzehn war sie wohl gewesen. Wir gingen in die Siebenundvierzig. Es war etwa ein Uhr nachts, vielleicht schon zwei Uhr. Ich rief laut – nichts zu hören. Die Fenster waren erleuchtet, das Treppenhaus dunkel. Ich hatte zwar eine Taschenlampe, sie hing an einem Jackenknopf, aber sie leuchtete schlecht. Ich ging nach oben in den ersten Stock. Ich rief – niemand antwortete. Da öffnete ich die erste Tür, auf die ich im ersten Stock stieß. Ich weiß nicht mehr – hab ich den Raum mit der Taschenlampe ausgeleuchtet oder brannte dort Licht? Ich kann es nicht genau sagen. Und wie ich die Tür geöffnet hatte, sah ich Katja Djomina, eine junge Frau, am Ofen auf dem Sofa sitzen (dort stand ein runder Ofen), ein kleines, etwa drei Monate altes, vielleicht noch jüngeres Kind in einem Arm und im anderen noch eins, einen Jungen, etwa vier Jahre alt. Ich trat näher, sah genauer hin, wollte etwas fragen – das Licht war schlecht! Da leuchtete ich mit meiner Taschenlampe. Und sah, daß ein Granatsplitter ihr den halben Kopf weggerissen hatte – so hier! Sie war tot. Das Kind aber, das zwei oder drei Monate alt war, genau weiß ich es nicht – lebte noch! Stellen Sie sich das vor! Wie war es am Leben geblieben? Und der Junge, der auf den Knien der

Frau saß, drei oder vier Jahre mochte er sein (er war groß, lang aufgeschossen), der war tot. Splitter hatten ihm Beine und Kreuz durchschlagen.«

»War die Granate draußen explodiert?«

»In der Nähe des Hauses, und die Splitter waren zwischen Decke und Fensterpfosten eingedrungen. Und sie saß hier – das war alles. Dann hörte ich jemand kommen. Ich öffnete die Tür und rief: ›Kommen Sie hierher!‹ Ich weiß nicht mehr, ich glaube, eine Frau trat ein. Sie sagte, in die Vierzig ist auch eine Granate eingeschlagen (und die Vierzig lag gegenüber). Aber dort hatte es niemand erwischt, nur einen leicht verwundet, aber es gab keine Todesopfer. Der Mann dieser Katja war an der Front. Was sollten wir tun – vor dem Morgen? Am Morgen hab ich dann den Örtlichen Luftschutz und das Rote Kreuz informiert. Sie kamen und brachten alle dorthin, wohin sie gehörten.«

»Und was wurde aus dem kleinen Kind?«

»Das blieb noch lange bei uns. Hier befand sich eine ständig geöffnete Annahmestelle, so eine Art Krippe, dort auf der – hab vergessen, wie die Straße heißt –, zwischen der Baltiskaja und der Schwezowstr. Wir haben dort viele Kinder hingebracht.«

»Dort hat man sie behalten?«

»Ja. Sie blieben eine Weile dort, dann wurden sie weitergeschickt. Es waren ja noch viele Kinder da, sehr viele. Manche bei der Großmutter, manche bei einer Tante. Es waren viele. Wollte man wirklich alles erzählen – es wäre ein Alptraum. Es fanden sich doch auch Menschen ... Was heißt Menschen? Sie sahen zumindest so aus.«

Natürlich hängt die Wirkung der einen oder anderen Geschichte von der Begabung des Erzählers ab. Aber auch noch von der Wahrheit. »Wollte man wirklich alles erzählen ...« Frau Dmitrijewa erzählte alles, dessen sie sich entsann.

»In der Sechsunddreißig war so ein Junge. Seine Mutter

war Geologin und dort geblieben, wo sie gearbeitet hatte. Er wohnte bei der Großmutter. Ein hübscher Junge. Ich entsinne mich seiner noch heute. Immer wollte ich ihn zu mir nehmen. Doch meine Kraft reichte nicht, weil ich viel arbeitete. Ich war doch nie zu Hause, übernachtete auch nicht dort.«

»Entschuldigen Sie, waren Sie nicht verheiratet?«

»Doch. Mein Mann war an der Front.«

»Und Kinder hatten Sie keine?«

»Doch, die waren mit meiner Mutter evakuiert worden. Ich war allein hier. Aber ich liebe Kinder, deshalb taten sie mir ja so leid. Außerdem war er so gescheit, so hübsch. Ich dachte – so einen Jungen möchte ich aufziehen! Ich wußte nicht, daß er schon so ausgezehrt war. Die Großmutter starb. Wo die Mutter war, wußte niemand. Einen Vater hatte er nicht. Und wenn ich Dienst hatte, saß er bei mir im Büro und übernachtete auch hier.«

»Wie alt war er?«

»Etwa acht oder neun, aber er verstand schon alles. So hat er mir nachts einmal von sich erzählt. In der letzten Nacht. Als ich am Morgen kam, lag er tot da. Können Sie sich das vorstellen? Am Abend hatte ich ihm noch eine Rinde von meiner Brotration gegeben. Er hatte keine Lebensmittelkarten. Ich hatte an jenem Abend Dienst, und wir unterhielten uns. Ich dachte, er wäre nur müde, wolle schlafen, weil er nicht saß, sondern lag. Dabei war er völlig entkräftet. Aber er jammerte nicht und beklagte sich über nichts. Ich fragte ihn noch: ›Aljoscha, wie ist denn das passiert?‹ Er sagte: ›Das war so ... Maria Iwanowna. Ich dachte, die Tante wäre gut, sie hatte uns doch öfter besucht, als Großmutter noch lebte. Und als die gestorben war, nahm sie mich zu sich und auch unsere Lebensmittelkarten.‹ Ich fragte: ›Hat sie auch eure Sachen mitgenommen?‹ – ›Sie hat alles von uns genommen. Und dann sagte sie, daß sie sich nicht um mich kümmern könnte.‹ Kurzum, sie schickte ihn einfach weg. Ich konnte nicht glauben, daß Menschen so sein können. Und da war er hierher gekommen. Was tun? Wir konnten nur wenig tun. Mitten im Monat würden sie uns keine Lebensmittelkarte geben. Erst zu Monatsbeginn konnte man ihm irgendwie helfen. Ja, und da fällt mir noch eine Sache ein – mir wurde ein Kind untergeschoben.«

»Dort, in jenem Haus?«

»Nicht dort – vor meiner Tür, vor der Wohnung! Und das war so. Wir gingen auch nachts auf Patrouille, fahndeten nach Leuten, die mit Leuchtkugeln Signale gaben. Man hatte dafür Kommissionen gebildet. Und auch mich hineingebeten. Und so gingen wir die Nacht umher. Und morgens sagte man uns: ›Geht, ruht euch aus! Vor zwölf braucht ihr nicht zum Dienst zu erscheinen.‹ Also ging ich zu meinem Stützpunkt, um nach dem Rechten zu sehen. Ich hatte für Hilflose, für solche, die es gerade noch bis zu uns schafften und dann hinfielen, die Ausgabe von heißem Wasser organisiert. Man brachte sie uns, und wir gaben ihnen heißes Wasser zu trinken. Vielleicht war das eine unbedeutende Hilfe, aber es war wenigstens etwas, wenn auch nicht viel. Na, und dort waren extra Leute dafür eingeteilt, meist Frauen.«

Heißes Wasser war unter den damaligen Bedingungen eine große Hilfe. »Bring Wasser richtig zum Kochen – und es ist wie eine Speise«, schrieb der Dichter Oleg Schestinski.

»Ich ging die Treppe hinauf zu meiner Wohnung. Niemand war da. Es war Tag. Ich trat in mein Zimmer. In der Küche stand ein Herd. Eine Handvoll Zweige oder Feuerholz, ich weiß nicht, ich wollte mir Tee wärmen. Plötzlich hörte ich Weinen auf der Treppe. Aber in unserer Etage war kein einziges Kind mehr. Was war das? Ein Kind? Ich lauschte. Vielleicht eine Katze? Nein, alle Katzen waren längst aufgegessen. Ich trat hinaus. Vor meiner Tür saß ein Kind, es war in schwarzes, grobes Tuch gehüllt, wie von einem Eisenbahnermantel. Um den Kopf hatte es einen Lappen gewickelt. Es war ganz eingemummt, nur die Augen sah man. Und weinte. Ich trat zu ihm. Vergaß alles andere. Nahm es auf den Arm und trug es zu mir. Mein Küchenherd war schon etwas warm. Ich stellte es auf einen Stuhl daneben und wickelte es aus. Es war ein Junge. Konnte fast noch nicht sprechen. Sprach zumindest sehr schlecht. ›Junge, wo ist deine Mama?‹ – ›Ma storben.‹ Also gestorben. ›Nenja, Nenja weggelaufen.‹ Sein Bruder hatte ihn also wahrscheinlich hier vor meine Tür gesetzt und war weggelaufen. Vielleicht hatte es ihm auch jemand geraten.«

»Vor Ihre Tür?«

»Ja, vor meine Tür. ›Nenja, Nenja weggelaufen.‹ – ›Wo ist denn dein Nenja?‹ Er wußte überhaupt nichts, wo er wohnte und so. Auch ein hübscher Kerl. Ziemlich groß, schwarzäugig. Was tun? Zunächst setzte ich einen Eimer Wasser auf und wusch ihn.* Dann aßen wir beide. Ich mußte zum Dienst. Also nahm ich ihn mit. Ich brachte ihn in unseren Stützpunkt und rief Iwan Wassiljewitsch Kotelnikow an, den Leiter der Kriminalmiliz. Er hat das ganze Leben in unserem Stadtbezirk gearbeitet. Ich hab auch mein ganzes Leben im Kirow-Stadtbezirk gewohnt. Ich sage zu ihm: ›Iwan Wassiljewitsch, es handelt sich um folgendes. Was soll ich mit dem Jungen machen?‹ Und er: ›Na, bring ihn her.‹ Ich sage: ›Gut gesagt! So ohne weiteres nimmt man ihn nicht ab, einfach so. Ich brauche eine Einweisung. Woher soll ich die nehmen?‹ Er sagt: ›Stimmt, seit einiger Zeit verlangt man das, denn es ist vorgekommen, daß Eltern die eigenen Kinder abgeliefert haben. Warte. Ich schicke gleich einen Soldaten. Er bringt die Einweisung.‹ Bei uns waren einige Frauen, die brachten immer die Kinder zur Sammelstelle. Für andere Sachen nahmen wir sie nicht, aber dazu waren sie noch fähig. Und eine dieser alten Frauen, Ustja, ihren Familiennamen weiß ich nicht mehr (sie ist dann bald gestorben), diese Ustja ging mit dem Soldaten hin. Sie gaben den Jungen ab. Und hier noch ein Fall, Schwezowstraße sechsundfünfzig, meiner Meinung nach wurde das Haus später völlig zerstört.

* Er war so schmutzig und vernachlässigt – entsetzlich. Ich wusch ihn

Da kam auch niemand mehr aus der Wohnung. Im Erdgeschoß. In den Häusern waren doch nur wenige Leute geblieben. Ich ging hinein. Nicht allein, ich hab zwei Mann mitgenommen: Wer weiß, was dort los ist, fast niemand wohnt mehr da, das Haus war ganz zerschossen. Da ein verschlossenes Zimmer. Wir hämmerten gegen die Tür. Die Hausmeisterfrau brachte viele Schlüssel, und wir probierten sie durch. Dann war die Tür offen. Und was sahen wir? Da stand ein Bett. Auf dem Bett eine tote Mutter. Eine noch junge Frau. Belowa hieß sie. Ihr Mann war an der Front. Das Kind aber lebte noch – ich weiß nicht, es war wohl anderthalb Jahre alt. Und es kletterte auf ihr herum, steckte ihre Brüste in den Mund und sog daran. Ein grauenhafter Anblick. Was denken Sie! Dieses Bild sahen wir. Was sollten wir tun? Wir nahmen das Kind mit.«

Unterbrechen wir vorläufig Maria Iwanownas Bericht.

Der Hunger und die Kinder, die Blockade und die Kinder – das ist das größte Verbrechen der Faschisten an Leningrad und den Leningradern. Da sie die Stadt aushungern wollten, töteten sie die Kinder, folterten sie die Leningrader durch deren Mitleid mit den Kindern und rechneten damit, daß die Verteidiger entweder ausstarben oder die Stadt übergaben – und damit die ganze Nordflanke der Ostfront.

In Iwan Wassiljewitsch Kaljagins Bericht über die Tätigkeit des Zivilen Luftschutzes im Kirow-Stadtbezirk, wo er Kommandeur war, findet sich eine kleine Episode, in der gleichsam die ganze Kraft und der ganze Schmerz der Mütter zum Ausdruck kommen.

»Ich entsinne mich noch eines Falles, als man uns meldete, gleich hier auf der Traktornaja-Straße wäre in einer Wohnung eine Granate nicht explodiert. Nun, ich schickte einen Feuerwerker los. Der Mann fuhr hin und rief mich von dort an, er könnte die Granate nicht entfernen. ›Warum kannst du das nicht?‹ – ›Es geht nicht. Kommen

Sie selbst her.‹ Ich fuhr hin und trat in das Zimmer. Eine Frau lag auf dem Fußboden, die Granate in den Armen. Sie hatte sie in einen Schal gewickelt (das Geschoß war noch warm) und wollte sie nicht hergeben. Sie wollte die Granate nicht hergeben! Wir erkundigten uns, was los war. Sie hatte einen Säugling gehabt. Aus Angst und in der Panik hatte eine Verwandte das Kind genommen und weggebracht. Die Mutter war allein geblieben. Beim Anblick der Granate hatte sie geglaubt, das wäre ihr Kind. Das heißt, hier hatte jemand schon den Verstand verloren.«

Als sie ins unbesetzte Gebiet kamen, erkannte man sie sofort: die Kinder aus Leningrad!

Und erkannte sie auch wieder nicht.

Man erkannte sie an den kleinen Greisengesichtern, am Gang, vor allem an den Augen, die *alles* gesehen hatten! Sie hatten all das gesehen, was die Leningrader »vor dem unbesetzten Land verbargen« (Olga Bergholz).

Verwandte oder Bekannte, die sie abholten, erkannten sie oft nicht. Wie jener Soldat (daran erinnert sich Lidija Georgijewna Ochapkina in ihren Aufzeichnungen), der auf den in Tscherepowez eingetroffenen Lastwagen kletterte, die Frau musterte, seine Kinder betrachtete und wieder hinunterklettern wollte: Er hatte sie nicht erkannt! Und als sie riefen: »Papi!« – blickte er noch einmal hin und … »nahm die Mütze ab«.

Galina Alexandrowna Martschenko begriff erst, als sie aus dem eingeschlossenen Leningrad heraus war, wie sie auf ein »normales Auge« wirkte.

»Im Gebiet Wologda gerieten wir in ein Dorf. Ganz in der Nähe lag ein anderes, in dem Verwandte meiner Nachbarin wohnten. Ihre kleine Tochter war einmal nach Leningrad gekommen und hatte auch uns besucht. Als wir jetzt hinkamen, fragte sie mich: ›Großmutter, wo ist denn Galja?‹«

»Damit waren Sie gemeint, eine Dreizehnjährige? Waren Sie so angezogen?«

»Ja, außerdem war ich ja nur noch Haut und Knochen. ›Klanja‹, sagte ich, ›ich bin doch Galja.‹ Sie heulte los und sagte: ›Ich hab dich nicht erkannt!‹«

Olga Gawrilowna Troizkaja (Degtjarnaja-Straße 39), Erzieherin in einem Kinderheim, erinnert sich der ersten Eindrücke, der Reaktion der Kinder, als sie aus der schon zur Gewohnheit gewordenen Blockadewelt in eine normale, alltägliche gerieten.

Die ersten Eindrücke der Kinder:

»Olga Gawrilowna, sehen Sie, hier wächst Gras!« Wir zupften es auf der Stelle raus und aßen es.

Oder:

»Wissen Sie, unsere Begleiterin kocht Kartoffeln und wirft die Schalen weg!« berichteten sie mir entsetzt. Ich erzählte es der Begleiterin wieder. Sie sagte: »Aber ich will euch doch Kartoffeln vorsetzen.« Und wir saßen da und warteten, daß sie uns welche geben würde, mußten aber schon vorher weiter.

In meiner Gruppe war ein kleines Mädchen (ihren Namen hab ich vergessen). Man hatte sie uns von einem kleinen Bahnhof gebracht. Die Faschisten hatten das Dorf vor ihren Augen niedergebrannt, ihre Mutter und die übrigen Bewohner getötet, sie aber hatte sich irgendwo verkrochen und wurde so gerettet. Sie saß da wie ein Mäuschen. Aber sie war doch noch ein Kind, und so wollten wir sie aufmuntern, ihr etwas erzählen, aber sie reagierte auf gar nichts. Ich wandte mich an meine Verwandten – sie sollten zu Hause suchen, ob sie ein Spielzeug für sie hätten. Endlich fanden sich ein paar bunte Stoffetzen, und ich brachte sie ihr, und da streckte sie plötzlich die Hand danach aus! Oder – jener Junge. Ein Lastkahn trieb auf dem Ladogasee. Man hatte ihn zerbombt, alle waren ertrunken, aber der Junge trug die aufblasbare Schwimmweste seines Vaters, so war er am Leben geblieben. Und man brachte ihn zu uns ins Kinderheim. Er benahm sich wie ein Wolfsjunges, ließ niemanden an sich heran und erlaubte auch nicht, daß man ihm die Schwimmweste auszog. Oder – Ljussja

Wolkowa. Man hatte sie aus irgendeinem Haus geholt. Sie lag neben der Leiche ihrer Mutter in der Wohnung. Ein kleines Mädchen, acht Jahre alt. Als wir ins Gebiet Jaroslawl übergesiedelt waren, weinte sie eines Nachts. Ich fragte sie: ›Ljussenka, was hast du?‹ – ›Mir tun die Zähne weh.‹ Natürlich stimmte das gar nicht. Sie wollte mich nur umarmen, sich an mich schmiegen und beruhigen.«

»Ich entsinne mich noch, wie im Hof ein seltsames Geräusch ertönte. Ich fragte Mama, und sie sagte: ›Es ist nichts Schlimmes, jemand reißt nur Bretter von einem Zaun. In Wirklichkeit aber machte man Flakgeschütze feuerbereit. Das war gleich zu Beginn des Krieges. Das ist mein erster kindlicher Eindruck vom Kriegsbeginn ...«

Folgendes erzählte uns Shanna Emiljewna Umanskaja, die jetzt im Akademischen Chor singt.

»Ich ging sehr, sehr selten auf die Straße. Ich sah die in Schnee gehüllte Stadt, die schreckliche Unordnung auf den Straßen, die Unmenge Toter. Mama versuchte immer, mich abzulenken. Ich habe auch die letzte Agonie eines Menschen gesehen: Er kroch am Boden entlang, konnte nicht aufstehen, klammerte sich an die Hauswand. Entsetzlich war es. Aber im kindlichen Vorstellungsvermögen nistet das Entsetzen und die Verzweiflung gar nicht so tief, weil das damals alles einfacher wirkte. Jetzt begreift man schon mit dem Verstand, wieviel Grauenhaftes man erleben mußte. Ich entsinne mich noch der Neujahrstanne während der Blockade. Vielleicht ist das interessant. Ich war damals noch ein Kind. Es war ein tragischer Tag – der elfte Januar, der Tag, an dem mein Vater starb.«

»Wo ist er gestorben?«

»Daheim. Er hatte gerade die Einberufung an die Front erhalten. Er gehörte zur Reserve, höherer Kommandeursbestand, und zuvor war er in den Schützengräben gewesen. Offenbar war es dort sehr schwierig mit der Verpflegung. Er war ganz aufgedunsen, als er kam. Und als er mit seiner Einberufung ins Kriegskommissariat kam, sagte man ihm, an die Front brauche er nicht mehr, er wurde für untauglich erklärt. Und sehr, sehr schnell (wie ich meine) hat es dann alle in Leningrad gebliebenen Männer dahingerafft (das war der erste Winter, die ersten Monate zweiundvierzig). Er gab mir hinter dem Rücken der Mutter all die kläglichen Brocken, die ihm zustanden. Ich war nicht verständig genug, sonst hätte ich abgelehnt. Im Grunde hat er sich bestohlen. Er lag schon, konnte nicht mehr aufstehen und versuchte trotzdem, mich zu unterstützen, mich am Leben zu erhalten. Jetzt versteht man das alles!«

»Entsinnen Sie sich, worüber er mit Ihnen sprach?«

»Das weiß ich nicht mehr. Er redete wenig. ›Paß auf Mama auf‹, sagte er. ›Gehorche ihr und verlier nicht den Mut, wenn was passiert‹, sagte er manchmal. Aber ich verstand nicht, was passieren sollte. Am elften Januar gaben sie Karten für die Neujahrsfeier aus. Ich entsinne mich auch nicht, wo die Karte herkam. Offensichtlich bin ich damals in die erste Klasse gegangen. Ich ging allein. Man hatte uns gesagt, wir sollten uns einen kleinen Beutel nähen. Den trugen wir unter dem Pelz, damit niemand sah, daß wir alle ein Geschenk mit nach Hause nahmen, denn es gab verschiedene Menschen, und manche waren vor Hunger wie Tiere. Nicht alle konnten sich zusammennehmen, nicht alle hatten noch ein Gefühl für Anstand. Da kam alles mögliche vor. Und ich entsinne mich noch, als wär's heute gewesen, was für kleine, abgemagerte, ausgezehrte Gestalten wir alle waren und wie der Zauberer in seinem Jackett hing und sich einen Schal um den Hals gewickelt hatte. Er versuchte, uns verschiedene Kunststücke zu zeigen. Und die Kinder saßen gleichgültig da. Dann hielten wir es nicht länger aus, und einer fragte: ›Gibt es bald Mittagessen?‹ Wir alle hatten nur noch wenig Kindliches an uns. Dann wurde das Essen ausgegeben. Es erschien uns üppig für die damalige Zeit. Dann folgten die Geschenke. Ich weiß nicht mehr, was das alles war: ein Apfel, Gebäck, ein Stück Konfekt. Ich stopfte alles in den Beutel – und steckte ihn unter den Mantel. Aber wenn jemand mein Gesicht genauer betrachtet hätte, so hätte er mir deutlich angesehen, daß ich ängstlich etwas verwahrte, bei mir trug, daß meine Hände das Geschenk umkrallten und ich einen ganz verängstigten Gesichtsausdruck hatte.

Ich brachte das Geschenk glücklich nach Hause. Und als wir mit Mühe Tee gewärmt hatten, buchstäblich über einer Kerze, sagte meine Mutter: ›Geh und wecke Papa, er schläft sehr fest. Wir haben heute einen Festtag, das soll unsere Neujahrsfeier sein.‹ (Wir hatten zum Jahreswechsel nichts gehabt, um das neue Jahr zu begrüßen.) Mir schien, daß mein Vater sehr seltsam ausgestreckt und aufgedeckt dalag. Sonst sagte er immer zu mir: ›Shanna! Stopf mir doch mal die Decke unter, hier zieht es, da zieht es.‹ Ich ging zu ihm und rief: ›Papa, Papa, Papa!‹ Aber er rührte sich nicht! Ich schrie, rief meine Mutter. Sie sagte: ›Beruhige dich, beruhige dich. Er schläft!‹ Und führte mich weg. Er lag aus irgendeinem Grund im anderen Zimmer, hatte schon vorher darum gebeten, vielleicht weil er das Ende nahen spürte; und deshalb hatten wir ihn dorthin gebracht. Es war mir gar nicht aufgegangen, ich hatte nicht verstanden, nicht einmal gefragt, warum er im anderen Zimmer lag. Ich sagte mir nur, daß die Frauen eben in dem einen Zimmer wohnen müßten und die Männer im anderen. Kurz, sein Ende war gekommen. Auch unser Nachbar starb bei uns. Mit vereinten Kräften trugen wir sie in die Küche und wickelten sie in Decken. Einen Monat lagen sie in der Küche, weil uns die Kraft fehlte, sie wegzubringen. Und ich wundere mich noch heute, daß die Gegenwart der toten Körper mir keine Angst einflößte. Ich empfand keinerlei Entsetzen. Und wenn in der Wohnung irgendwo ein Geräusch zu hören war, schlichen wir in die Küche, um nachzusehen, ob sie vielleicht aufgewacht waren. Denn die meisten Leningrader waren überzeugt, daß viele in lethargischen Schlaf gesunken waren, wie das bei Hunger der Fall ist. Waren sie nicht nur eingeschlafen? Und plötzlich erwacht? Ich wollte mich nicht mit dem Tod abfinden. Aber natürlich gibt es keine Wunder! Ich ging oft zu ihm. Mama ließ es auch zu, weil ich überhaupt nicht darauf reagierte, daß Vater tot war, nicht verstand, daß er tot war, vielmehr dachte, er wäre eingeschlafen und würde wieder aufwachen.«

»Wußten Sie das mit der Lethargie?«

»Ja, ich wußte, daß es einen lethargischen Schlaf gab. Mama hatte es mir erklärt.«

»Sie selber aber glaubte nicht daran?«

»Nein. Sie wußte, daß es das Ende war!«

Die Neujahrsfeier, die entkräfteten Kinder und der ebenso entkräftete Zauberkünstler gehen ihnen nicht aus dem Sinn. Er zeigt seine Künste, aber die Kinder sitzen gleichgültig da. Und alle denken nur ans Essen. Der Zauberkünstler und auch seine Zuschauer. Und es gab nichts, womit man sie hätte aufheitern oder vielmehr von dem Verlangen nach Essen ablenken können.

Viele Schulkinder entsinnen sich der Neujahrsfeiern 1942. Eine für jene Tage typische Schulfeier erlebte zum Beispiel auch Leonid Petrowitsch Popow. Heute ist er Ingenieur, nebenbei bemerkt, hat er uns sehr beim Materialsammeln geholfen.

»Wir saßen in der Klasse. Die Fenster waren verdunkelt, auch die im Korridor. Man hatte uns wieder in die Klassenzimmer geschickt. Als wir gekommen waren, hatte ein Konzert stattgefunden. Ich erinnere mich nicht mehr daran. Nur an die Tatsache, daß die Tanne keine Lichter hatte, und an das dämmrige Tageslicht.

Kürzlich war ich mit meiner Tochter zur Neujahrsfeier in dieser Schule. Ich stellte mich ans Fenster und erinnerte mich. Ich weiß noch, wie wir dasaßen, aber was das für ein Konzert war, kann ich nicht mehr sagen – ich hab überhaupt nicht darauf geachtet. Wir saßen im Mantel da und gingen dann in den Essenraum. Die Schule liegt auf dem Prospekt der Metallarbeiter, hinter dem ›Gigant‹. Eingeladen waren wir für den 5. Januar.

Vor dem Krieg hatte ich die fünfte Klasse beendet. Im Winter einundvierzig/zweiundvierzig bin ich überhaupt nicht zur Schule gegangen. Ich hockte im Objektstab am Ofen (meine Mutter war Leiterin des Objekts). Jemand (wer, weiß ich nicht mehr) suchte mich und meinen Freund Arvid Kalnin auf. Wir gingen zusammen zur Feier. Unsere Mütter blieben zu Hause und sorgten sich. Morgens gingen wir los. Gegen drei Uhr aßen wir Mittag, wir bekamen ein Mittagessen. Es gab Alarm, und man ließ uns hinunter. Lange standen wir auf den Kellertreppen. Dann wurde es dunkel. Wir sagten uns: Jetzt ist's sicher bald vorbei. Wir gingen wieder hoch, obwohl noch keine Entwarnung gegeben worden war, und setzten uns in den Essenraum. Die Lehrer hatten Kienspäne, eine Lehrerin, Frau Scharowa – sie wohnt jetzt im Gebiet Jaroslawl –, war unsere Klassenlehrerin. Die Lehrer gingen zwischen den Tischen umher und achteten darauf, daß wir auch alles erhielten. Wir saßen mucksmäuschenstill. Die Tanne in der Aula hatten wir uns schon vorher angesehen. Es war eine große Tanne, die Lehrer hatten sie geputzt.

Im Essenraum hatten wir uns ausgezogen. Man gab uns Suppe aus Kohlblättern, ein kleines Beefsteak, Kohlblätter als Beilage und zum Schluß einen Pudding aus Essenzen. Wir aßen, putzten schnell alles weg. Dann gingen wir wieder in unsere Klassen. Jede Klasse ging in ihr Zimmer. Dort wurden durch Betasten – jeder sollte dasselbe bekommen – achtzehn Rosinen in Schokolade verteilt. Jeder prüfte nach: Sind es auch achtzehn? Wir steckten sie ein – keine einzige aßen wir hier, wir wollten sie zu Hause essen. Es war schon sechs Uhr abends. Unsere Mütter sorgten sich sehr. Womöglich nahm man uns die Geschenke weg und verprügelte uns. Zu zweit, zu dritt verließen wir die Schule, tasteten uns buchstäblich vorwärts und kamen zu Hause an. Die Mütter freuten sich sehr, daß wir da waren und auch noch Geschenke mitbrachten.«

Er entsinnt sich nicht mehr, was das für ein Konzert war und was für eine Tanne, aber er weiß noch genau, daß es achtzehn Rosinen in Schokolade waren. Man möchte meinen, alles sei klar. Aber unwillkürlich fällt einem auf: Alle

Kinder wissen genau, daß sie gar nicht auf den Zauberer, das Konzert, die Tanne geachtet haben. Sie erinnern sich ihrer unkindlichen Gleichgültigkeit. Im nachhinein sind sie sich auch der Tanne bewußt, die mit solcher Mühe geputzt worden war, und des Zauberkünstlers, all der Dinge, die sie nicht wahrgenommen hatten – die es für sie gleichsam nicht gab und die es dennoch *gegeben hatte.*

Maria Ananjewna Stschelywanowa wohnt heute ganz allein und kann sich vielleicht deshalb noch so deutlich an ihr »Adoptivkind« Waleri erinnern. Bereits vor dem Krieg war er aus dem Haus seiner leiblichen Mutter, einer Alkoholikerin, weggelaufen, später lief er auch seiner freundlichen Adoptivmutter Maria Ananjewna davon und danach türmte er – für immer – an die Leningrader Front.

Dieser erstaunliche Junge, der, selbst wenn man ihn nur vom Kinderfoto her kennt, ein Leningrader Gavroche sein könnte, ersteht in ihren Berichten so plastisch, so lebendig! Er will nicht bleiben, sich auch nicht auflösen in einem beruhigenden »niemand ... und nichts ...«. Gerade er will in unser aller Erinnerung, in unseren Herzen weiterleben. Leben! Uns im Gedächtnis bleiben so eigenwillig und selbstbewußt, wie er in seinem kurzen Leben als Leningrader Junge war!

»Unser Hausverwalter, Kanowitsch hieß er, war im Schreiben und Lesen nicht sonderlich bewandert. Im Juli ließ er mich kommen. Man hatte gerade die Lebensmittelkarten eingeführt. Ich half ihm beim Verteilen der Karten. Und als ich nach Hause kam, sah ich ihn schon von draußen – Waleri. Er guckte aus dem Fenster und rief: ›Tante Mussja! Guten Tag! Ich bin da.‹«

»Das war Ihr Adoptivsohn? Er war wieder aufgetaucht?«

»Ja, wir hatten ihn vor dem Krieg an Sohnes Statt angenommen, und alles war gut. Aber kurz vor dem Krieg war er plötzlich verschwunden. Mein Mann und ich nahmen uns das so zu Herzen. Dann begann der Krieg – und unser Waleri tauchte wieder auf. Seine Mutter war Alkoholikerin. Sie wohnten in der Nähe des Newski. Warum er zum Dieb geworden war? Dort waren Diebe, und er war unter ihren Einfluß geraten, sie nahmen ihn auf, weil er flinke Augen hatte. Ich zeig Ihnen sein Foto. Er war ein so drolliger, fröhlicher Junge. In der Schule hieß es über ihn: Entweder wird das mal ein großer Gauner oder eine Berühmtheit. Ich jedenfalls hab mich so gefreut: ›Tante Mussja! Da bin ich.‹ Ich sagte: ›Na gut, und was soll ich mit dir machen?‹ Er stellte mir folgende Bedingung: ›Tante Mussja, bringen Sie mich bitte in der Betriebsberufsschule hier bei der Andrejewski-Kathedrale unter. Nur dort!‹ Aus der Schule war er wegen seiner Streiche verwiesen worden – er war ein Schlingel. Da hatten wir zwei Privatlehrerinnen für ihn gesucht. Die eine unterrichtete alle Fächer, sie war schon alt, über siebzig. Die andere war eine Studentin. Sie unterrichtete ihn in Rechnen. Er ging vor dem Krieg so lange zu ihnen lernen, bis er weglief. Die Lehrerinnen waren ganz begeistert von ihm: Er ist so begabt, daß er in vier Monaten den Stoff eines Jahres geschafft hat! Und jetzt war er da und erklärte: Ich will in die Betriebsberufsschule. Dabei war er erst zwölf. Ich ging zu Anaschkin, dem Leiter der Schule. Er sagte: ›Wir können ihn nicht nehmen – er ist noch zu jung, außerdem braucht er eine Bescheinigung von der Schule!‹ Aber er war ja in gar keiner Schule. Da wandte ich mich an Maria Konstantinowna und sagte: ›Ich muß Waleri unbedingt in der Betriebsberufsschule unterbringen. Geben Sie mir eine Bescheinigung, daß er alle Fächer geschafft hat.‹ Sie gab mir die Bescheinigung und beglaubigte sie. Und dennoch mußte ich noch mehrere Male in diese Schule gehen, wissen Sie, immer lehnten sie ab. Ich habe geweint und gesagt: ›Er ist nicht mein leibliches Kind. Mein Mann ist als Freiwilliger an die Front gegangen. Wie sollen wir jetzt leben? Ich bitte Sie sehr, ihn aufzunehmen.‹ Und nach viel Lauferei kam ich dann doch einmal nach Hause (Waleri kam mir schon entgegen) und erklärte: ›Na, bedanke dich bei mir, Waleri, sie haben dich in der Schule aufgenommen.‹ Er war ein impulsiver Junge, und wissen Sie, wie er seine Dankbarkeit bekundete? Er legte sich flach vor mich hin und küßte mir den Fuß! Ich kann bis heute nicht vergessen, wie sehr er sich freute.

Wir wohnten zusammen. Man hatte ihm einen Militärmantel gegeben, der ihm fast bis zu den Fersen ging, denn er war ja klein, erst zwölf, und die Jungen dort waren größer. Und einmal schickte mir der Meister eine Nachricht: Ich muß mit Ihnen reden. Also bin ich hingegangen. Er sagte: ›Ihr Sohn hat wirklich goldene Hände, wir staunen nur, wie ihm alles glückt. Aber wissen Sie‹ (er zog den Tischkasten auf – und der war voller Geld), ›das hier, dieses Geld haben wir den Jungen abgenommen. Und auch Ihrem Sohn. Sie geben ihm Geld!‹ – ›Woher soll ich welches haben? Ich habe keins.‹ – ›Dann nehmen Sie es mit, wir haben ihm sechzig Rubel abgenommen.‹ Es ging um folgendes: Mütter, die ihre Kinder evakuierten, vergaßen oft ihre Handtaschen und sogar Lebensmittelkarten in den Geschäften, und die Jungen aus der Betriebsberufsschule nahmen sie an sich. Einmal sagte Waleri zu mir: ›Tante Mussja, ich hab Beziehungen! Möchten Sie Grütze oder Fisch haben?‹ Ich sagte zu ihm: ›Woher willst du Beziehungen haben?‹ – Aber er zuckte nur die Schultern und sagte: ›Ich habe welche, ich kann alles organisieren.‹ Dieser Knirps sagte mir so was: ›Ich kann alles!‹ Ich entgegnete: ›Wie das? Jetzt gibt's doch alles nur auf Marken.‹ Und lehnte ab. Da kommt er einmal zu mir und sagt (aufs Lügen verstand er sich wie Chlestakow, nur noch besser): ›Tante Mussja! Stellen Sie sich vor, da gehe ich doch in einen Milchladen, und dort arbeitet Tante Njuscha, eine Freundin meiner Mutter. Sie fragt mich: ›Waleri, wie kommst du in diesen Stadtbezirk?‹ – ›Ich wohne hier bei Tante Mussja.‹ – ›Wie, du wohnst hier? Vielleicht möchtest du dir öfter hier Milch holen? Bring eine Flasche mit, ich fülle sie dir mit Milch.‹ Ich gab ihm nichtsahnend eine Halbliterflasche. Er bringt die Milch und trinkt sie fast ganz allein aus. Und ein andermal – er hatte sich Schulterstücke aus rotem Stoff gemacht (schließlich war er noch ein kleiner Junge), einen Riemen umgeschnallt, einen Säbel aus Holz geschnitzt und spielte mit den anderen Jungen Krieg –, einmal also sagte ich zu ihm: ›Waleri, komm nach Hause, ich muß dir die Hosen waschen. Du ziehst dich um, und ich wasch sie dir.‹ Als ich die Hosen nahm, fand ich in den Taschen Lebensmittelkarten. Er hatte darauf die Milch gekriegt, das war's! Auf Kinderkarten! Ich rief ihn und sagte: ›Waleri, ich hab bei dir diese Kinderkarten gefunden. Und darauf hast du dir Kindermilch geben lassen. Hast du ein Gewissen oder nicht? Wie hast du mich belogen! Wie soll ich nach alledem noch mir dir zusammen wohnen?‹ Das ging ihm durch und durch. – Er sagte: ›Ach, Tante Mussja, wir werden uns wohl nie einig.‹ Ich sagte: ›Daß mir so etwas nie mehr vorkommt! Du weißt, was kleine Kinder sind, was Milch für sie bedeutet, und du hast ihre Karten!‹ – ›Ich habe sie gefunden.‹ – ›Das glaube, wer will. Es sind doch Kinderkarten.‹

Der Winter brach herein, und unter uns im Haus wohnte ein Junge, mit dem er verkehrte, er war etwa sechzehn. Ich sagte: ›Waleri, es wäre schön, wenn du mit ihm ans rechte Newaufer übersetzen würdest. Dort sind noch Kartoffeln auf dem Feld, und Weißkohl soll auch noch dasein. Du könntest welchen holen, da würden wir uns was kochen.‹ Er sagte: ›Warum nicht, Tante Mussja, bitte, ich kann ja mal hinfahren. Ich sprech mich mit Kolja ab.‹ Und am Sonntagmorgen machten sie sich auf den Weg. Ich gab ihnen einen Sack mit. Und was glauben Sie, wie ich mir Sorgen machte, weil dann Beschuß einsetzte! Ich dachte: Was hab ich getan! Hab das Kind nach Kohl geschickt, und dort wird geschossen. Ich machte mir Vorwürfe. Fand keine Ruhe mehr. Es wurde fünf Uhr, sechs, sieben, und er war noch nicht zurück. Ich glaubte schon, er wäre meinetwegen ums Leben gekommen. Und plötzlich so gegen neun Uhr tauchte er auf. Und er sah aus wie Väterchen Frost, wissen Sie – mit dem Sack. Ganz krumm ging er wie ein Pilger. Ich sagte zu ihm: ›Waleri, du lebst!‹ Er darauf: ›Ja. Es war schwer. Wir sind auf einem Kutter übergesetzt, die fünf

Rubel hab ich nicht gebraucht (ich hatte sie ihm mitgegeben). Hier, Tante Mussja, nehmen Sie sie zurück.‹ Ich nahm die fünf Rubel. Er hatte fünf riesige Kohlköpfe mitgebracht. Die hab ich dann eingesalzen. Und als er sich schlafen legte, sagte er mir noch: ›Tante Mussja, heute haben sie bei uns für die Rote Armee gesammelt. Ich mußte fünfundzwanzig Rubel geben.‹ Ich dachte entsetzt: Woher hat er die? Ich habe sie ihm nicht gegeben. Also waren sie gestohlen. So ist es, er ist ein Dieb geblieben. Aber ich sagte nichts. Mir war einfach peinlich, ihm vorzuwerfen: Du hast Geld gestohlen und es der Roten Armee gegeben.

Hier auf der Uferstraße (wir wohnten am Bolschoi-Prospekt) war früher das Restaurant Goldener Anker, jetzt war es zur Kantine dieser Betriebsberufsschule geworden. Und einmal sagte er zu mir: ›Tante Mussja, morgen kriegen Kinder pro Kopf fünfundzwanzig Gramm Schokolade – so ein kleines Stückchen. Sie wissen doch, daß ich keine Schokolade mag. Ich kann sie Ihnen geben. Sie aber kriegen Sojabrötchen, und die esse ich schrecklich gern. Wollen wir tauschen?‹ Er meinte es gut mit dem Vorschlag, wollte mir eine Freude machen. Aber einmal hat er mich wirklich erschüttert. Er kam plötzlich zu mir (und er war doch so hungrig! Zwar gab man ihnen vierhundert Gramm Brot, aber er wurde davon nicht satt, er war so klein, so hungrig, und er hatte sich ja schon vor dem Krieg müde gelaufen – wer weiß, wo er sich da herumgetrieben hatte) – er kam also zu mir ins Zimmer und sagte: ›Gleich zeig ich Ihnen was!‹ Er langte in seine Jacke und holte ein kleines, in Papier gewickeltes Päckchen hervor: ›Tante Mussja, Sie werden nicht glauben, was ich Ihnen jetzt anbiete! Zum Abendbrot hat man uns ein Stück Kuchen gegeben – *weißen.* Und den hab ich Ihnen mitgebracht. Ich hab ihn nicht angerührt.‹ Stellen Sie sich vor, was der kleine Kerl, dieser Dieb für ein Herz hatte! Ich sagte: ›Dann wollen wir ihn wenigstens teilen.‹ – ›Nein, nein, Tante Mussja, das ist nur für Sie.‹ Und er hat das wirklich von Herzen gern getan! Dieser hungrige kleine Junge war mit der Pirogge zwei Haltestellen gefahren. Was wäre aus ihm für ein Mensch geworden, wenn er nicht umgekommen wäre! Sein Verhalten hat mich einfach erschüttert. – Und plötzlich war er weg, er tauchte nicht wieder auf, auch nicht zum Übernachten. Ich ging in die Schule und fragte: ›Sagen Sie bitte, wo ist Waleri? Haben Sie ihn etwa irgendwohin geschickt?‹ Man antwortete mir: ›Wissen Sie, Ihr Waleri ist mit den Jungen – den größeren, die siebzehn, achtzehn Jahre alt sind – auf und davon an die Front.‹ So hatte er sich davongemacht, und ich hab meinen Waleri nie wieder gesehen.‹

»Das war Anfang zweiundvierzig?«

»Ja, im Winter zweiundvierzig. Ich hab ihn nie wieder gesehen. Nach dem Krieg habe ich Erkundigungen eingezogen – ohne Ergebnis. Er war an die Front gelaufen und vermißt. Vielleicht ist er unter Beschuß geraten, sehr viele stiegen damals in Züge, die beschossen wurden, bombardiert, alles verbrannte. So ist Waleri verschwunden. Mir kommen immer die Tränen, wenn ich an ihn denke.«

Der Artillerist Sergej Gerassimowitsch Miljajew widmet viele Seiten seinen Gedanken an die Kinder, die dort in Leningrad waren – ganz nahe, auch für die faschistischen Granaten!

Am Vorabend des Neujahrstages 1942 schrieb er:

»31. 12. 41 – 1. 1. 42. Ich fange das neue Büchlein am letzten Tag des Jahres 1941 an – und werde es am ersten Tag des Jahres 1942 beenden. Ziehen wir das Fazit: 1) 6 Monate und 10 Tage Krieg, genauer gesagt 190 Tage. Ich bin 180 Tage bei der Armee, 40 Tage in der vordersten Linie. Als Artillerist. Ich hab an einer ›lokalen‹ Operation in einem Schützenzug teilgenommen. Fast habe ich mich völlig in meine neue Funktion als Artilleriekommandeur eingearbeitet. 2) Seit 40 Tagen von der Familie, von den Kindern keine Nachricht. (Im stillen hoffe ich, daß sie leben, deshalb vorerst noch keine Schlußfolgerungen.) 3) An der Front bessert sich die Lage für uns: Die im Dezember begonnene Offensive geht weiter, wenn auch langsam, Moskau ist nicht mehr gefährdet, Rostow auch nicht. Auf der

Krim wurde eine Landeoperation begonnen. (Kertsch und Feodossija wurden genommen.) Aber Leningrad ist noch eingeschlossen, also haben es meine Helden, meine kleinen Helden sehr schwer.«

»21. 1. 42. Eine große Freude: Ich hab endlich einen Brief von den Kindern bekommen mit Datum vom 4. Januar. So besteht also Hoffnung, daß sie auch jetzt noch leben. Es ist ein zurückhaltender, im Grunde jedoch verzweifelter Brief. Wie ein dreizehnjähriges Mädchen eben schreibt. Kleine Helden! Über die Mutter und von ihr kein Wort, bestimmt ist sie krank oder verärgert, weil sie denkt, ich könnte irgendwie helfen.

›Guten Tag, lieber Papa!

Wir haben Deine Briefe alle erhalten. Entschuldige, daß wir nicht geantwortet haben. Im Zimmer ist es kalt, die Hände erstarren. Man hat uns einen Ofen aufgestellt, aber wir heizen nur, wenn etwas zu kochen da ist. Wir haben kein Brennholz. Viel kann ich ohnedies nicht schreiben, aber ich will von allem berichten. Ich gehe nicht in die Schule. Schurik ist sehr abgemagert, er weint fortwährend. Valitschka auch. Wir denken, daß es bald besser wird. Wir kaufen Brot (1 kg) und essen es sofort auf, weil sonst nichts zu essen da ist. Selten nur kochen wir etwas. Zum Wasserholen gehen wir zur Haltestelle. Das Wasser gefriert über Nacht. Ich lese nichts, hab keine Lust. Schreib öfter. Wenn wir von Dir Briefe erhalten, wird uns gleich wärmer. Papa, Wassili (der Bruder von Tante Njuscha) ist am 24. 12. gestorben. Und Wowas Vater (Du entsinnst Dich, Wowa ist der Junge, der immer zu Schurik kam) ist auch gestorben. Es gibt nichts mehr, worüber ich schreiben könnte. Über Schlechtes will ich nicht schreiben, und Gutes gibt es wenig. Viele Grüße von Schurik, Inna und Valitschka. Auf Wiedersehen. Ljuda. 4. 1. 42. Schreib öfter.‹

23. 1. 42. Shilin hat gleich zwei Briefe von den Kindern und Maria mitgebracht. Sie schreibt: ›Aus unserem Auf-

gang sind 18 Personen gestorben.‹ Shilin sagt, am schlechtesten sehen Schurik und Valja aus, die anderen von meinen Leuten werden durchkommen, meint er. Besonders hat ihm Maria gefallen – wegen ihrer Energie und dem Bemühen, durchzuhalten. Maria schreibt auch so: ›Wir klammern uns ans Leben.‹ Ja, der Hunger erwies sich als weit schrecklicher als Bomben und Granaten. Jetzt scheint die Lage sich zu bessern. Sogar wir haben 100 Gramm Brot mehr bekommen. Meiner Ansicht nach wäre es besser, den Leningradern die Rationen zu erhöhen als uns, die Armee kann es ertragen.«

Um die Bedeutung der letzten Worte zu begreifen, sollte man eine Notiz lesen, die gemacht wurde, bevor es die 100 Gramm mehr gab.

»7. 1. 42. Ich versuche, möglichst wenig zu gehen ... seit zwei Tagen spüre ich eine allgemeine Schwäche. Es wäre sehr schlimm, wenn mich nicht eine Kugel, sondern der Hunger umwerfen würde.«

Die Menschen, die Nahrungsmittel und Vitamine aus Gott weiß was für Ersatzstoffen herzustellen versuchten; die hungernden Ärzte, die ungewollt an sich selbst »Experimente« mit der eigentlich vergessenen Dystrophie durchführten und die Leningrader davon heilten; die Menschen, die für Brennstoffe, für Wärme sorgten, die kulturellen und wissenschaftlichen Schätze bewahrten, Kindern das Leben retteten usw. – dieser heroische Widerstand Leningrads war nicht so offensichtlich wie die Salven von Kronstadt. Aber er war für den Ausgang der Kämpfe an der Nordflanke der endlosen Front nicht weniger wichtig. Der Dichter Sergej Narowtschatow, der bei Leningrad kämpfte, bemerkte einmal: Die Soldaten konnten die Leningrader Front halten, obwohl sie hungerten und froren, weil sie wußten: Es gab noch lebende Wesen in Leningrad, wir sind kein Sumpf, wir haben Leningrad erhalten.

Die Bemühungen jener unbekannten Frau und Mutter, die in der Stadt Kindern das Leben rettete, setzten sich im Angriff der Panzersoldaten oder der Infanterie, im Artillerieduell mit den faschistischen Kindermördern fort und fanden hier ihre Vollendung.

Im Blockademuseum der Leningrader Pädagogischen Hochschule Nr. 5 zeigte uns die Lehrerin Ljubow Borissowna Beregowaja das Original eines Briefes aus Leningrad, den die dreizehnjährige Tanja Bogdanowa ihrem Vater an die Front schrieb. Wie gern hätte sich dieses Leningrader Kind bei ihrem Vater, dem Soldaten, beklagt, und wie sehr fürchtete sie sich, den, der Leningrad rettete, durch den eigenen Schmerz, den nahen Tod zu verwunden! Sie war erst dreizehn Jahre alt, diese Tanja Bogdanowa!

»Lieber Papa! Ich schreibe Ihnen diesen Brief während meiner Krankheit, weil ich mir gedacht habe, daß ich sterben werde, und ich schreibe auch deshalb, weil ich auf den Tod warte, und weil er oft so unerwartet und sehr leise kommt. Geben Sie bitte niemandem an mein Tod die Schuld.« (Wir haben nichts am Text verändert – A. A., D. G.) »Offen gestanden bin ich selber schuld, weil ich nich immer auf Mama gehört habe. Lieber Papa ich weiß, wie schwer es für Sie sein wird mein Tod zu begreifen und ich möchte so gar nich sterben aber man kann nichts machen weil das Schicksal so ist. Ich weiß, daß Sie meine Krankheit schwer verstehen können so schreibe ich Ihnen weiter unten darüber. Mama hat sich sehr bemüht, mir zu helfen, und sie half mir mit allem was sie konnte und was es gab. Sie hat mir sogar von sich abgegeben und ein bißchen auch von allen andern aber da es sehr schwer war mir zu helfen muß ich jetzt sterben. Papa, ich war im April krank, als es draußen so schön war und ich hab geweint, weil ich mit hinauswollte, aber nich aus dem Bett aufstehen konnte, also vielen Dank der lieben Mama die mich angezogen und auf dem Arm hinausgetragen hat damit ich in die Sonne konnte. Lieber Papa, Sie müssen sich deshalb nicht sehr aufregen denn ich möchte eigentlich gar nicht gern sterben, weil bald Sommer ist und das Leben blüht vor uns. Ich schreibe Ihnen diesen Brief und wein wieder, aber ich hab große Angst mich aufzuregen weil Arme und Beine dann einen Krampf kriegen, aber wie soll ich nicht weinen, wo ich doch so gern leben möchte. Ich strenge mich sehr an, um etwas zu tun um nicht bewußtlos zu werden und ich hab dazu gar keine Lust und liege da und warte jeden Tag auf Sie, und wenn ich das Bewußtsein verliere, dann sehe ich Sie vor mir. Ich versuche schon an nichts zu denken, aber die Gedanken gehen mir nicht aus dem Kopf. Na lieber Papa regen Sie sich nicht sehr auf und verhalten Sie sich bitte zu den Worten meines Todes gelassen. Ich danke vor allem Mama und meinen Schwestern und dem Brüderchen für ihre Sorge um mich und ihre Pflege, aber besonders Mama, der ich meine Dankbarkeit nicht in Worten ausdrücken konnte, vielen Dank, denn sie hat mir geholfen womit sie nur konnte.«

Der Soldat Bogdanow kehrte aus dem Krieg heim. Aber zu Hause waren fünf Kinder gestorben. Darunter auch Tanja.

Sergej Miljajew konnte seine Familie noch einmal sehen, bevor er selber fiel. Sie leben noch heute, seine Kinder. Aber damals waren auch sie dem Tod sehr nahe.

»Am 19.2.42. Vom 13.2. 11 Uhr morgens bis 16.2. 5 Uhr morgens war ich zu Hause bei meiner Familie. Die Stadt des Todes empfing mich mit Toten, Dunkelheit, Schmutz und Stille, unheildrohender Stille, und verabschiedete mich auch so. Ich fand Tränen vor und die tote Valitschka, und ich brachte sie in ein Massengrab. Schurik ist aufgedunsen. Maria, Inna, Ljuda werden durchkommen, glaube ich. In 4–5 Tagen beschreibe ich alles, jetzt bin ich derartig bedrückt, daß mir die Kraft zum Schreiben fehlt. Außerdem bin ich physisch so müde, kann seit zwei Tagen nicht wieder zu mir kommen, in 11 Stunden habe ich 60 Kilometer zurückgelegt.

20.2.42. Nach wie vor physische Schwäche, geistige Abgestumpftheit, nur gut, daß ich zu tun habe, sonst … Warten wir ab.

22.2.42. Also beginne ich die ›Erzählung für mich‹ über Leningrad im Februar 1942. Im Dunst des Morgengrauens erheben sich in weiter Ferne die Umrisse der wichtigsten Gebäude dieser herrlichen Stadt, meiner Heimatstadt. Um 9 Uhr war ich schon in den Straßen des Vororts (2. Murinski-Prospekt).

Das erste, was ich sah, war ein Sarg, ein Schlitten mit einem Toten ohne Sarg, kurzum, Schlitten mit Toten. Die Stadt sieht so aus, wie ich sie mir nach den Worten anderer vorgestellt hatte: Schmutz, Schneewehen, Schnee, Kälte, Dunkelheit, Hunger, Tod.

Dennoch begegneten mir auf meinem Weg zu Fuß zur Litejnaja-Brücke über den Wolodarski-Prospekt, dann Richtung Moskauer Prospekt bis zum Prospekt des 25. Oktober, durch die Newskaja-Sastawa und weiter überall düstere, ausgezehrte, doch harte, tapfere Gesichter.

Um 11 Uhr klopfte ich mit unruhevollem Herzen an die Tür zu unserem Zimmer und sagte: ›Kinder, macht auf!‹ Drinnen freudige Rufe: ›Papa‹, und Geheul, Tränen. Maria: ›Valitschka ist gestorben.‹

Die schrecklichste Zeit war die von Dezember 1941 bis Januar 1942. Der Februar war dann schon der Monat der Hoffnung auf Besseres: das baldige Aufbrechen des Blokkaderings (allerdings ist der Februar schon fast vorbei, nur 5 Tage bleiben noch, und der Ring ist noch nicht völlig aufgebrochen, und das Bemühen um eine ›Blätterteig-Pirogge‹ für die Deutschen macht die Eisenbahnlinie zur Stadt nicht frei und kann sehr bald traurig enden, wenn der Ladogasee im Frühjahrstauwetter gischt).

500 Gramm für Arbeiter, 400 für Angestellte, 300 für Sonstige und Kinder, dazu ganz wenig Fleisch, Graupen, Dörrgemüse. Ich hatte 1 kg gutes Fleisch mitgebracht, etwas Fisch, Graupen und Brot. Gierig haben sie drei Tage gekocht und gegessen. Ich selber hab mich ausgeruht, meinen Füßen Ruhe gegönnt und sie auf den 60-Kilometer-Marsch vorbereitet, hab nur Wasser geholt und etwas Holz gesägt. Der eiserne Ofen zieht schlecht, das Zimmer ist verräuchert, kalt, ungemütlich.

Der Rundfunk sendete die ganzen Tage bis zur Nacht

zum 16.2. (ich verließ das Haus um 5 Uhr Richtung Finnländischer Bahnhof). Konnte schlecht warm werden.

Meine ersten Worte beim Eintritt ins Zimmer waren: ›Ihr lebt, ihr Lieben!‹ Und dieses Gefühl, daß meine im Grunde erwachsenen Kinder und meine Frau lebten, dieses beruhigend aufmunternde Gefühl blieb die ganze Zeit.

Ljuda ging auf meine Bitte zum Papier- und Schreibwarenladen. Bücher gibt es nicht (die Läden sind geschlossen), aber Papier, Notizbücher und Bleistifte konnte sie kaufen, sie sagt, 99 Prozent der Geschäfte sind geschlossen. Apropos Handel: Gehandelt wird auf den Märkten. Die Währung: Brot und Tabak. Für Brot und Tabak (letzterer hat mehr Wert als Brot) kann man alles, buchstäblich alles kaufen. Marodeure, Schieber. Die Wut packt einen, wenn man daran denkt, daß sich genau solches Gesindel wie N. in der Stadt eingenistet hat und natürlich nicht hungert.

Der erste Tag meines Aufenthaltes in der Stadt, der 18.2., ging schnell vorbei. Wir haben Fischsuppe gegessen, Tee getrunken, den Ofen geheizt, alles verräuchert, uns schlafen gelegt, uns die ganze Nacht unterhalten, ohne zu schlafen. Vor mir entfaltete sich das Bild des beklemmenden Alltags in diesen für Leningrad grauenvollen Tagen. Das Entsetzen vor dem Tod, der Titanenkampf ums Leben. Es ist wie bei Goethe: ›Und solang du das nicht hast, dieses: Stirb und werde!, bist du nur ein trüber Gast auf der dunklen Erde.‹ Viel Abscheuliches. Aber so ist das Leben: Eine Mutter von vier Kindern setzt den Säugling ab, um nicht selbst zu sterben. Der Kleine stirbt. Dafür aber leben noch drei, die ohne Mutter gestorben wären. Ist die Entscheidung der Mutter richtig? Unbedingt, ja. Sie ist die Mutter. Maria hat gestohlene Brotkarten gekauft, hat sie richtig gehandelt? Ja, sie hat das Leben dreier Kinder gerettet.

Schurik wurde zum ›Greis‹, zum ›Gnom‹, sie haben ihm in unserer Familie noch tausend Beinamen und Spitznamen gegeben wegen seines mürrischen Aussehens, weil er ständig am Feuer sitzt, nicht mal durchs Zimmer laufen will, nur vom Essen redet, fast verlangt hätte, ihm sein Brot ›extra zuzuteilen‹, heimlich Soja und Wasser getrunken und gegessen hat und demzufolge dreifach aufgedunsen ist.

Auch jetzt sitzt er im Mantel da, aufgedunsen, blaß, Haut und Knochen, nur die beiden schwarzen Knopfaugen lassen noch den früheren rosigen Schurik erkennen.

Ljudas Stimmung: ›Ich lese nicht und werde es auch ein bis zwei Monate nicht tun. Ich kann nicht.‹ Marias Körper und die der Mädchen sind ausgemergelt und schmutzig vom Rauch, weil sie schon drei Monate nicht gebadet haben.

In den Zimmern der Leningrader stehen Töpfe und Eimer ... um sie danach in die Luken der Kanalisation zu entleeren. Und das Tag und Nacht, die Toiletten sind verstopft. Der ›Leningrader Prawda‹ zufolge hat man in der Stadt schon in vielen Häusern die Kanalisation wieder in Gang gesetzt und die Wasserleitung und das Heizungssystem aufgetaut. Vielleicht geschieht das auch bald in der Stschemilowskaja-Straße? Licht ist nicht da, man hat Gasolin ausgegeben, es brennt gut. Ich habe mich doch hier an die Koptilka gewöhnt. Mit Strom ist nicht so bald zu rechnen. Und wenn man die Straßenbahngleise und Eisenbahnschienen freiräumt, heißt es allgemein nur: ›Sie lassen zwei, drei kleine Lokomotiven mit 4 bis 5 Waggons fahren – um die Arbeiter zur Arbeit zu bringen.‹

Für einen hungrigen oder halb verhungerten, jedenfalls völlig ausgezehrten Menschen ist es wirklich sehr qualvoll, zum Beispiel von jenseits der Newskaja Sastawa zur Petrograder Seite zu gehen.

Der zweite Tag meines Aufenthalts begann gut. Ich bin gegen Morgen im weichen Bett, unter der Decke, fast ausgekleidet, gut eingeschlafen. Morgens Tee mit Zucker. Zu Mittag Fleisch mit Grütze und als zweiten Gang Kascha. ›Wie in Friedenszeiten‹, stellte meine Kinderschar erfreut fest und verputzte 2 bis 3 Portionen Suppe und je einen vollen Teller Kascha. So haben wir die Geburtstage von Ljuda und Schurik gefeiert (am 18. Februar wird Ljuda 14 und Schurik 6). Ljuda ist einkaufen gegangen und hat für 50 Rubel ein Päckchen ›Nord‹ ergattert, ich lag da und war selig.

Man hat heute versprochen, zu Ehren des Feiertags 12 Gramm (zwölf – es ist kein Schreibfehler!) Tabak auszugeben, und ich, der ich seit dem 18. 2., also vier lange Tage, nichts zu rauchen hatte, habe auf diese Krümel gewartet wie auf Manna vom Himmel.

Ljuda ist zu Fuß bis zur Sadowaja gegangen. Sie hat fast alles gebracht, worum ich sie gebeten hatte. Ist sehr müde.

Der erste Tag, der zweite und dritte, an denen ich zu Hause war, verging mit Versuchen, den Ofen zu heizen und warm zu werden. Dann hab ich mir beim Nachbar an dem guten, heißen Ofen die Füße gewärmt und mit Salmiakgeist eingerieben. Bis vier Uhr hab ich mich dann schlafen gelegt. Die zweite und dritte Nacht tief und lange geschlafen.

Dann mußte ich mich zum Aufbruch rüsten. Küsse. Ich trat in die dunkle, weiche Nacht (der Schnee knirschte nicht einmal, gab nur nach). Zwei Stunden Fußmarsch zum Agit.-Punkt am Finnländischen Bahnhof, von dort weiter.

Um 8 Uhr befand ich mich am Stadtrand, erfüllt von Eindrücken der Zuversicht und qualvoller Verzagtheit, der Frische und des Schmutzes, des heroischen Atems der großen Stadt.«

S. Miljajew fiel 1944 in den Kämpfen bei Witebsk.

Die Lehrerin Xenija Wladimirowna Polsikowa-Rubez schreibt in ihrem Tagebuch: »Wer die Blockade nicht miterlebt hat, wird nie verstehen, daß der Tod hier ebenso unausweichlich war wie an der Front.«

Hier ihre Eintragung vom 2. März 1942:

»Ich sitze im Zimmer des Schulleiters. Ein kleines, hübsches Mädchen tritt ein – die Tochter Bubins, zu dessen

Beerdigung ich im Oktober war. ›Guten Tag, Xenija Wladimirowna – bei uns im Haus sind alle gestorben!‹ – ›Wer alle?‹ fragen der Schulleiter und ich wie aus einem Mund und betrachten das hübsche und durchaus nicht betrübte Gesichtchen.

›Zuerst Großmutter, dann Mama und Wolodja am selben Tag, da hat mich eine Tante zu sich genommen, aber unsere Wohnung wurde ausgeraubt, während ich bei ihr war, deshalb bin ich jetzt hier, um die Sachen zu holen, die wir hier im Luftschutzkeller hatten, so ein rotes Bündel.‹

So versucht sich die kindliche Psyche zu verteidigen: Sie nimmt nicht auf, sie stößt von sich.«

»Und unterwegs erzählte uns Valja Peterson ganz gelassen vom Winter«, schreibt Frau Polsikowa-Rubez am 3. August, »wie ihr Vater verhungerte, wie ›Papa so den Wald und die Jagd geliebt hat‹, wie schwer es ihr fiel, für den Setter Futter zu beschaffen, und wie sie ihn dann aufaßen.«

Und abermals: »Unterwegs erzählte uns der kleine Kolobow ganz gelassen, wie seine Mutter während der Luftschutzwache durch eine Sprengbombe getötet worden war. Ein Balken zerquetschte ihr den Brustkorb. Er war mit dem Stiefvater in die Küche gestürzt. Wären sie im Zimmer geblieben, dann wäre es auch um sie geschehen gewesen. Die Frau neben mir im Waggon sprach über die ergrauten Schläfen ihres neunzehnjährigen Sohnes an der Front: ›Er würde bestimmt genauso ruhig von meinem Tod reden, dabei war er früher so fürsorglich und freundlich, jetzt aber krieg ich nicht mal einen Rat von ihm. Ich hab ihn gefragt, ob ich mich evakuieren lassen soll, er antwortete: ›Wie Sie wollen.‹«

Die Erwachsenen waren betroffen und erschrocken über die Gelassenheit der Kinder, ihre Gleichgültigkeit beim Tod naher Verwandter. Was war das – kindliches Unvermögen, das Übermaß von Leid aufzunehmen, das allgemeine Unheil, das über sie hereingebrochen war? Oder war es eine Schutzreaktion der noch nicht gefestigten Psyche?

Wir wissen nicht, wie wir das erklären sollen, aber wir

haben etwas anderes und nicht weniger Verblüffendes erlebt. Wir sind diesen Jungen und Mädchen der Blockadezeit fünfunddreißig Jahre später begegnet und mußten erkennen, wie frisch sie eben jene Ereignisse im Gedächtnis bewahrt hatten und daß sie den bitteren Erinnerungen auch nicht ausweichen wollen, wie viele das taten, die älter waren. Im Gegenteil, sie lesen alles über jene Tage, kennen die Blockade, haben sich in die Materialsuche eingeschaltet und Altersgenossen aus jener Zeit gesucht und gefunden. Es zieht sie in die von Hunger, eisiger Kälte und Entbehrungen gezeichnete und freudlose Kindheit. Vor allem aber hat sich der Schmerz über die Gestorbenen, den sie damals verdrängten, all das Leid, das sie mit ansehen mußten, für immer in ihr Herz eingegraben und der noch weichen, kindlichen Seele seinen Stempel aufgedrückt. Sie leben weiter, die hundertfach erlebten Dinge. Und viele dieser Menschen wurden aufgeschlossener für fremdes Leid, für das Unglück anderer.

Doch noch zwei weitere Jahre standen bevor

Die längsten Monate der Blockade waren verstrichen – der Winter 1941 und das Frühjahr 1942. Im Grunde haben vor allem sie viele Leningrader ins Grab gebracht. Sie starben in dieser Zeit in der Stadt oder später, viele schon in der Evakuierung.

Mühsam nur rappelte sich Leningrad aus dem Winter, aus der Kälte und dem Hunger, aber die Stadt schaffte es. Man mußte sich im Frühjahr vor Epidemien schützen, mußte die Toten und den Unrat von den Straßen räumen, alles, was der Hunger und die kraftlosen, ausgezehrten Menschen hinterlassen hatten. Mit Hilfe von genauso kraftlosen Menschen. Die Leningrader gingen an die Säuberung ihrer Stadt wie die Soldaten an der Front zum Angriff. Häuser, Höfe und Wohnungen mußten gereinigt werden, niemand sollte im Frühjahr oder Sommer an unheilbarer Dystrophie sterben. Und wieder drohte Gefahr, erwartete man einen feindlichen Sturmangriff. Tag und Nacht gab es heftigen Artilleriebeschuß – Flächenbeschuß und gezielten – auf Straßenbahnhaltestellen, Lazarette, Kinos.

»Ja, der Tod blickte uns in diesem Winter lange und unablässig in die Augen«, erzählte Olga Bergholz den Leningradern, die davongekommen waren, über sie selbst, wie man einem Menschen nach überwundener Krankheit von der Krise erzählt, »aber er konnte uns nicht hypnotisieren, wie die Schlange das auserkorene Opfer willenlos und gefügig macht. Die Faschisten, die uns den Tod schickten, verrechneten sich wieder.«

Die Stadt fühlte sich wie ein Mensch nach sehr schwerer Krankheit: Sie spürte Schwäche, aber auch einen unwahrscheinlichen Zustrom seelischer Kräfte, eine wahre Lebensgier.

»Ich war Sanitäterin im Evakuierungskrankenhaus Nr. 68, Ecke B.-Puschkarskaja-Straße«, schreibt Vera Iwanowna Pawlowa aus Tosno. »Es gab weder Wasser noch Licht, fast alle hatten Hungerdurchfall. Und in einem Krankenzimmer dort riefen die fast Sterbenden plötzlich: ›Leute, ein Sieg, hurra, hurra!‹ Es war April 1942, meiner Meinung nach der 15. April. Und wer konnte, schleppte sich ans Fenster. Hurra! Ein Sieg! Eine Straßenbahnklingel schrillte, und die Bahn fuhr wieder, die den ganzen Winter auf dem Bolschoi-Prospekt gestanden hatte. Wenn Sie gesehen hätten, welche Freude das auslöste! Einer, der etwas kräftiger war, sagte: ›Das ist schon ein Sieg!‹ – sie munterten einander auf und redeten einander zu.«

Aus einigen Aufzeichnungen und Tagebüchern klingt noch die Begeisterung und der Jubel der Sommertage 1942, als Ströme von Sonnenlicht und verspäteter Wärme die Stadt überfluteten, an den Zweigen grüne Blätter sprossen und Grashälmchen aus der umgewühlten Erde lugten.

Aufrichtige Freude klingt aus dem Tagebuch der neunzehnjährigen Galina Babinskaja:

»27. Juni 1942. Die Stadt – wie gern möchte ich über sie schreiben, über unser Leningrad. Wer diesen Winter hier nicht mitgemacht, alle Mühseligkeiten nicht am eigenen Leibe erfahren und ertragen hat, kann die Freude der Leningrader nicht begreifen, die die Wiedergeburt ihrer Heimatstadt beobachten. Darüber möchte man endlos reden, diese Rückkehr zum Leben stets von neuem schildern. Das Wiederaufleben der Stadt ist besonders jetzt an jeder Kleinigkeit erkennbar. Einem fremden Auge jedoch, das Leningrad im Winter nicht gesehen hat, wird das nicht auffallen.

Straßen und Prospekte sind völlig sauber und von Lärm und Geräuschen erfüllt. Wie angenehm ist es, diese Laute zu hören, während man bei der Arbeit zu Haus am Fenster sitzt. Und mit Geklingel fahren Straßenbahnen vorbei, deren Fenster vor Sauberkeit blitzen. Vorerst nur auf einigen Strecken, aber immerhin sind es richtige Straßenbahnen. Und wieviel Menschenleben haben sie gerettet. Die Straßenbahn rettete Menschenleben! Früher wurde das Gegenteil gesagt. Ja, wir verstehen diesen Ausdruck – die Straßenbahn rettete Menschenleben!

An den Haltestellen drängen sich Menschen. Geschäftige Menschen laufen die Straßen entlang. Und es gibt auch schmuck angezogene Frauen, Männer, Kinder. Das Publikum in dem kleinen Park im Theater ist besonders schmuck: Frauen mit modischen Frisuren in eleganten Schuhen, eleganten Kleidern aller Regenbogenfarben; Männer in sauber ausgebürsteten Anzügen, in schmucken Schuhen. Aber vorwiegend Soldaten. Bei einigen Mädchen sitzen die Militärmäntel ausnehmend gut, es sind gesunde, rotwangige, fröhliche Mädchen.

An den Kassen der Kinos und Theater und vor der Musikalischen Komödie stehen Schlangen. Vor Beginn der Vorstellungen sammelt sich am Eingang eine große Menge Unglücklicher, die keine Eintrittskarte besitzen. Im Garten des Pionierpalastes finden Jazzkonzerte mit Klawdia Schulshenko und Wladimir Koralli statt. Der Park der Erholung wird geöffnet. Die Philharmonie gibt Konzerte. Auf den Straßen Menschengruppen vor den aushängenden neuesten Zeitungen. Die Leute gehen in die Industriewaren- und Lebensmittelgeschäfte. Verkäuferinnen in sauberen weißen Kitteln. Auf den Regalen saubere weiße Spitzendecken. Die Lebensmittel werden fristgemäß und ohne Anstehen ausgegeben. Auf den Straßen Schuhputzer. Die Friseurläden sind voller Damen, die zur Maniküre oder Dauerwelle hergeeilt sind – mit ihrem Petroleum!«

Oder wie sich S. S. Lokschin an eine Redensart jener Tage erinnert: »Trittst herein mit Kerosin – kommst heraus ganz als Blondin'.«

So wurde das alles nach dem Blockadewinter gesehen! Natürlich ist es übertrieben. Aber diese Übertreibung, der Jubel, die Rührung, die Gier, nur Gutes zu sehen und zu finden, verweisen weniger auf den Frühling und Sommer 1942 als auf den grausamen vergangenen Winter, das unmenschliche Grauen des Erlebten.

Daß man die Stadt säuberte, daß geschwächte Arme eine Brechstange zu heben, einen Spaten in den Boden zu stoßen und eine Schubkarre zu fahren vermochten war ein Wunder. Aus heutiger Sicht erscheint das ganz natürlich. Die Menschen gingen Tag für Tag in ihre Höfe, auf Straßen und Plätze, zerhackten Eis, räumten Berge von Schmutz, Abfall und Unrat weg, transportierten alles ab, säuberten und wuschen. Das alles ähnelte den heutigen Subbotniks im April. Damals aber versetzten die Ergebnisse dieser Arbeit selbst die Leningrader in Staunen. Sie hatten nicht vermutet, derartiges leisten, so etwas vollbringen zu können. Die Sekretäre der Stadtbezirksparteikomitees, die Vorsitzenden der Exekutivkomitees wußten, daß das unbedingt getan werden mußte, begriffen jedoch nicht, wie die ausgezehrten, vor Schwäche kraftlosen, Gespenstern ähnelnden Menschen es fertigbringen würden – nur mit ihren Händen, ohne Technik und Maschinen eine so gigantische Arbeit zu leisten.

Fast jeder Blockadeteilnehmer hat sorgfältig eine Bescheinigung aufgehoben, die jeder erhielt, der an der Säuberung der Stadt teilnahm.

Wie sah es in der Stadt im Sommer 1942 aus?

Die Stadt wärmte sich.

Die Menschen standen oder saßen in der Sonne, bemüht, den scheinbar bis auf die Knochen durchfrorenen Körper zu wärmen. Die Kälte wich langsam, zögernd. Noch bis Juni strömten die Mauern der Häuser Kälte aus. Die Sonne bedeutete auch Licht, an das man nicht mehr gewöhnt war. Die Menschen genossen die hellen Strahlen, öffneten die mit Brettern vernagelten oder mit Decken und Fetzen verhängten Fenster. Die Sonne leuchtete das Innere der Zimmer unbarmherzig aus. Die verrußten Wände und Decken. Die Bruchstücke noch nicht verbrannter Möbel. Die Löcher im Parkett. Die »Burshuika«. Die Lumpen auf Betten und Sofas. Schmutz, Dreck, Unrat, Trümmer, Glassplitter und Scherben – die Spuren der Bombenangriffe. Leer standen die Bücherregale. Überall Spuren von Verlust und Tod. Wie hatten sich Treppenhäuser und Höfe verwandelt! Die Dächer waren durchlöchert, von Brandbomben angesengt oder von Splittern durchschlagen. Aus allen Fenstern ragten die Rohre der »Burshuikas«. Trümmer und Gerippe ausgebrannter Häuser traten unter dem Schnee hervor.

Der Mensch brauchte die Möglichkeit, sich umzublikken und sich zu entsetzen. Das war unumgänglich.

Die Stadt erwachte zum Leben.

Irgendwoher nahmen die Menschen die Kraft. Für die Elektrizitätswerke wurden Brennholz und Torf beschafft. Die Schlangen an den Wasserstellen verschwanden, die Wasserleitungen funktionierten, nicht überall zugleich, aber ein Haus nach dem anderen bekam wieder Wasser, wenigstens in den unteren Stockwerken. Bäder und Wäschereien wurden wieder geöffnet, Schuhsohlen hergestellt. Man stanzte sie aus alten Auto- und Flugzeugreifen. Kleidung wurde repariert. Mäntel und Anzüge genäht. Viel wurde getan. Aber der Beschuß dauerte an. Und die Bombardierungen. Die Lebensmittel reichten nicht. Bei der kümmerlichen Ration war der ausgezehrte Organismus nicht in der Lage, seine Kräfte völlig wiederzuerlangen. Wohl wurde weit mehr ausgegeben als im Winter. Schon vom 11. Februar 1942 an erhielten die Leningrader Arbeiter 500 Gramm Brot, die Angestellten 400 Gramm, Kinder und Sonstige 300 Gramm, auch Graupen und Butter wurden ausgegeben. Und dennoch genügte das alles nicht. Vitamine und Gemüse wurden gebraucht.

»An dem Baum in unserem Hof sprossen die ersten Blätter. Ich blickte aus dem Fenster unseres Hauses und sah einen Bürger an den Baum treten, Blätter abreißen und in den Mund stecken, und dann öffnete er seine Aktentasche und stopfte Blätter hinein. Der Baum steht jetzt noch an einer Hauswand in unserem Hof.« (Vera Jakowlewa Bokina)

In Parks und Gärten war kein Pflänzchen Löwenzahn zu sehen. Aus seinen Blättern wurde Suppe gekocht, aus den fleischigen und saftigen Wurzeln wurden Fladen gebacken. Man mußte immer weiter fahren, um welchen zu holen – nach Udelnaja und Oserki. Weil die zwölfjährige Marina Tkatschewa im Zoo bekannt war, ließ man sie dort Löwenzahn holen. Sie kann nicht vergessen, wie sie dort im Frühsommer 1942 ein lebendiges Flußpferd sah. Ihre Nachbarin, die sie eingeladen hatte (sie arbeitete im Flußpferdhaus), hatte das Tier gerettet. Das ist gleichfalls eine der wahren Leningrader Geschichten, über die Marina Alexandrowna leider keine Einzelheiten mehr weiß. Sie entsinnt sich nur der Ängste und der Freude, mit der sie an dem Käfig vorbeiging und das Flußpferd musterte, und wie die Nachbarin sie anschließend zu der Wiese mit dem Löwen-

Zu diesem Zeitpunkt begann Frau Polowa in einer Kantine als Kassiererin zu arbeiten. In ihrem Bericht über diese Tätigkeit erwähnt sie auch die Gerichte und die Lage in der Kantine zu jener Zeit.

»Wir servierten Suppe aus getrocknetem Seetang und Hefesuppe, wir gaben für eine 200-Gramm-Marke Kascha aus, außerdem auf die Nummernmarken zusätzlich Schrotauflauf.

Die Teller wurden abgeleckt. Abends klebte ich die abgeschnittenen Marken hundertstückweise auf Papier. Ich nahm Zeitungspapier dafür oder alte Noten, die mir jemand brachte. Anderes Papier zum Markenkleben gab es nicht.«

Worüber auch immer wieder berichtet wird: Jeder empfindet den Einzug des Frühlings 1942 auf seine Weise. Die Menschen gingen unterschiedlich aus dem Blockadewinter hervor, kamen unterschiedlich wieder zu sich. Und nicht alle gewannen ihren Glauben zurück.

Interessant war es, sich dem vollständigsten aller Tagebücher zuzuwenden und zu erfahren, wie G. A. Knjasew den Frühling und Sommer 1942 auf seinem »kleinen Radius« begrüßte. Man spürt die Müdigkeit in seinen Aufzeichnungen. Er versucht fortwährend, sich Mut und Hoffnung einzuflößen, aber das fällt ihm immer schwerer.

»26. Mai 1942. Um die Gesundheit des Physiologen und Akademiemitglieds Uchtomski steht es schlecht. Als Folge des vernachlässigten Skorbuts hat bei ihm der Wundbrand eingesetzt. Die Ärzte halten seinen Zustand für aussichtslos. Die Gesundheit von Akademiemitglied Kratschkowski flackert wie eine Kerzenflamme. Dieser Tage fand bei ihm ein Konzilium statt. Die besten Ärzte der Stadt haben ihn unter ihre Fittiche genommen.

3. Juni. Neben unserem Archiv wurde ein Tor zu Brennholz zerkleinert. Einige ›Freiwillige‹ zersägen auf dem Dachboden Balken. Die für die Existenz der Leningrader grauenvollste Frage lautet: Wie den Winter überleben?

12. Juni. Matrjona Jefimowna, unsere ehemalige Reinigungskraft, die ich zeitweilig eingestellt hatte, ist vor meinen Augen verhungert. Sie hatte eine Lebensmittelkarte für Familienangehörige. Heute sah sie ganz schwarz aus. Wie sie mir gestand, hatte sie Hungerdurchfall bekommen.«

Er will sich seine Objektivität um jeden Preis bewahren. Sorgfältig vermerkt er alles Gute, jeden Erfolg, jedes Anzeichen für das Wiedererwachen des Lebens.

»22. Juni. Auf den Beeten im Rumjanzew-Park sprießen die Pflanzen. Ich sehe keine Leichentransporte mehr – weder mit der Hand noch mit Lastwagen. Wahrscheinlich transportieren sie sie zu der Zeit, wenn ich zum Dienst gehe, gerade nicht ab. Ich sehe, wie sich eine Menge Leute nur mühsam vorwärtsschleppt, sogar verhältnismäßig junge. Manche stützen sich an den Hauswänden. Unserem Haus gegenüber, direkt am Ufer, heben Frauen weiterhin Schützengräben aus.

In der Stadt, zumindest in meinem Bereich, auf meinem kleinen Radius, ist es sehr sauber. Jeden Tag wird gefegt. Die Hausmeister sind durchweg Frauen. In der Akademie der Künste hat ein Maler heute ein Fenster wieder verglast.

28. Juni. Mich quält große Unruhe. Bei Sewastopol finden ununterbrochen schwere Kämpfe statt. Soll ich meine Aufzeichnungen fortsetzen? Sie bedrücken mich zu sehr.

Wir Zeitgenossen sehen nicht alles, und das, was wir sehen, ist vielleicht gar nicht das, was einmal in die Geschichte eingehen wird. Werden solche Aufzeichnungen wie meine überhaupt gebraucht, sind sie nicht zu einseitig, zu subjektiv? Und dennoch schreibe ich weiter. Ich hab schon dutzendmal erläutert, daß ich meine Aufzeichnungen als Zeitgenosse großer Ereignisse mache, aber nicht als jemand, der aktiv daran teilnimmt. Ich fühle mich verpflichtet, mein Werk zu verrichten, so lange Aufzeichnungen zu machen, wie ich noch dazu imstande bin.

M.F.* magert katastrophal ab. Die Lebensmittel auf Karten reichen nicht. Die Rationen werden nicht voll ausgeliefert. Für Schwarzmarktpreise kriegt man nichts zu kaufen. Ich beiße die Zähne zusammen und blicke dem Schicksal ins Auge.

Ich mußte mein Geschreibe unterbrechen. Heulend und kreischend fliegen Granaten über das Haus und schlagen in der Nähe ein. Ich bin ans Fenster gefahren. Kleine Kinder spielen im Hofgarten im Sand. Jemand kommt mit einem Krug. Die Sonne scheint hell, der Himmel ist fast wolkenlos. M.F. ist Gott sei Dank soeben nach Hause gekommen. Wir sind zusammen. Weshalb sich beunruhigen? Ich schreibe weiter.

Mir kommen wieder grauenvolle Gedanken. Da wir unsere Ration nicht erhalten haben, sind wir in einer schwierigen Lage. M.F. fühlt sich schlecht.

Ich kämpfe. Und werde weiter kämpfen. Jetzt fahre ich los, um die Diensthabenden im Archiv zu kontrollieren. Ich erfülle meine Pflicht bis zum Ende.«

G. A. Knjasew und die neunzehnjährige Galina Babinskaja reagieren auf den Frühling und den Sommer 1942 ganz verschieden. Man könnte beinahe glauben, es handele sich um völlig verschiedene Städte. Oder verschiedene Zeiten der Blockade. Aber man braucht sich nur hineinzudenken, hineinzuvertiefen – und man erkennt, daß sie einander nicht widerlegen, nicht einmal widersprechen. Das eine existierte neben dem anderen. Alles hing vom Betrachter ab, mit welchen Augen er die Dinge sah. Wir müssen mehrere verschiedene Bilder übereinanderlegen, damit das langsam zum Leben erwachende Leningrad von 1942 vor uns ersteht, wo immer noch Leute starben, außerstande, sich von der Dystrophie zu erholen, und wo man jedes Fleckchen Erde in den Gärten und Parks umgrub und bearbeitete und die Boulevards in Gemüsegärten verwan-

* M.F. – Maria Fjodorowna, G.A.Knjasews Frau. Sie hat uns liebenswürdigerweise das Tagebuch ihres verstorbenen Mannes überlassen und viel dazu beigetragen, ihn und seine Arbeiten richtig zu begreifen

delte. Man kann Galina Babinskaja verstehen, der jede Kleinigkeit übertrieben erschien. Die zwei, drei Frauen in Halbschuhen und Sommermänteln, denen sie begegnete, waren ein Ereignis, waren die Hoffnung, ein glückliches Vorzeichen. Ein Stiefelputzer weckte Begeisterung. Und man kann G. A. Knjasew verstehen, der erkannte, daß die Blockade andauerte, Leningrad nach wie vor im Feuer der feindlichen Geschütze lag und ein zweiter Blockadewinter bevorstand, die Kräfte aber zur Neige gingen.

Man kann auch die Stimmung der vierzehnjährigen Schülerin D. Losowskaja verstehen, die in ihrem Tagebuch festhielt:

»21. Juni. Morgen jährt sich zum erstenmal der Kriegsbeginn. Heute hatten wir vier Stunden Algebra, aber ich weiß nicht, wozu das gut ist, ich fürchte, ich falle durch. Nach dem Mittagessen bin ich ins Kino gegangen und hab mir ›Maschenka‹ angesehen. Ich kann sagen, daß der Film nur Durchschnitt war, nicht mehr. Ich hab solche Angst vor Algebra, weiß wirklich nicht weiter.

26. Juni. Schluß mit den Prüfungen! In Literatur habe ich eine Zwei. In Geometrie auch. Ich bin sehr froh, weil ich gestern, statt mich vorzubereiten, mit Assja im Park spazierengegangen bin. Übrigens kommen auch sehr hübsche Jungen in den Park beim Pionierpalast, Roma und Lewa. Sie waren mit Assja im Erholungsheim. Beide gefallen mir sehr. Überhaupt sind es prima Jungen: gebildet, höflich, gut gekleidet, es ist nichts an ihnen auszusetzen. Heute hat man uns zum Frühstück zwei Kekse aus Soja mit Kissel gegeben, ein Glas süßen Kaffee und 100 Gramm Brot. Es war sehr schmackhaft zubereitet. Zum Mittag gab es Erbsensuppe und irgendwelchen Fisch mit Nudeln und als Nachtisch ein Glas Fruchtsaft und 200 Gramm Brot. Zum Abendessen erhielten wir Sojaauflauf mit Tomatensoße, ein Glas Tee (mit Saccharin gesüßt) und 100 Gramm Brot.«

Daneben etwas anderes. Maria Ananjewna Stschelywanowa zeigte uns ihr Foto und war selbst ganz entsetzt:

»Sehen Sie nur, was für Haare und was für ein Gesicht, ganz wie bei einer Toten. Was ich mal für Zöpfe hatte! Doch vor Hunger fielen mir langsam die Haare aus. Ich sagte zu meiner Bekannten: ›Ich schneide mir die Haare ab, was soll ich damit. Seife gibt es nicht, gar nichts.‹ Das war zweiundvierzig, so Ende des Sommers. Da hatte ich meine Haare das letzte Mal gelöst, und sie hat mich aufgenommen. Nein, sehen Sie nur, was für ein grauenvolles Gesicht ich hatte!«

Von den vielen Zeugnissen haben wir nicht nur gleichartige ausgewählt, sondern auch unterschiedliche, die nicht übereinstimmten, einander widersprachen. Wir wollten keinen Durchschnitt ermitteln. Der Durchschnitt ist nicht die Wahrheit.

In allen vier Evangelien wird ein und dasselbe behandelt.

Vier Verfasser beschreiben ein und dasselbe Schicksal, ein und dasselbe Ereignis, aber jeder auf seine Weise. Und wenn man diese Werke als Literatur betrachtet, erhebt sich die Frage: Warum existieren diese vier Geschichten nebeneinander? Warum erlischt das Interesse des Lesers nicht, je länger er die jeweilige neue Geschichte liest?

Die vier Evangelien bilden ein Ganzes. Man kann die Christusgeschichte von allen Seiten betrachten, das heißt von vier Seiten. Sie ist unterschiedlich und vielschichtig, wie die Berichte der Menschen über die Blockade vielgestaltig sind, sich wiederholen und auch wieder nicht, weitergetragen werden und tief in das Leid und die Prüfungen eindringen. Aber es geht nicht nur um das Leid, das Leid erschließt uns wichtigere Zeugnisse, die man aus diesen Berichten heraushören kann – menschliche Grenzen. Das Leid erweitert die Sphären menschlicher Kraft und Größe, läßt sie bis an die Grenzen vordringen, wo sie bislang nicht heimisch waren, wo die Gesetze der Moral nicht beachtet wurden, wo die Seele zugrunde ging. Nun stellt sich heraus, daß der Mensch auch dort Mensch bleiben konnte.

Die unsterbliche, ewige Maria Iwanowna!

Maria Iwanowna von der Wohnungsgenossenschaft – erinnern Sie sich an sie, den Kommandeur der Selbstschutzgruppe? Sie ist noch immer dort bei ihren »Wohnobjekten«.

Noch heute streifen ihre Erinnerungen zwischen Häusern und Baracken umher und ziehen auch uns dorthin, wo krachend und rauchend eine Granate explodiert ist oder wo es, im Gegenteil, verdächtig still war oder wohin der Brief eines Frontsoldaten sie schickte, der wegen des Schweigens seiner Familie besorgt war.

Heute befaßt sich Maria Iwanowna Dmitrijewa mit Gartenbau, erwartet im Sommer den Besuch der Enkelinnen (»zwei kleine Schulmädchen, niedliche Kinder«), schreibt der Tochter, die im Norden bei ihrem Mann, einem Flieger, wohnt, Briefe und erörtert mit Nachbarinnen lokale Neuigkeiten.

Aber ihre Erinnerung ist beim geringsten Anstoß wieder *dort*, bei den »Wohnobjekten«.

»Hier hatten wir jedoch starken Beschuß, auf der Schwezowstr. Nr. 38. Oder vielmehr war es hier so: Erst glaubten wir, wir würden stark beschossen, aber als dann hier ›Katjuschas‹ aufgestellt wurden, ging es erst richtig los. Hier war doch ein Schrottaufbereitungsbetrieb, und deshalb hatten sie Schienen dorthin verlegt und ›Katjuschas‹ aufgestellt. Sie rollten sie schnell heraus, zielten und schossen. Dann verschwanden sie wieder, wir aber blieben. Und uns beschossen sie. Daß die Häuser total zerstört wurden. Das geschah ungefähr im März, wenn ich mich nicht irre. Und es war am Tage. Ich weiß noch, daß ich schon gefrühstückt hatte und ins Kontor unterwegs war. Wütender Beschuß setzte ein. Ich kam gerade noch hin. Und ich weiß nicht, wer da rief: ›Maria Iwanowna! Dort sind die Häuser zerstört!‹ Eine Granate war in das Haus Nr. 33 geschlagen. Es war schwierig, hinzukommen. Ich versuchte es und kam irgendwie durch. Es war ziemlich weit, Richtung Tentelewskaja-Straße, dort stand etwas abseits ein Haus. Ich komme hin und gehe hinein. Es war ein ganz komischer Baustil – zu beiden Seiten lagen Zimmer, und in der Mitte führte ein Korridor durch. Dort hatten wohl Bauarbeiter gewohnt oder so etwas.«

»Ein Wohnheim?«

»Ja, eine Art Wohnheim. Aber es waren keine Wohnungen, sondern nur Zimmer. Und dazu ein langer Korridor. Ein einstöckiges Haus. Ich ging durch das Erdgeschoß – niemand da. Ich klopfte hier und dort, alles verschlossen. Da ging ich nach oben, dort war eine Zwischenwand zerschossen. Es war ein Holzhaus, und als die Granate oben unterm Dach in eine Ecke eingeschlagen war, hatten sich die Balken wie Karten aufgerichtet. Aber nur in einer Ecke, alles andere war normal.«

»Waren denn noch Leute in den verschlossenen Zimmern, wo Sie anklopften?«

»Ich dachte das, aber niemand antwortete. Dann, als ich schon umgekehrt war (der Beschuß war noch nicht zu Ende, und die Splitter zischten in das Haus) und zurückging, hörte ich ein viehisches Gebrüll, es klang einfach anormal, als ob ein Tier schrie, und so laut. Ich blieb stehen. Dann trat ich auf die Straße und blickte nach oben: Welche Wohnung war dort zerstört und wo? Ich lauschte: Woher kam das Schreien? Da sah ich die zerstörte Wohnung. Ich trat zur Tür und lauschte, was los war. Aber die Tür war derart fest verschlossen, daß sie überhaupt nicht nachgab. In dem Moment kam ein Junge zu mir gerannt, ein Halbwüchsiger, fünfzehn, sechzehn mochte er sein. Ich möchte ihn zu gern noch ausfindig machen und sehen. Er hieß Jurik Lebedew. Ich hab mir den Namen gemerkt. Seine Eltern waren längst evakuiert, sein älterer

Bruder, ein Flieger, war an die Front gegangen, wie er mir erzählte. Er aber war an einer Betriebsberufsschule der Eisenbahn. Sie hatten hier oben eine Wohnung (dort war auch alles zerstört). Und jetzt tauchte er von irgendwoher auf. (Jurik kam später, als die Schule evakuiert worden war, öfter, um uns zu helfen – er löschte Brandbomben und machte alles mögliche.) Da war er also. Ich fragte: ›Wer schreit denn da und wo? Wer wohnt hier? Ich habe gegen alle Türen gedrückt – überall ist abgeschlossen.‹ Er darauf: ›Ach, das ist Dussja!‹ Er kannte alle im Haus. Ich fragte: ›Aber wie kommen wir beide dort rein? Die Tür gibt nicht nach.‹ Er meinte: ›Warten Sie, Maria Iwanowna, gleich.‹ Und er war gewandt und schmächtig. Er kam von der anderen Seite. Von hier wurde geschossen, aber er kam von der anderen Seite und sagte: ›Ich krieche jetzt durch das Loch, das die Granate geschlagen hat.‹ Ich sagte: ›Paß auf, dort sind Splitter.‹ Er kroch durch. Und rief: ›Maria Iwanowna, ich bin hier!‹ Wir hätten die Tür nicht aufgekriegt, wie sich herausstellte, war durch die Wucht der Granate etwas dagegengeschleudert worden. Dort hatte eine große Garderobe gestanden, und die war auf die Tür gestürzt. Jurik rückte sie weg, öffnete die Tür einen Spalt, und ich schlüpfte hinein. Dort war alles voller Kalk und Kreide, eine riesige Wolke! Denn der ganze Putz war heruntergefallen. Solche Berge Putz lagen da. Aber dann setzte sich der Staub allmählich, und ich sah ein Bett stehen. Es war ganz verschüttet, und dann war dort ein Sofa oder eine Ottomane, die war auch ganz verschüttet. Und überall lagen Bretter verstreut. Ich sagte: ›Warte mal, Jurik, beweg dich nicht.‹ Ich hatte nämlich ein Piepsen gehört, und ich dachte, irgendwo wäre eine Katze zusammengequetscht. Ich sagte: ›Warte, Jurik, wir müssen ganz vorsichtig sein.‹ Und dann plötzlich – wieder das Gebrüll dieser Frau! Sie lag bewußtlos und verwundet unter dem Bett! Aus irgendeinem Grund hatte es sie unter das Bett gedrückt. Und das war niedrig und aus Eisen, und sie lag darunter.«

»Vielleicht hatte sie sich wegen des Beschusses dort verkrochen?«

»Möglich, daß sie hingekrochen ist, aber ich glaube eher, die Druckwelle hat sie dorthin geschleudert. Und wieder schrie sie so entsetzlich. Nur dadurch bemerkten wir, daß jemand unter dem Bett lag. Und plötzlich wieder das Piepsen – genau wie von einem Kätzchen. Wir wußten nicht, womit wir anfangen sollten. Ich sagte: ›Jurik, tritt möglichst vorsichtig auf, damit du nichts zerdrückst.‹ Und sehen Sie, da sind wir auf Zehenspitzen durch diese Platten, den Putz gegangen.«

»Die auf dem Bett lagen?«

»Nein, aufs Bett sind wir nicht getreten. Auf dem Fußboden. Dort hatte ein Tisch gestanden, wissen Sie. Er hatte in der Mitte gestanden, aber von ihm war nichts mehr übriggeblieben, nur Bretter lagen da. Und ich trat hin, packte das mittlere Brett und hob es auf. Zu meinem Erstaunen (Ehrenwort, ich weiß nicht, wieso es mir nicht auf der Stelle die Sprache verschlug!) lag dort so etwas wie ein kleines Kind. Aber schmutzig, ganz voller Mörtel und Kalk, und nackt!«

»Nackt? Eben erst geboren?«

»Ja, natürlich, es war eben erst aus dem Schoß der Mutter gekommen. Und wissen Sie, es hing noch an der Nabelschnur. Sie zog sich von der Mutter unter dem Bett durch all das hier ... Grauenhaft! Dergleichen hatte ich noch nie gesehen. Aber in dem Moment, ich weiß nicht, auf einmal wußte ich, was ich zu tun hatte. Ich sagte: ›Jurik, bring Wasser. Wasser und eine Schere!‹ Der Junge lief weg. Er rannte, so schnell er konnte (ihre Wohnung war auch oben). Und brachte mir was und sagte: ›Maria Iwanowna, eine Schere habe ich nicht gefunden. Aber hier ist ein Messer und eine Karaffe mit Fichtennadelaufguß.‹ – ›Na, der wurde bestimmt mit abgekochtem Wasser angesetzt‹, sagte ich. ›Das ist nicht schlimm.‹ Und auf dem Bett lag so eine schöne gehäkelte Tagesdecke. Die zog ich unter den Trümmern hervor und riß am Rand ein Stück Saum ab, um den Nabel abzubinden. Ich hab die Decke nur ein bißchen ausgeschüttelt – mehr konnte ich nicht tun, wir hatten nichts anderes. Dann bin ich hingegangen, habe das Kindchen in die Decke eingeschlagen und in eine Ecke aufs Bett gelegt. Ich hab es richtig eingewickelt. Und es piepste. Vor Schmutz rang es nach Atem, es konnte nicht weinen, verstehen Sie, deshalb piepste es wie ein Kätzchen. Ich sagte: ›So, den Nabel hab ich abgebunden, nun müssen wir ihn noch abschneiden, damit er nicht heraushängt.‹ Aber ich hatte keine Ahnung, wieviel man dran läßt. Ich ließ etwa acht Zentimeter dran.«

»Sie hatten wohl zuvor niemals einer Geburt beigewohnt?«

»Niemals, wie kommen Sie darauf? Ich hab so was nie gesehen. Und da hab ich die Nabelschnur mit einem Messer abgeschnitten. Und verbunden.«

»Und Jurik hat dabei geholfen?«

»Jurik sagte mir folgendes. Ich hatte ihm erklärt: ›Jetzt wollen wir die Kranke dort herausziehen.‹ Er darauf: ›Maria Iwanowna, mir ist das peinlich.‹ – ›Was sagst du da? Wir retten Menschenleben! Und du redest von Peinlichkeit. Wie ist es denn bei den Ärzten? Also, was ist? Da gibt's keine Peinlichkeit! Ich will davon nichts hören!‹ Und er ging mir zur Hand. Und ich hab das Kind da eingepackt. Und dann sagte ich: ›Nun gieß mir was über die Hände.‹ Er tat es, aus der Karaffe. Ich hatte das Kind zwar eingewickelt, aber einen Zipfel übriggelassen (die Decke war doch lang), und so hat er mir was auf diesen Zipfel gegossen. Und dann hab ich dem Säugling den Mund gesäubert, alles herausgeholt, damit er atmen konnte. Und nun weinte er mit richtiger Stimme. Vorher hatte der Schmutz ihn gehindert. Wir machten eine Stelle auf dem Bett einigermaßen sauber und legten das Kind dorthin. Es schwieg. ›Los, jetzt die Frau herausziehen.‹ Aber wie? Es war eine gesunde, kräftige Frau, und sie hatte die Zöpfe gelöst. Sie hatte lange Haare bis zu den Knien – schöne, hellblonde Haare. Mein Gott! Und wir beide haben sie gezogen. Aber sie hatte eine Wunde hier oben am Kopf, wohl von einem Splitter. Die Haare klebten daran und waren voller Blut und Schmutz. Und sobald sie sich bewegte, hatte sie starke Schmerzen. Deshalb schrie sie auch so. Ich sagte: ›Weißt du was, Jurik, sie wird uns verzeihen, wenn sie am Leben bleibt. Wir schneiden es ab, damit es sie nicht stört.‹«

»Das Haar?«

»Ja. Und so hab ich mit dem Messer eine Strähne abgeschnitten. Die anderen Strähnen hab ich gelassen. Ich sagte: ›Im Krankenhaus wird man sie waschen.‹ Und so haben wir sie herausgezogen. Aber sie war bewußtlos. Nur manchmal schrie sie mit einer wahren Tigerstimme. Das war grauenhaft! Und dann haben wir sie zum Sofa geschleppt. Wir haben die ganzen Platten weggeräumt. Jetzt konnten wir uns schon frei bewegen, weil wir uns einen Weg gebahnt hatten. Wir schleppten sie zum Sofa, konnten sie aber einfach nicht hinaufheben. Sie schleifte den ganzen Schmutz hinter sich her. Die Nachgeburt war noch nicht heraus, wissen Sie. ›Jurik, halt sie. Wir heben sie ein bißchen an. Du brauchst sie nur zu halten, stell ein Bein drunter. Ich werde sie hier drehen.‹ So haben wir sie doch hinlegen können. Kaum hatten wir das geschafft und räumten noch ein bißchen auf, da kam ein Mädchen gerannt. ›Maria Iwanowna, Maria Iwanowna! Sie leben?‹ Wir hatten den Beschuß ganz vergessen. Es war noch nicht zu Ende, noch immer flammten Detonationen auf, schwirrten Splitter. Das war Mussja Smirnowa. Aus der Sechsunddreißig. Die Wohnungsnummer weiß ich nicht mehr. Ein blutjunges Mädchen, vielleicht genauso alt wie Jurik, etwa sechzehn. Ich sagte zu ihr: ›Ich lebe, Mussja, ich lebe.‹ Und dann noch: ›Wir brauchen jetzt schnellstens einen Wagen. Lauf zurück zum Telefon. Kriech vorsichtig durch!‹ – ›Ich bin schon vorsichtig. Sie sollten vorsichtig sein, die schießen ja immer hierher!‹ Und dann teilte sie mir mit: ›Maria Iwanowna! Das Haus siebenundsechzig auf der Tentelewskaja-Straße ist auch zerstört, eine einzige Granate hat es durchschlagen, und der Ofen ist umgefallen.‹ Dort lagen lauter Kranke, und der Ofen – ein großer, runder – war ihnen auf die Beine gefallen. Sie waren alle gestorben. Ich sagte: ›Mussja, wir müssen das hier erst zu Ende bringen. Ruf einen Wagen. Sag, daß hier eine Frau ein Kind zur Welt gebracht hat, da kommen sie schneller.‹ Und es ging auch wirklich blitzschnell, wir hatten noch nicht richtig aufgeräumt, da war der Wagen schon da. Ich hab sie übergeben.«

»Erinnern Sie sich nicht an ihren Vor- und Familiennamen?«

»Ihr Vorname war Dussja. Und der Familienname? Wenn Sie diesen Jurik Lebedew ausfindig machen könnten, der weiß ihn natürlich. Sie haben im gleichen Haus gewohnt. Er wohnte oben, im ersten Stock. Er weiß es genau. Es war so was wie … Nein, jetzt nicht, weil ich dann den Faden verliere, und ich will es zu Ende erzählen. Später habe ich Erkundigungen eingezogen. Sie wollen wissen, wie? Eigentlich hab nicht ich mich erkundigt. Ich wurde mal ins Kulturhaus bestellt (das war wohl schon so an die zwei Jahre nach alldem, nach dem Krieg). Man hatte mich ins Kulturhaus eingeladen, wo ich ein paar Episoden erzählen sollte. Dort waren auch Stenotypistinnen. Und als ich meinen Bericht beendet hatte, sagte ich: ›Nur eins weiß ich nicht. Ich hab einfach nicht nachgesehen, ob es ein Mädchen war oder ein Junge. Das bedaure ich sehr. Auch weiß ich nicht, ob es lebt.‹ Da erhob sich eine Frau von ihrem Stuhl und sagte: ›Maria Iwanowna! Der Junge lebt und auch seine Mutter.‹ Sie hatten ein Zimmer gekriegt, als sie aus dem Krankenhaus entlassen wurden. Beide hatten lange im Krankenhaus gelegen, irgendwo am Tschornaja Retschka, auf der Petrograder Seite. Aber ich hab sie nicht gefunden. Ich wollte schon immer ans Büro der guten Dienste schreiben – vielleicht hätten die sie gefunden.«

»Und was ist aus Jurik geworden?«

»Das weiß ich auch nicht. Als hier alles zu Ende war, ist er verschwunden. Vielleicht haben sie eine Wohnung gekriegt. Lebedejew, Jurik. Sein Bruder ist Flieger. Mutter und Vater waren evakuiert.«

Als das nicht zustande gekommene »Tausendjährige Reich« unter der Last seiner Verbrechen zusammenbrach und dem faschistischen Berlin die unmittelbare Belagerung und Erstürmung drohte, erinnerte sich Hitler plötzlich Leningrads.

In einem Rundschreiben des Reichsführers SS, Himmler, der zum Oberbefehlshaber der Heeresgruppe »Weichsel« ernannt worden war, wird Leningrad als Beispiel für das Verhalten der Bewohner, für die Verteidigung einer Stadt und ihre Umwandlung in eine uneinnehmbare Festung angeführt. Das Rundschreiben Nr. 40/10 endet mit dem Satz: »Der Haß der Bevölkerung schuf die wichtigste Triebkraft für die Verteidigung.«

Mit welcher »wissenschaftlichen« Kaltblütigkeit hatten sie sich bemüht, Leningrad zu ersticken, zu zerstören, vom Antlitz der Erde zu tilgen. Es mißlang. Jetzt wollte man »wissenschaftlich« (unter Auswertung der Leningrader Erfahrungen) die eigene Hauptstadt retten.

Allerdings vermochten ihre kannibalische »Wissenschaft«, ihre umsichtigsten Befehle weder hier noch dort die Aufgabe zu lösen und den Sieg herbeizuführen.

Etwas Größeres war gefragt als die wahnwitzige Angst vor der Vergeltung, als das Bangen ums eigene Leben.

Etwas war gefragt, was stärker war als jeder Befehl und alle Hungerqualen. Was stärker war als Angst und Tod. Nämlich das, was die Leningrader durchhalten ließ und die Willenskraft und den Heldenmut der Sowjetmenschen vor Moskau, in Sewastopol, in Stalingrad, in den Partisanengebieten und in den Republiken nährte – die große menschliche Wahrheit und die Gerechtigkeit des Kampfes bis zum letzten Atemzug.

Maria Iwanowna, die unsterbliche, ewige Maria Iwanowna, kapitulierte nicht. Jene anderen kapitulierten – die versucht hatten, sie durch Bomben und Granaten zu töten, unter den Mauern einstürzender Häuser zu begraben oder durch Hunger, Kälte, Erschöpfung und Hoffnungslosigkeit umzubringen. Gesiegt hat sie und jener namenlose Junge, der scheinbar mitten im Reich des Todes zur Welt kam. Gesiegt hat das Leben.

Zu unserer Ausgabe:

In der Originalausgabe des »Blockadebuchs«, erschienen im Verlag »Sowjetski pissatel«, Moskau 1982, heißt es: »Dieses Buch konnte nur durch die Mitwirkung vieler entstehen. Ihnen allen danken die Autoren und Fotografen.«

Die für die vorliegende Publikation ausgewählten Fotos und Zeichnungen wurden der obengenannten Ausgabe entnommen, die von J. Kapustin, N. Lawrentjew, W. Medwedew und D. Muchin grafisch gestaltet wurde und sich auf folgende Quellen stützt: Staatliches Filmarchiv, Staatliches Museum der Geschichte Leningrads, die persönlichen Archive der Autoren, Fotos von B. Kudojarow, W. Tarassewitsch, E. Kapustin, N. Lawrentjew, D. Muchin, W. Tabolski, B. Lossin und Fotos aus den Familienarchiven von Leningradern.

Ergänzend verwendeten wir Fotos, die zur Vorauswahl für die Originalausgabe gehörten und uns von D. Granin zur Verfügung gestellt wurden; sie stammen aus dem Leningrader Staatlichen Film- und Tonarchiv, der Fotochronik Len. TASS und der Presseagentur Nowosti (APN).